纪念东吴大学法学院百年华诞

本书为江苏高校优势学科建设工程资助项目（PAPD）

本书属苏州大学公法研究中心研究成果

东|吴|法|学|文|丛·东吴法学先贤文录

东吴法学先贤文录

·法理学卷·

孙　莉◎主　编

中国政法大学出版社

2015·北京

图书在版编目（CIP）数据

东吴法学先贤文录. 法理学卷/孙莉主编. —北京:中国政法大学出版社,2015.8
ISBN 978-7-5620-6268-4

Ⅰ. ①东… Ⅱ. ①孙… Ⅲ. ①法学—文集②法理学—文集 Ⅳ. ①D90-53

中国版本图书馆 CIP 数据核字(2015)第 195728 号

出 版 者　中国政法大学出版社
地　　址　北京市海淀区西土城路 25 号
邮寄地址　北京 100088 信箱 8034 分箱　邮编 100088
网　　址　http://www.cuplpress.com (网络实名：中国政法大学出版社)
电　　话　010-58908586(编辑部)　58908334(邮购部)
编辑邮箱　zhengfadch@126.com
承　　印　保定市中画美凯印刷有限公司
开　　本　720mm×960mm　1/16
印　　张　29
字　　数　470 千字
版　　次　2015 年 8 月第 1 版
印　　次　2015 年 8 月第 1 次印刷
定　　价　69.00 元

东吴法学先贤文录总序

胡玉鸿

光阴荏苒，岁月流金；薪火不熄，学脉永继。自1915年9月美籍律师查尔斯·兰金创办东吴大学法科以来，时光已一世纪，然东吴之辉煌、法学之昌盛，至今仍为世人津津乐道；东吴大学法学院于中国法制改革、法学教育史上之地位，亦可谓震古烁今，高山仰止。国内现代法学大师中，王宠惠、刘世芳、董康、戴修瓒、郑天锡、郭卫、章任堪、赵琛、凌其翰、徐传保、徐砥平、张志让、俞颂华、向哲浚、曹杰、张慰慈、吴芷芳、王效文、章士钊、朱通九、梅仲协、魏文翰、张企泰、范扬、俞叔平（以上为东吴教授，以到校任职先后为序）；王士洲、吴经熊、陈霆锐、何世桢、狄侃、李中道、盛振为、金兰荪、梁鋆立、端木恺、丘汉平、桂裕、孙晓楼、陶天南、张季忻、陈文藻、黄应荣、杨兆龙、李浩培、姚启胤、倪征䎛、鄂森、何任清、查良鉴、费青、郑竞毅、卢峻、王伯琦、郑保华、魏文达、裘邵恒、陈晓、丘日庆、王健、徐开墅、潘汉典、高文彬、杨铁樑、王绍堉、浦增元、庄咏文（以上为东吴学子，以毕业届次为序），或执教东吴哺育莘莘学子，或出身东吴终成法学名宿，人人握灵蛇之珠，家家抱荆山之玉。合璧中西，形成“比较法”之特色；戮力同心，铸就“南东吴”之美誉。

但前人之辉煌，非仅为后辈称道而已。诸先贤之呕心力作，亟待结集；比较法之教学特质，仍需寻绎。前者在集拢大师文字，归并成皇皇巨作，嘉惠后人；后者则总结教育成就，细究其方法之长，服务现世。沧海桑田，白驹过隙。东吴法学之先贤，或天不假年，已驾鹤西行；或虽尚健在，然精力不济。精研法理之书文，多将散佚不存；服务国家之良策，亦恐湮没无息。是以今日学子之任务，在搜寻先贤文字，重版印行；总结东吴之成就，使传于世。

苏州大学王健法学院系承继东吴大学法学院而来。前辈业绩，自然庇荫今人，但全院师生，在以先贤为荣之余，更感使命重大，无一日或敢怠息。同仁深知：既为东吴之传人，自应熟悉先辈思想，了解学院历史。为此经讨论决定，近年内学院将完成三大浩繁工程：一为出版“东吴法学先贤文丛”，汇集大师之作，使珠玑文字，重见天日；二是编辑“东吴法学先贤文录”，以学科分类，归并单篇之作，以为研究之资；三则撰写《东吴法学教育史》，探讨东吴法学教育沿革之始末，总结比较法教学如何适应于今世。前者已有王宠惠、杨兆龙、李浩培、倪征日奥、潘汉典诸先生文集面世，后续之举，已列议题；今则辑录先贤文字，以学科归类，分八册出版，以纪念百年东吴，使尘封妙文，重见当世。至于教育史之编撰，待档案解密、人员齐备之后，再行商议。

自2012年以来，本人即开始遍访东吴法学先贤于民国时期之文章，下载、翻拍、扫描、复制，虽卷帙浩繁，搜寻不易，然淘书之乐，无时或已。所幸者科技时代，诸多志存高远之士，将民国文献辑成电子文本，使今人更为便捷得识先贤文字。但遗憾者年代久远，资料多有散佚，有时“上篇”已得，但“下篇”难觅；有“二、三”者，却缺“一、四”。至于错漏、脱讹而至无法辨识之处，更是不足为奇。即便如此，学院同仁及广大学生，仍深感使命重大，不畏艰难，共襄盛事。文字录入工作，主要由在校研究生完成，论文选择编排，则请各卷主编担纲。资料浩繁，校对费时，自知多有遗漏，所录者不及万一；完善修正之举，仍需假以时日。敬请学界同仁，多加指正；如有资料提供，不胜感激！

是为序。

2015年7月

目录 Contents

法律之语源*

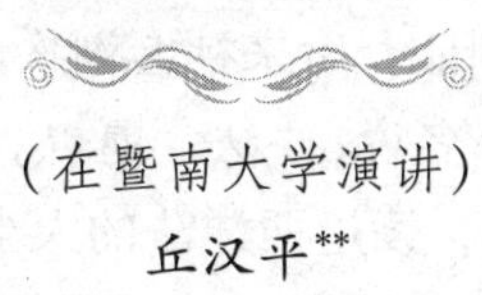

（在暨南大学演讲）

丘汉平**

无论在哪一个社会，总有一种规定社会现象的规范。这个规范的详细内容，虽不尽同，但其重要纲领却不外是维持社会与保护关系。这就是我们所习闻的法律了。讲来很奇怪，今古民族虽是参差不齐，文化程度高低不一，却各有一种法律以维系他们的生存。这种表现，在文字或言语上尤易看出。本题就是要说明法律一词在语言上的意义。现在为谋便利起见，分为二节述之。

一、法在中国语源上之意义

法的本字是“灋”，说文下注释说，“灋、刑也，平之如水，从水；廌所以触不直者去之，从廌去。”廌是什么东西呢？说文说是似牛，一角，古者决讼，令触不直者。由此看来，今文“法”字是具平直的意思，就是说，“法”字之创造，已是包涵正直。易言之，法律是求公平的。不但如此，法为要求

---

* 本文原刊于《法学杂志（上海 1931）》（第5卷）1931 年第2期。

** 丘汉平（1904～1990 年），福建海澄人。罗马法学家、法律史学家、商法学家、华侨问题专家。先后毕业于国立暨南大学和东吴大学，后赴美国留学，赴欧洲考察。从 1931 年起，出任国立暨南大学、东吴大学教授，创办华侨中学等多所中学以及省立福建大学，曾任福建省政府财政厅长，国民政府交通部官员。1948 年，任立法院立法委员。1949 年赴台湾，出任东吴大学校长。一生著作甚丰，出版有《国际汇兑与贸易》、《先秦法律思想》、《中国票据法论》、《罗马法》（上、下册）、《法学通论》、《华侨问题》、《历代刑法志》等。此外，还发表了《现代法律哲学之三大派别》、《宪法之根本问题》等众多论文。他在罗马法、法律史、商法（尤其是票据法）和华侨问题等领域，均有专深的研究。长期担任东吴大学法学院院刊《法学季刊》（后改为《法学杂志》）的主编，在他精心策划和组织下，该刊物成为国民时期水平最高、名声最响的法学刊物。由于邱汉平在法律学术上的出色表现，他被选为意大利皇家学院“罗马法”荣誉研究员，美国密苏里州斐托斐荣誉会员。

平直，所以令不直者去之。去之则所以罚之也。故“法”字兼有刑罚的意思。尚书吕刑说：“苗民弗用灵，制以刑，惟作五虐之刑，曰法。”这益可释明后来刑罚的观念。这种苗民的风俗到了和汉人接触之后，自然发生多少影响。至于说文说的“古人决讼，令廌触不直者”原是初民状态。在历史上与此类似的决讼的方法亦有不少的例证。后来社会渐次发达，诉讼程序自然是改变，法的范围也就慢慢地广了。释名说：“法，逼也。莫不欲从其志，逼正使有所限也。”这个意思很明了〔1〕，读过西洋法的人当然不必待我们来解释。法律是社会的必然现象，所以法是“逼”的，就是说法是由于社会所造成的。其在社会个人方面则因人人要自由。若其无限制的自由，社会本身并无存在的可能。法律就是要逼他们不要过分自由，易句话说，各人的自由或意志，应当有界限，才可保持社会的安宁。“逼”字云云，无非是强制的意思。

此外还有一个“法”字使我们不容易解释。说文说：“法、今文省；佱，古文。”这就是说，中国古时有二个法字，一个是“灋”，一个是“佱”。今文的法是由前一个字脱出来的，这是很易见的。因为中国古时有许多字很复杂，后来的人节省麻烦起见，便把“廌”字省去了，不过后一个“佱”字，据胡适之先生看来，是另一个意思。他说“佱”字是谋模范的意思，这大约是他看到“佱”字从亼从正，乃所以谋模范也。胡先生又说“佱”字比“灋”字来的古。“大概古人用的‘法’字起初多含模范之义。”这点也有些道理。一是合乎历史的进化定例。在邃古的人类，他们只顾到目前关于社会的各种现象，没有普遍的认识。所以现今所认为很明白的“法律”，在最古之时，却还是莫明其妙。那是所谓法，大约是一种天道，后来社会进步，才能了解“模范”的意义。复次，我们就西洋的法字语源来说，也是一样的道理。单据罗马法而言，拉丁文的 Jus 比 Lex 来得古，而包涵的意思也很广。前一个字，在初时是指权利，正义，公正的意思。后来便慢慢地转解为法律之法。迨至罗马史乘时代，法律的专门名词就有另外一个 Lex 字。由此看来，胡先生说的“佱”字是“模范”的意义，虽然没有充分的历史证据，却至少可能给我们这样的断定：在中国文字上“佱”字的语源来得古，意义来得广。而“灋”字是比较进步的文字，其造字之因是由于诉讼现象的增加。

不过我们自已有一点疑问：假令我们的推断是对的，那么模范的“灋”

〔1〕“明了”原文作“明瞭”，现据今日通常用法改正，下同。——校勘者注。

字，后人为什么不用呢？何以后来所谓模范的法也是“灋”字呢？这点我们似乎不能解答了。

说文“灋”下注，刑也。“荆”与“刑”是不同的。在说文的刀部只有“刑”字，是“到”的意思。由此看来，荆的本意很狭。但是后来“荆”字常以“刑”字代之。据段注说：“荆罚典荆仪荆等字，以刑当之者，俗字也。造字之旨既殊，井声开声各部。凡井声在十一部，凡开声在十二部也”，易曰：“利用荆人，以正法也。”荀子疆国篇说：“荆范正，金锡美。”就此两项观之，荆是“正”的意思。说文虽无荆字，但在土部“型”下说：“铸器之法也”，却亦是荆的意思。不过“灋”字为什么要说是与“荆”通呢？

因为荆是模型的意思，含有有条不紊的意义。寓有强制的解释。“荆”是从井从刀。从井者，所以取其有秩序，从刀者，所以取其有解剖修理。易言之，荆就是求公正的意思。“灋”者，即令诉讼的当事人借一不知不觉之物得到公平。

今人说“法律”，实则古时的律字另有其语源。说文律下云：“均布也。”段注说：“律者，所以范天下之不一而归于一，故曰均布。”史记律书说：“王者制事立法，物度轨则，一禀于六律，六律为万事根本焉。”

这都可释明律的语源不是用于法律的律字，却是在于“乐律”的“律”字。乐是有和谐的音调，一定的高低或拍子。这就是说律字具有标准的意思。音乐的拍子或音调不对，就不能动听。后来用到行为规则的法律上去，律字几乎代法而用，所以明严限也。我们只听古人谈汉律，唐律，宋刑统，明律，大清律例，固未闻有汉法也。研究法律之学，古时称为刑名或律学，法学实是近代凑合的名词。

此外，尚有三个字和法律有因缘的关系，现在顺便简单的说明一下。第一个是典字，毛传说：“典，常也。”说文“典”下说：“五帝之书也，从册在丌上，尊阁之也。”可见典的本意是尊贵的书册。后来对于古代的制度，通常说是典章，言其贵可为法。及至现在“法典”一词已专用于法律之有条文者。今人称民法曰“民法典”就是这个意思。第二个是“则”字。说文“则”下说：“等画物也，从刀贝；贝，古之物货也。”段注云：“等画物者，定其差等而各为介画也。物货有贵贱之差，故从刀介画之。”梁任公先生解释这段说：“余谓古者以贝为货币，而货币之用，在于易中；（易中即是交易之媒介），故能权物之贵贱而等差之者，莫如贝，故曰等物。齐之如刀切焉，故曰画物。从贝以示等，从刀以示画，会意字也。盖含均齐秩序之意，既差等而又名之曰均齐者。孟子曰：‘物之不齐，物之情也。’本不齐者，因其等而等之，是则所谓齐也。故吾国文所谓‘则’，常以为‘自然法’之称。易‘乃见天则’；诗‘天生烝民，有物有则’，是其义也。然既从刀则人事寓焉，故‘人为法’亦得适用之。周礼‘以八则治都鄙’。郑注云：‘则，亦法也。’”第三个是“范”字，说文无“範”字只在竹部的范下云：“法也，竹简书也，古法有竹刑。”段注说通俗文之规模曰范。易系辞说：“范围天地之化而不过。”郑注云：“范，法也。”后来“模范”、“范围”等词，仍留字的本义；但在法律上却未曾将“范”字洗礼过。

二、法在外国语源上之意义

在外国文字上，法律一词也是由广泛进到狭义的。及至比较进步的社会，文字上常有数个不同的文字代表不同的意义。就现代各国文字上来说，大抵法律有二种名词：一个是包括广泛的，一个是包括狭义的。前者如拉丁文之Jus，法文之driot，德文之Recht，意文之Diritto，西文之Derecho等。后者则有另外的字以代表法律的意义。所以上述的各国名词，各有对待的名词如lex，loi，gesetz，legge，ley等。不过在英文里，我们殊难找出与law对待的字。英文里纵有区别，亦不外是law与a law而已。

现在为便利说明起见，我们只与罗马法的优士（Jus）为例。优士与勒克士[1]的分别究在哪里？第一，优士一字不但是具有法律上的适用，且包涵道德或伦理的观念。而勒克士只有法律上的意义，没有别项的适用了。前一字既是具有伦理的观念，则是、非、善、恶、自然，是其所必谈的。不但如此，优士亦兼涵权利的意义，例如罗马法家乌尔比安[2]ulpian说：“正义是恒久继续的，使各人得到其优士（就是权利）。”这里所说的优士，便不是法律，乃是权利。如果解做“法律”，岂不是无意义么？但是在别个地方，他却说“优士”的使命是诚实的生活，不要伤害他人，给各人其应得的部分。这里的“优士”的意义既不是狭义的法律，又不是权利的观念，乃是一广义的法律具有的道德色彩。由此看来，我们就可知道“优士”的意义之广泛了。

---

〔1〕“勒克士”即“lex”的音译。——校勘者注

〔2〕“乌尔比安”原文作“邬雨果”，现据今日通常译法改正。——校勘者注。

从历史上说来，“优士”比“勒克士”来得古。这因为在原始时代，文化简单，没有分别道德刑法等观念。

其次，“优士”常用作抽象的意义，而“勒克士”是实质或具体的。这里分别，我们可在德法意西诸国文字上找证明。沙尔蒙[1]（Salmond）解释Droit，recht，Diritto等字经过的途径的演进，是如此的：在最早之时，这几个字无非是表示“物体的正直”的意思，故英文中到现在还有保存这个意义。例如说“直角”，英文曰Right angle，从拉丁文的Rag脱胎出来的。拉丁字Rag是指“正直”或“伸直”的意思。到了后来社会日形发达，往来渐多，同群间自然发生关系，由这个关系，而渐次产生相同的道德观念，就把原来“物体的正直”意义借用。等到道德的正直观念发达之后，社会已是得到相当的进步，由道德的意义转到法律了。到了这个时期，不但“法律”是包括法律的全体意义，且兼涵特个的法律而言。如英国之称“动产法”为law of personal property。这里所说的law，是表明法律的一部分意义。

因为这个缘故，“法律”一词的涵义得分为二，一是抽象的，一是具体的。例如我们说德国法英国法，这里的“法”字是抽象的观念，因为我们说德国法时，并不知其完全的内容；也许当我们说时，德国议会正在取消或增多一个法案了。这种变动事实，并不影响我们所说的德国法，这好比中华民国一个名词是个抽象的观念一样。我们说中华民国时，并不知道，也不能知道，其份子的确数。所以今日死亡了十万同胞和添增了百万同胞，完全不能变更中华民国的抽象观念。

但我们只说“英国劳动法”时，“法”字就变为具体的意义了。就是说，我们所称的不是英国法全体，也不是“劳动法”而已，却是“英国的劳动法”。英国只有一种劳动法，如果英议会把它取消了，英国劳动法便不能存在。从适用方面来看，更可证明抽象与具体法之不同。当我们说英国法时，所谓“法”并不指定哪一部分。至于具体的“法”所说却是特种事实。

---

〔1〕“沙尔蒙”原文作“沙尔孟”，现据今日通常译法改正。——校勘者注。

新旧各派法律学说之一览*

张志让**

欲知新学说之地位，不可不先知旧学说之内容，罗列兼陈，美恶斯辨。其他科学如是，法学亦然。关于法律全体之学说，可分为两种：（一）说明法律之性质，即研究法律为何物；（二）说明法律之目的，即研究法律何为而设，吾人因何须有法律。此两问题，本属不同，惟后者每于前者之答案中同时解决。故欲究其一，不可不兼及其他。

关于法律性质之学说，自希腊以来，不下十二种，众山叠起，宜作居高临下之观：

（一）法律为神授关于吾人之行为之规则。如上古犹太人之摩西法（Mosaic law）及巴比伦之汉谟拉比[1]法典（Hammurabi's Code）皆托为太阳神所授已成之法。古印度马纽[2]法（Law's of Manu）则号称系马纽神之子奉马纽之命当马纽之面而口授于先哲之文。

（二）法律者乃相传之古有习惯，业经证明见容于神，故必为吾人之所可遵从而无患者也。上古之民鉴于自然界势力之横暴。时恐触怒于神，致罹殃

---

* 本文原刊于《法律周刊》1923年第26期，续刊于第27、28期。

** 张志让（1893～1978年）中国当代著名法学家、法学教育家。江苏省武进县人。早年曾求学于复旦公学，后留学美国哥伦比亚大学，回国后任复旦大学校务委员会主任委员，北京大学、东吴大学教授。张志让积极投身反帝反封建的大革命洪流，是一名热诚的爱国民主志士。1931年“九一八”事变后，积极参加抗日救亡活动，为营救爱国人士沈钧儒、邹韬奋等“七君子”进行了不屈不挠的斗争。中华人民共和国成立后，张志让出任复旦大学校务委员会主任委员，参加了中国人民政治协商会议第一届全体会议，先后被选为第一、二、三、四届全国人民代表大会代表，担任全国人大和全国政协的多项领导职务，并出任最高人民法院副院长、中国政治法律学会副会长等职。

〔1〕“汉谟拉比”原文作“哈麻拉秘”，现据今日通常译法改正。——校勘者注。

〔2〕“马纽”原文作“曼纽”，现据今日通常译法改正，下同。——校勘者注。

害。故惟有小心翼翼。不越固有之习惯。此种习惯之经传说或记载而获保存者谓之法律。凡于贵族政治之下，如上古希腊及意大利之某时期，法律为彼辈专司之物，此种理论，足以维持信仰，故常为当时所采用。

（三）法律者乃先哲所习知关于吾人行为之安衢大道，或经上天赞许之途径，而为之记载保存者也。凡古代民族之由习惯法而编纂法典者，莫不采取此种学说。耶稣降生前第四世纪中德摩斯梯尼[1]（Demosthenes）即有此说。

（四）法律者乃表示万事万物之天然性质，以哲学方法而发见之原则也。罗马法学家多倡此说。虽或则同时主张第（三）说，以其来源为先圣哲言，或则谓为人民之命令，诸家之说各异。然其以法律为上述原则之表示或反射，则固莫不相同。

（五）上述观念一经哲学家之手，遂受有若干变相。在彼辈思想中，法律者乃宣示永久不变之道德原则也。

（六）法律者乃在有政治组织之社会中，人民对于其相互间关系所作之合意也。法意既为合意，则寻常道德上履行之义务，即可应有。于是守法观念，乃有根据。凡人习见古代城民政治，常易有此观念。故德摩斯梯尼即有此说。

（七）法律者乃管辖宇宙之神智之反射也。此种反射示人民以何事应为何事应不为，此说倡自中古时代阿奎那[2]（Thomas Aquinas）。盛行讫于十七世纪，至今未绝。

（八）法律者乃在有政治组织之社会中，其最高主权体所出关于吾人行为之命令也。（此种权力最后究何所依据则各家之说不一）。罗马民主时代之法学家即倡此说。其后人民主权传递[3]皇帝。罗马法遂明言皇帝之意有法律之效力。法国第十六七两世纪中法律家拥护王权，力持此论。故此论遂以彼辈之力，得入法国公法中。英国自一六八八年后，国会政治大盛。此论遂成英国法律学说之正宗。奥斯丁（Austin）即其代表中之巨子。美法两国之革命，不过将主权由君主移归人民，与此说并无不合之处。故其势力仍得保持勿衰。

（九）法律者乃为人类经验所发见，足使吾人意志在不妨害他人意志自由之范围内有最完全之自由之条规也。此种观念为历史派法学家所主张。在十

---

〔1〕“德摩斯梯尼”原文作“特莫塞尼斯”，现据今日通常译法改正。——校勘者注。

〔2〕“阿奎那”原文作“阿蒯拿斯”，现据今日通常译法改正。——校勘者注。

〔3〕“传递”原文作“递传”，现据今日通常用法改正。——校勘者注。

九世纪中与主权体命令之说势均力敌。其主要理论，乃假定发见法律原则之经验有其确定之途径，非人力所能变更。此种途径或谓系属执行司法事务时，权利与公道之两观念或自由之一观念自然发达之结果。或谓系属生物学或心理学原则或种族特性之作用之结果。

（十）法律者乃为哲学方法所发见，法学著作及司法判例所阐发。俾吾人对外行为得由理性规定，或俾吾人对外意志得相融合，之原则也。此说始于十九世纪。盖欲借以整理法律，详定细则也。

（十一）法律者乃一种当时有势力之阶级为有意或无意发达其自己利益，而加于吾人之上之条规也。此种根据经济之学说，复可分为数派。或谓此种法律系阶级竞争或经济上生存竞争作用之结果。或谓法律系主权体之命令，其关于经济方面之内容系为社会上有势力阶级之意志所定。而此种意志复为其自己利益所定。凡此种种理想，均足代表法律由固定不动之局，而渐图发达之趋势也。

（十二）法律不过为经济或社会原则对于吾人在社会中行为所表示之方针。此种表示，系由观察而发见。发见之后，复就吾人经验所得，推究何者在司法上为能行，何者为否，而制定条规以宣示之。此说亦成于十九世纪之末。盖当时学者舍玄学上之根据，而竟借观察以求实际上或生物学上之根据，故目光遂移注于经济学与社会学之两方面也。

上述各种学说颇有共同之点。

（一）就其成立方法而言，则各种学说皆对于一时代一地方之法律或其中特点，为理论上之解说。如于判例形成法律之时代，则学者谓法律为以哲学方法而发见之原则。（参观上述第四种学说）于立法繁盛时代。则有法律为主权体命令之学说。（参观第八种学说）于法律运用旧日发达结果之时代，则多以法律为经验发见之条规，或哲学发见，俾吾人对外意志融合之原则。（参观第九第十两学种说）盖学者构造学说，并非凭空结撰。不过于解说现行法律时，所得关于其性质之意见，而立为一般的言论。是以此种意见，当然为现行法律之反射。研究此种学说，足以明了当时人就法律作用期达所悬目的之方法。

（二）就其所形容之法律性质而言，则各种学说有共同之点三。（甲）各说皆以法律为有待定之基础。非个人意志可随时变更。此种基础，或为神意，或为永久不变之道德原则，或为哲学上之观念，或为一时一地主权体之命令，或为社会原则，要皆特定之物。非可任人变更者。（乙）各说皆有其由特定基础而发展之确定方法，譬如法律条规或由神示，或由习惯，或记载相传，或以哲学或伦理方法阐发，或由观察，或由经验发见，要皆发展之确定途径也。(丙）法律乃根据特定基础，由确定方法阐发，规定吾人行为及调和吾人关系之制度。换言之，即各种学说皆以法律并非任意规定吾人之行为调和吾人之关系，而实有其预定之方法。非操立法之权者所可以个人之情感而变更。主张上述各种学说之人其心目中多以法律之目的为维持社会一般的安宁。故有此法律不随立法者个人情感而变更之论调。

（三）上述十二种学说皆对法律性质立言。然于其法律性质之说明中，每可见其关于法律目的之观念。若夫明论法律目的之言，则共有三派。皆于法律史上，先后占优胜之地位。而近世复有第四派出现。颇如旭日春潮，方兴未艾。

（四）及至十九世纪之末，天富渐经人用。大规模之工业如林。职业之分工益细。自由主义，渐失效用。于是一新学派乃乘时而兴。此派学者渐舍吾人意志，而注意于吾人之需要与欲望。法律之目的不在调和意志，而在调和需要之满足。不在最大之自动范围，而在最多之需要满足。法学中之问题为评定各种需要之价值，而予以法律上之承认。

然评定各种需要之价值亦殊非易事。其标准究于何处求之。新黑格尔[1] Hegel 派以文明为其标准。换言之，即其标准在发达吾人能力，俾得完全支配人性与物性。新康德派以具有自由意志之人集成社会为标准。狄骥[2] (Duguit) 以社会互赖与社会职务为标准。惟此种标准，是否能使各种需要，同时满足，抑但对于数种需要，予以注意，仍属疑问也。

要而言之，法律之目的在以至少之牺牲，使吾人得满足至多之需要。换言之，即法律者乃使社会需要满足之一种制度也。所谓社会之需要，即文明社会存在所应有之需要。法律应以至少之牺牲，使此种需要得有至大之满足。一部法律史足以证示吾人需要与欲望之经社会支配而受承认与满足者日多一日。保护此种利益之方法亦复日精一日。法律之进步，实可于此觇之矣。

---

〔1〕“黑格尔”原文作“黑格儿”，现据今日通常译法改正。——校勘者注。

〔2〕“狄骥”原文作“杜骥”，现据今日通常译法改正。——校勘者注。

法律之目的*

曾毓钊**

常吾人立法或寻法之际，吾人脑中必有一臆像，即某人所为之行为及其为之之原因是也。故自希腊哲学家辩论法律之权威之基础时起，“法律之本质”即为法理学中争辩最烈之问题。然法律之目的，在法理学中，则未若在政治学中，易于惹起争辩。在衡平法与自然法时代，法律之目的，已由其本质学说，解答相近，在法律成熟时代，法律之于一般人，则为一“自足（Self - Sufficiet）以其理想之形式为判断之标准，不可制造，即使可制造，其为量亦必甚微”之物。自天赋人权一观念论之，法律之目的，似可谓甚为显然，至其本身，则谓为一愈少愈好之物，盖因法律限制吾人之自由，而吾人之自由，若无正当理由，则断不容稍受限制。故在法律成熟时代，法律除于系统与形式方面稍有改进外，其关乎立法之学说，则绝少发展，当时吾人所得而闻者，只“为何不应立法”及“在何方面不应立法”二者而已。上世纪无主张立法之学说，故上世纪不知创一关乎法律之目的之学说。然事实上，已有之，其势力且甚大焉。

法律之目的何在？法律为何？此二意念之关系，甚为错综复杂，既如此，则吾人对于讨论法律本质之各种学说，以及眼光，作一涉猎之研究，即不能谓为绝无裨益。关于法律为何之学说，为数不下十二，兹分述之如下：

（一）法律者上帝所制以规范人类行为之规条也。如摩西法、汉谟拉比法典是。据云，此二法典乃上帝马努所制，先传之其子布里究，而又由子布里究依其命当其面，传之先胜者。

---

* 本文原刊于《法学季刊（上海）》（第1卷）1931年第4期。

** 曾毓钊，1931年毕业于东吴大学法学院（第14届），获法学学士学位。

（二）法律者神所承认之足以导吾人于康庄大道之古代惯习也。古代之人，日处于四面荆棘之大自然中，日惧开罪于自然，致受其惩戒，故只敢为其由长期习惯所得知之为其神所喜之事，以其神所喜之方法为之，法律即保存此种习惯表扬此种习惯之传统的与记载的规条也。吾人每以此种眼光，观察古代法律，犹之，吾人以牧师保藏之种种遗传，为神所昭示者也。

（三）法律者，对于人类行为之正规，有认识之聪颖人士之智能之记载也。当习惯法变为古代法典时，人类对于法律之观念乃如此。纪元前四世纪时，狄摩西尼即系以此种观念，描写雅典之法律者。

（四）法律者人类行为所依之表现物之本质之哲学的原则也。此乃罗马时代之法学家，对于法律之观念。此种观念乃由上述之第二第三两种观念，与（以法律为罗马人民之命令）之政治学说，三者合并而成者。此种观念，以遗传，智慧，人民之命令三者为“哲学原则表现于外反映于外，依哲学原则衡量，变形，解释，废弃”之物，故与前述之两种观念，不相冲突也。

哲学家中有以为法律为一种永存不变与不可违反之道德法典之确定与表现者，是为第五种法律观念。第五种法律观念乃由第四种法律观念蜕变而成者。

（六）法律者，人类于有组织之社会中所定之规定彼此关系之契约也。此种观念，以法律法条，与柏拉图派所讨论之市府之命令饬令等，皆为互相吻合之物。狄摩西尼，在雅典陪审官前，主张此说，盖亦有其原因，依此说，则一种哲学观念，往往为一种政治主张之后援，而道德方面之义务，则为遵守大会所通过之议案之原因。

（七）法律者，管辖宇宙之理智之反映也。换言之，亦即对于有道德之人所称之“应”之谓应与“必”，相对立。应对人类而言，“必”对万物而言。此托马斯阿奎那之法律观念也。十七世纪时，此种观念，流行甚广，后此亦有莫大之势力。

（八）法律者，主权者在有组织之政治社会所发之规定人类行为之命令也，罗马共和时代，法学家对于成法，即采此种观念。查氏丁尼法学阶梯〔1〕因以罗马主权在罗马皇帝，故承认罗马皇帝之意志，有法律之效力。此种思想，对于十六七世纪拥护法国王室，集中法国权力之法学家，甚为相合。故此种

〔1〕“法学阶梯”原文作“法学梯阶”，现据今日通常译法改正，下同。——校勘者注。

法学家，将此种思想，制成公法。一八六六年后，此种思想亦合英国之国情，故英国亦奉上之为正统法律学说。法美革命后，主权移于人民，因之，此说对于主权在民之说，亦无冲突。

（九）法律者，人类经验所发现之有系统之规条，使人类之意志得自由表现，而不致互生冲突之物也，此历史学派对于法律之观念也。历史学派之观念，虽至今尚未能一致，而附从“主权命令说”之法学家之因有此说而渐少，则为不可讳言之事。此说以为为法律原则所由出之人类经验乃系自有其定轨而不为人力所左右者。至实在决定其程序者，彼则谓为下列之三物（甲）权力自由观念之发展；（乙）司法时自由观念之变化；（丙）生物定律，心理定律，民族性之改变；故其结果：为其时其民族之法律之产生也。

（十）法律者，哲学所发现而为法学者作法院判决所引申[1]之原则也。其功用有二：（甲）规范人类之外部生活，（乙）调和人类之意志。当自然法学说失势后，吾人以哲学之眼光，批评法律细目之排列与发展之时，此种思想，始行发生。

（十一）法律者，统治阶级，以促进其自身之利益为目的，加诸社会人士之规条也。此为经济学派对于法律之观念。此派细分为三派：一为唯心[2]主义派，一为社会机械派，一为现行法分析派。唯心主义派心目中所有者，为一经济观念之必然的发展；社会机械派心目中所有者，为一阶级斗争：现行法分析派以为法律者乃主权者以其自身之利益为标准而决定之命令。此三派皆系由法律成熟时代进至一种新时代之过渡的法律观念也。自法律自足说失势，研究法律者以法律与其他社会科学合并研究以后，法律与经济之关系，遂引人注意。制定法昌盛[3]后，吾人且又以制定之法条，为法律之本身，而以立法之理由，为一切法律之解释者。

（十二）法律者，以经济社会法则为经，以由观察及司法经验而得之人类行为为纬，而制成之物也。此亦十九世纪末叶之学说。当是时，吾人正在寻求可由经验发现之物质的或生物的基础以代玄学的基础。此外则尚有一说，主张以观察寻出社会之基本事实，而扩充之者，此乃社会科学联合与注重社

---

〔1〕“引申”原文作“引伸”，现据今日通常用法改正。——校勘者注。

〔2〕“唯心”原文作“惟心”，现据今日通常用法改正，下同。——校勘者注。

〔3〕“昌盛”原文作“倡盛”，现据今日通常用法改正。——校勘者注。

会学说之结果也。

以上所述各学说，初视之，皆系对于各时各地之法律，有所说明者。吾人欲明之，实有析而论之之必要。当法律之因法律行为而生长也，吾人先得一以哲学原则为基础之哲学派法律学说，俟后，当吾人以某点为根据而立法，而以法律为主权者之命令之政治派法律学说，则甚占势力。及至第二时期之法律已集前期法律发展之大成，则以经验为基础之历史派法律学说，与以法律为权利自由观念之实现之玄学派法律学说，逐渐霸法律思想界矣。其所以然者，盖因法学家与哲学家，皆不以法律为逻辑上之单纯事务，随哲学思想之发展而变化者。因其皆有所诠释，皆有所注疏，故哲学家与法学家，从理智方面研究之，叙述之，而创之各种法律本质之学说。凡学说，必为其所解释之制度之反映，从泛论之学说，亦无不然。所为泛论之学说，乃系以普通之名词，陈述某时某地之法律或其目的者。其功用在使吾人了解该种法律，该种制度，以其某种作为之是非。设若吾人肯对于此种种法律本质之学说，加以研究，则吾人即可得而知之矣。

上述之十二种“何为法律”之学说中，有共同之元素三。一曰各学说皆有其“个人意志之所不可移与社会变迁之所不可改”之最终之基础。此最终之基础，或为神制不可犯的道德律中所直接或间接显示之神意，或为玄学中吾人所应永久遵守之基本原理，或为决定人类行为之基本法则，或为高于一切之有权威的意志。不论其为何，其为吾人所往往注重者，则一也。二曰各学说中皆有其一定不变之程序。此种程序之详细规定，有得自神之显示者，有得自共识之有权威之传述记载者，有得自哲学与逻辑之方法者，有得自政治制度者，亦有得自历史中业已有根据之合乎玄学观念者。三曰各学说中皆有一指导人类行为，与改正人类关系之规律。此三者，非但指导吾人之行为，改正吾人之关系而已，且予吾人以作事之一定的不可改的与预定的方法也。此种方法，对于指导者改正者之个人感情，个人愿望无涉。故吾曰法律之目的，在乎满足社会之公共安宁之欲望也。此种观念，十九世纪执法学者，当已有之，惟不知其所以有之者，其原因究系法律之目的本在乎满足此种欲望乎，抑系该种欲望为可用法律满足之最显著欲望，抑系吾人以社会之力量规范人类之行为，其目的在于满足此种欲望也。

吾人苟对于一切法律之目的之观念，加以研究，则吾人即可得三种在法律史上业已获得地位之观念与一种新发生之观念。其中，最简单者为“法律之存在，只在保持社会之安宁，而不愿代价之高低”。此即吾人所称之原始时代之法律观念也。此种观念，因以满足社会公共安宁之欲望，为法律之目的，故主张法之所至，其他个人欲望及社会欲望，皆不应为吾人所顾虑，而应为法而牺牲。原始时代，法律之所以皆为琐碎之规定，而非一贯之原则，使人诉讼之方法之所以皆为因有与胁迫，而非法律之制裁，规定之所以皆为自助与自救，而非普遍之禁止，程序之所以皆为不准辩论之机械程序，而非容许辩论之合理程序，致使法治之目的，渐有不能达到之势者，其故盖由于此。在以血缘为基础而组织之社会中，社会之欲望，多由血缘组织而满足。在此种情形下，社会上之冲突计有两种。其一为有血缘组织之一族与其他族之冲突，其他则为有血缘组织之族，与无血缘组织之个人之冲突。此时，社会上有一种尚未满足之欲望，即维持族与族之和平，与维持有组织之族与无组织之个人之和平是也。俟后，血缘组织，逐渐破坏，族不复为社会之基本单位。政治组织代血亲组织，控制社会，社会之单位又变为自由人。在此种过渡时代之情形下，自公共安宁方面言之，对于无强有力之血缘组织代其负责之人之战争，实有予以限制之必要。法律者，即满足此种欲望，维持社会之安宁之工具也。

希腊哲学家，对于“公共之安宁”，采取广义的解释，以为法律之目的，乃在乎保持社会之现状。于是，彼等遂拟直接以维持社会制度之安宁，维持一般之安宁矣。在彼等观之，善谓法律者，乃使社会之人士，各守其范围，而不互相发生冲突之谓。知其范围而守之谓之所，故意破坏此种范围谓之恶。此种思想乃在市府政治组织代血缘组织而与之时发生。是时，有血缘组织之人，仍有莫大之势力。而有血缘组织与有氏族观念之贵族，与无氏族组织及失氏族组织之平民，则互争政治与社会之领导权。此时，有政治野心之个人，与握有大权之贵族，对于此种公共安宁所赖以保持之不甚坚固之政治组织，威胁甚大。故此时社会之最大欲望乃为维持公共之安宁。维持社会现状，即希腊罗马即中世纪对于法律之目的所有之观念也。

由以法律为保持和平之工具之观念，进至法律为维持社会现状之工具之观念，中间尚有一观，即赫里克利特斯所谓之“人须为其法而战犹守其城然”一原则是也。在柏拉图之著作中，法律之为维持社会之秩序之工具，言之甚为详尽。柏拉图以为吾人所居之社会，乃异于吾人理想中所谓良善之社会者。姑不论现社会之现状如何，依理言，则吾人皆须重行分类，而各归有其所适合之种类。分类完毕后，法律之功用即使吾人永不改变其所属也。法律者，非使吾人得自由与他人竞争与自由使用天然之力量之工具。乃使吾人守其职，而不扰乱社会之秩序之工具。柏拉图云：鞋匠只得为鞋匠，不得同时为农夫，不得同时为裁判官，兵士只得为兵士，不得同时为商人，今有人焉，若无所不能，无所不为，此理想国中，则绝不能容其存在。亚里士多德云：正义者，以各守其范围条件者也，第一，吾人须注意人之不平等，而依其所值，分别待遇之。第二，吾人须注意人人之相等，而使人人无不各安其所。圣保罗云：为妇者，从其夫，为仆者，从其主，然后各人在社会中，始能各尽其职。凡此所发表者，皆希腊时代对于法律之目的之观念也。

希腊之哲学观念，至罗马时代，遂由罗马法学家制成法律学说。查氏丁尼法学阶梯中，有三大法律信条曰（一）人皆须度其荣誉之生活，而依其社会之习俗，而保其道德之价值；（二）人皆须尊重他人之人格，而不侵他人人格所由形成之各项权利；（三）人皆须顾及他人，而对于他人之既得权，予以尊重。从社会制度中，吾人知某种权利，乃专属个人者，而正义即为将此种权利，给予应有此种权利之人。正义含有二义，其一为给以此种权利，而另一则于某种限度之内，对其存在与使用，不加侵犯。此即希腊维持社会现状之观念在法律方面之发展也。俟后，东方各帝国，又扩而至于极端，于是，稳定之社会，遂将各个人及其后羿之职业，详为规定，而使其不得相离。至此，个人之野心，遂不复能扰乱社会之秩序矣。

中世纪时，以法律为只在保持和平之原始观念，又随德国法律而复兴。惟因吾人学习罗马法脑中深印罗马式之希腊观念之故，吾人仍采“法律之目的乃在乎维持社会之现状”之观念。此种观念，甚合中世纪社会之需要，因中世纪时，吾人方由无政府与暴乱之环境中，解放出来，而进入一以保护与劳逸之关系为基础之社会。希腊人对于静的社会之观念，为时时因其性质与其理想而修正之社会，中世纪对于静的社会之观念，为以威权〔1〕为基础，而由习惯而决定之社会。对于二者，法律皆为持续原有的静的社会之状况之规条也。

在封建时代，主要的法律制度，乃为封建关系中由习惯而养成之相互的义务。及封建制度崩坏，而个人在发现，殖民，与贸易方面，大肆活动后，

〔1〕“权威”原文作“威权”，现据今日通产用法改正。——校勘者注。

满足个人之要求，使个人在各方面得自由活动，遂变为社会之急待满足之欲望。此种欲望，较之维持“相互的义务所由尽封建关系所由存”之社会制度，尤为立即满足之必要。吾人对于他人之履行义务，向未若对于自己在不断供给新机会之世界中之活动，希望紧多。故此时吾人不再希望世人各守其固有之范围也。此时冲突与浪费之事情[1]皆甚多，其故不在世人之脱离其固有之范围，而在社会之秩序已变，而仍有设法使世人仍守其范围者。社会之秩序既变，则世人即须努力解除其束缚，夫如此，世人尚有余力以从事于财源之发现与开辟如后世然乎。故当时法律之目的，乃在乎获得个人意志之充分的自由表现也。

介乎旧观念与此新观念之间者，尚有十六世纪西班牙法理神学家之学说。其学说谓人类之行为，皆各有其自然之界限。换言之，亦即表现人类为有理智之动物，其行为受理智之支配也。此种学说与古代思想，名同而实异。希腊思想之所以主张限制人类之行为者，其目的乃在乎使人各从其所适俾使人人皆得展其才，以维持社会之原状于万世。而十六世纪之反宗教改革派所主张者，则为人类之行为，本有天然之界限，而现行法之所以对于人类之行为，须加以限制，且得加以限制者，乃因其为他人之行为着想也（因人人皆有作某事之自由意志与能力）。亚里士多德以为为人类各有其所长，应各尽其能力；此时之法学家以为：人类皆有意志自由，皆能任意运用其权利。此时之法学既承认人类乃生而平等者，故此时之法律，不专为维持社会之原状而存在，不专对于个人之意志与能力，加以限制，且进而维持人类之天然平等矣。自天然平等思想变为机会均等思想后，个人自我表现之思想，与“法律之存在乃在乎使人人在财源丰富之世界中，有充分之发展”之思想，遂行发生。后者系发生于十七世纪，流行于十七世纪以后之二世纪者，前代之重要法律思想也。

至此，法律之目的遂由保护自然平等，一变而为保护自然权利矣。吾人由人类之具有某某数种特性观之，知人类乃有道德有理智之动物。西班牙“法律神学家”所言之人类行为之限制，即系以此种固有之道德特性为根据者。人类有此种特性，故人类知应有某物，应作某事。此之谓人类之自然权利，法律只不过保护此种权利，使其由法律上之效果而已。自然权利乃不受

---

〔1〕“事情”原文作“情事”，现据今日通常用法改正，下同。——校勘者注。

限制者，故人类之行为，除在自然人或理想人依理想皆须尊重他人之权利之场合，皆应有绝对之自由。此为十九世纪以前之思想。此种思想，在十九世纪时，曾经一变。十九世纪时，法律之基本目的为个人之自觉，而社会问题在当时只不过在乎调和个人意志在人生各方面表现之冲突而已。故自然平等至十九世纪，遂一变而为自由意志之平等。康德以此种言词称法律曰：法律者，适用于人类行为之普遍的规律与原则，使各个人之自由意志皆得同时存在者也。黑格尔以此种言词称法律曰：法律者，自由观念之实现于人类经验之原则也。班忒系以法律为国家所制之规律，其目的在于获得各个人之最大快乐，使各个人在社会皆能尽量表现其自由意志者。斯宾塞则以为：法律乃人类以限制人类之一部分[1]之自由为方法，而增进人类之自由，因而“形成活人受治于死人之政府”规律。今吾人姑不论此数人所用之言词为何，而法律之目的之为获得个人之最大的自我表现，使人人皆能为所欲为，不致互相发生冲突则一也。此探险家，殖民家，商人，企业家，工业家之哲学也。此种哲学，直至世界有人满为患时止，仍有避免人类之冲突，与促进财源之利用与发现之切。

此种观念，支配法律目的学说，至两百余年之久。吾人苟研究其历史，则吾人即知其有三大功用。一，吾人曾用之以解除吾人经济生活自中世纪以来所受之束缚。十九世纪时，此种观念，在英国立法改革运动中，曾有莫大之关系。英国之功利主义者主张：除“保护他人自由”之束缚外，铲除吾人行为上之一切束缚。据云，此乃立法之目的。二，吾人曾用之以解释十七十八两世纪之法律。在十七十八两世纪时，商法乃重意思而不重形式者。一种行为之有效与否，乃以为之者之意志为断。三，吾人曾用之以稳定吾人之思想。十九世纪时，吾人知“法律虽为社会所不可少之物，实则并非良物”。法律乃加限制于吾人之自由意志者，故法学家与立法家应以一切合法之事物为合法，而使各个人皆得各行其是也。

此种“以法律之存在为促进个人自我之充分表现”之观念，发展至此最末阶段，可谓至于极端，再无发展之地矣。各洲既无发现，而天然财源又已开辟，且此时社会又以保存财源为务，况吾人又有充分之天然力可用，而产业组织又扩至使吾人不能再听吾人之支配。故此后之法律于前逐渐不同也。

---

[1] “部分”原文作“部份”，现据今日通常用法改正。——校勘者注。

在从前之时，吾人若有财产，则吾人对于吾人之财产，则可为所欲为。今则不然。在今日，吾人之行为，若危及公共安宁与公共卫生，即须受法律之限制。非但此也。不论何时，苟有保护公共卫生之必要，则法律且可令吾人为某种行为。从前吾人有缔约绝对自由权，今则于保护个人之生命之条件下，受有限制，从前吾人可以自由处分吾人之财产，今则苟致破坏婚姻与家庭之制度则不允许。从前吾人可自由占有无主物，使用公有物，今则不可；从前吾人可自受受雇，今则须经过考试，经过检查。凡此，皆所以证明后世之制度，乃以法律之规定为标准，而不任吾人自由竞争者。其故盖因在人口稠密财源业已开尽之社会中，不如此，非但不足以免除社会之浪费，且足以引起纠纷也。

上世纪之末，及本世纪之初，吾人又有一种新思想，即以欲望与需要解释法律，而不以意志解释法律是也。是时之法学家以为：彼等所应为者，非只使人类之意志能得调和而已，且须使人类之欲望皆有相当之满足也。是以彼等不再注重意志，而注重欲望矣。是时，彼等以为：法律之目的，非为自我之最大表现，实为欲望之最高限度的满足。故彼等一时曾有“伦理学之问题，法理学之问题，政治学之问题，皆不过一种衡量问题”之议论。在法理学与政治学中，彼等曾有“研究实际问题，使吾人之利益，得因政府之干涉，而有法律上之效果”之觉悟。彼等以为最初法律上之第一问题，为法律承认何种欲望——承认何种利益，与保护何种利益之问题。及此种欲望，此种要求，此种利益，既经列出后，则第二问题即为选择与衡量，以及决定其范围，与确定其在法律上之效力问题也。此种思想，虽因有种种之用语，致使吾人不能将其辨出，而在过去之最近六十年中，有数派法学家主张之，则不可否认也。

使法律目的学说之基础，由意志变为欲望，由意志之调和变为欲望之调和者，有三元素焉。最重要者，厥惟意志法律哲学所赖以成立之心理学。其次，则为经济学，经济学之所以能使法律目的学说之基础由意志变为欲望者，盖因社会科学既有统一之运动，而经济史观又证明法律之形成，皆由于欲望之压迫也。再其次则为产业组织中所含有之社会分化。因阶级存在之关系，吾人对于生存之要求，较之自我表现，尤为强大。因此之故，吾人遂不注意法律之本质，而注意其目的。此吾人所以不以法律之内容为衡量之标准，而以法律之功用，为衡量之标准之故也。在此方面，现代之思想，同于十七十八两世纪而异于十九世纪。法国作家称现代之思想为司法理想主义之复兴，亦系为此。现代之社会功利主义派，与十七八世纪之自然派，本只有一相同之处，此相同之处为何？即二者皆注意法律生长之现象而设法改良之是也。

最初之社会功利主义，亦尤十九世纪之各种法律然，武断太甚。社会功利主义之原因说所述者，非吾人立法之目的，乃其当时之状况。因有社会功利主义之故，吾人于研究法律哲学制度区分为二。此外，则吾人之知立法事业之为“调解”，亦自此始。自然法学派曰：立法只不过自然原则之当然发展而已。故自然法学派以为：各种自然权利的合理的发展，即足以称成各时各地之法律。十九世纪之法学家，虽亦为信仰此种观念者，然其所谓调解，则为自然的，而非人为的。依十九世纪之法学家之意见，则人各之意志，若有冲突，之有赖于“有普遍权威”之原则解决之。吾人因信任法律之存在，在乎保护社会之利益，故吾人不必先有一种能解决各时各地之问题之信仰，即可调和各个人之利益。此正如新康德派所云：吾人可以当时当地之社会理想，解决当时当地之问题，对于吾人，初不必信其能找出一“放之万世而皆准”之原则也。新黑格尔派谓：吾人可制某时某地之法律信条，吾人不必假定此种信条，为万不变者，亦系此意。

社会功利主义，不论从心理学方面言之，或从社会学方面言之，皆系有缺点者，因事实上支配立法与司法者，非只衡量利益一事而已，欲望与需要之压迫，亦有莫大之关系也。吾人为维持公安计，故极力防止法律之受此影响。惟吾人只可从里面观察法律之进行，不能希望完全达到吾人之目的。然吾人于立法时，若有具体之目的而以此目的为立法之标准，则吾人之希望，或不致完全不能达到也。

至此，吾人遂有一困难问题发生，即以何为标准而衡量是也。苟吾人云：吾人先将各种利益全数列出，然后再一一比较，然后再就吾人所需要者，予以法律上之承认，定其范围，则吾人即不可不解决如何衡量一问题也。此种问题，哲学家曾研究之，曾思得一方法，以为比较之标准，然吾不敢信其能有结果也。此种问题，为社会哲学与政治哲学所未决之根本问题，法学家，除承认其为问题，除承认一切社会利益皆应受法律之保护外，尚有何作为乎？上世纪，吾人所注重者为公共安宁，本世纪吾人所注重者为个人道德，与社会生活，然吾不知吾人究能注重到底与否也。

社会功利主义者将答之曰，以法律之目的为标准，衡量各种利益之轻重。

然而吾人能得一绝对之标准乎，法律之目的非即满足吾人之欲望耶？其范围非即吾人所用之工具所定之范围耶？若“然”，则吾人即永有改良工具之可能矣。希腊哲学家曰，起诉之理由只有三种，即侮辱，伤害，杀人三者，斯宾塞曰卫生法，家庭法，皆非法律范围之内之物。此二者，皆武断之言也。夫法律，犹机器也，良善之机器，无往而不能用，良善之法律，无处而不能达。法律虽非能干涉人类之一切行为，规定人类之一切关系者，然苟在某一方面，法律能使人类满足一种欲望，而不致影响于其他之权利，则法律亦不受任何之限制也。

兹再就其他现行之学说言之：新黑格尔派云：以文化或人类能力之发展为审理案件之标准；新康德派云：以“以有自由意志之人为社会之理想之社会”为审理案件之标准；狄骥云：以社会之互助与分工为审理案件之标准。吾人虽不知此三者究竟提倡社会之分工合作与否，然其标准中皆含有调和利益冲突之问题，则不可否认也。

今为使吾人对于现在之法律明了计，吾曰法律之目的，乃在乎以最小之牺牲，满足社会全体之最大欲望也。今有欲望焉，在有组织之政治社会中，苟为可以满足者，则法律必以承认其在法律上之效力之方法，使其满足之。法律史中，欲望之为法律所承认而满足者，日益增多，利益之为法律所保障者，日益加大，以及享用货财，浪费之免除，冲突之减少，皆其明证也。故吾以法律之目的，在乎增加社会之效率，作为本篇之结语。

商业与法律*

陆鼎揆**

吾国事业之所以不能十分发达者，半由于近年来政治现象之不良，半亦由于商人对于近代事业所需要之工具，未能注意之故。而法律之不注意亦一大原因焉，因商人忽视法律之故，是以往往良好事来辄生阻碍，致贻功亏篑之叹。例如二十五年来之各种大规模事业失败多而成功少，其原因在于股东之不能依据法律监督办事人，比比皆是，实其最显著之例也。此篇为陆鼎揆博士所著，对于此端痛下针砭。陆君系美国密西根〔1〕大学法学博士，曾任华盛顿会议新闻记者，归国后屡任京沪各大学法律教授，去年段执政时代曾一度召住参与国宪起草事业，现在上海执行律师业务甚有声望，实为吾国法律界有数人物。平生著作宏富，其议论政治法律诸作，往往见于沪上各大报中焉。

——编者

老子有言："人法天，天法道，道法自然。"宇宙之所以能运行而不息，人事之所以能常往而无穷者，以其有道也。若道所以成立则往往出于自然，莫之为之者，或同势所出于必然，莫得而易之者也。宇宙之所以成有物理学种种之公例故，若人事之所以能日时而无穷，社会之所以能常存而不息，则以其有共同生活之一切规范。〔2〕故人类者，势不能单独生活而必出于共同生活然后能存焉。社会日文明欲望愈益发达，而人齿日繁衍，物质乃视之而愈

* 本文原刊于《商业杂志（上海1926）》（第2卷）1927年第4期。

** 陆鼎揆，1920年毕业于东吴大学法律系（第3届），获法学学士学位。

〔1〕"密西根"原文作"密希根"，现据今日通常译法改正。——校勘者注。

〔2〕"规范"原文作"轨范"，现据今日通常用法改正。——校勘者注。

少。欲多物寡，如是而不能使之明分，使群未有不出于争且夺。则共同生活，奚得而成立，习惯也，道德经条也，法律皆为之规范，而使其能明分而使群者也。而法律之效力尤为显著，盖习惯与道德，为之后盾者。惟社会舆论，苟非自好之士，则必不能强之必从。若法律者，其后盾，为国家之权力，苟有相违，刑戮随之。未犯者，禁之使弗犯。既犯者，明正其厌辜。一社会中各人相互之关系，有法律为之规定其度量分界，使各不相侵焉。而后人人乃各有其真实自由，而得各安其生业矣。由是观之，吾人生存于一社会中，其始若未尝觉有法律之与吾有何周旋者，而不知吾人平素一切之人事关系，乃莫不在有法律追随于其间，而为吾人之保障也。苟一旦而无之，则吾人一切生活所必需之工具，吾人之愉乐与自由，且将尽为强者所侵凌掠夺而无遗各人之生存将各自赖其个人之力。则其存者，几希。法律之与人类生活之关系其重要与密切有如是者矣。

社会者，人类赖之以生存，而法律者，实为组织社会必需之要素。是故人类不能离社会而生存，亦即人类不能离法律而生存。吾人之日常生活。在常人观之。视若与法律初无若何深切之关系，而不知乃在在受法律之支配与保障。以其法律为之度量分界故，是以弱者与强者得以并存，而人人得以享受其安定之生活，由是社会得以蒸蒸日上，以进而趋于文治光明之道，使人类之文明得以前向而未有限量。在普通人民如是，其在置身于商业阶级之人，则其与法律之关系，则更为密切。盖商业上之往还不外为买卖行为，或代理行为。若是者。则何莫而非契约上之关系，亦即法律之关系。在商人之眼光观之，商业上大部分〔1〕之行为，皆受所谓商业习惯之支配。似与法律之接触犹少，而不知商业习惯确已成立既久而有普遍之束缚性者，则实际上亦遂成为法律之同样事物。其与法律之效力将毋同。夫商业之所以能川流而不息者，其最大之后盾即为商人自身之信用。而信用之所以能为商业上最大之效用者，一方面附由于商人之欲以此为其活动之最大资本，而他方面则又有法律立于其后而监督之而已。例如担保行为，通常受担保人所以接受担保人之担保，固因担保人之有信用故，顾一日担保人而不能履行其允诺时，则法律且将超而强制其履行允诺。由是观之，商业上最后之基础，虽谓全筑于法律之上，亦无不可也。

---

〔1〕“部分”原文作“部份”，现据今日通常用法改正。——校勘者注。

商业法律其关系既如是密切是以无论何类商人，其应受有充分之商业教育，固无论已。而除此之外，对于与本身事业有密切关系之一部分法律，亦不可不具有丰富之知识，后对于其不时一切商业活动，不至因而发生无幸之损害。若重大之法律问题，为审慎起见，原以咨询之于法律专家为妥善。若普通日常之往返周旋，其势不能事事而商之于法律家，则惟有商人自身能了解法律大概之内容，于是可以免除无数上之纠葛。而亦惟有人人能明白法律，于是而法律上之纠葛得以日少。而商业活动，乃得建立于一稳固之基础上。由是而日进无疆，是以商人而能了解法律。非特为商人个人之利益，抑且为社会全体之利益也。

商人所必需了解之法律为民法与商法二种，民法者支配无论何人之法律行为，不论何人皆与之有密切关系，固为无论何人所应明晓之法律。若商法而对于其所后事之特种商业之法律，尤不可明晰其内容。例如经营大公司之商人必知公司条例为何物，从事于制造物品之商人则商标法实有重大之价值，保险业则应熟晓保险法，航业商则应通晓航业法、海洋法。零卖或趸售商人，则应熟晓买卖[1]法。从事于银行业者，则应通晓票据法。设有代理店或自为代理商之商人，则应明了代理法之内容。而无论何类商人，对于契约法，则不可不人人注意及之。盖无论何种商业行为，不外属于契约行为也。吾国对于上述所举各种法律，至今犹未周备，而其一时所以未能周备之故，政治上之不靖固为一大原因，而其实亦因近世各种之商业，实皆自欧美灌输而入，于我国犹为草创时代，商业上大部分之习惯未达于成熟时期。于此时期，而欲设一划一之法律以支配之，同时并不妨碍商业上之进行，实为不易着手之事，此亦为法典编纂迟缓之一大原因也。顾法律不完备，则商业上许多活动，往往易趋畸形的状态，而不易为健全之发展。例如因吾国破产法不发达之故，由是而商业方面之许多债务，乃反至陷入于永无清了之期。吾人今日欲求中国商人业之健全发展，惟有希望一切关于商法律即日成立，使商人有轨辙可以遵守而后乃得进而与欧美各国之商务分庭而抗礼也欤。

---

〔1〕“买卖”原文作“卖买”，现据今日通常用法改正。——校勘者注。

法律与权力*

（二三年四月九日在大学部第五次纪念周演讲）

张庆桢**博士演讲　金乃武、陈书贻记

主席，同学诸君，今天讲的题目，是法律与权力，讲这个题目的动机很早，在平常的时候，有一般的朋友，亲戚，常常在兄弟面前，大骂法律，诅咒法律，以为法律，是保护资本家的；法律，是保护强有力者；法律是统治阶级者支配被统治阶级者的护身符；法律是有权力者压迫无权力者的一种工具，一种手段。这种事实，在混乱的社会中，当然免不了的。但是，这大多是执行法律的人的问题，绝不是法律本身的问题。这一种错误的观念，听到个人的耳朵的时候，兄弟总是加以说明，加以解释，也不知道替法律做了许多次的辩护士了。可是，时间上，往往的不允许我作进一步的释明。今天，提出来，随便谈谈；至少的限度，要使同学诸君，了解法律的真意义，法律的真目的，以及法律的真正权力的所在。

什么叫作法律？这一句话，很难答复；欧西的法学界也是议论纷纭，莫衷一是。有许多法学者说：法律是人类行为的准绳。但是，人类行为的准绳，不单单是法律，如道德，习惯，礼仪，都是可以做人类行为的准绳。有许多法学者说：法律，是国家主权者的命令。但是，严格地讲起来，主权者的行

* 本文原刊于《厦大周刊》（第13卷）1934年第21期。

** 张庆桢（1904～2005年），字济舟，安徽滁县人。早年毕业于中国公学大学部，东吴大学法学院（第12届），分获文学士、法学士学位。后赴美国留学，获美国芝加哥西北大学法学博士学位。返国之后曾任安徽高等法院推事、安徽大学教授、中央大学教授、中央政治学校兼任教授等职。民国37年（1948年）当选为立法委员。次年去台湾，先后任国民党中央执行委员会设计考核委员会委员兼召集人、政治大学教授、东吴大学法学院教授、台湾大学兼任教授，国民党中央政策委员会兼任委员。著有《中国法制史》、《海商法论》、《刑事政策》、《刑法总则》、《刑法分册》、《刑事诉讼法讲义》等书。

为，亦要受法律的支配，所以主权者的命令，不一定是法律。有许多法学者，以为法律，是维持文化生活中的一种方法。从表面上看来，这种定义，是对的。但是，这种定义，不特可以放在法律的头上，也可以适用于其他的文化现象中，例如政治，经济，宗教，乃至于一切的自然科学。然而，究竟什么叫做法律呢？现代一般社会学派的法学家，解释最透彻而最明了的，要算德国柏林大学施塔姆勒〔1〕教授了。他说：法律，是属于意志的，是属于社会生活的意志的，是有强制性而不可以任意违背的，何谓意志？意志是知觉的一部分。知觉，有两大部分；一种是印象，一种是意志。凡在我们知觉中的一切，不是印象，就是意志。譬如，我们因其样片之好，电影明星之美，买票进去；这就是一种意志，不是印象。法律，是意志，不是印象。我们随便拿哪一条法律来观认识，就可以知道了。譬如：民法第 973 条：男未满 17 岁，女未满 15 岁者，不得订定婚约。第 980 条：男未满 18 岁，女未满 16 岁，不得结婚。这显然是一种意志，不是一种印象。这一种意志，是关于社会生活的，不是限于个人生活的。鲁滨孙漂流在荒岛的时候，当然谈不到订婚，结婚的事情，他就是有几千几万的意志，亦不能成为法律；法律，是治群的，是社会的；不是个人的，不是少数人的。所以，法律，是意志，是关于社会生活的意志。但是，我们要掉过头来说，无论何种意志，都是法律，那就不对了。譬如孔子曰：己所不欲，勿施于人。这亦是一种意志；然法律上，并无此种规定，违背这个教训，并不犯法。因为，这是道德问题与法律不同；道德，只有劝告性；而法律，则有强制性。所以，法律，是有强制性的意志。但是，有强制性意志，不仅是法律，因为，历史上，有许多握政权的人，如夏桀，商纣等，横暴无道，残忍异常，要做什么；喜则受赏，怒则受罚，朝令暮改，使人民无所适从。这种命令，虽然，也有强制性，但按其性质，非但不是法律，而且破坏法律。因为，凡是法律，不可以任意更改；就是要更改，也应该依照一定程序；在未更改之前，任何人，都不能够违背的。所以，法律，是有强制性而不可违背的，关于社会生活的意志。

法律的意义，我们已经晓得了。但是，他的目的究竟在什么地方呢？欧西的法学者，也是有不同的见解。有许多法学家，以为法律的目的，是在拥护个人的自由，使个人的财富，为无限的发展。有许多法学家，以为法律的

---

〔1〕“施塔姆勒”原文作“斯丹木拉”，现据今日通常译法改正。——校勘者注。

目的，是在拥护主权者的最高权力，使一般人民的行为，受绝对的限制；至于法律，是否适合人类实际的社会生活，则置之不问。还有许多法学家，以为法律的目的，是限制人民的越轨行动，以保持统治者的无上权威[1]。所谓，治乱国，用重典。这许多的主张，都是对于法律的一种错误的认识，而不是法律的固有的目的。换一句话说，他们，所认识的法律目的，只是自私的，自利的，个人的；而不是利群的，利他的，社会的；是拥护少数人的权力，而排斥多数人之利益于法律目的之外；这正是所谓法律，是一阶级为拥护本身利益起见，而榨取他阶级的一种工具。这种情形，在一个阶级专政的国家，特别厉害；因为，掌握政权的阶级，常常怕在野的阶级，极端反抗，窥视政权，为谋本身阶级安全起见，所以不得不用严刑峻法来防止。这一种情形，在资产阶级专政国家如此，在无产阶级专政的国家，亦复如此。这许多错误的认识，既不是法律的目的，然则，法律的真正目的，究竟在什么地方？我在上面讲过，法律是关于社会生活的意志。因此，法律的目的，就应该着眼于社会全体的利益，调和社会上的，人类间的冲突——利害冲突。因为，社会集团，不仅是个人的单纯结合，而是各个人间的相互关系的结合。个人利益，只能求之于社会共同利益之中。假定，专依各个人的本身，以谋个人的利益，那么，个人的利益，往往就是社会的不利益，超于极端，定妨碍社会之共同利益。这一种见解，不是杜撰的，是法国法学家狄骥[2]（Duguit）的社会连带责任论（Social Solidarity）的主张。他说：人人都是社会的份子，人人在社会里边，都有一种活动，都有一种本位，这种活动，这种本位，彼此相互关系中，就构成一种所谓社会生活。各个人一切的行为，都是以实现社会生活为目的；因为社会生活的必要，就自然产生了，必须遵守的行为的原则。这种行为的原则，就是我们寻常所谓道德的规范（Moral code）亦就是法律的准绳。这一种主见，简单地说一句，就是以公共利益为重，以个人利益为轻；个人的利益假使有社会的价值，方为法律所保护，否则，法律不但不保护，反而干涉的。总而言之，法律，为社会目的而设；服从法律，就可达到社会生活的目的。现在，我们举出三个例子，来证明现代的法律，大多是为社会目的而设的。

---

〔1〕“权威”原文作“威权”，现据今日通常用法改正。——校勘者注。

〔2〕“狄骥”原文作“杜骥”，现据今日通常译法改正，下同。——校勘者注。

第一，契约自由之限制：在十九世纪个人主义的时代，各人都有一种自由意志；根据这种自由意志，所订立的契约，只要不为法律所禁止，都应认为有效。至于其内容，是否公道，则一概置之不理，此之所谓，“契约自由”。殊不知，契约自由之原则，必定要当事人双方实力平均，始能成立。假定，双方当事人，实力不相当；那么，表面上，虽立于自由契约名称之下，而实际上，则等于惟命是听。如近代的资本家，与劳动者所缔结的劳动契约，就是一个榜样。譬如，依各人契约自由之原则，基于劳资双方之合意，订立每日工作十四小时，得工资五角之契约，亦可成立，然此种契约，虽名为劳动者的自由意志，但实由于饥寒交迫，逼而出此，这是最不公平的一件事。但是，现代的法律呢？各国劳动法，没有不以集合契约代替各人契约的。所谓集合契约，就是雇主与劳动者间，订立契约，应各结团体，互派代表订立，如此一来，则劳动者一方面，留则大家留，去则大家去：人数既多，势力自强；与资本家谈判起来，很容易得较公平的结果，不让孤立的工人，站在雇的对方，在假借自由和同意名词之下，成立一种危害工人健康，减少工作能力的契约。

第二，无过失责任之承认：一人做事一人当，是个人主义者的口头禅；所以除非自己有错，不应负民事上的责任。有错就有责任，没有错就没有责任，这个原则，为十九世纪一般欧西法学家所公认为天经地义，颠扑不破的。但是，现代的法学者，无论中外，没有一个不主张“无过失而负损害赔偿之责任”了。从表面上看起来，似乎自己没有过失，而法律叫我负责，实在是一件很冤枉的事情。但是，我们详细研究起来，在特种情形之下，民法，确有规定，虽无过失，亦应负责之必要。譬如，在工厂里工作的工人往往有因不可以归咎于任何人的事情，受重大的伤害，或直接牺牲性命，亦是常有的事情。如工厂中，汽管的破裂；矿山内，煤气的伤人；这种不幸的事情，在工厂发达的国家中，日必数十百起。十九世纪的法律，大都认为这些不测的遭遇，不过是工人自己的运气不好，不能归责于雇主；所以，雇主没有赔偿的义务和责任。但近代，各国立法趋势，已渐渐地改变过来了。二十世纪一般法学家，都以为雇主，诚然没有过失；然工人不测的死伤，既为现代社会上不可避免的事实，由这种事实而发生的损失，与其全部归到工人和其穷苦的家属身上，还不如由雇主负担，因为经济能力，究竟要算雇主充分一些。从社会目的共同生活的立场上讲，这是最妥当而且公道的一件事。

第三，婚姻绝对的自由：我国旧习，婚姻大多数出于父母之命，媒妁之言。婚姻能否如意，自己毫不能做主，全赖运气而定。结果，才子不能配佳人，佳人亦不能配才子。以一素不相识的人，而强使成为夫妇；于是郁郁不乐，家庭间绝无乐趣可言。以这样的环境和精神，怎样能够产生聪敏强壮的小国民来呢？这是与一个民族的前途，很有关系的。所以，现在的新民法，亲属编第972条规定：婚约，应由男女当事人，自由订立。第975条规定：婚约，不得请求强迫履行。就是要使恋爱自由，结婚自由；家庭愉快的结果，可以产生优秀强健的小国民，使民族得以渐渐地转弱为强。这也是法律，处处对于社会目的着想的一个例子。

我们既然认识法律的真正目的的所在。那么，现在，我们就要进一步的问，强制法律的权力，究竟在什么地方？法律，既然是规律社会生活的法则，本来，就含有命令与禁止的作用。所谓命令，所谓禁止，都不能离开权力——强制的力量。关于这种权力的所在，各国法学者，亦有不同的主张。有一般法学者，主张法律之权力，属于一国的主权者。他们，以为法律，是主权所制定；一般人民之所以能遵守法律者，就是因为主权者，具有一种强制的权力。强制权力的组织方式，是军队，警察，法院，与监狱。强制权力的实行手段，是刑罚，惩戒，处分，民事上的强制执行，与行政上的强制执行。有一般法学者，主张法律的强制权力，是属于掌握政权的支配阶级。他们的意思，以为法律，是支配阶级对于被支配阶级榨取的一种工具，一种手段；其所以能维持这种工具，手段，而使之发生作用的，完全因为支配阶级，有强权力，为其后盾。假定，社会上的阶级消灭，那么，强制权力就消灭，强制权力消灭，则法律，即失其存在了。以上两派的人，对于法律权力的所属，一则主张属于主权者，一则主张属于支配阶级；虽两派主张的名称不同，但是，都是指在政治上具有国家权力者而言。第一种，是分析学派的主张；第二种，是马克思派的唯物史观的主张。其实，这两种主张，都是错误的，武断的，而不是真正权力的说明。何以言之？分别说明如下：

第一，主张主权者的权力说的一派人，根本，就昧于人类社会结合的原则；同时，没有明了主权者的责任。社会，是由各个人的联合，所产生的共同生活，在这种共同生活中，就产生了一种强制的权力，以统一其社会。主权者，虽然在代表国家的时候，可以运用其强制的权力；但是，主权者的本身，没有一点强制的力量。狄骥说过：国家，是一群的社会办事人员，只有服公务的义务，没有权力之可言。他又说：国家的行为，就是政府的行为，政府的行为，就是官吏的行为，而官吏的行为，就是个人的行为；个人为社会服务，官吏也是为社会服务，大家都是为社会服务，当然同受法律的支配的；仍是要服从法律的。虽然，在事实上，曾有不少的主权者，以为他有政权在握，可言指挥军警，肆意妄为，以实行其所谓狄克维多者。但是这是一种变态，而绝不是主权者固有的权力。

第二，主张马克思派的支配阶级权力说的一派人，主要的错误，是在不承认法律的普及性。法律，即是社会生活的规范，一方面，是由适应人类全体社会生活之需要而法律平等的原则。假定说，法律强制权力，专属于支配阶级所有，而被支配阶级，仅仅乎是受强制权力者，那么，就愿与法律效力普及之原则不符。这种事实，除无产阶级专政之国家外，可谓绝无仅有。再就法律施行的范围而言，无论民事的损害赔偿，刑事的刑罚制裁，都不是对于某一个阶级，单独施行，而是施行于各阶级的，没有一个阶级，可言作为例外的。

法律的强制权力，既不少为国家主权者所有；又不是未属于掌握政权的支配阶级，那么，究竟发动在哪里呢？据近代一般法学者的意见，大多数都认为法律的权力应该属于全体人民所组织的社会，所谓社会力是也。这一种社会力，又可言名之曰“人民的力量”。换言之，法律的权力，应该属于一国的全体的人民。一个国家的统治者，所有能够使法律效力普及于社会全体的，都是因为有一种人民力量为之后盾。从表面上看起来，拥护法律的机关，拥护执行法律的机关，如军队，警察，法院和监狱，虽然都操在统治者的手中，但是，这种机关的组织，并不是一阶级的意思所形成，实在是各阶级的意思所形成。统治阶级之所以不敢为所欲为的，完全因为有这种社会力的顾虑，有这种社会力的监督，有这种社会力的强制。这种社会力的表现，小之可以为舆论之攻击，使统治者知所警惕；大则为革命之爆发，可以摧毁统治者的统治上的生命。所以，法律有必须遵守的强制权力，有必须执行的强制权力，而绝不是少数统治者，所能够任意操纵，所能够任意左右的。

法律的权力，既然在我们身上，我们就应该为自己的权力而奋斗；为自己的权力而奋斗，就是为法律而奋斗；为法律而奋斗，就是为社会全体利益而奋斗；为社会全体利益而奋斗，就是为社会的安宁，国家的秩序，国际的平等，人类的和平而奋斗。

新法律史观*

丘汉平

依照马克思〔1〕派的社会主义之论调，人类是长于互相残杀。换句话说，达尔文的生存竞争和马克思的阶级斗争，是殊途同归。一是从生物界研究出来，一是从社会现象观察出来。生存竞争和阶级斗争，虽是范围有大小，却是一样的。

马克思只有人类历史充满了阶级斗争的事实，所以主张无产阶级要脱了有产阶级的束缚，舍打倒方式外，别无他途。

近五十年来，这种思想充满了全世界。就是我们闭关自守物质落后的中国，也受其影响。在各种学问中，马克思的思想也打了不少的吗啡针，直到现在，有产阶级也渐渐地恍然自己的危险了。

但是我们要注意：历史不是单纯的，社会现象不是片面的，人性不是全恶的。我们姑不深究阶级斗争的学说有无十足理由，只要问一问社会的形成及其继续存在是不是全部在斗争上面？倘若我们不能完满正面地答复这个问题，那么社会除了斗争事实外，一定还有别的事实维持他的存在。

我们试拿动物来看。两只饿狗见到一块骨头，他们就争食起来。现在这只狗要得到这块骨头，一定要经过一番争斗，这个事例，在马克思派的学者来看，必以为斗争是狗求生存之唯一方法。不错，动物均用其力量以求活。但我们要再进一步地考察：如果同时有十块骨头的时候，两只狗是不是仍在那里拼命争食呢？抑或是各食其骨呢？将上举之例，再为改变些：如果两只狗都是食得很饱的，他们见到骨头自然不会争取。从这些事例来看，斗争且

* 本文原刊于《法学杂志（上海 1931）》（第 5 卷）1931 年第 1 期。

〔1〕“马克思”原文作“马克斯”，现据今日通常译法改正，下同。——校勘者注。

不是狗的唯一特性：狗不惜牺牲狗命去争一块骨头，无非是为了食欲的触动。倘若食物的触动满足了，一块骨头绝不能引起他们的争斗。

人类社会，也是如此。历史上之所以充满了流血的惨剧，这都是因为食欲的触动。食欲的触动原因有二：一是内的，一是外的。内的是饥饿的压迫，这是生理的。外的是食物的引诱，这是心理的。老子只注重“不贵难得之货，使民不为盗；不见可欲，使心不乱”却忽略了人民饥饿的痛苦是社会混乱的大原因。现在各国在那里产生失业的恐慌，正是生理的原因——在物质先进的国家，心理的原因当然也很重要。

食欲的触动结果便发生下述一种现象：在无产阶级方面，就感觉得生无可荣，视死如归。这种心理成立之后，社会就入于混乱状态。老子说：“民不畏死，奈何以死惧之?”就是这个道理。这时，法律是无济于事的。然而历史告诉我们，有产阶级（或统治阶级）不但不想救济之道，反而变本加厉，实施强硬手段去压制无产阶级的呻吟。在初时，有产阶级的方法许是占胜利。殊不知有产阶级的胜利，是一种起伏式的波浪，结果必是增加对方的痛苦。到了流血的时候，无产阶级就反败为胜。这是古今历史的一个定例。反之，若是战胜者仍与战败者相当生存机会，不用高压手段，社会的反动状态，便逐渐减少。胜利阶级的生命，就比较长久了。

我们从历史上来看，斗争只是一种手段，不得已的手段，非至万不得已时，人类绝不肯运用的。我们要知道人类是有求生的天性，这种天性是比生命还来得重要。既为求生存，除万不得已时，必不愿互相残杀——残杀是违反求生存的。所以社会现象不能只以“斗争”二字了之，必须深究其根本的意义。这根本的意义，从社会现象观察出来，便是互助。人类因为有互助的天性，社会始可成立。法律之得以维持其效力者，完全靠这互助。没有互助，法律便失去其效力。

互助有积极和消极的两方面：消极的意义，就是“彼此需要依赖”；积极的意义，就是“彼此需要保育”。这和法国狄骥所说的“社会连带关系说”实殊途而同归。社会的成立，不外是同样需要和异样需要二项。社会现象所以如此复杂，也是由于这两种要素的互相自乘。在同样的需要中，有了万千的异样需要，在异样需要中，亦有万千的同样需要。人类要拒绝彼此倚赖，在事实上是不可能的。法律之所以成其无大权威者，就是筑在这种事实之上。

在最原始的社会，人类于互助的认识，只看到一小部分[1]。因此法律在最古的任务，只是禁止同族的杀战。较进步的社会，仍脱不了维持原有状态——团结社会的份子以御外患，法律对于弱者只以生存的机会，却不积极地谋整个社会的幸福。

人类自聚居之后，就开始依赖的工作：各人以获得的东西相互交易，经济学家名此曰物物交易时代。在这时代的社会，法律根据人类互助的发展而扩充其权力和范围。社会上的同样需要和异样需要也就渐渐复杂。延至近代，人类已不能脱离彼此依赖及彼此保育的事实了。只是人类没有看透这个真理，遂致社会自相吞并屠杀。什么国家主义，帝国主义，只是为了一个阶级的欲望而已。他们的同一错误，也就是在于这一点。在这几种主义实行的区域内，法律都是利于一阶级或数阶级，而不利于其他阶级的。斗争不是社会的必然事实，是偶然的事实。虽说互助社会之中，免不了小冲突，但这好比夏季的热度不一定完全没有升降的。倘若我们承认人类的欲望是无穷，绝对的和平生活当然是不能达到的。且我所说互助的社会，并不是要人人都成君子。舍己为人，这是理想的，不是实际的。实际的互助社会，是承认人人有适当范围内的个性发展，——我们认为利己心不是坏的东西，却是互助社会少不了的发动机。社会的混乱原因，一半固然是各人利己心之互相冲突，遂致演成流血的惨剧；但这是因为利己心超过其应有之范围，破坏了社会互助的自然现象所致。为什么无产阶级要打倒有产阶级呢？这种斗争，不是无意义的。从无产阶级的立场来看，是因为有产阶级违反社会互助的自然规律，只顾到自己的利益，不顾他人的利益。这种现象是人为的，不是自然的，所以要引起社会的混乱。建筑在这种不自然的制度之上之法律，尚有所谓平允的吗？

我们明白了这个道理之后，就可了然斗争不是社会的必然结果，却是违反自然现象的一种表现。在贫富最不平均的社会，斗争的表现必然很剧烈。反之，则甚微弱。这是什么缘故呢？因为前者的违反社会自然现象较大，后者较小，故其表现的程度亦有强弱之别。这和物理学上的物体的反影之大小，视物体之容积大小而定，同是一个不可移的真理。

近代的社会政策和各种主义之不能解决纠纷，就是错见了病源。因此所产生的法律及不自然的制度，都应根本推翻。

---

[1] “部分”原文作“部份”，现据今日通常用法改正，下同。——校勘者注。

我们应该换一种眼光去研究历史。换一句话，我们应该戴上无色平光的眼镜去观察历史，才可看出历史上所宣示给我们的自然颜色，万不可戴了有色的放大或缩小眼镜，把自然的东西失去真体，受其欺骗。我所说的社会互助，是一种很自然的观察，并不是一种臆想。事实俱在，绝不容我们的曲解。

今昔法律的道德观*

孙晓楼**

法律与道德，名称虽不同，而其本质则同为社会生活之规范，其相互间得复有密切之关系焉。乃今之论者，其于法律与道德之关系，有主张法律即道德，道德即法律，彼此合而为一之混合论者；有主张法律非道德，道德非法律，彼此判若鸿沟之分离论者；其在我国今日之法律学子，倡混合论者固属少数，而倡分离论者，所在皆是，甚至有高呼法律社会化而犹力主法律道德分离论之矛盾方式者；殊不知法律与道德混合论，为古代法律幼稚时期之思想，法律道德分离论，为近代分析法派之主张，法律进化至于今日，是否可再胶柱于古代幼稚之思想？是否可再拘泥于分析法派之理论？则学者皆有详明之答复，不用余之赘述；惟法律与道德之关系如何？名题虽属浅显，学者每多误解；兹就法律在历史上今昔观点不同，而勉作今昔法律的道德观一文，以与学者共商榷之。

---

* 本文原刊于《法学杂志（上海1931）》（第6卷）1932年第2期。

** 孙晓楼，江苏无锡人。法学家、法学教育家。1927年毕业于东吴大学法学院，后赴美国西北大学法学院法科研究所深造，并于1929年毕业，获法学博士学位。回国后，先后担任东吴大学文学院教授（1929～1931年），上海地方法院推事（1931～1933年），东吴大学法学院教授兼副教务长（1933～1939年），民国政府行政院参事（1940～1941年），朝阳学院院长（1941～1945年），联合国善后救济总署闽浙分署署长（1945～1947年）等职。1947年重返东吴大学法律学院任教。新中国成立后，于1953年被分配到复旦大学图书馆工作，后担任法律系教授。1958年病逝于上海，享年56岁。主要著作有：《法律教育》（1935年）、《劳动法学》（1935年）、《领事裁判权问题》（上、下，1936年）、《苏俄刑事诉讼法》（译作，1937～1939年）等。在民国时期法学理论、劳动法学、比较法学以及法律教育研究上，孙晓楼都具有重要影响。

法律道德混合论

倡道德法律之混合论者，类认法律与道德，不能有所分别，法律即道德，道德即法律，其于伦理之范围内，所求得的至美至善之正谊，即认为至美至善之法律，此种伦理的法律思想，滥觞于欧洲古代之希腊，罗马大部分之学者，皆熏染有此种思想，于法律与道德之关系，有混淆不清之感，推厥其故，一由于成文法典之缺少，研究法律者皆不注意及于法律之形式；亦由于古代自然法派学说之侧重于道德观念，有些二因法律与道德不谋自合矣。良以自然法派之于古代，其法学思想亦未尝不欲与道德分明，然因当时迷梦于普遍不易理想的法则（ideal laiv），认谓得一理想之法可以一劳永逸，亘古不变，而其所谓理想法者，复皆偏于正义公平的伦理观〔1〕兹介绍古代学者对于法律之言论，以申说此义之不谬：

亚里士多德〔2〕(Aristotle）之言曰法可分为普遍法与特别法二种，特别之法为统辖人民之成文法，普遍之法为人民所公认之不成文法，事之善恶，皆以此二种法律为之释明，……特别法为人民个人而设，……普遍法则惟与自然相适合。

西塞罗〔3〕（Cicero）亦云真正之法律乃正义，乃合于自然适于万民不变而有永久性者也……无人可以变更此法此法律？减损此法律，推翻此法律；无论何人不能使吾人逸出法律之一步，即推事亦且不能，遑论其他，而此法律又无须他人为之解释也。

斐洛·尤迪厄斯〔4〕（Philo Judaeus）之言曰此不变之法律为真义，非人类之命令可以撤销〔5〕之。

凯乌斯〔6〕（Caius）又曰此种合法自然之真理而为人类所应遵守者，即

---

〔1〕 Bryce, *The Law of Nature*, Studies in History and Jurispnudenics, p. 556 et sen. 自然法派在中世纪而变为纯哲理派之理论然古代之自然法派类以理想法为立论之基础而所谓理想法者又以理想的正义的伦理观念为基础焉。

〔2〕“亚里士多德”原文作“亚里斯多得”，现据今日通常译法改正。——校勘者注。

〔3〕“西塞罗”原文作“薛疏陆”，现据今日通常译法改正。——校勘者注。

〔4〕“斐洛·尤迪厄斯”原文作“杰台斯”，现据今日通常译法改正。——校勘者注。

〔5〕“撤销”原文作“撤消”，现据今日通常用法改正。——校勘者注。

〔6〕“凯乌斯”原文作“葛爱氏”，现据今日通常译法改正。——校勘者注。

吾人之所谓万民法也。[1]

夫所谓真理，所谓正义，所谓至善，皆不过当时学者所认为最高尚之伦理标准，得一最高尚之伦理而可为千秋万世法，此萨蒙德[2]氏（Salmond）之所谓自然法亦即道德法者[3]其足以代表古代道德法律合一论之观念矣；此种法律道德合一论，其于立法上固有至高至尊之目的，然无至高至善之技术其目的既以最高尚之道德为法律，于是法律成为万能矣；以智识程度幼稚之人民，在此种万能法律之下，求为至善则不足，而为恶则有余，于是有公平正义之名，而无公平正义之实，其结果此万能之法律每为少数人所利用，而成为专制独裁之政治，此道德法律合一论之所以为人诟病也。回顾我国之儒家，数千年来高倡礼治主义而不倦，此种礼治主义，有蔑视法律之观念中，在流露其以道德为法律之主张，如礼运之所谓“圣人以礼示，故天下国家可得而正也”。又曰“礼义以为祀……示民有常，如有不由此者，在势者去，众以为殃”。此种以礼为法之思想，深入于我国国民之心理，牢不可破，此我国数千年来蛰伏于人治之下，而不悟逡巡[4]于法律的幼稚时期而不进乎！

法律道德分离论

倡法律道德分离论者，以五世纪至十九世纪为一阶段；其立论以法律为关于个人行为之标准，道德为关于个人内心之修养，法律有法律之目的，法律有法律之功用，道德有道德之目的，道德有道德之功用，二者判若鸿沟，彼此不可混淆，与古代法律道德合一论适处于相反之地位，此派学说之所由兴，初由于成文法典之勃起，继由于分析法派之努力，于是法律道德分离之学说，如雨后春笋，一发而不可复遏，将古代自然法派之道德法律混合观，摧残几无立足余地。自优士丁尼[5]帝（Justinianus）之罗马法典大全成，而后之研究学者，皆拘泥于条文之解释，钻凿于文字之咬齿，视法典为神圣，等道德于弁髦，十二世纪注释法派（Glossatores）之健将，如伊纳留[6]（Irneri-

---

〔1〕 Salmond, *Jurisprudence*, 7th. ed., pp. 28～29.

〔2〕 “萨蒙德”原文作“萨尔蒙”，现据今日通常译法改正。——校勘者注。

〔3〕 Salmond, *Jurisprudence*, 7th. ed., pp. 26～27.

〔4〕 “逡巡”原文作“巡逡”，现据今日通常用法改正。——校勘者注。

〔5〕 “优士丁尼”原文作“优士丁甯”，现据今日通常译法改正。——校勘者注。

〔6〕 “伊纳留”原文作“伊聶流”，现据今日通常译法改正。——校勘者注。

us)，如马丁努斯〔1〕（Martinus），如雅可布士〔2〕（Jacobus），如休戈〔3〕（Hugorinus），如薄尔嘎柔士（Bulganus）等一时几于优帝之罗马法典可以悉数背诵，亦可见当时学者对于法律所用之功夫矣。〔4〕待至十八世纪分析法派之学说兴，而法律道德之分离论，乃益见巩固，因此派之立说，以现实法为主体，认法律为主权者对于人民之命令，非主权者之命令，如道德习惯宗教及社会之一切现实状况，皆距之于千里之外，不得以法律相混淆，〔5〕英之奥斯丁〔6〕（Austin）、霍兰特（Holland）、泊洛克〔7〕（Pollock）、德之有宾丁〔8〕（Binding）及图〔9〕氏（Thou）等皆为提倡此说之最力者。最近俄国法学者柯尔诺夫（Korkunov）于此派法律的道德观，曾作一简明之区别，兹撷其要点如下〔10〕：

一，法律规范，存支配自己与他人之关系，其自身与自身之关系，不受支配，道德规范反之，其规定为自己之义务。

二，法律规范之适用，以自己之利益与他人之利益相对抗为条件，从而对于他人利益之存在，应生遵守之义务，若其利益限于自己利益时，他人亦应为法律之遵守，非经法律上之规定不得解除其义务；反之道德上之义务，对于他人之履行，与利益无关。

三，道德规范为绝对义务，法律规范为相对义务，即与权利相对应之义务也，故权利与义务相对待，权利消灭，义务亦随之消灭。

四，道德规范为关于良心之规定，法律规范为外部行为之规定，故道德不容外力作用之强制，而法律则有时必用强制虽不能因信念所左右，然为外部行所支配者也。

五，要而言之道德规范可谓为个人之法则，而法律规范则可谓为社会的

---

〔1〕“马丁努斯”原文作“马耳体鲁士”，现据今日通常译法改正。——校勘者注。

〔2〕“雅可布”原文作“雅可布士”，现据今日通常译法改正。——校勘者注。

〔3〕“休戈”原文作“胡沟里鲁士”，现据今日通常译法改正。——校勘者注。

〔4〕Sobm，*Justitutes of Roman Law*，3rd. ed，pp. 135 ~ 138.

〔5〕Salmond，*Jurisprudence*，th ed.，pp. 49 ~ 37.

〔6〕“奥斯丁”原文作“澳斯丁”，现据今日通常译法改正。——校勘者注。

〔7〕“波洛克”原文作“泊洛克”，现据今日通常译法改正。——校勘者注。

〔8〕“宾丁”原文作“炳顶”，现据今日通常译法改正。——校勘者注。

〔9〕“图”原文作“汤”，现据今日通常译法改正。——校勘者注。

〔10〕“下”原文作“左”，现据今日通常译法改正。——校勘者注。

法则。[1]

综上五点可以为分析法派对于法律道德分离论之代表，此种思想，至二十世纪而澎湃于全球，其影响于立法方面，在刑事责任则采取绝对的事实主义，纯以犯罪事实之轻重为定刑标准；其于损害赔偿，则采绝对的过失责任主义，无过失不负损害赔偿责任，其于契约之履行，则当严从其形式文字之解释；于个人自身之私德与法益，则绝对的采取不干涉主义，如财产之承继，应绝对自由也，契约之缔结，应绝对自由也，财产之使用处分，应绝对自由也；总之，在道德法律分离论下之立法者 ，凡属干涉个人私德之法律，去之惟恐不尽，凡属干涉个人自由之法律，除之惟恐不速，必使法律纯粹的法律，道德纯粹的道德，其结果则法典成为神圣，恶法亦法，法之本身亦成为万能，除立法机关之修正外，几无人可参酌社会道德而变通之。此种立法精神，或可使人民守法于一时，然其刻酷残苛，不洽舆情，不合社会人民之生活者，不言而喻矣。英美法系等国，特设立一平衡法院（Court of Equity）以济普通法院（Court of Common Law）之穷，其所谓平衡法院者实一道德之法院，所谓普通法院者，实一法律之法院，两者互相对峙，一以法律，一以道德，至今犹未能混合也；回顾我国儒家亦有主张法律道德分离之说者，所谓一礼者禁于将然之前，而法者禁于已然之后；惟其贱视法律之观念，则为欧美各国所无有，所谓“礼不下庶人，刑不上大夫”；同一法律道德分离观，而彼此于法律地位之轻重，复有大相径庭者。

法律道德相关论

倡法律道德相关论者，其于法律与道德之关系，既不主张彼此混而为一，亦不主张彼此分而为二，认定法律与道德既同为社会之规范，彼此共同之性甚多，有不可分离者，彼此不同之处甚多，有不可混合者。凡道德规范之有强行之必要者，即可成为法律。道德规范变为法律规范时，吾人对此法律规范之遵守，即有道德上之义务，必不因其为法律规范与否而变更是法律之遵守，故社会道德之重要义务，在因法律上之义务而取得道德上之义务。日本法学者穗积重远亦曰，“道德上之义务，虽非法律上之义务，而法律上之义

[1] 穗积重远《法理学大纲》欧阳溪译述，第九二页。（Korkunoy，General Theorg of Law，2ed.，1914.）

务，得视为道德上之义务”[1]其意亦在乎此。是以法律与道德并非互相对峙，而毫无关系者，亦互相混合，而不得区别者。所谓法律上之善恶，不外道德上善恶之一部，惟其以法律为道德上善恶之一部，故吾人在法律统治之下，为善无足，为恶无不足，为善之一部即仅为法律上之善，而不得谓之尽善。至于法律上之恶，道德上不能不以恶视之，而立法者亦务求法律无道德性之范围缩小，法律有道德性之范围扩大，而所谓道德性范围之广缩，又以适应社会情况作标准。若法律不能顺社会道德观念之变迁以进退，则法律之效用必失，而非今日之所谓善良之法律也 此近代美国社会法理学派之健将如霍姆斯[2]（Holmes）庞德（Pound）辈，皆同声高呼“法律宜有弹性”，法律“宜稳定而不可不变”者也。[3]穗积重远最近批驳法律道德分离论之主张，尤有介绍之价值，兹列举其要点如下[4]：

一，法律规范，非绝对无支配我与我自身之关系，而道德规范之支配我与他人之关系者，反成为普通事实。

二，道德上之义务，虽出他个人之免除而消灭，法律上之义务，则鲜有因他个人之免除而完全消灭者；即国家对于法律上之义务，亦不得悉予免除国家免除法律上之义务时，乃不成为国家。

三，谓权力为法律规范之产物，虽属正当；而权利与义务确相对待之论，殊不确实；在沿革上权利观念之发达，乃在义务观念之后，且在其本来性质上，无对待权利之义务，亦无对待义务之权利，即法律上之义务，为绝对之义务，不得以此点而视为道德与法律之显著差异也。

四，谓道德为良心之规定，法律为外部行为之规定，此亦仅有一面之真理，且易引起危险之误解；盖道德有由良心方面规律行为，法律在由行为规律陶冶良心，二者之目的结局一致，而适用外部之强制与否，究属程度问题：就直接的狭义观之，法律规范亦有不与外部强制并行者，就间接之广义视之，虽道德规范亦借外部强制以行之。

五，要而言之，道德与法律规范，同为社会的法则，皆非个人法则。[5]

---

[1] [日] 穗积重远：《法理学大纲》，欧阳溪译述，第一〇六页。

[2] “霍姆斯”原文作“霍姆”，现据今日通常译法改正，下同。——校勘者注。

[3] Pound, *Interpretations of Legal History*, Cambridge, 1923, p. 1.

[4] “下”原文作“左”，现据排版需要改正。——校勘者注。

[5] [日] 穗积重远：《法理学大纲》，欧阳溪译述，第九九至一〇〇页。

此种法律道德不能分离论，实为近代道德法律相关论之骨干，近代社会法理学派如德之施塔姆勒[1]（Stammler），美之霍姆斯、庞德[2]、卡多佐[3]（Cardozo），日之穗积重远、冈村等杰，其于法律理论，皆以社会正义（Social Justice）为骨干。夫所谓社会正义，虽不免有其他分子混杂其间，惟余认为其主要之成分，犹在道德；此非余立言之迂阔，吾试观此派对于主法大体之主张不外：

一，法律以社会生活为本位，而反对以个人权利为本位。（群）

二，立法以维持有时代性有事实性的社会正义为目的，扶弱抑强，倘有利于社会大多数人者，即牺牲少数人亦所不惜。（义）

三，注意犯罪者之原因而不注意于其结果。（仁）

四，对于个人之私德则采干涉主义。（耻）

总之，社会法理学之法律观念，虽不承认法律即是道德，然其以伦理为法律之中心观念，实有不可讳言者；是故近代各国之法律，因此种思想而受极大之打击，如因以社会为法律之本位，而国家立法对于契约之自由，财产权之行使与处分皆受相当之限制；因主张法律保护大多数人之利益，而有种种关于劳动者立法之规定：因注意于犯罪者之原因，而于犯罪之刑罚，类采取感化主义；因关切于个人之私德，而干涉及乎个人之吸烟饮酒自杀卖淫等问题；其他关于保护经济弱者之立法，复应时代之要求，而层见叠出，欲拘泥于法律之形式，而其于解释法律，又取宽大主义；决不拘泥于条文之形式，而以字碍义焉。总之，二十世纪以后之立法，除一部分手续法为稍偏于技术性之规范外，其他关于实体法，类以合于时代社会的伦理为主体，无伦理性之法律，有日趋淘汰之势。至于以道德侵犯法律之疆域，实因社会道德之需要使然。以法律跨及个人之私德，亦为保护个人之利益使然，此近代立法者目光远大之有胜于昔日也。吾师布鲁斯[4]（J. Bruce）之言曰，英美平衡法院有并吞普通法院之趋势。夫普通法在英美法系中，非视为神圣不可侵犯者乎？乃亦有以道德为准绳之平衡法院并吞之倾向，[5]亦可见法律与道德之疆

---

〔1〕“施塔姆勒”原文作“斯担姆拉”，现据今日通常译法改正。——校勘者注。

〔2〕“庞德”原文作“滂特”，现据今日通常译法改正。——校勘者注。

〔3〕“卡多佐”原文作“喀屠索”，现据今日通常译法改正。——校勘者注。

〔4〕“布鲁斯”原文作“勃露斯”，现据今日通常译法改正。——校勘者注。

〔5〕Bruce, *Lectures on the Law of Equity*, 1930.

域之不可分离矣。再如美国最高法院诸名推事，如霍姆氏（J. Holmes）如布兰迪斯[1]氏（J. Brandeis）如萨瑟兰、[2]（J. Sutherland）等杰，观其料事如神，执法如山之精神，实不能不令人倾倒。然吾人读其判词，几无一不以公共道德（Pubilic Morals）为判案之骨干。日本在改正刑法之时，法家泉二新熊博士尤盛唱孝道之说。[3]美国学者惠格模[4]（Wigmore）于其公正道德与最高法院一文中，又于法律与道德之关系论，作简要之解释：

在法律有声气之时，可以无道德乎？此实为重要一问题，古 Heraclions 曾谓法律之生活尚在流动激荡之中，岂可以流至一端而停止不动哉；惟时至今日，惟道德之识别，较之道德的心地更为需要；但法律之内容为道德，道德之外冠为法律，此为不可否认之事实。[5]

威氏为美证据法学专家，于法理学又可与庞德霍姆斯诸杰并驾，其立论远到，自不待言；吾人试取其全文以读之，当益信法律与道德相关论之重要也。

结　论

总上以观，吾人可知法律与道德之关系，若就庞德氏分析法律进化之数时期以立论，则在古代的法律幼稚时期，类倡法律与道德之合一论，以理想道德作法律之标准；降而至中世纪之法律由严格时期至成熟时期，则倡法律道德之分离论，于是恶法亦法，而法乃近乎严峻残酷，正如太史公叱法家之所谓残激寡恩之时也；迄乎近代法律社会化之时期，则法律与道德乃互相为用，法律以道德为准绳，道德以法律为工具，两者不可偏废焉；故今后吾人研究法律，固不可徒尚伦理的空论，亦不可只重文字之口舌；当知法律之形式，虽在条文之字义，法律之精神，犹在社会之正义，所谓法典神圣化，乃二十世纪以前之法律思想，优士丁尼之罗马法大全成，而罗马法律乃形衰颓，拿破仑法典成，而法国法律从此不振，何哉？得一法典，学者即兢兢于法典

[1] “布兰迪斯”原文作“勃郎台”，现据今日通常译法改正。——校勘者注。

[2] “萨瑟兰”原文作“薛坐冷特”，现据今日通常译法改正。——校勘者注。

[3] 胡长清“孝道与法律”，载《法律评论》，第二百三十五期第三页。

[4] “威格摩尔”原文作“惠格模”，现据今日通常译法改正。——校勘者注。

[5] Wigmore, Justice, Morality, and the Federal Supreme Court, 1〇Illinois Law Review, 178, 186～187.

之解释与运用，不于学理上作进一步之研究，有以致之耳；日本三潴信三曰，法律为吾人日常生活之规范，必也有法理之学，法理之术，互相为用，然后可以日臻发达。[1]夫所谓法理之术，固重在法律之本身，若于法理之学，则其于法律之背景上，当以道德为主体焉；爰作法律道德关系论，以就正于读者诸君子之前。

〔1〕［日］三潴信三：《近世法学论》，邓公杰译，第三页。

社会进化与法律*

孙晓楼

法律者，社会生活之规律也。违乎此规律，社会生活必杌陧不安矣。惟社会生活，因时代而不同，因区域而各殊。故上古时代之社会生活，以神道为依归；中古时代之社会生活，以君权为依归；近今时代之社会生活，以民主为依归。世界两大法系——大陆与英美——社会生活之不同有以成之。强中古而行上古时代之神治，强近今而行中古时代之君治，固不可能，强英美而治以大陆之法典，亦扞格不相入矣。故法随时而异，顺地而转，不能立一法而通行四海亘古不变也。韩非之言曰："今有构木钻燧于夏后氏之世者，必为鲧禹笑矣，有决渎于殷周之世者，必为汤武笑矣，是以圣人不务循古，不法常可，论世之事，因为之备。"商鞅之言曰："前古不同教，何古之法，帝王不相复，何礼之循，伏羲神农教而不诛，黄帝尧舜，诛而不怒，及至文武，各当时而立法，因事而制礼。"美名教授社会法学派之鼻祖庞德〔1〕氏(pound)亦云："法律宜稳固而不宜呆板，必使适合社会之生活而后可。"中外法家，言同一辙，能不令人五体投地哉。乃至今日盲目于自然法派者流，复孜孜乎搜求宇宙通行万世不变之法律，可怜亦可笑耳。故夫社会者法律之精神，法律者社会之形式。社会进化，法律亦随之进化；社会改革，法律亦因之而改革。苟社会变而法不变，则社会不得使其变，法律变而社会不变，则法律终等于具文。为欲申说其义，就法律与社会关切各点论之。

甲、法律与社会道德。道德为社会组织最要之原素，道德之观念不同，社会之组织以异。不观乎野蛮民族之社会，以好勇斗狠为尊崇；文明民族之

---

* 本文原刊于《月刊（上海1928）》1928年第1期。

〔1〕"庞德"原文作"滂波特"，现据今日通常译法改正，下同。——校勘者注。

社会，以让恭揖让为尊崇。其道德观念不同，而法律亦不能无异。又如欧美各国，一夫多妻，道德上认为侮辱女性，法律当予以[1]制裁，而于中国则一妻一妾，司空见惯。道德即不反对，法律自不认为有罪。此法律因社会道德之不同而变化者一。

乙、法律与社会思想。个人有个人之思想，社会有社会之思想，聚个人之思想，而成为社会之思想。所谓群众之心理者，即社会之思想也。文明社会之心理，有异乎野蛮社会之心理，社会心理不同，所定法律亦各殊，例如我国社会心理，以从军为耻；欧美社会心量，以入伍为光荣。故欧美各国，至相当年龄而未受军事训练者，当受法律之制裁，我国则不然。又如有社会之思想，以不受教育为可耻，人民不受相当程度之教育，应受到法律之制裁，有以受教育为人民之自由，而不用实行[2]强迫教育以限制人民之自由者。此法律因社会思想之不同变化者二。

丙、法律与社会经济。社会组织中，最占重要者，莫如经济若。经济为维持社会最大要素，经济组织变动，社会组织亦随之而变动，法律自不能独善于外，而不受其影响。不观乎手艺时代之经济组织，与机械时代之经济组织，判若两途。工业幼稚之社会，工人无势力雇主雇工可以相安无事，迄乎社会工艺进而至机械时期。于是劳资纠纷之问题以生、劳动保险法、童工保护法、工资定律、工作时间、工会法、女工保护法、住所改良法等，皆不得不有相当之规定。此法律因社会经济组织不同而变化者三。

丁、法律与社会常态。一社会有一社会之状态，而所谓状态者，不能固定而不变。平靖时代社会之状态，有异乎扰攘时代社会之状态，状态不同，法律焉能不受其影响。例如一社会在戒严时期，法律禁止人民深夜通行，结队游行演讲等事。又如欧战时政府限定人民休息时间，与食量多寡，社会失常态，而法律亦失常态矣。此法律因社会常态之同而变化者四。

戊、法律与社会气候。社会气候亦各地不同，赤带热寒带冷气候不同，社会之生活自不受其影响，法律亦随之而生变故。例如结婚年龄之高低，寒带法律规定之结婚年龄，每较高于热带。法国法律规定男子满十八岁，女子满十五岁为结婚时期；德国法律规定男子满二十一岁女子十六岁为结婚时期；

---

〔1〕“予以”原文作“与以”，现据今日通常用法改正。——校勘者注。

〔2〕“实行”原文作“使行”，现据今日通常用法改正。——校勘者注。

罗马法律规定男子十四岁女子十二岁为结婚时期。其高低差别，皆因社会气候寒热之不同而规定。此法律因社会气候不同而变化者五。

己、法律与社会之土地。社会寄托于土地，而土地有肥瘠之别，有高低之分。大陆之社会，不同乎沿海之社会：大陆居民，富于保守稳健性，沿海之居民，富于进取冒险性，大陆多崇山峻岭，沿海则帆樯林立，土地位置不同，而社会之生活亦各异。因地制法，在海岸则有航海法，捕鱼法，其出产固关及社会经济一项。然社会土地不同，亦有以致之。此法律因社会土地之不同而变化者六。

综上六端，是可知法律之进退，非法律本身之问题，乃社会之进退问题。社会变态万状，法律适应非易，立法者于制法之前，于各地社会情形，非有一群详细周密之查考研究其气候、土地、经济、常态、思想、道德等要质，然后可谋法律适应社会之道。不然，若袭人之法以为法，沿古之制以为制，则其结果，必法是法。社会是社会，法虽严，犯法者不减，刑虽酷，而畏刑者不加，其于立法之本意，“刑冀无刑”，何尤哉。韩非氏之言曰，法与时转则治，治兴也宜则有功，……时移而治，不易者乱，皆哉斯言。今夫欧美法学泰斗若霍姆斯〔1〕(Holmes)、庞德(Pound)、埃利希〔2〕(Erlich)、卡多佐〔3〕(Cardozo)，其所倡之社会法理学，立论以社会大体为主义，不斤斤乎法律自身原则之解释，而以社会福利为前提。此种所为社会化的法律(Sozial-izierungggesetu)在现代澎湃之法律思潮中独树一帜，异军突出，战胜历史派分析派哲学派而有余。故不数十年而社会化法学之呼声甚嚣尘上矣。回顾德国自大战以后，政治鼎新，一变以前偶像式地崇拜罗马法典之色彩，不复拘泥成规，而另辟蹊径〔4〕。其所订定自由契约之限制〔5〕，遗产制之规定，财务权之分配，及乎一切劳工等法规，皆能适合于社会之潮流，与德国最近社会上常态思想经济心理等，若合符节，在最近法律潮流中堪称翘楚。回顾我国，法律犹在萌芽时期中，其所有者，皆袭自日德，不合于中国现代在进化社会之情形者綦多。当此国府奠定，百废待兴之维新时期，立法者宜如何

---

〔1〕“霍姆斯”原文作“霍姆士”，现据今日通常译法改正。——校勘者注。

〔2〕“埃利希”原文作“爱立希”，现据今日通常译法改正。——校勘者注。

〔3〕“卡多佐”原文作“赫特叔”，现据今日通常译法改正。——校勘者注。

〔4〕“蹊径”原文作“溪径”，现据今日通常用法改正。——校勘者注。

〔5〕“限制”原文作“限止”，现据今日通常用法改正。——校勘者注。

根据社会法学派之理论，追踪新德意志之方法。先从调查各地社会情形入手，然后谋改革之道，将一切从前所抄袭日德之法律。其不合民情不洽于社会生活最新趋势者，删之改之，必使所有法规，尽适合于今日进化这社会而后已。惟如是而社会革命之目的以达，国民革命之基础以固。不然社会之思想如此，法律之成规如彼，一进一退，人民之痛苦日深，而社会之进化亦迟迟矣，质之高明，以为何如。

法律民族化的检讨*

孙晓楼

一

法律民族化运动者即自我立定自我（Das Ich setzt ursprung lich szhlechthin sein eigenes Sein）的法律运动[1]。有自我的奋斗，而后可以有自我的成功，一国文化的发扬光大，绝不是傲然自大，目空一切的自满自足，所可成就的，也绝不是妄自菲薄，人云亦云的自暴自弃，所可见功的。无论研究何种学术，首须认识我们自己的历史，即我祖我宗所遗传给我们的是什么，次在认识我们现有的环境与国际状况。假使我们的祖宗，遗传给我们的，是不好，是没有价值，或甚至有危害我们现在环境的生存，那么[2]弃之惟恐不速，固不庸有一些流连。假使我们的祖宗，遗传给我们的是好是有价值甚至有益于我们现在环境的生存，那么我们做子孙的，即不能发扬而光大之，亦当宝之藏之，以为后来者倡。

我们自甲午战争之后，渐渐地丧失固有的德性及自己的自信力；谈学术者无论其为自然科学，抑社会科学，每喜崇尚欧美之文化，于中国固有之民族性及社会状况，类鄙弃而不屑一顾，这也无怪国联教育考察团攻击我国内的学术界说："现在中国的大学生，对于世界各国似皆有相当认识，独于本国

---

* 本文原刊于《东方杂志》（第34卷）1937年第7期。

〔1〕 德国于一八〇六年战败法国后，因人民失自尊之性，当有哲学者菲希特（Johann Gottlieb Fichte）即以根据自己来决定自己的本位运动。

〔2〕 "那么"原文作"那末"，现据今日通常用法改正。——校勘者注。

乃茫然不知，是诚大不幸事。”[1] 又说：“中国大学之农科教授，对于世界其他各地之农业状况及方法，所知极详，惟应用其知识于中国之状况及方法时，反而感觉困难。”[2] 唉！世界知识，外国科学，在二十世纪之现代，是不应当没有的，不过我们学以致用，不注意自己而专注意人家，不研究自己而专研究人家，研究人家而并自己都忘却了，这种忘本逐末的动向，影响于中国三千余年的法律思想者甚大，中国法律的全盘欧化即大陆法系化者亦在于此。夫大陆法系与英美法系于立法的技术上，固不失为我国之先进，而有可供吾人参考的价值，然是否系中华民国所需要的法律？是否系中华民国所应有的法律？英儒法律史学家霍尔兹沃思[3]（Holdsworth）说：“罗马法对于英国法律即非药剂亦非毒品，依时代与需要之不同，视为轻微药材，为小量之采取，借资滋补”，[4] 霍氏斯言，虽为英国而说，亦不啻为中国而说；执是以观，欧洲大陆法作我们的滋补品则可，作我们的饭米则不可。

前年司法院召集全国司法会议，根据着该会的决议而成立中华民国法学会，谋发扬中国固有之文化，建立中华新法系，形成与大陆英美鼎足为三。其宣言的纲要中，有一段文字说：“诚以我国法律，唐清固集大成，而其始为有系统之研究，则远在秦汉以前，汉书班志，诸子九流，已著法家之目，而后之谈政治者，每不能离此而独立，其原则与条理，在在可为取鉴。不宜妄自菲薄，跬步学人，本学会敢揭櫫斯义，以为切磋之准绳。”[5] 这一段文字，可以说是中国法律民族化运动之先声。不过建立中华法系是多么一件伟大的事业，也是多么一件艰苦的工作。这使命的完成，当然不在日本的学者身上，更不在欧美的学者身上，而在我中华民国法学者的身上。中华法系的能否抬头，与大陆英美两法系鼎足为三地称雄于世界，要看中华法学者有无推行法律自我观念的决心勇气与毅力。德儒耶林[6]（Rudolf von Jhering）说：“法律之目的是和平，达此和平的方法是奋斗。……法律的生命是奋斗，是一种民

〔1〕《国联教育考察团报告书》第三章第一八四页。

〔2〕同上。

〔3〕“霍尔兹沃思”原文作“霍惑斯”，现据今日通常译法改正，下同。——校勘者注。

〔4〕见徐砥平之译语，两大法系之进展与特质，《中华法学杂志》第八期第四三页。

〔5〕见《中华法学杂志》（中华民国法学会主编）第一卷第一号。

〔6〕“耶林”原文作“耶棱”，现据今日通常译法改正。——校勘者注。

族、国权、阶级、个人的奋斗”。[1]罗马民族没有乌尔比安[2](Ulpianus)与帕比尼安[3](Papinonus)等五大法家自我的奋斗，不能创造罗马法系。日耳曼民族没有拜耳[4](Beyer)、基尔克[5](Gierke)自我的奋斗，不能建立日耳曼法派。盎格鲁[6]撒克逊民族，没有布莱克顿[7](Bracton)与柯克(Coke)等自我的努力于前，与曼斯菲尔德[8](Mansfield)、布莱克斯通[9](Blackstone)等继起的奋斗于后，也不能树立今日之所谓英美法系。中国法律民族化运动的能否成功，全视我中华法学者今后的努力!

二

法律民族化运动的第一点，是在谋民族性本位的发展，一国有一国的民族性，一民族有一民族的法律(One people, one law)德儒萨维尼(Savigny)说：“一国之法律应依民族精神为依归”。[10]有罗马民族的特性，而后能发扬罗马法系的光荣；有日耳曼民族的特性，而后能流露日耳曼法派的异彩；有盎格鲁撒克逊民族的特性，而后能形成英美法系的伟大；所以民族性是法律的魂魄，法律是民族性的躯壳，没有民族性的法律，几等落魄之人，其危险性为何如。德国以民族性法(Volksgeist)称一般的法律者，盖在于此。

不过什么叫作民族性？据我看来，民族性是一国至高无上的伦理观念，这种至高无上的伦理观念，是千年一体地深印在整个民族的心底。政治可以革命，经济时有变迁，然而民族性依然故我，很不容易动摇。德儒菲希特[11](J. G. Fichte)说：“土地经济政治组织，皆非形成民族之要素，所谓民族，

[1] John J. Lalor之英译本*Jhering*: *The Struggle for Law*, p. 1.

[2] “乌尔比安”原文作“阿尔比安”，现据今日通常译法改正。——校勘者注。

[3] “帕比尼安”原文作“伯平利安”，现据今日通常译法改正。——校勘者注。

[4] “拜耳”原文作“拜页”，现据今日通常译法改正。——校勘者注。

[5] “基尔克”原文作“歧尔克”，现据今日通常译法改正。——校勘者注。

[6] “盎格鲁”原文作“盎格罗”，现据今日通常译法改正。——校勘者注。

[7] “布莱克顿”原文作“勃拉克顿”，现据今日通常译法改正。——校勘者注。

[8] “曼斯菲尔德”原文作“孟斯非尔特”，现据今日通常译法改正。——校勘者注。

[9] “布莱克斯通”原文作“勃拉克斯冬”，现据今日通常译法改正。——校勘者注。

[10] Savigny, *System des heutigen roemischen Rechts*.

[11] “费希特”原文作“费希德”，现据今日通常译法改正，下同。——校勘者注。

乃一神圣的首先的组织，民族之要素，在有特殊的道德足以表显其民族性者，惟民族性之自身始具有复兴之力。”[1]这是菲希德于一八〇六年德国惨败于法后所提倡民族化新教育的呼声，实可以为我国现在法律反民族化的警钟。

我中华民族既有五千余年之历史，有四万五千万之男女同胞，而在这四万五千万同胞之中，无形中有一种高尚的伦理观念在日常生活中统制着，所谓“守望相助，疾病相扶持”的互助观念，所谓“孝悌忠信，礼义廉耻”的道德观念，所谓“刑期无刑，必也使无讼”的感化观念，无论乡村都市，农家田闲，无时无地都流露着此种至高无上的伦理观念。夫法律与道德既由分离论而趋于关系论，[2]则中国法律，自应因势利导，以民族德性为骨干，使之益趋于群固而繁荣；不意今之倡言欧化司法者，惑于法律的世界性，侈谈迎合世界潮流，使中国法律全盘日化德化，“刻薄寡恩”、“锱铢必较”，深染着危险性的权利争斗主义之色彩，将中国固有民族性的优点，摧毁殆尽，不亦大可惜哉。

我国法学者刘世芳氏以“不忍人之心”、“和平性”“大公允观念”及“信义”等，为我民族之四大德性，而为欧化司法所缺乏者，彼于《欧化司法与中国民族性》一文中有一段文字说：“上述四种为我民素具之德性，自古迄今已深铭人心而未衰替，实为吾民族之遗产，吾辈当如何爱之珍之，维之保之，光大而增华之；乃今妄求欧化，是不啻助狂飚暴霖以折其干而拔其根。”[3]日本刑法学者小野清一郎氏，于其所著《论中国新刑法》一文中，也有一段文字说：“中华民国新刑法，惟事步武德意志及日本一九二〇年之刑法改正草案，果得谓为适合于时势的立法乎？余殊怀疑甚深。夫中国有中国的固有文化，特别于刑法，是有最古文化的传统之邦训，其文化的传统，纵在今日已非尽可因袭，而其精神虽在今日尚有值得发扬而光大之者，予以为尚不少。然而民国之立法者，辄容易舍弃其传统而不顾，此予所引以为遗憾而颇不可思议者……”[4]“花落讼庭，草生囹圄”，这是中国司法本有之美绩，试问

〔1〕见张君劢翻译“菲希德对德意志国民演讲”第三页。

〔2〕参阅拙作“今昔法律的道德观”，载《法学杂志》第六卷第二期第一三九页。

〔3〕刘世芳：“欧化司法与中国民族性”，载《法学杂志》第九卷第三期。

〔4〕［日］小野清一郎：“评中国新刑法”，刘陆民译，载《中华法学杂志》第一卷第一期第四〇页。

英美司法如何？德日司法如何？中国司法欧化后又如何？“讼案山积”而已，“囹圄充塞”而已，“民怨飞腾”潜伏着世界的惨杀而已；刘氏谓：“妄求欧化，不啻折干而拔根”者，岂得为过。

三

法律民族化运动的第二点，是在谋社会性的发展，原来法律的法则是社会的法则，法律的现象是社会的现象，没有社会的实质，不能有法律的形式，美国法学者庞德（Pound）氏谓：“法律是社会的机械”，〔1〕法学者卡多佐〔2〕（Cardozo）说：“法律的目的是社会的福利”。〔3〕日本法学者穗积重远说：“法律是社会生活之规范”，〔4〕其他二十世纪的社会法学者亦高呼着“社会利益”（Social utility），“社会需要”（Social needs），“社会功利”（Social utility），“社会要求”（Social claim），几无时无地不以社会二字为其中心观念。所以我希望我们的法律，于保持我国民族性之外，还要注意于我国的社会性，谋如何适应时代的需要，与夫社会的风俗习惯经济况状及人民之知识程度。韩非子说：“法与时转则治，治与世宜则有功。”〔5〕所谓时转世宜，便是法律社会性的表现。良以有一时代的社会，然后有一时代的法律，不是以一时代的法律，来创造一时代的社会；社会需要八十分的法律，你给它七十分的法律是不足够的。不足够，社会上不免发生许多病态。反过来说，社会上需要七十分的法律，你给它八十分的法律，是不融化的。不融化，社会也不免发生许多病态。所以我们要求法律适应中国的社会，不可不注意下〔6〕列的数点：

一、不强求法律的统一。法律在一个统治权之内，是应当统一的，一国的法律不统一，那么各自为政，于行政的效率上一定发生很多的阻碍。不过法律的能否统一，还要看人民的知识程度风俗习惯的是否统一，假使一国之

〔1〕 Roscoe Pound: Administrative Application of Legal Stan. dards, 44. Fep. Am. Bar. Assn. , p. 449.

〔2〕 “卡多佐”原文作“卡独索”，现据今日通常译法改正。——校勘者注。

〔3〕 Cardozo: The Nature of the Judicial Process, p. 66.

〔4〕 ［日］穗积重远：《法理学大纲》，欧阳溪译，第一〇一页。

〔5〕 见《韩非子·心度篇》。

〔6〕 “下”原文作“左”，现据排版需要改正。——校勘者注。

内，甲省有省的特殊情形，乙省有乙省的特殊情形，那么甲乙两省的法律，当然有不能强使尽同之处。我们看到英国不禁止苏格兰（Scotland）适用大陆法，美国容许路易斯安那〔1〕州（Louisiana）适用法国法，这便是法律适应社会性所不可避免的事实。若必欲使法律放弃其原有社会的特殊性，而强之与人尽同，或强之与人尽不同，便失去其社会性的本位。

我国幅员如此广大，人口如此众多，交通如此不便，边疆各省之风俗人情知识程度与沿海各省之风俗人情知识程度相去何止二三百年。沿海诸省谈男女平等，内地各省谈三从四德，沿海各省行飞机汽车，边境各省犹茹毛饮血，一方面刑法制定配偶通奸的平等，一方面青岛湖北同乡会宣言反对危文绣的再醮，然而民法一千二百二十五条刑法三百五十七条适用之于沿海各省者，亦适用于内地各省，边疆各省，以划一无二的法律适用于大不统一的社会，这样绝不能使法律适应社会；所以我认为除掉宪法、刑法、法院组织法及其他关于国家政权之立法应予统一全国外，其他诸种法律如民法商事法等，应由中央政府斟酌情形，订立简单的统则，至于详细的法规，则由各省政府根据各省的社会情形及法院的判例以制定之。萨维尼说："法律非由创造而成，若仅就一般法典之编纂，谋达统一之目的，适与作辞书以统一国语相同。"〔2〕所以要想以法律来统一法律，是不可能的，这是如何使法律适应社会该注意的第一点。

二、文义的通俗。法律文义，贵在浅显，然后可使一般的人民通晓，然而我们现在的法律，有很多的字句，译自日文德文，奇旨奥义，佶屈聱牙，已失掉社会上习用之意义，不但一般人民无从解释，即律师法官立法专家，亦不免常常发生疑问，这样一种神秘性的专家性的东西，叫普通的民众可望而不可接，已失掉社会上习用之意义，而失去法律文义的社会性，我们要法律适合我国现在一般人民的需要，则于法律文义上，应如何使之通俗化，文句用白话，句读用新式标点，法律名字以中国一般社会上所已习用者为原则，这是如何使法律适应社会该注意的第二点。

三、法令的减少。我国在过去二十年中，立法机关可以说天天在那里编订法律，创制法律，同时各行政机关也时时在那里颁布法令，以致法令多如

---

〔1〕"路易斯安那"原文作"罗易籍阿那"，现据今日通常译法改正。——校勘者注。

〔2〕参阅 Savigny，*Vorn Beruf unser Zeit für Gesetzgebung und Rechtg wissenschaft.*

麻，我们拿立法院最近编辑的“中华民国法规汇编”十三大卷，仅就各卷之总目以读之，已足令人目眩而神迷，有一部廿四史无从说起之慨，夫法律愈严密，法律愈硬性，法律愈硬性，那么要它适应本国各地现实的社会情形，是不可能的事，这是如何使法律适应社会该注意的第三点。

四、法律的稳定。要法律适应现实的社会，当然不能一成不变。惟法患其不能行，不患其不能成，在未成之前，应如何慎重将事，冀成为适用之法律，于既成之后，应如何努力实施，冀成为中国有效之法律，而使之有相当程度的稳定。庞德（Pound）教授说：“法律是要稳定的，但不能呆板，太呆板固失掉它的社会性，不稳定也失掉它的社会性”。〔1〕我们现在的法律，在过去的十数年中，实在不稳定了，就民刑诉讼以观，前后已有四次的变动，〔2〕其他单行法规之有局部条文的更动者，实犹不止此数，以如此多变的法律，绳我少变的法律，绳我少变的社会，要人民知道法律的现状已不易，将何以适应现实的社会生活，这是如何使法律适应社会该注意的第四点。

五、诉讼手续的便捷。民刑诉讼手续贵在迅速敏捷，然后可以便利人民的诉讼，而减少当事者之苦痛。现在的诉讼手续，因为文书的繁杂，簿册的记载，机关的周转，表格的填注，以致许多民刑案件，可以受理而不受理，可以当庭判决而不判决，可以立刻执行而不执行，可以直接自诉而不直接自诉，原可一审终结，今必二审三审，原可一月解决，今必一年半载。被告因诉讼的稽延，精神上物质上所受的损失，往往较法院所判处罪刑的苦痛为大，这样已失了司法公正的原义，且诉讼手续繁杂，民众不能直接运用，这是如何使法律适应社会该注意的第五点。

六、司法机关的简单。司法机关愈复杂，手续的周转愈繁，经费的虚耗愈大，司法的人才也愈不能集中，这是当然的结果。试看现有的司法组织，刑事公诉案件必须经过一警察机关，二检察机关，三地方法院，四高等法院，五最高法院，至少要经过五次的审讯，五个机关的周转，然后可以达到最后之判决，被告羁押的延长且不谈，只就这五个机关的周转，诉讼的稽延已可想见了。况且既有自诉的制度，又设公诉的机关，不特虚糜国帑，益且蹂躏

〔1〕 Pound，*Interpretation of Legal. Cambridge*，p. 1.

〔2〕 所谓民刑诉讼法四次的变动，即由各级审判厅试办章程，民刑诉讼律，民刑诉讼条例，旧民刑诉讼法至新民刑诉讼法等是。

人权，已失了我国古代所谓“早结轻刑”的本旨，[1] 这是如何使法律适应社会该注意的第六点。

吾人既推定人人应知道法律（Every body is presumed to know law），同时又坚持不知法律不能原谅（Lgnorantia Legis nemirem excusat）之定则，故文义的深奥，手续的繁杂，组织的重叠，皆足为法律适应社会的离性力。欧美各国司法之为世诟病，致人民感受着无穷的苦痛，而怨声载道者，即在于此。今为适应中国社会的需要，免蹈欧美司法的覆辙起见，则民族化的法律，于文义的通俗，数量的减少，立法的稳定，手续的便捷，组织的简单，与夫适用之不能强求统一，皆在应行注意之列。

四

以上所述的法律民族性和法律社会性，都是法律民族化运动上所亟应注意之点，或有以为法律的民族性，可以包括法律的社会性。不过我认为民族性是偏于纵的，社会性是编于横的，民族性是久长性的，社会性是暂时性的，民族性是统一的，社会性是区域的，两者不能混为一谈，近代社会法学派之努力，可以说是侧重在横的区域的社会性的努力，似又不能包括我所主张民族化运动的根本目标。

不过我所说的中国法律民族化，并不是主张中国法律的完全复古化，我也很希望中国法律能现代化，惟所谓法律的现代化，并不是像戴在他人头上的花，可以取下戴在我们的头上的，是要拿中国固有的民族性与夫现实的社会性做材料，做基础，用西洋科学的方法来整理来改善。一方面涵育滋养，任其本性之发展，以永天年；一方面修剪耕耘将民族性社会性的有害于国家之生存者除之去之，有益于国家之生存者珍之藏之，发扬而光大之。英儒霍尔兹沃思说：“要移植一种法律制度决非难事，不过要搬运那种法律制度所依据而繁荣滋长的环境，是不可能的事；法律制度好像是一种极娇嫩的植物，一定要有适宜的土壤与气候。”[2]一国民族的特性社会的现状，便是法律的

〔1〕 参阅拙作“我国检察制度之评价”，载《法学杂志》第九卷第五期第六六〇页至第六六一页。

〔2〕 Holdsworth，*Some Lessons from our Legal History*，pp. 84 ~ 85.

气候，法律的土壤，中华法系之花，能否灿烂发放于将来，还当视我研究法学者之有无鉴别法律土壤之能力，与适应此法律气候的方法。作者因有鉴于国内法学者专重法律制度之移植，而忽视法律土壤与气候之鉴别，因于中国法律之民族化略述数点，以就正于国内法学者之前。

法源与法形*

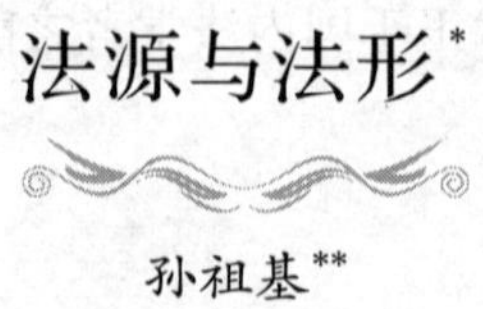

孙祖基**

法源的意义和学说

法源的意义非常简单就是法律所由发生的根源的意思。从来关于法源的学说，约有四种，如下：

一、法源是法律所由来的基础。例如指神意，国权，公意等为法源的，便属于这一类的学说。

二、法源是法律知识的材料。例如以法典，判决书，著书，论文等，可以修得法律知识的材料为法源的，便属于这一类的学说。

三、法源是构成法规的内容的。例如将习惯，法理，学说，宗教，道德，外国法等，列入法源之内的，便属于这一类学说。

四、法源是法律关系发生的原因。例如指契约，不法行为，不当得利等等为法源的，便属于这一类学说。

以上四种学说，各有各的见解，并没有一定的论评。

法源的分类

法源有三种分类法如下：

一、直接法与间接法。直接法例如法律，命令等，因为他的本身，就具有法律的效力，所以叫作直接法。间接法例如习惯，法理，学说，道德，外国法等，因为他的本身，虽不能直接发生法律的效力，而由国家承认以后，

---

* 本文原刊于《中学生》1943年第42期。

** 孙祖基，1926年毕业于东吴大学法律系（第9届），获法学学士学位。

才能作为法律，所以叫作间接法。

二、制定法与非制定法。制定法是由国际团体，国家，或地方自治团体，依立法的程序所制定的法律。非制定法是不经立法程序而成立的法律。

三、成文法与不成文法。成文法就是以文书制定的法律，不成文法就是并不以文书制定，而与成文法有同样效力的法律。

以上三种分类法，名目虽异，实质则一，现从一般法学家的主张，采取第二种说。

制定法与非制定法

制定法在古代并不占重要的位置，中外皆然。直至一八〇四年，法国拿破仑法典颁布后，各国的法典编纂和法律统一运动，才如火如荼地发扬起来。我们知道西欧[1]各国，自罗马帝国瓦解和罗马法失效之后，日耳曼各民族各部落均挟其地方的习惯法以为治，而全欧法律各类之多，以千百计。那时只法国一国的民法，便有数百种之多。伏尔泰[2]（Voltaire）曾讥笑地说过："旅行法国者改换法律次数之多，犹如其换马匹一样。"但自拿破仑用整部的法典统一了法国的民法之后，各国感觉到法律统一之可能。于是他们都争先恐后，群起仿效，遂有十九世纪盛极一时之热烈的法典编纂运动。那时二十五个新兴的国家，其人种及政体虽多不同，但他们却都曾努力于建立一个统一的整个的民法典。这种以统一的整个的法典，来划一全国之法律生活，或保障国内之政治统一的观念，可说完全是受了拿破仑法典的激动，鼓励，或暗示。所以制定法规已成为大陆法系的重要渊源。[3]而在不成文法的英美国家，近来认为判例法则，埋藏于日增不已的大堆案卷记录中，头绪纷繁，不便学用，也有趋重于法典化的倾向。所以制定法就成为法源中的天之骄子了。

非制定法是不经立法程序而成立的法律，包括习惯法，判例，法理，学说等等，现在分别说明于下：

一、习惯法。习惯法是由人类互相传统的惯行，因而发生人之行为的准则。这种行为的准则，须合于正义和善良风俗，而经过国家的承认，方始发

〔1〕"西欧"原文作"欧西"，现据今日通常用法改正。——校勘者注。

〔2〕"伏尔泰"原文作"服泰尔"，现据今日通常译法改正。——校勘者注。

〔3〕是梅汝璈著：《拿破仑注典及其影响》（国立武汉大学社会科学季刊三卷三号）。

生法律的效力。人类是天赋有模仿性的，从孩提而至于成人，天天在那里对于某事项，为某种行为。我然人亦然，传统既久，于是发生习惯。设某一人偶然有违反的行为，社会上就要加以指摘，排斥。因为人既不能离却社会而独立，当然不得不尊重社会习惯。于是习惯就依了社会力发生拘束性，成为人们行为的准则，经过了国家的承认，发生法的效力了。

二、判例（或判决法）。判例是法院所为的判决，有拘束其后诉讼的效力，尤其是在英美法系中奉为主要的法源。因为英美法庭，判决素重例案。但是法院是司法的机关，而不是立法的机关，为什么它的判决，能够有这么大的权威，而成为法律的渊源呢？因为审判官的职责，是受理诉讼，不能拒绝裁判，遇有新事实发生而没有适当的法律引用的时候，于是只有依据人民的习惯，或适合正义的条理，来下判决。这种判决既定之后，其他审判官，苟遇有同样案件，如无特别反对之理由，必仍下同样的判决。同一判决历经援用之时，人民之间遂生信念而成为习惯，这就是所谓的判决法。所以判决法也可说是广义习惯法之一。他所以与一般之习惯法不同者，习惯法渊源于一般人民自己所为之惯行，而判决法乃渊源于法院的判决。

三、法理。法理就是审判官裁判案件，到了没有法律引用的时候，依据他主观的认识，斟酌情理和事势，来下公平的裁判。这种基于正义的判断，具有无形的威力。我国民法第一条更揭明白："民事法律未规定者，依习惯，无习惯者，依法理"，也是当然的趋势。因为宇宙包罗万象，事事物物的民事关系，都是非常的复杂，法律规定纵然详细，也难免没有遗漏；法院处理民事案件不能因法无明文，而拒绝裁判，已如前述，所以在没有习惯引据的时候，当然需要用法理来补充，于是法理也成为法源之一了。

四、学说。一切法系达到了成熟的时候，法律遂不免有固定性，其条例几乎变成机械，不易运用。假使没有法学家的科学讨论，怎能变更传统的权威！所以法学家著作和批评以及学理的探讨和条文的解释，都可以成为新旧法律更张的发动力，促起法院或议会的注意，因此而取得相当的权威，像土耳其法律的大部，即出于法学家的意见，近世国际法的发达，得力于此的也极多，无疑地它也成为法律的渊源之一了。

近世更有认道德足以成为法源的，以为立法机关固当参酌正义与直道的原理，不断地修订机械性的法律，法官尤应运用个人的良心主张——法律上所表现集体的良心主张，来创造法律的新例。

法律的形式

法是无形式的，它的活动，是一种力的活动，用公式，图解，数字，记号表示之。在中国上古五帝时代，画像来表示于人民，就算用刑。周朝县象形之法于阙门，郑人晋人铸刑书于鼎上，汉谟拉比〔1〕王刻巴比伦法在石碑上，建立太阳神殿前。印度人刻法在椰子叶上。克拉的人雕土耳其法在法庭壁上。罗马揭十二表法于公市。到了后世，更载诸于文书，经过了学者的编纂，成为法典，于是法形乃大备。国家依了公权力，来宣示它的体裁。或承认专家的学说，就是本节所说的法律形式。〔2〕

一、立法。立法非但是法律的渊源，也是法律的一种形式。像国家的宪法，国际间的条约，议会所制定的法案，都是显著的法形。

二、判决。法院处理讼案的判决，也是法形的一种，不过下级法院有服从上级法院判决的义务，在上级法院遇到了前次所判决相同的案件，则尚有斟酌的余地，这是指英美法系而言，在大陆法系则不然，是拿最高法院的判决，来补充成文法的不足。

三、法学经典。法学专家所著作的法学书籍，倘能将法学的立论，予以正确的解释，或将蕴盖个中的原理，翔实研究，这种著作，就有绝大的努力，因而发生权威，像英美法学者李特顿爵士（Sir Thomas Littleton）所著的《管业论证》（Treaties on tenure）柯克爵士（Sir Edward Coke）所著的《法经》(Institute)，都是一个显著的例子，足以称为法学经典而无愧。后起法家，奉为圭臬。因此法学经典，也就成为法律的形式了。〔3〕

---

〔1〕“汉谟拉比”原文作“哈姆姆拉比”，现据今日通常译法改正。——校勘者注。

〔2〕参见［日］穗积陈重：《法律进化论》第一部法原论。

〔3〕参见庞德：《法学肆言》第三章。

习惯法与成文法*

陈霆锐**

“法规上有设定者从设定，无设定者从习惯，无习惯者从条理。”此为关于民法解释之一大原则，推之各国而皆准者也。诚以法规之设定无论如何详密，必不能得各项法律问题网罗无遗，则势不能不从而求之于习惯。但人事变迁，至为剧烈，习惯亦有时而穷也。则折衷至当，权衡轻重条理尚已（参观民律草案第三条）。于此有可以注意之点三：其一即此与解释刑律“律无正条者不为罪”之原则，适相背驰而行；其二即此为救济法律之穷之不二法门；其三即有此原则而后，凡属民事审判官，不得借口于律无明文，将法律关系之争议拒绝，而不为判断。

以常义言之，习惯法之适用，限于无成文法之场合，成文法与习惯法有冲突时，则成文法常胜，但亦有例外。而此例外，极足以供言法学者之研究，即成文法中之设定有时以年湮代远，久不适用，而同时间有一反于该项法律设定之习惯，早经发生，则审判衙门将依此久不适用之法律，判决案件，抑将顺从此反于法律规定之习惯，而依之为判决之准绳乎？换言之，即法律可以矫正不良之习惯，是否习惯亦有废撤不适用法律之能力，于此场合，各国法制，颇多不同之主张。试分述之：罗马法学家禹立纳斯[1]之言曰“历久

---

* 本文原刊于《法学季刊（上海）》（第1卷）1924年第8期。

** 陈霆锐（1890～1976年），江苏吴县人。东吴大学法科毕业，法学士。1920年赴美留学，获美国密歇根大学法学博士学位。1923年回国，曾任东吴大学法律学院英美法教授、暨南大学教授。抗日战争时期，出任国民政府参政员。1944年赴美考察司法，次年回国当选为制宪国民大会代表。1948年3月去台湾，从事律师业务。1954年任台湾东吴大学法学院院长。著有：《商法》（英文本，商务印书馆）等。

〔1〕 Digest, 1, 3, 32 (Juliames).

之习惯，能有法律之效力者，并非无由，通常成文法对于人民有拘束力者，正以此为合于人民之意旨，而为人民代表所设定之故，然则合于人民意旨所设定之习惯，虽未经成文，当然亦未有与成文法同一之效力，其成文与不成文，实无关宏旨，试思人民以选举表示之意旨，与以行为表示之意旨，有以异乎？实无以异也，所以此项原则，谓成文法不仅可以为立法机关所撤销，并且可以由人民之消极态度撤销之，实极合于理性之所当然。”罗马法对此主张，在康士旦大帝时代，即经一度之变更，康士旦法典有言曰〔1〕“古代之各项习惯风俗当尽情采纳，不当在摒弃之列，但其在法律上之效力，不当超过理性与法规二者”。此项明言成文法常占优胜地位也，至近代各国之法典，对于本问题之主张，亦有可得而言者，意大利民律第五条（一八六六年本）云“法律可以由立法者正式宣言撤销之，或以后法与前法，以性质之差异，明明不能并在之故，或以后法之所规定者，即为前法所规定之同一物体，则前法之当然撤废，自无可疑”。习惯法之在意大利，不能有撤废成文法之能力，自在言外。西班牙民法之主张，亦与此相同，其民律第五条有云“成文法只可以后之成文法撤废之，相异之习惯，不能生撤废成文法之效力”。至苏格兰岛之现行民律，则对于此点，显采取初期罗马法之主张。安斯金所着之苏格兰法律原则〔2〕曾示其旨曰：“习惯法亦本民意而成立及存在，故当成文法有同一之效力，故成文法可以相异之习惯解释或撤销之，犹之成文法可以以他成文法解释或撤销之。至普通法案，则狃于巴力门万能之说，否认习惯可以废止成文，与意大利西班牙等国相同。以言二制之得失，则各有优劣之所在，在未可一概论定焉。其主张习惯废止成文者，则谓同为民意之所寄，当同有法律之效力，后法胜前法，则后之习惯，自可废止前之成文。况成文者由人民代表制成之，其质尚为间接的，而习惯者人民直接养成之，不当逾于成文乎？况尊重习惯，尤与近代之直接立法精神暗合，故其说当为近世国家所采取。其主又一说者，则为近代立宪国家，立法之责，寄于国会，不容有第三之干预，所以一事权而重立法也，复次，成文法如久不适用，说者谓其咎在于法之本身，不合时势之需要，故从而撤废之。谁曰不然，不知法之失坠原因甚多，或由于行政之怠，或由于政治之播动，或由于后来者之不知注意，

〔1〕 Constantine Code VIII，52，2.

〔2〕 Erskine，*Principles of the Law of Scotland*，BK，I，tit，I §16.

以致渐次失坠。今乃统诿其过于不合时势需要，其谁信之，复次若谓习惯可以废止成文，则须若何经久之习惯，乃可以有废止成文之能力，此岂非又一最难解决之问题乎？以予观之近代法律，贵准确而固定，贵有条理而易于遵守，则国之常法，当煌煌然书之简册，除法定之手续外，不容有所变更，则成文法之不宜为习惯法所撤废也，岂不彰彰明甚。”

大陆法与英美法的区别究竟在哪里？*

杨兆龙**

一、本文的目的与范围

在本杂志的创刊号我曾发表《新法学诞生的前夕——法学界的贫乏》一文。在那篇文字中，我曾谈到国内一部分学法之士对于大陆法与英美法之区别所发生的误解。当时因为限于篇幅，对于二者之区别究竟在哪里，未能作详尽的说明。本文的目的就是要对于这个问题作一个比较详细的研究，使读者们放弃几种错误的概括肤浅的观念。

这个问题初看似甚简单，可是仔细研究起来，却相当复杂。我们要对于他有正确的了解，必先对于大陆法与英美法二者的历史背景及所包含的成分作一番检讨。所以本文可分为两大部分。第一部分研究大陆法与英美法之意义及其形成的过程与包含的成分。第二部分研究大陆法与英美法的不同之点。兹为研讨的便利起见，将其所包含各点分别论列于后。

---

* 本文原刊于《新法学》（第1卷）1948年第2期。

** 杨兆龙（1904～1979年）江苏金坛人。法学家和法律教育家。1927年毕业于东吴大学法学院。1935年获美国哈佛大学S. J. D法学博士学位。继而，在德国柏林大学进行博士后深造。32岁时已掌握英、法、德、意、西、俄、波、捷八国外语，并对大陆法与英美法两大法系均有了精深的造诣。曾草拟《中华民国宪法初稿》、《军事征用法》、《军事征用法实施细则》、《国家总动员法》、《汉奸惩治条例》、《战争罪犯惩治条例》等6部全国性法律。抗战胜利后的最大业绩为协助罗斯科·庞德等筹划中国法制之重建，及1949年初释放万余名政治犯。先后曾以中国司法代表团团员和团长之身份两次赴欧美考察司法制度及法律教育。曾当选为中国比较法学会会长、刑法学会会长、国际刑法学会副会长、国际统一刑法学会副会长、国际比较法学会理事、国际行政法学会理事等。1948年被荷兰海牙国际法学院评选为世界范围内50位杰出的法学家之一（中国仅两位）。其著述约300万言，译作有《联合国宪章》中文本等。

二、何谓大陆法与英美法?

大陆法（Continental Law）之“大陆”（Continental）本含有欧洲大陆本土之意，所以别于欧洲另一部分的英伦三岛或英格兰等处。但是大陆法即不能包括欧洲大陆本土的法（即所有欧洲本土各国的法）。照有几位学者的看法，它不过是以欧洲古代罗马法为主要根据而演变成功的一种近代法，即近代罗马法（Modern Roman Law）。〔1〕罗马法在欧洲各国法制的演变过程中曾与寺院法或教会法（Canon Law or Church Law）对立过。学者们因此又称之为非教会法（Civil Law）。所以近代罗马法又称为近代非教会法（Modern Civil Law）。

英美法（Anglo—American Law）是以发源于英格兰的法制为主要根据而演变成功的一种近代法。这种法一方面由英格兰流传到英国的其他版图或殖民地去，另一方面由英格兰流传到美国若干区域，然后再流传到别的地方去。美国虽是一个后起之国，但是国际地位颇为重要，法律发达的程度相当高。所以大家谈到这一种近代法，常将英美并举而称之为英美法。英美法又称为普通法（Commom Law），这个名称是十一世纪以后才流行的。在十一世纪以前即盎格鲁撒克逊（The Anglo Saxon Period）英格兰只有各地不同的习惯，没有统一的习惯或法律，并且裁判之事也完全操之于各地的法院或类似机构，并无统一的办法。所以当时的法制是分歧的，富于地域性的。迨欧洲北部诺曼〔2〕时期（The Norman Period）国王开始派遣中央法官赴各地审理讼案，于是因着这些法官们合理及统一的解释便产生了一套法官形成的判例法（Judge - made Law）。这种判例法是根据当时各地的习惯而来的。但是由于法官们的合理及统一解释它是具有统一性的一般适用的法。所以称之为普通法，以别于各地之特别法（Particular Law），〔3〕英美法又称海洋法，所以表示与大陆对待之意。这种名称在日本相当流行，所以日本学者常将大陆法系与海洋

---

〔1〕 法儒 Henry Levy—Ullman 即如是主张。见其所著 *Le systeme juridiquedel'Angleterre*，1928，t. I，p. 41 美儒 Roscoe Pound 亦同。见其在国立政治大学演讲录 *Some Problems of the Administration of Justice in China*，1948，pp. 24，29.

〔2〕 “诺曼”原文作“瑙门”，现据今日通常用法改正。——校勘者注。

〔3〕 见 Radcliffe and Cross，*The English Legal System*，1937，p. 15；Goldschmidt，*English Law from the Foreign Standpoint*，1937，pp. 6 ~ 7.

法系对举。我国学者亦有仿效之者。

普通研究罗马法的人大都偏重于罗马的民事法，尤其民事实体法，很少人对于罗马刑事法或其他公法如宪法行政法等有深刻的研究。其刑事法及宪法行政法等还不及民事法之进步（这一点当于下文详叙）。所以人们常喜欢拿罗马的民事法来与英美的民事法对照，并且将以古代罗马法为重要根据而演变成功的近代民事法概称为大陆法，以别于英美法。实则如果我们将大陆法当作近代罗马法看，则刑事法，宪法行政法等不能包括在内。如果我们将刑事法，宪法行政法等包括在大陆法之内，则近代罗马法仅及于大陆法之一部分。所以与其说大陆是以古代罗马法为主要根据而演变成功的一种近代法，毋庸说大陆法是在民事法及其有关法方面以古代罗马法为主要根据而演变成功的一种近代法。

近代各国法制受罗马法影响的程度各有不同。其所受罗马法的影响究竟应该大到什么程度才够得上列入大陆法系，乃是一个值得研究的问题。例如丹麦，瑞典，挪威等国虽各有一套日耳曼色彩的成文法，但实际上他们都免不了受罗马法的传统观念及技术的支配。它们究竟属于哪种法系，是非一目了然，毫无疑义。甚至以大陆法正宗著称的法国，居然也有人认为它的民法典所含的日耳曼法成分多于罗马法成分。[1]大概一般学者所为决定标准者不外乎一种法制在内容及技术两方面所受罗马法的影响，综合观察起来，是否多于其他法系之影响。如果前者多于后者，则纵然内容方面所含的罗马法成分较其他成分略少，仍应列入大陆法系。这种决定标准当然也不一定可靠而合理。不过一般人喜欢用“大陆法”这个名称以表示世界上有一个国家或民族的集团属于这个法系，有时不能不于无法区别中勉强找出一个区别的方法来。

我们都知道大陆法与英美法并不以欧洲本土或英美两国本土为限。为求得比较明确的观念起见，我们不妨就这两种法系分布的地点作一简单的说明。

照一般人的看法，属于大陆法系的国家或民族，在欧洲，较著名者有法兰西，比利时，意大利，西班牙，葡萄牙，德意志，瑞士，奥地利[2]，荷兰，匈牙利等国，其次有东欧及巴尔干等国及苏格拉，苏俄。在亚洲，较著

---

〔1〕 见 Wigmore, *Panorama of the World's Legal Systems*, 1936, p. 1041.

〔2〕 “奥地利”原文作“奥大利”，现据今日通常译法改正。——校勘者注。

者有中国、日本、暹罗[1]、菲律宾[2]，其次有安南、朝鲜、荷属东印度等。在非洲，较著者有埃及、刚果[3](Congo)、阿尔及利亚(Algeria)等，其次有利比亚(Libia)、摩洛哥(Morocco)及若干欧洲本土国家之其他殖民地。在美洲之加拿大有魁北克省(Qurbec)，在美利坚有路易斯安那[4]州(Louisiana)。此外南美中美，除若干英属殖民地外，俱属之。[5]

至于英美法的流行区域，主要者有英格兰，威尔斯，及爱尔兰，美国除路易斯安那州以外各处，加拿大除魁北克以外各处，澳洲、新西兰、印度，其次有亚、美、非等洲英属殖民地及若干小区域。[6]

三、大陆法是如何形成的?

大陆法的形成可分为四个时期，即：(一)古代罗马法时期，(二)罗马法衰落及欧洲黑暗时期，(三)罗马法复兴，适应及与其他法系混合时期，(四)各国法制统一化，系统化，法典化及现代化时期。[7]

第一时期约自耶稣纪元前四世纪起至纪元后第六世纪止。在此时期罗马法自一种注重形式的幼稚的城市法，因着罗马帝国的形成，而逐渐发展为进步的，在欧洲几乎完全普遍适用的法。在纪元后五二九年罗马皇帝优士丁尼[8](Justinian)第一次公布了那部罗马法典大全(Corpus Juris Civilis)在五三四年又加以修正，在形式上可以说完成了古代罗马法最高峰的发展。后代研究罗马法的人 大都以这部法典为根据。这是大陆法最早的一个伟大基础。[9]

第二时期自第六世纪起至第十一世纪止。这个时期虽正式起于第六世纪，及优士丁尼皇帝的法典大全公布施行以后，但是其隐伏期在第四世纪即已开始。从那时起日耳曼民族便大量的侵犯罗马帝国的西部，到第五世纪末叶西

---

[1] 我国对泰国的旧称。——校勘者注。

[2] "菲律宾"原文作"菲列滨"，现据今日通常译法改正。——校勘者注。

[3] "刚果"原文作"刚哥"，现据今日通常译法改正。——校勘者注。

[4] "路易斯安那"原文作"鲁意西安那"，现据今日通常译法改正，下同。——校勘者注。

[5] 参阅 Wigmore 同书 pp. 1141～1143.

[6] 同前。

[7] 一般学者所分期较细，且标准亦颇不一致。惟其分期方法大都于本文目的无甚补益，故不予采取。

[8] "优士丁尼"原文作"优斯梯尼安"，现据今日通常译法改正，下同。——校勘者注。

[9] 见 Sohm, *Institutionen*, 16, Auflage, 1919, S. 57ff.

罗马便整个为日耳曼民族占领，剩下来的只有以君士坦丁为中心的东罗马帝国。优士丁尼虽是一位有为的皇帝，并没有能收复失地，复兴罗马。并且从此以后外患濒仍，国势日促，连东罗马帝国都几乎马上灭亡之危险，在这个时期有两件事情是与当时的法制有重大关系的，第一是罗马法学研究工作之退步。西罗马之灭亡，在优士丁尼之法典大全颁行以前，所有原来西罗马版图内所保持的罗马法大都是陈旧简略而缺乏系统的。当然谈不上高深的研究和合理的运用。至于东罗马呢，也有两个现象使法学的研究退步。其一是法典大全颁行以后大家都集中视线于法典，反而为它范围住，不能如以往那样发挥创造的能力。其二是因为当时东罗马通用希腊文，特将法典大全择要译成希腊文字以为适用及研究的对象，致法典大全失去其本来面目及应有的作用。第二件与当时法制有重大关系的事情是日耳曼法之流传到欧洲。因日耳曼民族之侵入欧洲以及西欧日耳曼国家与以后神圣罗马帝国的建立，日耳曼民族的粗野习惯便流传到西欧各处去，取一部分罗马法而代之，于是形成一种罗马法与日耳曼习惯混合的法制，诚如一位德国学者所说，一种变野蛮的罗马法（Ein Barbarisiertes Romanisches Recht）。〔1〕

第三时期约自十二世纪起至十六世纪止。在这个时期有五件事情是特别值得注意的。

（一）罗马法之复兴。所谓罗马法之复兴实际指罗马法学之复兴而言。我们知道：西欧虽然从第五世纪起被蛮族侵扰占领，罗马法并未完全失去效用。不过这时候的罗马法已不复是一种统一的纯粹的，进步的，可以与以前全盛时代的罗马法媲美的法制。在这时候最缺乏的乃是一种健全的法学。这种法学便是使以前罗马法进步的原动力。在欧洲黑暗时期虽然不能说没有一部分人在那里从事罗马法学的研究（如自第六至第十世纪意大利的法学教员等），但是他们研究的范围比较狭窄，研究的方法比较落伍。一直到十二世纪才有显著的进步。从这时起便开始了罗马法学的复兴运动。其发源地是意大利的博洛尼亚〔2〕(Bologna）最早的领导人物是在博洛尼亚讲授罗马法的一位学

---

〔1〕 参阅前书 S. 158ff 又 *A General Survery of Events, Sources, Persons, and Movements in Continental Legal History* [Vol. I of the Continental Legal History Series（以下简称 A General Survey）], 1912, pp. 21 ~ 22.

〔2〕 “博洛尼亚” 原文作 “波罗聂亚”，现据今日通常译法改正。——校勘者注。

者伊纳留[1](Irnerius)，参加这种运动的学者之研究对象为优士丁尼的法典大全，范围较以前的学者为广。他们的研究方法也较前进步，经过二三百年的努力，罗马法学便成为一个内容优美，原则统一，体系完整的东西。[2]

（二）罗马法之被接受。罗马法自第十二世纪起虽被许多人热烈研究，只促成了罗马法学的复活，而没有使罗马法——以优士丁尼法典大全为根据的罗马法——成为现行的法制，可是因为罗马法经过学者的研究已成为一部完备的有系统的法例。大家都明了[3]其优点之所在而开始普遍的适用它。在二三百年之间（第十四世纪至第十六世纪）它已成为欧洲本土的普通法（Gemeines Recht）。其促成这种情形的主要原因，除罗马法本身之优点外，为：（甲）当时法院或裁判机关的法官不懂法律。（乙）法院或裁判机关常请罗马法学专家为顾问或为参审员。（丙）有若干区域之高级或中央法院由罗马法学专家充任法官。不过这时期欧洲各地所接受的罗马法虽以优士丁尼的法典大全为根据，它实际上是在十二世纪以后罗马法学家的学理及解释里面受过洗礼的一种法例。[4]

（三）罗马法与地域法之调和。罗马法被接受后虽在大陆上成为欧洲本土的普通法，可是在罗马法被接受前欧洲各地已因封建制度的流行产生了许多分歧的富于地域性的封建法（Feudal Law）。这种封建法一部分固然以日耳曼法为根据，一部分却系为适应日耳曼民族占领欧洲后的新环境所创造的制度或惯例。罗马法的特点是普遍性，而这些封建法的特点是地域的特殊性。这两种特点过分发展都有流弊，同时罗马法产生的时期较早，对于若干新的重要问题没有规定或规定得不周详，也有补充之必要。封建法与罗马法的接触，不但可以减少封建法的特殊性而加速法律生活的统一，并且还可以避免罗马法的普遍原则与现实需要之冲突及弥补罗马法的漏洞。[5]

（四）罗马法与教会法之沟通。教会法起源甚早，在纪元后第一世纪末叶及第二世纪初叶即已相当可观，以后曾继续发展，至中世纪更有长足之进步。

---

[1] “伊纳留”原文作“伊乃乌斯”，现据今日通常译法改正。——校勘者注。

[2] 见 Sohm 同书 S153ff 又 *A General Survery*, pp. 124～159.

[3] “明了”原文作“明瞭”，现据今日通常用法改正。——校勘者注。

[4] 见 Sohm 同书 S. 174ff, *Dernburg*, *Pandekten*, 6 Auflage, 1900, 1. Bd., 1 Abtheilung, S. 4ff 又 *A General Survery*, pp. 334～406.

[5] 见 *A General Survery*, pp. 23～83, 109～175, 203～250.

惟中世纪以后的教会法在方法体例及内容方面常有参照罗马法之处，其所涉事项并不限于教会方面，其中关于私法，刑法及程序者亦颇不少，并且在刑法及程序法方面变更罗马法之处者也很多。教会法自第五世纪起即开始流行于欧洲，自九世纪至中世纪末其权威即已普遍地确立。它在许多方面曾创立新制度以补罗马法，日耳曼法及封建法之不足。我们可以专就刑事与民事两方面略加说明如下：〔1〕

甲、刑事。罗马法在民事方面虽甚发达，但在刑事方面颇为落伍。其刑事法例不足以适应后世复杂社会化的需要，非加补充改革不可。所以流传部分很少，对于后世的刑事法贡献极微。自西罗马灭亡后欧洲的刑事法除以日耳曼法，封建法，或新创的法律为根据外往往以教会法为借鉴〔2〕。教会法关于刑事部分当然有许多不合理的地方。在实体法方面普通刑法采取其原则者固然不少，但是因为宗教的意味太浓，现代立法中尚保留者已不多见。不过在程序方面其影响却甚深远。罗马法及日耳曼法都采弹劾主义，教会法则独采纠问主义。后者为普通刑事程序法所采后，在欧洲曾盛行过一个时期，在现代已成为刑事诉讼法的两大柱石之一。

乙、民事。在民事方面教会法对于若干事项也有相当大的影响。法国在大革命以前，德国在一八七六年以前其婚姻事件一向受教会法的支配。欧洲至今还有若干国家如奥国等采取教会法关于限制离婚等原则。〔3〕遗嘱事件在多数国家也受教会法的影响。如重利之禁止，善意之重视，代理制度之承认等最初是教会法所提倡的。在民事诉讼方面，教会法打破了罗马法日耳曼法的形式主义，简化了诉讼程序，介绍了书面审理制度并提高了书面证据及人证之价值。

（五）罗马法与商人法之配合。所谓《商人法》英美学者称（Law Merchant）者乃由商人间的惯例形成的一种法，其目的在解决现代海商法及若干商业活动上的问题。这种法起源颇早，据说在纪元前三千多年即于当时在地中海一带活动的商人间开始形成。但无论如何这种法在纪元前五百年的时代似乎已相当发达。其中有一部分原则早为罗马法所采取或承认，但大部分

〔1〕参阅 Sohm 同书 S. 161ff. 及 *A General Survery*，pp. 705 ~ 724.

〔2〕“借鉴”原文作“借镜”，现据今日通常用法改正。——校勘者注。

〔3〕奥国等即其著例。

为罗马法所未涉及者。所以有许多罗马法所不能应付的商事问题，非靠这种法解决不可。这种法在中世纪时代发展得更完美，流传的范围也更广。所以在这个时期它正好和罗马法配合起来给欧洲大陆一套比较完美的法律制度。[1]

第四时期约自十七世纪起至二十世纪止。在这个时期大陆法方面有下[2]列几种趋势值得特别注意：[3]

（一）系统化。在上述二三两个时期欧洲本土的各种不同系统的法律往往在一个区域内同时并存而分别发展的。教会法及商人法之与罗马法或日耳曼法便是最明显的例子。现在欧洲各国所在的区域在当时大多数缺乏一套属于一个系统而集合融会各种法系原则的法律。其主要原因为：（甲）当时欧洲政局混乱，缺乏一种强大的力量以控制全局而将各种法系的原则纳入一个系统。（乙）研究法学者难得对于各种法系有全盘的研究或认识。在十七世纪至二十世纪这个期间则不然。欧洲在这个时间产生了许多独立的国家，可是每个国家里面都还可以找得出一种力量将各种法系的原则一部或全部纳入一个系统。同时法学者研究的范围也逐渐地扩大，对于各种法系比较有全面研究者也比从前增多。其对于某法系有特别研究者也比从前增多。其对于某法系有特别研究者与专门研究其他法系者也往往取得密切的联系。在这种情形之下法律当然容易系统化。

（二）统一化。西罗马灭亡以后封建制度盛行，每个小区域都有它的特别法。罗马法被接受后，虽然将这个特别法消灭一部分，但是因为它的权力未能普遍地确立，在有些区域反居于补充法的地位。这种情形也是政局的混乱所促成的。在现在所讲的时期中封建制度既废，强有力的独立国家应运而起。大家都深知法律生活有统一之必要，而且多数国家的力量也足以达到这个目的，所以一般的趋势是由局部的法律统一化而达到全国性的法律统一化。

（三）法典化。法典的作用颇多，除掉除旧布新外，还有助于法律之系

---

〔1〕 Lyon - Caen &Renault, *Manual de droit commercial*, 15ieme ed. 1928, pp. 6 ~ 8, 843 ~ 4; Ripert, *Droit maritime*, 3ieme ed, t. l. p. 107 ~ 116, Lescot, *Des effects de commerce*, 1935, t. 1, p. 65 ~ 90; Wigmore 同书 pp. 875 ~ 914.

〔2〕 “下”原文作“左”，现据今日通常译法改正。——校勘者注。

〔3〕 关于以下（一）（二）（三）参阅 Wigmore 同书，pp. 1021 ~ 1033; *A General Survery*, pp. 187 ~ 195, 251 ~ 305, 439 ~ 451, 467, 479, 520 ~ 530, 684 ~ 702.

化，统一化，及明确化。自十七世纪起欧洲各区域之执政者及法学家重视修订法典工作者颇不乏人。最初的法典修订工作是限于局部法律或非全国性的。十七及十八两世纪的法典大都属于这一类。惟自十九世纪起全国性的全面的法律修订工作便普遍地展开。

(四) 现代化。所谓“现代化”乃指适合当时的需要而言。我们都知道欧洲的世界自十七八世纪起发生了许多激烈的变化。在政治方面，自由博爱平等的民主及人权思潮弥漫各处。在自然科学方面，机器的发明，电力的运用等，使得生活的物质标准一天高一天，人与人的关系一天密切一天。在经济方面，产业革命引起了许多从前闻所未闻的复杂严重问题。这种变化都是从前一般人所想象不到的。法律是社会的反映，同时也是一种适应社会需要的工具。从前的那一套法律应付从前的社会则可，应付十七八世纪以后的社会当然不能胜任。所以在十七八世纪以后各国最应该努力的一件事情便是使法律现代化。使法律现代化的方法当然种种不一。现行法在技术上的改变(包括法律的系统化，统一化，法典化，法律解释方法的变更及其他类似事项) 及法律科学之改造等都是使法律现代化的有效方法。兹为节省篇幅起见，拟专就现行法内容的改变加以说明，就现行法内容的改变立论，我们可以发现下列几种主要现象:

甲、英美宪法制度之传入。上文已经说过，古代罗马虽长于民事法，在宪法等方面却无大成就。近代的宪政制度实导源于英国。在法国大革命前，英国的制度在欧洲，尤其法国，受到许多政论家革命家的崇拜。同时美国的独立又确立了十七八世纪政论家，哲学家鼓吹很久的几个民主原则，并产生了当时第一部比较完备的成文宪法。因为美国的宪政制度也受到欧洲人士的欢迎。所以法国大革命后，英美二国的宪法制度便很自然而迅速地流传到大陆法系国家去。〔1〕

乙、英美刑事诉讼法基本原则之被采纳。英美的刑事陪审制度及弹劾主义于法国大革命后，为法国刑事诉讼法所吸收，以后复由法官而流传到欧陆其他国家。现在大陆法系所采的混合制度 (Mixed System)，即教会法的纠问主义与英美法的弹劾主义调和配合之结果。现在欧洲大陆所流行的陪审制度

〔1〕 参阅 Strong, *Modern Political Constitutions*, 1930, pp. 14 ~45.

虽与英美未尽相同，且渐有被放弃之势。但其主要精神则与英美相仿。[1]

丙、刑事实体法之人道化及合理化。上文已经说过，欧陆各处刑事实体法在十七世纪之前，继受罗马法的部分很少，并且罗马法在这一方面也不能有多大的贡献，所以在十七世纪以前的刑事实体法，大都是日耳曼法，封建法，教会法的共同产物。其中纵有罗马法的成分，也颇属有限。但是日耳曼法，封建法，教会法，罗马法的刑事实体法都很简单粗野。犯罪的要素，定义，分类既不明确完备，刑罚的制度也残酷而不合理。其根据这类法系所演成的制度之不足取，不言而喻。所以十七八世纪时便有许多自由主义者人道主义者以及意大利等国的刑法及犯罪学家如 Beccaria 等对于这种制度予以攻击。以后到了法国大革命时大家更觉得在这一方面非有一番根本改造不可。因此拿破仑时代制定的刑法典，较诸以前欧洲各国所采的刑事实体法有很多革新之点。以后别的国家又制定新的刑法，对于法国刑法典所代表的制度又加以改良。我们如果拿最近的立法与以往的比较，不但觉得十七八世纪之前一般刑事制度非常粗野幼稚，就是拿破仑时代的刑法典也显得不合时宜。[2]还有一点值得注意者，就是欧洲大陆各国自由刑执行制度——主要的即监狱制度的改良，实际受英美影响的地方很多。以监狱为感化改善犯人的工具，始于英国。而倡导之者为英人霍华特约翰（John Howard）。至于监狱设备及管理的改良，则美国费城（Philadelphia）实为此项运动的中心。[3]

丁、民事法基本精神之改变。在这一方面变革最多而最大的当推民事实体法。这类的变革可分为两个时期来讲，在第一个时期中各国的民事实体法大都特别着重一点，即发挥十七八世纪所流行的平等自由等思想。这种思想实际上是自然法学派及一部分玄学派学者如康德等的思想，乃是对于以前宗教，政治，及封建制度所加于一般人的束缚的一种反响。法国拿破仑时代所制定的民法典便是这种思想的结晶。十九世纪上半叶继法国民法典所产生的民法典也有同样的精神，同时法学界的一般思潮也倾向于此。当代大家所重视的乃是个人意志之自由，契约之神圣，财产权之不可侵犯，无过失者之不

---

〔1〕 参阅 Garraud, *Traite theorique et pratique d'instruction criminelle et procedure penale*, 1907, t. 1, Ⅱ ~ Ⅸ.

〔2〕 Garraud, *Traite theorique et pratique du droit penal francais*, 1913, t. 1, Ⅸ ~ XIV.

〔3〕 Allfeld, *Lehrbuch des Deutschen Strafrechts*, 8. Aufl, S. 248; ronLiszt, *Lehrbuch des Deutschen Strafrechts*, 3. Aufl, 1. Bd, S. 705ff; Barnes, *The Repression of Crime*, 1926, pp. 159 ~ 184.

负责任，法律之抽象的平等原则。结果造成一套偏向于个人主义的法律制度及理论。第二个时期大概自十九世纪下半叶起，所代表的趋势是民事实体法之社会化。在这个时期立法者，法官们，法学教授们联合起来打破或改变上述的原则，使民事实体法能顾到社会的利益。因此现在的大陆民法不但与法国大革命前相差很多，就是与拿破仑时代的民法典相比也大大的改观。〔1〕

戊、行政法之勃兴。行政法是反映政府组织及行政制度及活动的法。其内容因时代地域而不同。同时它也是法治国家的一种特产。如果一个国家的政府只命令老百姓守法而自己不守法的话，那就根本谈不到行政法。罗马时代虽也有类似于宪法行政法的法律制度，但是因为当时政府的组织及行政的制度与活动和现在不同，其内容不能配合现代的国家。罗马衰落或灭亡以后欧洲混乱了很长的时期，谈不到行政管法。中世纪以后的法国及德国若干邦如普鲁士等虽实行所谓开明专制的政制，政府服从法律的观念究未发达。行政法也无发展的机会，所以近代的行政法实是法国大革命后另起炉灶的一种东西。它先长成于法国，然后流传到其他国家。近代的国家已由权力的国家而变为服务的国家。国家管的事一天多一天，因而政府与人民接触的范围也一天大一天。行政法上的纠纷十倍于往昔。所以行政法在大陆法系的地位提高得很快，而其内容在近百年中也有特别显著的进步。

己、社会及经济法制之发达。近代国家的社会及经济制度大都因时势的转移而发生了许多新的问题，这在欧洲大陆各国尤其可以看出。这些新的问题，大都是一般的民法典商法典所不能包括的。例如劳资关系，公用事业，社会保险，社会救济，经济管制，财政管理等所引起的问题，往往非已往传统的法律所能应付，必定要另创一套法律理论及成文的或不成文的法律，才能得到合理的解决。因此在已往百余年中欧洲各国产生了许多社会立法及经济立法，而研究这类立法的学者也一天一天多起来。

以上是大陆法形成的四个过程的大概情形。时期的划分原为研究的便利，多少有点武断。因为一种制度之形成不一定专靠一个或两个因素。而这许多因素，有近的，也有远的，有直接的，也有间接的，写历史的人——一般社

〔1〕 此问题范围甚广。下列各书讨论甚详，可参阅。Duquit，*Les Transformationsdu Droit prive depuis le code Napoleon*，1912；Savatier，*Du droit civil au droit public*，1945；Demoque，*Les Notions Fondamentales du Droit prive*，1911.

会上的人尤其如此——往往在那个制度引起大家的注意时才知道他的存在，我们叙述法律制度的演变时也容易犯这个毛病。所以当读者们读完上面一段时，我希望他们能记住一点，即：每一时期开始前，在前一时期或许已有其序幕，当其结束后，在后一期或许还留下一些尾声。

从上面所述四个时期的大概情形看起来，我们关于大陆法形成的过程可以得到以下几个结论：

（一）在罗马全盛时代，因为罗马帝国版图之大，罗马法流行之广，大陆法实际上可以罗马法为主体。

（二）迨日耳曼民族侵犯而占领西罗马后，日耳曼法侵入，各处具有地域性的封建法逐渐形成，而教会法，商人法在这时也日渐发达。大陆法的成分便复杂起来。不过成分虽然复杂，在今日看来，都还不失为传统的成分（Traditional Elements）。

（三）约自十七世纪起欧洲的局势转变，发生许多政治，经济，及社会的新问题。于是大家开始将法律加以改造，以适应环境的需要。除使其系统化，统一化，法典化外，并使其内容现代化。使内容现代化的主要方法为：（甲）使传统的成分，如民事实体法等先适合十七八世纪的个人主义的理想，然后再转向社会化的途径。（乙）根据新的思潮及需要编订新的法典或完全创建新的部门的法律，并于若干部门如宪法，刑法，刑事诉讼法等采取或参照英美的法例。

（四）因为若干部门的法律是新兴的或曾经根据新的需要改造过的，近代的大陆法里已添了许多新创的成分，而传统的成分已减少了许多，并且还有继续减少之势。

四、英美法是如何形成的?

英美法形成的时期，有种种划分的方法。不过就本文的目的讲起来，其所采方法未必都合用。现在姑且采下列的划分方法：（一）英国普通法之雏形时期，（二）英国普通法之发展及固定时期，（三）英国衡平法之勃兴及普通法与其他法系之调和时期，（四）美国法之发达及英美法之系统化现代化时期。以上四个时期彼此重复的程度远超过前节所述大陆法的时期。第三与第四两时期固不必说，就是第二与第三时期，其界限也颇不准确。我们如此划分，不过表示其重心之所在而已。

第一时期约自纪元后第五世纪初叶起至第十三世纪初叶止，又包括三个时期，即：(一) 盎格鲁[1] -撒克逊时期 (Anglo - Saxon Period)，(二) 诺曼时期 (Norman Period)。(三) 早期安如望[2]王室时期 (Period of EarlAn-gevins)。在此时期罗马法曾流行于该岛。不过到了第五世纪，该岛为盎格鲁-撒克逊侵略者所盘踞，罗马帝国所遗留下来的法制为之破坏无余，起而代之者乃侵略者所带来的日耳曼法制。[3]所以我们研究英国法制史时，不从罗马统治时期起而从盎格鲁萨克逊民族之占领英格兰开始。

盎格鲁-撒克逊民族是欧洲北部日耳曼民族的支系，最初相当野蛮。他们占领英格兰后，成立了许多小的国家，各别发展了不同时风俗习惯。以后这些小国虽然为其中强有力者吞并而逐渐减少，但是因为当时没有统一的裁判机构及专业的法官，法律制度—即习惯法—是分歧而富于地域性的。其内容当然相当粗野。[4]不过据一部分学者的考证，在第六世纪的末叶（即五九七年）欧洲大陆的天主教曾派遣教士圣奥古斯丁 (St. Augustine) 至英格兰传教，英格兰从此在罗马天主教的势力之下吸收了一部分罗马法制。而天主教的道德思想也使固有的法律大大的改观。[5]

自一〇六六年至一一五四年为诺曼时期。在这个时期有两件事是特别值得注意的。第一件事是英格兰法制之开始统一。从这个时期起英格兰始有中央法院。中央的法官常派赴各地审理讼案。经过这些法官的统一解释及运用，以前所流行的分歧的习惯法便变成一套统一的判例法，即以后所称的普通法。这种判例法参照各地固有习惯之处固属不少，但其中所含的新成分也很多。当时征服英格兰的诺曼民族系诺曼底[6] (Normandy) 民族，与法国民族可谓系出同源。所以当时所形成的普通法有两个特点：(一) 在形式上它是一种变相的法兰西法 (French Law)。因为自诺曼民族征服英格兰以后法文成为通行的文字，英格兰的普通法院 (Commom Law Courts) 也适用法文。据有些学者考证，当时普通法院的卷宗记录所用者系拉丁文，而言辞辩论的用语则系法

---

〔1〕“盎格鲁”原文作“盎格罗”，现据今日通常译法改正，下同。——校勘者注。

〔2〕“安如望”原文作“安其文”，现据今日通常译法改正。——校勘者注。

〔3〕Plucknett, *A Concise History of the Common Law*, 1929, pp. 4 ~ 5.

〔4〕前引 Radcliffe and Cross 同书 pp. 1 ~ 12.

〔5〕Plucknett 同书 pp. 6 ~ 7.

〔6〕“诺曼底”原文作“脑门第”，现据今日通常译法改正，下同。——校勘者注。

文。[1]因此当时法国法的用语一部分变成普通法的用语。(二)在内容方面,除保留一部分固有的盎格鲁-撒克逊时代的习惯法外,还含有四种成分:(甲)从诺曼底带去的具有地域性的法兰西法,(乙)罗马法,(丙)初期的教会法,(丁)因适应当时英格兰的需要而新创的法律原则。[2]第二件事是罗马法学及教会法学之开始为法学家及实务家所研究。征服英国的诺曼民族领袖威廉王(William the Conqueror)当时带往英国的一位极得意的人物是法学家兰弗朗克(Lanfranc)。他原是意大利的一个法学权威。以后赴诺曼底成立教堂从事教会工作,因而结识威廉王,成为其最亲信的一个幕僚。据有些学者考证,威廉王到英国所编之著名的地权调查登记册(Domesday Book),其字迹似出诸意大利人的手笔。[3]由此可以想见当时兰弗朗克所领导的一班意大利人在英国是如何的得势。在这种情形之下,兰弗朗克所重视的罗马法学当然极容易为人重视。以后在史帝芬(Stephen)国王时代复有维卡利尤斯[4](Vacarius)者,在英格兰讲授罗马法及教会法。维氏对于罗马法及教会法极有研究,依据英国法制史学家霍尔兹沃思[5](Holdsworth)的考证乃英国罗马法学及教会法学最早的教授及真正建立者。[6]其门徒甚众。法官及法学著作家出其门下者不少。有些考证家认为以后即位的英王亨利二世亦当就教于彼。[7]

自一〇五四年至一二七二年是早期安如望王室时期。安如望王室是古代法兰西昂儒[8](Anjou)伯爵杰弗里[9](Geoffrey)之后裔。其最早取得英国王位者为亨利二世。亨利二世之即位系婚姻式继承之结果。所以王室虽更,法制的发展大都循着以前的轨道。其所不同者主要的不过程度之深浅而已。在此时期中央法院的管辖权比前更扩大,普通法的内容比前更细密统一。关

[1] Radcliffe and Cross 同书 p. 15.

[2] 同上 pp. 15~16.

[3] Plucknett 同书 p. 212.

[4] "维卡利尤斯"原文作"伐卡列斯",现据今日通常译法改正,下同。——校勘者注。

[5] "霍尔兹沃思"原文作"贺资划斯",现据今日通常译法改正。——校勘者注。

[6] Holdswortn, *A History of English Law*, Vol. Ⅱ, 2nd edition, p. 114.

[7] Stubbs, *Lectures on Medieval and Mondern History*, p. 303; Maitland, *Materials for the History of English Law*, p. 75 of Selected Essays in *Anglo-American Legal History*, Compiled by Association of American Law Schools, Vol. Ⅱ, 1908.

[8] "昂儒"原文作"昂汝",现据今日通常译法改正。——校勘者注。

[9] "杰弗里"原文作"琪阿弗雷",现据今日通常译法改正。——校勘者注。

于刑事诉讼法，民事诉讼法，陪审制度，宪法〔1〕，法官资格〔2〕等并且还有不少新的发展。〔3〕这时期英国法制受其他法系影响之处更多，而法学本身也开始系统化。在此以前英国并无关于英国法之系统著作，可是在我们所讲的这个时期却产生了两部有系统的法学著作。第一部是《英格兰之法律与习惯》,〔4〕一说认为是葛氏的秘书沃尔特〔5〕(Hubert Walter) 所著。〔6〕大概是一一八七至一一八九年间写成的。全书分十四卷，以叙述当时中央法院的诉讼程序法为主旨。此不但是英国第一部有系统的本国法的教科书〔7〕并且是近代欧洲各国关于本国法的第一部科学著作。〔8〕不过这部著作虽以当时英国的现行法为对象，其编制体裁及内容有很多地方是与罗马法相同的。〔9〕这可证明（一）当时英国的现行法受罗马法影响之处很多，（二）本书的作者是一位崇拜罗马法学者。第二部是布莱克顿〔10〕(Bracton) 所著的《英格兰之法律与习惯》。此书约成于一二五六年左右，〔11〕以叙述亨利三世时代中央法院关于刑事及民事之法例为主旨。其内容较葛兰维尔之书为详，惜未完成。这虽是一部关于当时英国的现行法的著作，但是其中与罗马法及教会法相同之处颇多，诚如一般法制史家所云，其目的在以当时现行法为资料而以罗马法及教会法的格言学理及罗马法学及教会法学的术语方法将其补充发挥成为一套有系统而合理的法律原则。〔12〕以上两部法学著作纵然与当时的现行法有不符之处，可是因为它们是最早的两部有系统的著作，后世的法官，律师，及学法律的人不免以它们为根据或参考，本来不属于现行法的东西经过相当时期也被认为现行法的一部分而成为以后法制发展基础了。

---

〔1〕 如大宪章之签订，议会制度之开始形成等皆属之。

〔2〕 在亨利二世时代英国已开始重视学法学出身之专业的法官。

〔3〕 Radcliffe and Cross 同书 pp. 29 ~ 47.

〔4〕 原名 *Tractatus de Legibus et Consuetudinibus Angliae.*

〔5〕 “沃尔特”原文作“瓦脱”，现据今日通常译法改正。——校勘者注。

〔6〕 前引 Lévy – Ullan 之书 pp. 232 ~ 233.

〔7〕 同上 p. 234.

〔8〕 Grundmann, *Englisches Privatrecht*, 1864, p. 61.

〔9〕 Brunner, *The Sources of English Law*, p. 34 of Selected Essays. *In Anglo – American Legal History*, Vol. Ⅱ. 及前引 Maitland

〔10〕 “布莱克顿”原文作“白蓝克顿”，现据今日通常译法改正。——校勘者注。

〔11〕 Lévy – Ullman 同书 p. 239 及 Brunner 同文 p. 35.

〔12〕 Lévy – Ullman 同书 p. 244；Maitland 同文 p. 83；Brunner 同文 p. 35.

以上所述是第一时期的三个阶段。现在要讲第二时期。这个时期约自一二七二年起至一六一六年止。在这个时期内英国普通法的内容比前更细密，更系统化。其基本原则及精神在这个时期结束时可谓大体确立。如法律至上（Supremacy of Law）的原则，判例法的权威等，在这个时期已为多数人所接受。法律的形式也发生重要变化，英国爱德华一世（一二七二年即位）时立法工作相当发达，对于固有法制颇多改革。成文法从此在英国取得它的地位。〔1〕律师制度也在这个时期产生。从前的法官大都以研究法律的教士充任。自现在起法官便由律师中选拔。从前的法学人才都是在大学里培养的。自现在起律师的同业组织便开始包办律师的训练。〔2〕这两件事情对于以后英美法制的发展有极大的影响，当于下文讨论大陆法与英美法之区别时详论之。

不过英国普通法在这个时期虽有长足的进步，但是因为一般运用普通法的人，尤其普通法院的法官们，过分尊重普通法，当时的法制变成一种停滞的东西，与社会政治的需要往往不能配合。人类生活本是不断在那里变化的。法律如果要配合生活，便不能不随时代而变化。可是当时许多法学家却把普通法看作一种十分成熟，不容增减，无往而行不同的制度。于是他们解释法律时只晓得咬文嚼字，一味受逻辑的支配，对于法律的目的及实际作用毫不注意。

至于这个时期普通法的成分如何，一般考证家的结论是：罗马法与教会法的原则直接或间接为其吸收或保留者仍属不少。这可以由下列两点事实看出：

（一）布莱克顿的法学著作是赋予罗马法与教会法的色彩的，但是在这个时期却成为大家所援引参考的权威著作。如一二九〇年左右完成的法学著作Fleta〔3〕所包括者大部分为布氏著作的节略及爱德华一世早期的立法。布里顿〔4〕（Britton）于一二九〇年左右完成的法学著作不过将布莱克顿原书的材

〔1〕 Pluchnet 同书 pp. 28，289.

〔2〕 Willis，*Introduction to Anglo-American Law*，pp. 98 ~ 100.

〔3〕 此书之著者虽以考证，惟知系一法学家于 Fleta 地方之监狱中所著，故名。（见 Brunner 同文 p. 370）.

〔4〕 “布里顿”原文作“白利顿”，现据今日通常译法改正。——校勘者注。

料用一种新方法重新编制一番。[1]桑顿[2](Gilbert of Thornton)于一二九几年左右完成的法学著作，及恒干(Ralph of Hengham)的法学著作皆为补充布莱克顿之书而写，[3]都脱不了布莱克顿所介绍罗马法及教会法原则的范围。

(二)爱德华一世即位后当延用阿库西·弗朗西斯[4](Francesco Accursi)为幕僚。阿氏追随爱德华一世多年，深得信任，对于法制之改革，不无影响，阿氏之父系罗马法权威，其本人亦为罗马法教授。[5]

不过罗马法与教会法的原则虽为普通法所吸收保留，自十四世纪的下半叶起英国的普通法渐有与罗马法教会法对立的趋势。在此之前大体讲起来罗马法，教会法与英格兰的习惯法一向是打成一片的。到了十四世纪下半叶普通法便有脱离罗马法与教会法而独自成一系统的倾向。其发动这种趋势最早的一个人物便是约翰·威克利夫[6](John Wyclif)。他竭力鼓吹英国普通法之优点，认为普通法可与罗马法媲美。[7]继其后者有约翰·福特斯克[8](John Fortescue)。他在十五世纪下半叶完成的名著《颂英格兰法》(De Laudibus Legis Angliae)一书是鼓吹英格兰“本土法”(National Law)最有力的一部著作。此书系对话体裁，叙述当时的英格兰法，并将其与罗马法比较，以示前者之优于后者。[9]此外如史密斯汤姆斯[10](Sir Thomas Smith)所著的*De Republica Anglorum*一类的书也多少具有类似的作用。[11]不过这些著作对于英国“本土法”之自成一个体系虽然鼓吹有功，对于其内容之充实发扬贡献并不算大。真正在这一方面有伟大成就者当推利特尔顿[12](Thomas Littlrton)

---

[1] Maitland 同文 p. 84.

[2] “桑顿”原文作“蜀尔顿”，现据今日通常译法改正。——校勘者注。

[3] Brunner 同文 pp. 37 ~38.

[4] “阿库尔西·弗朗西斯”原文作“阿古西弗朗西斯哥”，现据今日通常译法改正。——校勘者注。

[5] Pluchnet 同书 pp. 211 Genks, *Edward I, the English Justinian*, p. 163 of *Selected Essays in Anglo-American Legal History*, Vol. I 1907.

[6] “约翰·威克利夫”原文作“威克利夫约翰”，现据今日通常译法改正。——校勘者注。

[7] Radian, *Handbook of Anglo-American Legal History*, 1936, p. 116.

[8] “约翰·福特斯克”原文作“福丹斯克约翰”，现据今日通常译法改正。——校勘者注。

[9] 同上 pp. 291 ~292.

[10] “汤姆斯”原文作“他姆斯”，现据今日通常译法改正。——校勘者注。

[11] 同上 pp. 293 ~4.

[12] “利特尔顿”原文作“列脱尔登”，现据今日通常译法改正。——校勘者注。

于十五世纪下半叶所著的《不动产法》（Tenures）及柯克（Sir Edward Coke）于十七世纪初叶所著的普通法原理（Institutes）二书。利特尔顿之书对于当时疑问多端而为一般法学家所缺乏研究的现行不动产制度作系统的分析研究，使法律臻于明确而合理化，乃是一部十足英格兰本土化的权威法学著作。该书的问世足以证明英国的普通法经适当的整理与运用后确能自成一个体系。[1] 柯克之书，照年代讲起来，不属于本时期。不过它是本时期法学思潮及法律制度长期发展的结果，应该列入本时期。该书对于普通法作全面的有系统研究。普通法到了该书出现时，不但自成一个相当严密的独立体系，并且已达到保守呆板的最高峰。该书共分四卷。第一卷系对于利特尔顿不动产法的解释，益以关于债务及诉讼程序之研究；第二卷系对于大宪章及其他成文法之详细评释；第三卷论刑法；第四卷论法院及其管辖。照柯克的看法，英格兰的普通法是完全不依赖罗马法，教会法，或其他法系而形成的一种制度；罗马法及教会法除经英格兰的法律许可外无适用之余地。[2] 他认为罗马法的条文经法学家评注后。解释分歧，莫衷一是，反而不及英格兰普通法之明确稳定。[3]

提倡英格兰普通法的运动之所以有如此之进展，其主要原因并非罗马法及教会法之不能配合英格兰人民一般生活的需要，而是它们在一部分人——也许一大部分人——看来不宜于这个时期的英格兰的政治环境。因为罗马法及教会法在公法方面的理论是崇拜权力而足以促成君主之专制的，英格兰普通法的理论是限制君权而保障民权的。在十五世纪至十七世纪期间英国的王室屡有趋向专制的可能，提倡或尊重英国的普通法实是防止专制的一个妙法。[4]

现在所值得研究的一个问题是：自十四世纪下半叶英国部分学者鼓吹本土化的普通法之时起一直到十七世纪初叶止，英国的普通法是否如柯克等所想象，真能脱离罗马法教会法而自成一完全独立的体系？关于这一点只要看柯克的《普通法原理》便可得到一个结论。柯克的书可谓柯克等一派学者所

---

〔1〕 Lévy - Ullman 同书 pp. 248 ~ 250.

〔2〕 Scrutton, *Roman Law Influence in Chancery, Church Courts, Admiralty, and Law Merchant*, p. 208 of Selected Essays *in Anglo - American Legal History*, Vol. 1, 1907.

〔3〕 同上 p. 209.

〔4〕 Radin 同书 pp. 291 ~ 293.

认为发展到最高度的“纯普通法”的代表。据法制史家的考证，该书内因袭布莱克顿法学著作之处颇多。布莱克顿的著作中所吸收的罗马法原则也不少。这些原则有大部分是从罗马法直接得来的，另有一小部分是经由教会法而得来的（后者亦称为教会法的原则）。他们以后都成为普通法之一部分。柯克本人于其著作中常征引该项原则而不指明它们是罗马法的原则。柯克本人对于罗马法缺乏研究，其著作中有不少误解罗马法之处。[1]所以英国普通法到了十六世纪的末叶及十七世纪的初叶并不如柯克等所想象的那样“纯粹”。其中有很多原则是由罗马法直接传来或发源于罗马法而以教会法的形式传来的。当时一般鼓吹“纯普通法”的学者对于普通法的认识只可以代表一种错误的信念—也许一种虚伪的宣传——而不能代表普通法的实况。

第三时期约自一六一六年至一七六九年止。一六一六年是英国衡平法（Equity）的权威确立的一年，一七六九年是英国法学家布莱克斯通[2]（William Blackstone）关于英格兰法的名著完全出版的一年。在这个时期有以下三件事情值得特别注意：（一）衡平法之勃兴，（二）普通法与其他法系之调和，（三）英国法之开始向外流传。兹分述于后：

（一）衡平法之勃兴。衡平法在英国之开始形成远在一六一六年以前。自从十四世纪普通法院（Commom Law Courts）逐渐独立，普通法逐渐固定而缺乏适应性后，人民感到普通法的呆板及普通法院程序的复杂专门，于是遇到有纠纷常喜欢向国王陈述，以期得迅速公平的解决。国王下面有一位文书大臣（即 Chancellor 又称掌玺大臣）。人民的陈述，有的由国王自行处理，有的由国王交由文书大臣代为处理。而老百姓们因为文书大臣代国王处理这类事件，以为他本来有权受理人民的陈述。历时既久大家便养成一种直接向文书大臣陈述的习惯而文书大臣之受理这种陈述也逐渐成为一种惯例。到了十五世纪末叶文书大臣便以自己的名义受理裁断这类事件。从此以后文书大臣所管的那一部门，即文书部（Chancery），便取得法院的地位而对于普通法所无法解决或不能公平解决或普通法院所拒绝受理的事件有管辖权。文书大臣处理这类事件系以“良知”（Conscience），即衡平概念（Equity），为根据。所以大家称他的法院为衡平法院，而衡平法院所创造及以后继续适用的那一套

〔1〕 Srutton 同文 pp. 209 ~ 210.

〔2〕 “布莱克斯通” 原文作 “勃兰克斯东”，现据今日通常译法改正。——校勘者注。

原则便成为衡平法。[1]

文书大臣的法院（Court of Chancery），即衡平法院，最初处理案件时，与普通法院取得相当密切的联系。当时文书大臣不但关于牵涉到普通法的问题常征询普通法院法官的意见，就是关于他所受理的案件如何裁判亦常就请教于他们。所以衡平法与普通法最初原是相辅而行的两套原则，并非彼此对立的东西。不过自十六世纪起二者之间的摩擦便一天多于一天。忽而衡平法院侵越或过分干涉普通法院的职权，忽而普通法院利用国王予以报复或凭借其本身的职权宣告衡平法院的命令或裁判无效。于是衡平法与普通法变成两种对立的东西。到了十七世纪的初叶二者间摩擦更甚。当时柯克为平民诉讼法院（The Common Pleas）的院长，爱尔斯米尔（Lord Ellesmere）为文书大臣。前者反对国王的特权，主张缩小衡平法院的职权；后者鼓吹国王的特权，主张扩充衡平法院的职权；衡平法院的裁判或诉讼行为常为平民法院所禁止，而平民法院的裁判或诉讼行为也常为衡平法院所不承认。以后双方相持不下，闹到国王詹姆斯[2]一世（James I）那里去。国王支持文书大臣，于一六一三年将柯克调任名位较隆而职权稍逊的王座法院（King's Bench）的院长。[3]可是柯克调职以后，仍旧不时以王座法院的名义对衡平法院颁发禁止令，以限止其职权。于一六一六年有一被告因对方使用诈欺舞弊的手段而被普通法院判决败诉，在当时普通法之下无法救济，于是向衡平法院请求撤销该项判决。柯克竟将该被告移送刑事法院起诉。这事也闹到国王那里去。国王认为柯克不对，不久便将他免职。从此以后衡平法院便确立其威权而能比较顺利的执行其职务。[4]在一六六〇年至十六世纪初叶这一时期中衡平法便由缺乏标准及系统的散漫原则而演变为一套系统而稳定的原则。尊重判例的原则初为衡平法院所不承认，可是在一六六〇年以后这个原则便开始发展，到了十八世纪便完全确立。[5]

关于衡平法院的管辖范围及衡平法院的内容，此处无暇详细研究。不过我们对于衡平法的成分不妨略加说明。据学者的考证，衡平法在形成的过程

---

[1] Radcliffe and Cross 同书 pp. 108～113.

[2] “詹姆斯”原文作“杰姆斯”，现据今日通常译法改正。——校勘者注。

[3] Plucknett 同书 pp. 163～165，248.

[4] Radcliffe and Cross 同书 pp. 118～119.

[5] Plucknett 同书 pp. 241～246 Radcliffe and Cross 同书 pp. 121.

中受罗马法或教会法影响之处颇多。[1]其原因有三:(甲)早期之文书大臣中颇多系教士出身者。据估计,至一五三〇年止,教士出身的文书大臣不下一百六十人。此类人员对于罗马法或教会法大都有相当研究,至少对于罗马法或教会法相当重视。因此他们裁判时很容易以罗马法或教会法为根据。(乙)文书大臣下每置若干助理员以便于裁判时为文书大臣的顾问,此类助理人员系研究罗马法或教会法者,其所贡献的意见当然也难免以罗马法或教会法为根据。(丙)罗马法或教会法外无更完备之其他法系。从罗马法或教会法中寻求补充纠正当时普通法的原则是很自然的事。[2]

(二)普通法与其他法系之调和。此处可分为二点说明之。

甲、与教会法之调和 教会法最初是随着罗马的天主教流传到英国的。在中世纪时期,英国的教会是西欧教会的一部分。当时西欧全部的教会都采取同一的法院制度,适用同一的法律,即所谓"教会法"(Canon Law)[3]。不过英国在诺曼时期以前无所谓教会法院(Ecclesiastical Court)与普通法院,直到诺曼时期教会才有它自己的法院。这原来是当时国王威廉对教会表示好感的一种措施。[4]可是从此以后教会法院便逐渐与普通法院形成对立的局势。前者所适用的法律在大体上是西欧各地教会法院所惯用的教会法,它们的法官也是受过特别训练的,对其教会法及罗马法有相当研究。不过宗教改革(Reformation)以后教皇在英国的势力衰落,原有的教会法院逐渐为国王所设立的法院取而代之。自一八五七年起[5]教会方面除保留维持教士间纪律之权力外不复有受理诉讼之权。从前教会法院所管辖的事件,关于刑事者早已划归普通法院管理,关于婚姻遗嘱等事件者,改由另设立之非教会的特别法院受理。[6]但是法院虽已改变,从前所适用的那一套法律并未全部推翻。以前的先例为以后的法院所引用者颇多。因此教会法便由与普通法对立的局面一变而与普通法混合调和。[7]

---

[1] Maine, *Ancient Law* (Everyman's Library , Edition), p. 26.

[2] Scrutton 同文 pp. 214 ~ 217 及 Spence, *The History of the Court of Chancery*, pp. 223 ~ 224 of Selected Essays in Anglo – American.

[3] Radcliffe and Cross 同书 p. 217.

[4] 同上 p. 17.

[5] 一八五七年本不属于第三时期。兹为说明的便利起见,姑且提前叙述。

[6] Radcliffe and Cross 同书 pp. 221 ~ 231.

[7] Scrutton 同文 pp. 226 ~ 227.

乙、与商人法之调和 商人法是具有国际性的一套法律原则。它的历史已于上节讨论大陆法时简单说明。英国的商人法是与欧洲大陆的商人法沟通的。其历史也相当早。[1]最初关于商人法的案件是由若干地方性的法院受理的。以后普通商事法的（即海商法以外的）案件便改由普通法院受理。于是这一部分的商人法便为普通法所吸收。关于海商法的案件则归海事法院受理。[2]海事法院所适用的实体法虽以商人法为主，但其所采的程序却很受罗马法的影响。[3]十六世纪以后海事法院的事务管辖逐渐缩小。于是许多海商法的案件改由普通法院受理，而海商法的许多原则也逐渐与普通法混合调和。[4]商事特别法院取消及缩小事务管辖范围后，最初大家很感到普通法院对于审判商事案件不能胜任愉快。因为普通法院的法官对于商人法大都缺乏研究。但是从十八世纪起普通法院的法官对于商人法有研究者日渐增加。其中最著名的一位便是曼斯菲尔德[5]（Lord Mansfeld）。他对于外国法制及法学著作颇有研究，常引用外国法的学理原则以裁判案件，实是奠定英国商事法基础的大功臣。[6]

（三）英国法之开始向外流传自。十七世纪起英国法随着英国殖民地的开拓而开始向外流传。其最初流传之区域为英国在美洲比较早的几个殖民地，即美国最初的十三州，以后殖民地范围扩大，便流传到其他区域。大概在殖民地的初期大家所采用者乃是一种简化的实质的英国法，即内容比当时英国本国法简单粗率而有时与之抵触的法。其所以致此之原因有三：（甲）当时英国本国法颇为专门复杂，非训练有素之法学专家不能完全了解。这种人才在殖民地不易多得。因此大家只好吸收那些比较容易懂得的原则。其他较复杂专门的原则不受欢迎。（乙）当时殖民地的社会简单，不需要复杂专门的法律。（丙）当时的英国法不免有不合理的地方，为殖民地人所不取。这种情形在美国的最初的十三州最为显著。[7]美国最初的十三州虽为英国的殖民地，

---

〔1〕 Holdswortn, *A History of English Law*, Vol. Ⅰ (1903), pp. 300 ~ 304.

〔2〕 Radcliffe and Cross 同书 pp. 235 ~ 236.

〔3〕 Scrutton 同文 pp. 233 ~ 236.

〔4〕 Radcliffe and Cross 同书 pp. 240 ~ 244.

〔5〕 “曼斯菲尔德”原文作“孟士非尔特”，现据今日通常译法改正。——校勘者注。

〔6〕 Scrutton 同文 pp. 240 ~ 241 及 Radcliffe and Cross 同书 pp. 242 ~ 243.

〔7〕 Reinsch, *English Common Law in the Early American Colonies*, p. 369 of Selected Essays in Anglo – American Legal History, Vol. I.

可是由于上述的原因英国的普通法于十七世纪，甚至于十八世纪的上半叶，在这些地方并未取得重要地位。一般地讲起来，英国的普通法仅取得补充法(Subsidiary Law) 的地位，即仅在殖民地法无特别规定时或与殖民地的情形适合之限度内有适用之余地。[1]不但英国的普通法是如此，就是衡平法也未能完全被接受。因为当为美洲殖民地的人民清教徒（Puritans）居多数。他们爱好自由及个人意志的发挥。他们认为衡平法是富于干涉性而赋予法官以庞大职权的一种制度，与他们的理想不合。[2]美国十三州在英国殖民地时代的法官及立法者大都由非法律专家充任。各人往往凭其自己的常识或是非观念裁判案件或制定法律，见解颇为分歧。因此各地的法制极不一致。法院办案并无判例可资援引。一般人对于现行法的内容无法捉摸。[3]

第四时期约自一七六九年起至现在止。在这个时期有三种趋势是特别值得注意的。这便是:（甲）美国法之发达及其与英国法之沟通，（乙）英美法之系统化，（丙）英美法之现代化。兹一一说明于后:

（一）美国法之发达及其与英国法之沟通。美国法之发达有两个主要原因。第一是美国自十八世纪下半叶起，尤其一七八三年脱离英国而完全独立之后，渐由农业的乡村社会而变为工商业的都市社会。法律制度不能再像以前那样简单粗率。[4]第二是自一七八二年或一七八四年（即 Judge Reeves 在 Litchfield，Conneticut 创办法律学校之年，究为何年，考证家意见不一）起美国的法律教育日渐发达，法学专家辈出。[5]立法者，法官，律师渐由学法者充任，复杂专门的法律在他们看来，不复如已往那样艰深。因此英国及其他国家——尤其英国——的法制被吸收的部分比以前增加不少。[6]由于上述原因美国法自十八世纪下半叶以后，尤其在十九世纪中，发展得很快。不但内容充实，而且相当有系统（此点当于下文详述)，可与英国法并驾齐驱，在有些方面也许还凌驾而上之。

美国在一七八三年完全独立以后的短时间内反英空气颇浓。英国法颇遭

---

〔1〕 同上 p. 370.

〔2〕 Pound，*The Spirit of the Common Law*，1921，pp. 53 ~54.

〔3〕 同上 p. 113 及 Reinsch 同文 p. 371.

〔4〕 Reinsch 同文 p. 369 及 Pound 同书 p. 114.

〔5〕 Pound，*The School of Law*，p. 268 of Higher Education edited by R. A. Kent，1930.

〔6〕 Radin 同书 p. 117 及 Reinsch 同文 p. 370.

反对。有许多立法者，法官，及律师拒绝援引参考英国的判例或法律。当时因为法国曾对于美国的独立有种种援助，美国人对于法国的制度，都发生好感。因此颇有一部分人主张采取法国的法制。[1]不过这种情形只继续了一个很短的时期未能发生多大的实效。所以美国法的大部分还是与英国法相同的。近一百多年来英美两国的法院常援引彼此的判例，两国法学家的著作互相发明之处也不少。这更加强了两国法制沟通的程度。

（二）英美法之系统化。英国普通法到了柯克著作《普通法原理》的时代已相当系统化。不过当时衡平法，教会法，商人法等正在分别发展。它们虽有与普通法调和混合的趋势，但是英国的法律只达到局部系统化的程度，至于全部系统化乃是以后的事情。美国在殖民地时代，制度分歧，法律科学不发达，其法律当然很缺乏系统，所以在十八世纪的下半叶英美两国的法律都需要系统化。所不同者，美国法需要系统化的程度比英国法更深而已。英美两国法律在十八世纪下半叶以后的系统化有以下四个主要原因：

甲、系统的法学著作之发达。在一七六五年英国的布莱克斯通（Blackstone）将其名著《英格兰法之诠释》（Commentaries on the Laws of England）[2]的第一册问世，一七六九年将全书出齐。此书对于英国各部门的法制作系统的全面研究，为英国法的第一部最完整而有系统的著作。出版以后，风行一时。于是英美两地的法官，律师，立法者，及研究法学者都拿它作根据。以后美国法学家肯特[3]（James Kent）在一八二六年至一八三〇年之间也步布氏的后尘将其教授法学的结晶著成《美国法之诠释》（Commentaries on American Law）一书问世，也风行一时。从此以后英美二国法学的全局及局部的系统著作不断产生。不到一百年英美法的内容便很充实而有系统。

乙、法律教育之进步。英国在布莱克斯通于牛津大学教授英国法以前对于罗马法及教会法虽在大学里早有过系统的研究，可是对于英国法一直到布氏执教时代才于大学内设置讲座（布氏即为英国法之第一位正式教授）。以前要学英国法必须至律师公会的组织里去学习，所以英国法没有成为有系统的学科。当时英国法的教育颇为落后。自布氏大著出世后，大家渐承认大学讲

---

〔1〕 Pound，The Spirit of the Common Law，pp. 116 ~ 117.

〔2〕 此处所称的 Commentaries 并非如我国坊间所流行的“法律释义”，而是说明叙述法律体系及原理的著作。

〔3〕 “肯特”原文作“坎脱”，现据今日通常译法改正。——校勘者注。

座对于法学贡献之伟大。于是英美两地的大学相继仿效牛津大学设置法学讲座。[1]法律教育在英国便形成大学训练与律师同业训练的双轨制，在美国其中心便由律师事务所而移至大学内的法律学院，与大陆的制度相当接近。大学的法律教育不但造就了不少优秀的法律学生，而且还培养了许多法学大师。这些人的贡献实在不止使法律系统化。

丙、司法组织及程序之统一及简化。英国专设特别法院之制向称发达，而各种法院之诉讼程序亦有出入。美国因袭英制，自不免受其影响。法院系统及诉讼程序的复杂分歧颇足以阻碍法律的系统发展。鉴于上述情形，美国纽约州于一八四八年采行菲尔德[2]（David Dudley Field）所起草的民事诉讼法典（Code of Civil Procedure）。该法典将普通法及衡平法的案件改由一种法院受理并简化其程序。施行以后颇称便利。联邦法院及五分之三以上的州已改采其制。[3]英国于一八七三年颁行了《司法法》（Judicature Act）以后，将以前分立的民商事法院一律合并，并简化其程序。[4]经这一番改革后，英美法在民商事方面的解释便比较容易融会贯通而成为一个体系。

丁、统一立法运动之进展及成文法之增加。英国法虽以普通法为主要基础，近百年来所制定的成文法却相当多。这类成文法也有使法律系统化的效力。美国的成文法不但较英国发达，并且各州的立法有统一的趋势。这从各州关于商事等所采行的统一法案便可知道。此外美国律师及法学教授们共同努力所编著的各种法律整理案（Restatement）也是使法律系统化的一个有力因素。

（三）英美法之现代化。英美法现代化的过程中所发生的问题，大部分与大陆法相同。在宪法方面，英美都有特殊的成就，为大陆国家的模范，固不必申论。就是在行政法方面，这两国也有很多新的发展，渐有与大陆法接近的可能。英美的刑事诉讼虽较为保守，然改革之处亦不在少处。如公诉制度之兴起，陪审制度运用方法之改变及运用范围之缩小，上诉之认许等，其倾向与大陆法大同小异。至于社会及经济法制之发达，刑事实体法之人道化及合理化，民事法基本精神之改变等，也与大陆法有相同的趋势。现在为避免

---

〔1〕 Pound, *The School of Law*, pp. 268 ~ 269.

〔2〕 “菲尔德”原文作“菲尔特”，现据今日通常译法改正。——校勘者注。

〔3〕 Radin 同书 p. 202.

〔4〕 同上 p. 203.

重复起见，不再一一说明，拟专就上述各种趋势的背景作一个综合的观察。大概英美法的现代化可分为两个阶段。第一个阶段侧重于个人权利自由的保障及发挥，以两种思潮为背景。一为十七世纪至十九世纪上半叶在欧美普遍流传的自然法的人权的观念，一为十八世纪及十九世纪上半叶在英美盛行的偏向于个人利益的功利主义（Utilitarianism）〔1〕。第二个阶段侧重于个人权利自由的合理限制，以十九世纪下半叶以后所流行的法律社会化的思潮为背景，这种法律社会化的思潮主要的代表一种个人利益与社会利益协调的主义。〔2〕

以上是第四时期的三种特别值得注意的趋势。在这三种趋势中英美法有时不免受到外国法制或法律思想的影响。布莱克斯通与肯特等虽是提倡英美法，使英美法系统化的重要人物，可是他们本人及继起者的著作取材于罗马或近代欧洲法制的地方并不少。〔3〕再就法律教育而言，罗马法几乎是许多英美法律学校常设的课程；近代大陆法或比较法的课程最近几十年来在英美法律学校中亦渐被重视。至论实际制度，则英美的法院遇有英美法无规定或无例可援之案件时往往参照罗马法的原则以为裁判。罗马法实具有我国民法上物理之效力〔4〕。足见在第四时期英美法与大陆法的接触点仍相当多。

综观上述四个时期的情形，我们关于英美法形成的过程可以得到下列的结论：

（一）英国普通法的形成始于诺曼时期。这时期的普通法吸收了不少罗马法及教会法的成分，而罗马法学及当时未成熟的教会法学亦于此时开始流传到英国。以后到了安如望王室时期，则普通法所受罗马法及教会法的影响更大。在内容方面有赖于罗马法教会法补充的地方固然很多，而在方法方面尤其得到罗马法学的帮助。

（二）在一二七二年至一六一六年这个时期。普通法虽渐成固定的体系而有些人将它看作一种未受外国法制或法学影响的东西，可是实际上普通法的

〔1〕 Pound, *The Spirit of the Common Law*, pp. 150～152, 158～160 及 Dicey, *Law and Public Opinion in England*, 1905, pp. 125～209.

〔2〕 Pound, *The Spirit of the Common Law*, pp. 185～192 及 Dicey 同书 pp. 210～301.

〔3〕 参阅 "The Life of Blachstone" 见 *Gavit's Edition of Blackstone's Commentaries on the Law*（1941）及 Radin 同书 p. 117.

〔4〕 Scrutton 同文 p. 213.

基础中早已含有罗马法及教会法的成分。而阐扬普通法的学者也多少受到罗马法或教会法的影响。当时的普通法并非如一般人所想象的那么单纯。

（三）自十七世纪起衡平法在英国有迅速的发展，在内容方面吸收了很多罗马法及教会法的原则。同时教会法院所形成的一套教会法及一向单独发展的商人法也逐渐与普通法混合调和。英国法的成分便更复杂。

（四）一七六九年以后美国法迅速发展而与英国法沟通，从此形成了所谓英美法的系统。英美法从那时到现在，一面受到十七世纪以后弥漫欧美的几种思潮的影响，一面又与罗马法及近代大陆法时常接触，吸收了许多新的成分，放弃了不少英国本土的传统。

五、大陆法与英美法是否各成一个独立的体系?

一般人往往将大陆法与英美法的国家看作两个集团，以为在每个集团里面法律制度是一样的。这种见解大概由于以下两种观念而产生：（一）近代大陆法的主要成分是第六世纪以前的罗马法，其内容与技术和那时的罗马法大同小异；（二）近代英美法的主要成分是英国固有的普通法，其内容与技术是一贯的。这两种观念，严格讲起来都欠准确。其根据这种观念所得的结论是否可靠也很值得研究。

就大陆法而言，欧洲大陆的许多国家自十二世纪起虽然因着罗马法学的复兴而深受罗马法及罗马法学的影响，可是他们所吸收的罗马法及罗马法学与优士丁尼皇帝所颁行的罗马法典大全所代表者究属不同。因为十二世纪以后罗马法及罗马法学是经过许多注释家（Clossators），评释家（Commentators）及以后的大学法学教授阐扬改造的东西，与优士丁尼时代或以前的罗马法及罗马法学实际上颇多出入。加以各国吸收罗马法及罗马法学的程度深浅不同，而它们法制中，除保留着许多教会法，商人法，日耳曼法及封建法所特有的原则外，还增添了不少因适应环境的新需要而产生的原则。所以近代大陆法的主要成分未必是优士丁尼时代或以前的罗马法。民法以外的部门固不必说。就是在民法这个部门里面现在各国所保留的罗马法也没有一般人所想象的那么多。照法国一位民法学的权威柏普拉尼奥尔[1]（Planiol）的看法，法国民

〔1〕“普拉尼奥尔”原文作“柏拉尼屋”，现据今日通常译法改正。——校勘者注。

法典中只有关于妆奁制度的规定是完全受第六世纪以前罗马法的影响的。[1]法国的民法典是大陆法系许多国家的蓝本。它的内容既是如此，其他可想而知。欧洲大陆各国所保留的罗马法原则既属不多，而其中又有不少地域性的或适应环境的新需要而产生的原则，其法律制度的内容当然相当分歧。德国一位比较法学的权威拉贝尔[2]教授（Ernst Rabel）曾经告诉我们欧洲大陆各国法制彼此间不同之程度并不亚于其中任何一国法制与英国或美国法制不同之程度，因此一个大陆国家的法学家之了解另一个大陆国家的法学家所研究运用的那一套法律未必比他们了解英国或美国法学家所研究运用的那一套法律会容易些。[3]美国哥伦比亚大学的法学教授迪克[4]（Francis Déak）也这样主张。[5]所以英国一位比较法学家古特里奇[6]教授（H. C. Gutteridge）认为近代大陆各国的法律，由于内容的分歧，不能构成一个独立的体系，一般人将大陆各国的法律视为一个单位而（Unit）与英美法比较，未免错误。[7]

次就英美法而言，英国本土在苏格拉范围以外的法律虽相当统一，可是从英国流传到美国及英国殖民地等处的法律，已因吸收其他法系的成分及适应时代或地域的需要而变质。固有的普通法成分，不但在英国以外保留得不多，就是在英国本国也并不如一般人所想象的那么多。美国法虽不乏与英国法沟通之处，可是联邦与四十八州的法律各不相同。采法国法的鲁意西安那州固不必说，就是其余各地彼此间也颇有出入。加以近百年来英美法所流行的地带成文法大量增加，各处都产生一些创造性或适应性的法律。这更加强各处法律的分歧性。最近几十年间统一立法运动虽已使一部分的法律大体趋于一致，但是分歧的部分还是很多。在这种情形之下英美法是否能够代表一个独立的体系，也不无问题。一般人将它视为一个与大陆法对立的单位，其错误正与大家对于大陆法的看法相同。

---

〔1〕 参阅 Planiol, *Traité Elementaire de Droit Civil*, ζ89.

〔2〕 “拉贝尔”原文作“勃尔”，现据今日通常译法改正。——校勘者注。

〔3〕 见 *Zeitschrift für Ausländisches und Internationales Privatrech*, l. Bd., S 21.

〔4〕 “迪克”原文作“戴阿克”，现据今日通常译法改正。——校勘者注。

〔5〕 见 Déak, The Place of the “Case” in the Common and the Civil Law, *Tulane Law Review*, Vol. Ⅷ, p. 342.

〔6〕 “古特里奇”原文作“葛脱内纪”，现据今日通常译法改正。——校勘者注。

〔7〕 Gutteridge, *Comparative Law*, 1946, p. 76.

由此看来，所谓“大陆法”或“英美法”只可为研究或叙述的便利而用来形容某某几个地方的法律，并不足以代表一种统一性的体系。我们就二者作比较的研究时，究竟应该以哪一个地方，哪一个时代的法律为标准以及应该从法律的哪一个部分，哪一个角度来看，都是不容易解决的问题。

一般研究大陆法或英美法的人往往只懂得一二个或二三个地方的法律或专门对于某一个时代的法律，如大陆的罗马法或英美的普通法，有深刻的认识，于是根据一部分的制度作概括的论断。这是非常不科学的。英美有些学者研究罗马法而对于近代大陆法无深刻的认识，以为罗马法便是近代大陆法，罗马法与英美法不同之点，便是近代大陆法与英美法区别之所在。同时大陆方面也有一部分学者懂得英美的普通法而对于以后新产生的非普通法的成分无充分研究，以为近代的英美法便是那传统的普通法，普通法与近代大陆法的区别足以概括英美与大陆二种法制的不同之点。这两种人都没有将时代划分清楚，所以他们的结论都欠准确。

我国一般人谈到大陆法，最容易联想及法，德，日本。可是这些国家的法律并不足以完全代表近代大陆法，因为近代大陆法未必与这三国的制度完全相同。其另订法典者，纵然于制定法典时模仿别国的法典，条文究不免增减，内容也难以尽同。就是自己沿用别国法典的国家，因为解释运用的方法不同，其实际上所形成的制度也不无出入。例如比国的民法典等都是沿用法国的。可是因为比国最高法院与法国最高法院的解释未尽相同，其实际制度与法国有相当出入。〔1〕英美法的主要国家虽不及大陆法之多，但是究竟哪个国家或地方的法制可以作为英美法的代表，也很难决定。因为使近代大陆法分歧的因素在英美法里也可以时常遭遇到。所以就地域的分布而言无论在大陆法或英美法所流行的国家或地域中都不易找到一个或两个可以将大陆法或英美法的特点全部表现出来。要将大陆法与英美法的特点归纳而比较之，每每无从下手之慨，其困难有非一般人所能像者。

大陆法与英美法有很多共同的成分。这在上文已一再说明。因此大陆法与英美法之间如果有什么值得注意的区别的话，这种区别一定仅限于法律的某部门或某方面。有些人以为这种区别在大陆法与英美法的任何部门或方面都能找到，未免错误。至于这种区别究竟能不能找到以及在大陆法与英美法

---

〔1〕关于发比二国解释之不同，可参阅 Servais et Mechelynck，*Codes Belges*，27e edition.

的哪一部门或方面可以找到，乃是一个很复杂的问题，当留待下文讨论。

根据上述三点我们可以知道大家不应该把如何发现大陆法与英美法的区别这个问题看得太简单容易或对于二者间的实际区别作过高的估计。

六、大陆法与英美法究竟有何区别?

我们要研究大陆法与英美法究竟有无区别，必先明了“区别”二字的涵义如何。世界上任何两个国家的法律多少总有些不同之处。这种不同之处便是“区别”。因此大陆法与英美法所流传的地方，其法律纵然属于一个系统，也不能说没有区别。不过这种说法是对于“区别”二字的一种广义解释。本文所讲“区别”决不能如此广泛，我们必须加以限制。所谓大陆法与英美法的区别应该附有以下三个条件：

（一）这种区别足以表示一般或多数大陆法或英美法国家或区域的法律具有某种共同的特点而这种特点为另一法系所流行的国家或区域所无或所罕见者。少数大陆法或英美法的国家或区域的法律所具备的特点不能代表整个大陆法或英美法的特点。同时如果这种特点在另一法系里也相当习见，则其代表者乃是大陆与英美法系的普遍现象，不足以显示二者之区别。所以我们所应该考虑者以大陆或英美一般或多数法例所有而为另一法系所无或罕见的特点为限。

（二）这种区别关系重要而值得注意。有些区别虽然足以表示大陆法或英美法一般或多数法例所有而为另一法系所无或罕有的特点，如果其所牵涉的制度或问题对于一般人的法律生活影响不大或与整个法系的精神没有关系，我们也毋庸加以考虑。因为这种区别所显示的不同之点实际上不能发生什么重要作用，有与没有，所关甚微。

（三）这种区别是在现代的大陆法与英美法中所常见得到的。有许多区别见之于从前的大陆法与英美法而在现代的大陆法与英美法中已不复存在，殊不足以代表大陆法与英美法的现状，所以无研究之必要。

其次我们要研究的是：根据上述三种条件，我们能不能在大陆法与英美法中发现什么区别？这个问题可以从两个方面来解答。第一是法律的内容；第二是法律的技术。兹分论于后：

（一）自法律的内容论 从法律的内容讲，现在我们在大陆法与英美法中所发现的区别比从前少得多；实际上这种区别在最近百余年来是在不断地减

少。其原由约有五种:

甲,大陆法与英美法所包含的传统的成分大体相同。罗马法,日耳曼法,教会法,封建法,商人法的原则是大陆法的基础,也是英美法的柱石。它们在大陆与英美被吸收的时期虽有先后,被吸收的方式及程度容或不同,可是大体上讲起来它们所形成的制度是大同小异的。〔1〕

乙,大陆法与英美法所包含的新的成分大部分具有相同的思想及社会政治背景。大陆法与英美法在近三四百年中如何因科学的进步,社会中政治环境的变迁,思想的转移而言新的发展,上文已详细说明。促成这种新发展的因素在大陆与英美大体都是相同的。所以其结果也无大出入。〔2〕

丙,大陆法与英美法不乏互为借镜之处。英美法受大陆法影响之处固属很多,大陆法模仿英美法之点也不乏其例,这在上文已提及。加以国际关系日趋密切,大家所遭遇的问题都有共同的性质,更有互相沟通的必要。

丁,大陆国家与英美国家的文化是同一来源。大陆国家与英美国家民族的来源虽未必一致,其文化却受着同样思想的支派。欧美一般民族的思想都可以溯源于希腊,罗马及基督教。自从十七世纪以来大家也都先后在自然法的思潮及反自然法的思潮中受过洗礼。所以大家的是非观念或善恶标准是相当统一的。大陆国家的民族所认为对的事情很少是英美国家的民族所认为不对的。这种是非观念或善恶标准的统一,当然会反映在法律里面。〔3〕

戊,比较法学在近百年来在大陆及英美国家已相当发达。大陆及英美近百年来提倡比较法学的学者不一而足。〔4〕他们研究的对象逐渐由其他方面转移到大陆法各国与英美法各国法律的比较。〔5〕就最近的情形而论,大陆各国大学里的比较法学课程则几乎为大陆法所独占。〔6〕这都可以加强大陆与英美法学家的相互了解而使大陆法与英美法更容易沟通。所以从内容方面讲起来,

---

〔1〕 参阅前引 Rabin 之书 pp. 528 ~530.

〔2〕 英国法学泰斗 Pollock 关于几种在西方具有普遍性的思想如自然法及正义公平等对于英美法之影响论述甚详。见氏所著 *The Expansion of the Common Law*, 1904, pp. 107 ~138 又 Radin 同书 pp. 530 ~533 对于英美与大陆法的思想及社会政治背景有综合的说明。

〔3〕 Radin 同书 pp. 529 ~530, 534.

〔4〕 Gutteridge 同书第二章对于一般情形有所叙述。

〔5〕 大陆方面致力于英美法之研究者有德之 Heinrich Brunner, Rudolf Gneist, Ernst Heymann, Ernst Rabel, 法之 Lévy - Ullman, Eduard Lambert, Robert Valeur, Marc Ancel 等知名学者。

〔6〕 可参阅 Harvard, Yale, Columbia, Chicago, Michigan, Noerthwestern 等大学法律学院之章程。

大陆法与英美法相同的部分远超过其不同的部分，而这种不同的部分所占的比例未必比大陆各国法律彼此间不同的部分大（见前引 Rabel 及 Déak 之文）。换句话说，从其不同部分之量的方面观察，大陆法与英美法有何显著的区别。因此大陆法与英美法在内容上究竟有无区别当从质的方面去探讨。大概从质的方面讲起来，其较重要的区别大都属于司法组织及司法程序的范围。

大陆与英美的司法组织及司法程序本来有很多不同之点。不过近百余年来英美的司法组织及程序有一部分已为大陆法所吸收，而其本身经改革之处尤属可观，与大陆的制度相当接近，所余的不同点并不太多。现在就其比较重要者略举数例如下以示其梗概：

甲，法院之系统。大陆法各国法院的系统大都直接间接以法国拿破仑时代的制度为根据，与法国的制度出入有限，所以相当整齐划一。英美法各国的法院种类复杂，系统相当紊乱。大陆法各国大都另设行政诉讼的裁判机关。此制导源于法，以后流传欧洲其他国家，在大陆法的国家相当发达。英美普通法的传统思想一向主张所有诉讼皆归普通司法机关受理，司法与行政独立的观念也比较发达。行政诉讼与普通诉讼分立的观念为一般人所缺乏，也为大家所反对。所以行政诉讼也属于普通司法机关的管辖。最近几十年来英美等国虽产生了许多变相的行政诉讼裁判机关，但是还没有系统化普遍化。大陆法的国家往往以同一系统的普通法院而受理各种不同的民商事及刑事诉讼，英美法的国家在从前往往设立许多种类的法院，分掌民商事及刑事诉讼。近几十年来虽已做了不少化零为整的工作，可是传统的制度还没有完全打破。

乙，法院之组织。大陆法各国法院的制度导源既属相同，其内部组织都大同小异，所以也颇为整齐划一。其内部组织相当分歧。不过大陆法院的内部组织虽然较英美为整齐划一，其法官人数往往比英美多。不但总数是如此，就是每个法院的人数也往往如此。德法等国的最高法院其法官常在六十至一百左右。[1] 这种情形是英美法的任何国家所找不到的。大陆的检察官不但编制整齐，并且为法院的一部分，与法院的关系颇密切。他们的地位，在一般人看来，与推事相等。他们是司法官之一种。英美执行检察官职务的公诉人（名称不一）相当散漫，与法院的关系便不及大陆检察官那样密切。他们的地

〔1〕 参阅 Ensor, *Court & Judges in France, Germany, ánd England*, 1933，第一，二，三章及附录六，九。

位与推事相差颇远。在一般人的眼光中他们的作用与律师差不多。

丙，法官之任用升迁。大陆法官以考试出身者为主，他们是十足的职业司法官。换句话说，他们大部分是从年轻时便立志以司法官为终身职业的。英美的推事及公诉人以律师出身者为主，他们当法官，略有半路出家或中途改业的意味。其职业的观念不及大陆法官之强。大陆的法官大都由政府任命。英美的推事及公诉人——或者说得准确一点，美国各州的推事及公诉人——有不少是人民选举的。大陆的法官，因系科班出身，其升迁的先后高低依照年资决定之。高级法院的法官大都以下级法院的法官提升，并且在调动人员时不一定以推事调推事，检察官调检察官，推事可调检察官，检察官可调推事。英美高级法院的推事大都是直接由律师或教授中直接选拔的。大家对于调升的观念非常薄弱。至于公诉人调充推事或推事调充公诉人，则更属罕见。这种情形在采行推事及公诉人选举制的美国若干州固无法避免，这是在采任用制的英国及英属殖民地也极为普遍。

丁，法官之训练标准。大陆的法官，因为大部分是考试出身，在充任法官前多数缺乏法律实务的经验。所以他们在考试及格后仍须在法院或律师事务所学习。必须至学习期满，才可派充低级法院的法官，并且还须过一个候补或试用的时期。从此以后便可按部就班地升调高级法院的法官。所以低级法院的法官与高级法院的法官，一般地讲起来，在学识经验上有显著的差别。英美的法官，因为大部分是律师出身，在充任法官前已有充分或相当的实务经验，并且年龄较长，学识也较为充实，思想也较为成熟，所以不必学习而能胜任法官的职务。一般地讲起来，低级法院与高级法院的法官在学识经验上无显著的区别。还有一点值得注意的是：由于出身的不同，大陆的法官在初任职时学理的修养多于实务的经验，甚至其中有许多人一生都保持着侧重学理的态度；英美的推事多数是自始至终侧重实务经验的。

戊，法官之地位待遇。大陆的推事地位在一般人的眼中没有英美的推事那么高。大陆的检察官虽与推事不相上下，可是其社会地位还不及英美的公诉人。其主要原因有四：（甲）大陆各国法学的权威大部操于大学法学教授之手，法官在法学上的权威不及法学教授；英美的传统思想重视法院的推事甚于法学教授。（乙）大陆法官的名额多，显得不名贵，英美法官的名额少，显得名贵。（丙）大陆推事的裁判例对于以后类似的案件，依照传统的说法，缺乏拘束力，英美推事的裁判例是英美法的主要法源。其工作的意义不同。

（丁）英美法的程序使推事活动较大陆的推事易于为社会所注意（详情见以下关于程序法之讨论）。英美的公诉人也较大陆的检察官活跃而有所表现。至于法官的待遇大陆一般的标准比英美低，这与法官人数的多寡固不无关系，而财力之不同，亦为原因之一。

己，司法行政之组织。大陆法的国家大都有司法行政部或司法部之设，其司法行政颇有组织与系统。英美法的国家还没有这样完整集中的机构，因此司法行政相当散漫而效能不高。

庚，程序法之订定。大陆的程序法以由立法机关制定为原则。英美的程序法大都由立法机关授权法院单独或会同其他机关或人员制定之。

辛，程序法之内容。大陆的程序法导源相同，早经整理过一番，内容较为简明而有系统。英美的程序法近年来虽多改革，还保留着一部分迂缓繁复的传统制度。大陆的法院在诉讼程序上主动的地方比英美的法院多。因此英美的律师在诉讼程序上之活动比大陆的律师多而显得重要。英美的诉讼程序，因为各造律师颇为活跃，显得比大陆的诉讼程序有声有色，比较引人注意。大陆虽然在刑事方面采陪审制度，其一般的证据原则仍以自由心证主义为出发点。英美的证据法则含有不少法定主义的成分。大陆国家仅于刑事方面采用陪审制度，而英美国家在民刑事两方都没有完全放弃陪审制度。大陆最近有放弃刑事陪审制度而改采参审制的趋势，英美并无此趋势。在大陆各国经合议庭裁判的案件，其各个推事的意见如何，对外不发表。其裁判书为各推事的集体作。英美推事的意见在这种情形之下可记载于裁判报告，可对外公开，故何人持反对意见，何人持赞成意见，外人都能知道。

（二）自法律的技术立论。所谓法律的技术有广狭二义。狭义的技术不包括法律的形式在内。〔1〕这里所讲的是广义的法律技术。它包括（甲）法律的形式，（乙）法律的分类或体系，（丙）法律观念的运用，（丁）法律解释的程序等。〔2〕法律技术的不同是大陆法与英美法的主要区别。庞德教授曾经说过："大陆法或近代罗马法与普通法或英美法的区别属于形式及技术者多，属于内容者少。"〔3〕他所说的"形式"可以包括在广义的技术里面。他认为

〔1〕见前引氏在国立政治大学的演讲录第六十四页。

〔2〕参阅 Claude Du Pasquier, *Introduction á la théorie générale etá la philosophie du droit*, 2e éd., pp. 172～236; René Demogue, *Les notions fondamentales du droit privé*, 1911, pp. 201～565.

〔3〕见前引氏在国立政治大学的演讲录第六十四页。

"技术是构成一种法律制度的极大成分，是一种必须借着法学的著作及法律的教育而流传发展的东西。"换句话说，它是一种法律制度中由法律科学所培养成的一个极大的成分。如果我们对于大陆法与英美法技术上的区别有相当的了解，则对于大陆法与英美法的区别可谓"思过半矣"。不过法律技术的问题相当复杂微妙，大部分属于法律哲学及比较法制史的领域。我们如果从这一方面去详细研究大陆法与英美法的区别，可以写一本专书或者至少写一篇很长的文章。[1] 本文的目的既在指出大陆法与英美法区别之大概，只能对于这一点作一简单的说明。

法律技术的问题，在已成熟的法律制度，不但不能避免，并且其性质及牵涉的方面往往大体相同，所以大陆法所发生的技术问题在英美法中也会发生。其不同之点大部在程度的深浅。大陆法与英美法技术上不同的程度在从前确属颇大，不过到了目前却已减少很多。现在试就下列三点分别说明之。[2]

甲，法律的形式。十九世纪上半叶的大陆法与英美法在形式上有三种显著不同之点；（甲）大陆法以法典式的成文法为主，不承认判例有拘束力，英美法以判例法为主，承认判例有极大的拘束力；[3]（乙）大陆法有系统，英美法缺乏系统；（丙）大陆法当于一般性或综合性的规定及原则；此在英美法颇为缺乏，或几乎等于没有。[4]但是到了现在有一部分不同之点在程度上已差得多。在大陆方面判例的效力实际上已提得很高，成文法的意义要靠判例

---

〔1〕 法律技术问题之精深复杂可从下列著作知其大概：（一）Gény，*Science et technique en droit privé positif*，1914，1924 计四大册，（二）同一著者所著 *Méthode d'interpretation et sources en droit privé positif*，1932 计二大册，（三）Fabreguettes，*La logique judiciare et l'art de juger*，1926 计一厚册，（四）Cardozo，*Nature of Judicial Process*，1928 及（五）前引 Demogue 之书。此类著作并未就大陆英美的法律技术作通盘比较的研究，而卷帙已如此之浩繁。如就大陆英美作通盘比较的研究，范围之广，内容之繁，可以想见。

〔2〕 法律解释的程序太复杂，兹从略。以下所举三点系例示性质。

〔3〕 关于裁判例已往及现在在大陆及英美的情形可参阅 Gray，*Nature and Sources of Law*，2nd ed.，1924，pp. 205～211 及 Allen，*Law in the Making*，3rded，1936，pp. 166～175，223～224.

〔4〕 侵权行为法等即其明例。大陆法对于侵权行为之责任有概括的原则。而英美以前关于"torts"只有列举的原则。甚至到现在英美法于"torts"部分是否已进入概括原则的阶段，学者的意见还未一致。参阅 Walton，"Delictual Responsibility in the Modern Civil Law"一文载 *Law Quarterly Review*，Vol. XLIX，No. 193，pp. 70～93 及 Buckland and McNair，*Roman Law and Common Law*，1936，pp. XIV～XV.

来确定。在英美方面小规模的，即限于一部门（如买卖，保险，合伙，公司，票据等）的法典相当流行。其比较综合性的法典如民法，刑法，民事诉讼法，刑事诉讼法等也已产生了不少。英美的大学法律教育近百年来大有进步。经法学教授等之研究整理，英美法已比从前有系统，其一般性或综合性的规定及原理也增加了不少。

乙，法律的分类或体系。大陆法的分类与英美法有很多不同之点。其最重要者为后者比前者琐碎以及二者所有的名称颇有出入。例如大陆法的债务法通常是一个部门。英美法并无这种综合的观念，所以只有契约法，侵权行为法，保证法，买卖法……而无所谓《债务法》。英美衡平法的 trust 可包括大陆法上属于好几个部门的东西，它也已自成一个部门。这是大陆法的学者所不易了解的。〔1〕

丙，法律观念的运用、法律观念的范围最广。其中有一部分是某种法系所特有的，另一部分是各种法系所共有的。前者之例为大陆法之“法律行为”及“意思表示”的观念，英美法之“关系”（Relation）的观念。〔2〕后者之例为“推定”（Presumption）及“拟制”（Fiction）等。〔3〕第一类观念近年来在大陆法与英美法中渐有沟通之趋势，其数量已逐渐减少。第二类观念既为各种法系所共有，则其相异之点在运用程度或方法之不同。惟专就“推定”与“拟制”而言，其在英美法的运用范围往往较在大陆法为广。因英美法所保留的历史色彩比较浓厚，遇有新问题发生而传统的法律不能解决时，往往要利用“拟制”或“推定”以扩张解释而济其穷。大陆法所保留的历史成分不多，运用“推定”及“拟制”的机会也比较少。“推定”或“拟制”之运用在大陆法里面通常代表一种立法的政策，并不是一种解释法律的方法。不过大陆英美在这一方面的区别最近已因英美法之成文化而渐减少其重要性。

---

〔1〕 其详参阅 Pound，*Outlines of Lectures on Jurisprudence*，5th ed. 第廿八章及前引 Goldschmidt. 同书第五章。

〔2〕 见 Pound，*The Spirit of the Common Lwa*，pp. 20～31.

〔3〕 法律技术问题之精深复杂可从下列著作知其大概：（一）Gény，*Science et technique en droit privé positif*，1914，1924 计四大册，（二）同一著者所著 *Méthode d'interpretation et sources en droit privé positif*，1932 计二大册，（三）Fabreguettes，*La logique judiciare et l'art de juger*，1926 计一厚册，（四）Cardozo，*Nature of Judicial Process*，1928 及（五）前引 Demogue 之书。此类著作并未就大陆英美的法律技术作通盘比较的研究，而卷帙已如此之浩繁。如就大陆英美作通盘比较的研究，范围之广，内容之繁，可以想见。

七、大陆法与英美法之将来

以上所举各点，已证明大陆法与英美法之间，并非如一般人所想象，划了一个鸿沟，实际上二者之区别在现在欧美交通如此频繁，关系如此紧密，文化如此接近的情况下，一定会在短期间减少到无足轻重的程度。试想：在百余年前大陆法与英美法不同之程度何其大！然而到了现在二者已如此接近。以今后世界各部分彼此感应之快，焉知在未来的五十年间二者无完全沟通的可能？美国一位比较法制史家，拉丁〔1〕教授（Max Radin）关于这一点说得相当明白。现在把他的话即译如下作为本文的结论：

"英美普通法的发展变迁中难得有一个不是那伸入欧洲大陆的大潮流的一环。……（以下举各种实例）……今后英美两国的普通法似有与大陆法融合的倾向。这种融合当然有赖于大陆与英美双方的行动。……近来的变迁中最重要的一点大概是国际私法之变为第一流的重要学科以及比较法学之已由考古性的消遣学科而变为实用的法律学科。由此看来英美普通法的未来发展不是它所控制的地域的扩充，而是它将成为那些继承欧洲文化及欧洲经济组织的国家所共同适用的新法（a new general law）之一分子。"〔2〕

〔1〕"拉丁"原文作"雷亨"，现据今日通常译法改正。——校勘者注。

〔2〕见 Rabin 同书 pp. 529，534.

世界两大法系之发展的原因*

华懋生**

溯自回教消沉，印度亡去，犹太民族醉于宗教之醇醪，不特无国，并失统一之语言；麦秀黍离，何处见当年璀璨之文化，于是此历史上三大法系，沦荡殆尽。至我中国，往者既因一丸泥封，未遑所志；而频年复兵戈哀鸿，自封故步，奄奄一息，仅见其残喘犹温耳。乃今日之谈法系者，反以后来之英美法系与罗马法系相并称，而世界之受影响者，亦以此二法系为最固也，罗马法系与英之判例，在法制史上自占其特殊之地位，而罗马之渊源尤深。虽然在法制史上占地位者，不仅罗马英美已也！则其所以能形成今日世界经纬二大法系横霸欧亚美非文化诸邦者，宁无他由？岂区区意城一阙及英沦小部落之謦欬遽能遍其影响于全球者乎；或曰：罗马与英国，俱为法家辈出之邦；故其法制弥精，是以采用之者弥广，夫法制之精良，固属法家之功，居其大半。然而法制之发展，谓为仅基于法制之精良法家之辈出，吾将掉首而勿顾！

柏拉图之言曰：法，强由所制弱者也。吾不信其言，不愿信其言，吾尤不忍信其言。然而落落人海，试看杀人而不罪者，其惟强者乎？试看掠地而不罪者，其惟强者乎？尤可异者，此法系之发展，亦遽基础于强，我复何言？

然则罗马与英国法系究竟何而发展？

曰：罗马法系之发展借征服之幅员也（By Conquest）！

英国法系之发展借拓殖之幅员也（By Settlement）！

---

* 本文原刊于《法学季刊（上海）》（第4卷）1930年第3期。

** 华懋生，1932年毕业于东吴大学法科（第15届），获法学学士学位。

（一）罗马法系与英国法系所占之幅员

（A）罗马法之幅员。欧洲国家除不列颠南部，自五世纪撒克逊种族（Angles and Saxons）卷入后。自采用习惯法外，其余诸邦悉为罗马法下之幅员。欧洲以外则有路易斯安那[1]省（Louisiana）、魁北克[2]（The Canadian Prowince of Quebec）、锡兰[3]（Ceylon）、英属圭亚那[4]（British Guiana）、南非洲法属荷属各部（Sonth Africa eithr France or of Holland）、非洲德属葡属及西班牙属各部、南美洲美洲中部、墨西哥及菲律宾[5]群岛、荷属及法属东印度（Dutch and French East Indis）、西伯利亚[6]（Siberia）及苏格兰等。

（B）英国法之幅员。英国法所及之幅员除美利坚合众国各部（除路易斯安那省等）英格兰[7]威尔斯爱尔兰三岛外，有澳洲[8]（Australia），新西兰（New Zealand）、加拿大[9]魁北克以外各部（All Canada except Quebec）、夏威夷[10]群岛（Ha waiian Islands）及印度等。

综上除亚洲三数邦，以及服从伊斯兰[11]法诸邦（Those which obey the sacred law of Islam），外世界文化诸邦，几皆为此二法系所统治。

（二）罗马法之发展

罗马帝国，武力政治，雄视一代，国祚之久，乃至一千二百二十九年。（依百科全书）所据之属地，几握有当时世界之大半西欧国家，无一不受其控制。法制之发展，乃随武力之发展以俱进。考罗马当时，其发彻之初，不过意城一阙，最先之征服地，不过有征兵之义务，无他法律以控制之。及西西里[12]（sicily）并入后，最重要之省政府（Provincial Government）制度，于是乎设立。此省政府制度在罗马法之发展史上占重要地位。因当时罗马征服

[1] “路易斯安那”原文作“罗沿”，现据今日通常译法改正，下同。——校勘者注。

[2] “魁北克”原文作“圭白克”，现据今日通常译法改正，下同。——校勘者注。

[3] “锡兰”原文作“锡朗”，现据今日通常译法改正。——校勘者注。

[4] “圭亚那”原文作“其亚那”，现据今日通常译法改正。——校勘者注。

[5] “菲律宾”原文作“斐列滨”，现据今日通常译法改正。——校勘者注。

[6] “西伯利亚”原文作“西比利亚”，现据今日通常译法改正。——校勘者注。

[7] “英格兰”原文作“英格伦”，现据今日通常译法改正。——校勘者注。

[8] “澳洲”原文作“奥洲”，现据今日通常译法改正，下同。——校勘者注。

[9] “加拿大”原文作“坎拿大”，现据今日通常译法改正。——校勘者注。

[10] “夏威夷”原文作“海湾”，现据今日通常译法改正。——校勘者注。

[11] “伊斯兰”原文作“意塞姆”，现据今日通常译法改正。——校勘者注。

[12] “西西里”原文作“西西利”，现据今日通常译法改正。——校勘者注。

地皆为省治、省政府中重要官员，胥为罗马人自兼。省政府主持曰总司官（Governer），必为罗马人。其职务有类罗马之总裁官（Consul），统掌军民司法各事，并立有法院，专理诉讼。除此总司官外，其余重要职官亦多属罗马人，助理各项事务总司官上任之初，必公告一省令（Edict）。其中所载，多属就任后设施之策略及行政之宗旨等等。及此总司官休职后，继来者复公告新令，自多新意创设。如此相沿成习，乃开大法官（Jus Praetorium）之先声。

缘罗马此时人民分为二种：一为罗马民取得公权者（Citizen），一为征服地之人民或曰外来民（Alien）。前者可得享有罗马法之下种种公权，后者则不能。概因为当时罗马人不仅以为外来民之风情不适用罗马法，佥以为罗马公民权自不能付与征服之人民。盖其中尚有尊卑之别在焉，故最初之省政府令，亦以规定公民间之关系为多，尚少及外来民者。至于亲属继承契约等诸法，则仅公民得可享受。此时各省之外来民，除在省令中约略稍有规定，此外均依其原来之习惯及固有之法则以为绳范。但外来民之须受刑事处分者，仍由总司官得以罗马法处断。因刑法为一般之治安法也，在此种组织下，外来民之欲思取得罗马公民权，其渴望可知。是以外来民中间，亦有经许可而取得公民权者。取得公民权，即所以成罗马法治之下，共鸣也征服他之人民，自以取得公民权为荣。于是公民日众，罗马法之统治范围亦日广。

丁此时形，罗马之立法方面，既因外来民之取得公权者日众，乃不得不有自然之趋势。以广采各征服地之民情风俗，以纳入法律中，俾能适合于外来民之享有公权者，不致相违太甚。于是外来民方面固益渴于取得公权，罗马方面又以求适合而扩大立法之范围。两两相合，其融合之势，乃使罗马法有不能不发展之结果。

自纪元前一五〇年至纪元后一五〇年，罗马法制在此三百年间起一重大变化，即由刚性法律渐趋于柔性法律，盖小国寡民之法律，已勿能治发展之王畿〔1〕。各省之征服人民渐受罗马文明之陶冶，而日就于近似，省法治规更具罗马之精神，刚性之法律自不得不趋于柔性，社会之组织愈复杂，立法欲依极端之刚性，勿复云可矣。

综二世纪之法制扩张趋势，罗马皇之直接立法，及罗马皇之具最高司法权，皆足为促进法制之二大原因。盖罗马皇之直接立法，不特灭却总司官之

〔1〕 指“王城”。——校勘者注。

居间，抑且多为外来民作绳范，其握最高之司法权，自成演进统一之趋势。

罗马此时，扶摇直上，欧洲雄视，莫非王土，属地愈广，法制乃愈张矣。迨三世纪时，除科西嘉[1]及阿尔卑[2]（Corcica and Alpine Valleys）等文化衰落各处外，王土居民都为公民。卡拉卡拉[3]（Caracalla A. D. 211 ~ 217）以后，法制已成统一，从以各省民情风俗之异，略有不同，但殊不多见。

狄奥多西[4]（Theodosius A. D. 395）帝死后，罗马乃分为二，即东西罗马。是此时帝国之势力虽割襟分袂非复当时，而西罗马又不久逝去。然此期法制乃愈形发展，法家固亦代有其人，矢力创造，盖已发仞有自此帝国之幅员，终为明镜之架，观人之是非透乎其中矣。此后法制之发展，可以四因论之：

（一）中古最有势之教法（Canon Law），乃由此罗马之精神，渐渐形成。纵其中不乏特点，然其胎息所寄，可断言之。

（二）西欧国家如德苏格兰等，认罗马法为有效之法制，此后德国又在麦斯米兰[5]帝（Maximilian）时令 Corpus Jaris 为有效之法典，苏格兰在詹姆王（king James V）时会有相似之规定。

（三）采罗马法编制法典，诸邦乘时而起。如法在十七世纪时编制法典，至拿破仑又颁行新法，近世尤受影响。又如普邦在弗雷德里克[6]（Fredcrick II）时，所草之法典，即后在一九〇〇年颁布者。

（四）如魁北克（Quebec）、路易斯安那州（Louisiana）皆采法国之制。而袭罗马法者，如圭亚那（Guiana）、南非洲等处，皆采荷兰之制，而袭罗马法者。此外如波兰、斯堪的纳维亚[7]诸邦（Scandinavian Countries）、塞维亚（Sesvia）、保加利亚（Balgaria）、罗马尼亚[8]（Romania）等因中世纪教会关系，故其法制胥受教法之居间，而胎息于罗马者也。

---

[1] “科西嘉”原文作“可锡加”，现据今日通常译法改正。——校勘者注。

[2] “阿尔卑”原文作“阿尔滨”，现据今日通常译法改正。——校勘者注。

[3] “卡拉卡拉”原文作“卡拉克拉”，现据今日通常译法改正。——校勘者注。

[4] “狄奥多西”原文作“戴鹤徒”，现据今日通常译法改正。——校勘者注。

[5] “麦斯米兰”原文作“马锡米梁”，现据今日通常译法改正。——校勘者注。

[6] “弗雷德里克”原文作“弗立特”，现据今日通常译法改正。——校勘者注。

[7] “斯堪的维亚”原文作“司甘汀”，现据今日通常译法改正。——校勘者注。

[8] “罗马尼亚”原文作“罗马汲亚”，现据今日通产译法改正。——校勘者注。

（三）英国法之发展

英国法制平心而言之，未尝无罗马影响，衡平法尤为显著然，自他方观之，亦不能认非另具面目。其发展程序，与罗马殆相别无几，不过历史较幼稚耳，其出于武力之后盾则一论其演变方面殊简单，不过以其固有之习惯法，随拓殖地而实施之耳。先后施行者，除爱尔兰、英格兰、威尔斯外，则有澳洲（Australia）、新西兰、加拿大、西印度群岛、直布罗陀[1]（Gibralta）、马耳他[2]（Malta）、塞浦路斯[3]（Cyprus）、新加坡[4]等各处，美国本为离英独立之邦，袭英法制自不待言。

英之法制借武力以发展，验于印度而益信。盖印度为宗教之邦，文化风情在在有异征，英之法律格格不相入也。英人之治印时在十八世纪，而其法于十九世纪始告陆续施行之，且设印度法会（Indian Law Commission），专理其事，但所施行诸法，已受印度之更变不少。印度教会中所定施之法，有刑法（在一八六〇年）、刑事手续法（一八六一年、一八八二年及一八九八年）、民事手续法（一八五九年及一八八二年）、证据法（一八七二年）、契约法（一八七二年）、买卖证券（一八八一年）及其他不甚通行之信托法财产转让法等等，此即可谓英印法制之关系。

综上情形，罗马与英国之法制，其能如今日之璨然烛全球者，自不仅恃乎有精密之法制，盖尚有锋如霜之刀剑在也。此所以今之谈国际公法者，有慨乎言之矣。

十八（1929年），十一，二十七晚草完

---

〔1〕“直布罗陀”原文作“勃尔太”，现据今日通常译法改正。——校勘者注。

〔2〕“马耳他”原文作“密尔太”，现据今日通常译法改正。——校勘者注。

〔3〕“塞浦路斯”原文作“西不路”，现据今日通常译法改正。——校勘者注。

〔4〕“新加坡”原文作“星加坡”，现据今日通常译法改正。——校勘者注。

世界两大法系之辩证的转换

——罗马法与日耳曼法转换为用的原因*

严绂葳**

法律为社会现象之一，是维系社会的工具。社会的构造及变革皆决定于社会的经济基础，因此法律是以经济为基础的上层建筑物。所以在各种社会现象互相联系之中，法律与经济尤有密切的关系。法律不是理性的产物，而是经济条件的反映。十九世纪新兴的经济学者对于法律学的批判，即抱持这样的见解：他们认为法律学不过是资产阶级的意志，造为民众的法律，此意志的实质及倾向，实决定于此阶级生存的经济条件。伯罗兹海默〔1〕(Beralgheimer) 在其所著世界法律哲学（The Worlds Lagal Philosophies）中，也认为经济之于法律，从其静态观之，实等于内容之于形式，但两者常互相影响而有不断的变迁，特别是经济的变迁，常引起立法的改造（Legislative Reconstruuction）。

社会经济基础的变迁，常引起法律的改造，这是法律进化的基础原因。一部法律史供给了我们无限的足以证明这个原理的事实。凡各民族间，当其社会生活的经济条件发展至相似的实际，常建立相似的法律制度，这不是偶然的相合，而是有其发展的内在原因。在最初法律只规定氏族的关系，而不以财产为基础的时代，母权制（Mother Right）在各种不同的地方是一个普遍的制度。母系氏族（Maternal family）在亚洲，希腊，非洲及前史时期的美洲都发生过。直到有史时期，我们一样地可以发现在不同的各民族间，通行极

* 本文原刊于《东方杂志》(第29卷) 1932年第8期。

** 严绂葳，1932年毕业于东吴大学法律系（第15届），获法学学士学位。

〔1〕“伯罗兹海默”原文作“卑柔采马”，现据今日通常译法改正。——校勘者注。

度相似的法律制度。从法律史的考察，罗马人，爱尔兰人，高卢[1]人(Gauls)及日耳曼人的古代法，其实质上差不多完全相同，只有细微的差异。在这些不同的民族间，法律上关于人之分类(Classification of Persons)，关于母权父权的绝对性质，关于家的组织，及公有地(Ager Publicus)和私有地(Ager Pravitus)的构成，都是相同的。他们的法律同样保护私有财产的不可侵犯，明定世袭土地的经界，宣告债务的人身性质，或剥夺债务者的自由。最后他们的法律同样尊重宣誓的尊严，相信证人及准备法律命令的干涉。[2]大概各种民族在其经济制度相同之时，其表现于法律上的发展，亦有相同之趋势。

世界著名的两大法系是罗马法与日耳曼法。罗马法是古代社会由农业国家而进于商业国家的法律；日耳曼法是对封建社会的法律。罗马在农业国家的时期，其法律的严格与狭隘性，是与日耳曼法有极度相似。及罗马由农民国家进入商业资本社会，于是以商业经济为基础的万民法(Jus Gentium)代替了严格狭隘的市民法。到了奴隶经济开始崩溃，新兴的封建经济正在发展的时代，罗马法已由兴盛而沦于衰落，于是以农奴经济为基础的日耳曼法，遂起而代之了。到了封建制度衰落时期，新兴的市民对封建贵族起了反抗，于是相应于资本主义社会的成立，商业主义的罗马法驱逐了规律农村生活的日耳曼法，而鼓起了复兴的命运。及资本主义发展到独占时期，极端个人主义的法律已难适应，所以一九〇〇年的德国民法法典，已不是个人主义，而多少含有日耳曼法的连带主义的精神。及一九〇七年的瑞士民法法典，则比德国民法更为进步，其所带日耳曼法的色彩，尤较浓厚。法律史的演进不是偶然的，都有他的基础原因。本文的主旨，就在阐明这两大法系辩证的转换，以及其所以如此转换的原因。

日耳曼法是于家族制度内奠定财产的权利，罗马法则以财产权归之于个人，这是两大法系精神根本不同的所在。但在古代罗马法也有许多最初家族社会(Family Conmunity)的遗迹。社会经济机构既这样惊奇的相似，所以在法律制度方面即随而有相同的表现。罗马在农民国家时期，其法律是以严格的家族组织为单位。家长有绝对的权力，子女及奴隶须绝对服从其家长的权

---

[1] "高卢"原文作"高尔"，现据今日通常译法改正。——校勘者注。

[2] Maine, *Ancient Law*.

力。只有家长有行为能力。一家只有一个交易权，一个婚姻权，一个财产权，而单独属于家长。财产权是绝对的，不受法律的限制。债权法也是绝对的，债务人如到期不能清偿，则生命自由须受债权人的支配。契约法也是非常的严格，契约的种类有一定的限制，而契约的订结，须履行一定的方式。不遵守方式及法律所不许的契约是无效的。日耳曼法不待说是以家族组织为单位的法律。它对于法行为与财产的移转，均须遵行严格的方式并具有奇特的象征。例如承认子的继承权，必须闻其啼声，并由同居的人当场证明。古代日耳曼法关于物权的取得，没有抽象的所有权概念，而只注重占有（geisin）的事实。于不动产则注重土地的用益权（usufruct）于动产则注重对于物体的管有。关于债券关系，虽亦以合意而成立，但债务人必须赋予债权人以支配身体或支配物体的法律权力。

由以上的事实，我们知道古代罗马法与日耳曼法是很相类似的。但罗马人与古代日耳曼人种族不同，生活的态度不同，生息的气候环境不同，何以会发生相同的法律制度呢？在这两民族间，除了采用相同的经济制度外，对无相同的事实，足使他们发生同样的法律制度。具体地说，因为古代罗马与日耳曼人的土地条件（territorial condition）相同，所以逼着他们采取同样的经济组织因此发生同样的法律制度。[1]这里，一方面我们知道以法律出于国家自觉（national consciousness）的这个理论之不当，这表示法律是以现实的经济条件来决定的。

罗马经济与日耳曼的经济，在有一时期固然是平行的发展。但罗马自农业社会一进到商业社会，因于贵族对自由地的占领，而形成奴隶经济，依商业资本的发达而奴隶制度达于全盛。于是罗马的经济组织与日耳曼的已异道相驰。

从这一个方面看，罗马法与英国的经济学识可互相对比。前者为奴隶主复杂关系之产物；后者为近世资本家复杂关系的成品。二者都是一个国家的自然产物，都是表现个人主义的精神。古典经济学是工资制度下经济情形的反映，而罗马法则系奴隶经济之观念的结果。

在奴隶经济开始崩溃的时候，古典的法律（罗马法）已沦于衰落的现象，于是更适合于新的经济形式之法律制度起而代替。换一句话说，因为封建经

〔1〕 Laria, *Economic Formdation of Society*, p. 81.

济的成长，否定了古代社会的奴隶经济，所以日耳曼法就代替罗马法而起了支配的作用。法律之分解（decomposition）与再建（recomposition）的这个时期，是研究法律发展最要注意的一点。在条顿[1]民族的国家，始终没有积极地建立奴隶经济。在最初占领自由地的时候，他们就建立了温和形式的农奴制度（serfdom）。所以在南欧同行的奴隶经济，成长了一种特殊的法律关系，而以农奴等级制为基础之绝对相异的法律制度，则在北欧建立起来。后者的法律制度与罗马不同的有三点：一，财产与劳动是构成于家族关系（Patriarchal relations）上面。二，法律保护农奴不受所有者的无理侵害。三，法律对于家及连带情感的尊重，远过于个人自我的满足。到了南欧被迫而建立农奴制度的时候，于是相应于新的经济制度发展，遂不得不舍弃以奴隶为基础的古典法律，而采用成长于农奴经济的日耳曼法典。因此意大利之民族的法典，遂位于野蛮人法典之侧，而居于次要的地位。这并不是那一民族的法律对于别一民族的征服，只不过是赋法律以生命的经济条件有了变迁，而适合于这个变迁的法典，遂应运而生耳。于此我们更足以证明法律是超立于民族性，而完全决定于社会的经济结构。

中世纪意大利的经济条件有似于古代日耳曼，因此条顿人的野蛮法典在意大利遂代替了罗马法。同样在后来日耳曼经济关系的发展有类于从前的罗马法，所以有一个时期，罗马法又被德国采用而代替了日耳曼法。这个现象迷惑了历史法学家，且仍为萨维尼[2]学派（Savigny School）所难解决的疑点。如果把握着法律的变革，相应于经济的变迁，则这个疑点是不难消释的。

工银经济（Wage Economy）从封建社会的废墟上生长出来，建立起财产与劳动的新关系，这必然要产生一种新的法律制度。在新的经济形式之下，所形成的再分配的制度，虽大异于封建时期，然颇似于奴隶经济。因此难规定劳动契约的法律是新经济制度——资本主义——的创造品，然而规定罗马所以主义间之关系的古典法律，也可以应用罗马法以此遂由长暝的墓中开展了他的新生命。罗马法的复兴开始于意大利。在新兴意大利的工业里产生了新的经济关系；这些关系不是狭窄严格的封建法律及区域的习惯所能适应的，

[1] “条顿”即英文“Teutonic”的音译，条顿民族指使用印欧语系中日耳曼诸语言的任何一个民族。——校勘者注。

[2] “萨维尼”原文作“萨腓尼”，现据今日通常译法改正，下同。——校勘者注。

必须要一种新的法律制度，便利这些新经济关系的发展。这个制度在罗马法中早已预备好了。后来罗马法由意大利传到德国，不过是这个原理的演绎，也就是经济革命将同样的情形传播到北欧的结果。梅因（Maine）曾经看出来这个原因，他说罗马法复兴的原因是经济情形的发展，是个人主义的法律代替了封建法律。就是萨维尼也承认罗马法的再建，是由于城市状况的繁荣，罗马法在意大利城市的复兴及其传入法国而德国以适应相同的需要不是偶然的，而是事势必然的进程〔1〕。

资本主义的成立，否定了封建制度。因此代表资本主义的罗马法，代替了封建性的日耳曼法。但因资本主义的发展，转而使它自身的矛盾日益扩大。初期的资本主义，其主要的企业形式是个人组织。发展至后期的资本主义，其主要的企业形式是公司或独占的组织。所以极端的个人主义，已与发展至新阶段的资本主义不相适应。同样，反个人主义的法律现象，绝非个人主义的法律所能适应。所以在罗马法中所已包含的所有权绝对性与契约自由主义，至此时大受法学者的批评。因此个人主义的所有权法典，不得不有所变更，而须兼日耳曼法中连带主义的精神。一九〇〇年德国民法典有保护雇佣契约的规定及权利滥用的限制，就是这种精神的表现。至一九〇七年的瑞士民法典，虽大部分以法德民法为蓝本，然主要的是以原来的日耳曼法为依据。所以瑞士民法是最具有日耳曼法性质的法典〔2〕。

从法律史的考察，我们知道法律不是抽象理性，或民族自觉，或种族特性的产物，而是经济条件的必然结果。基于这个原因，所以只要相应的经济制度从这一民族传到别一民族，从前一历史时期转到后一历史的时期，则某一特定的法律制度，可以从这一国传到那一国，从前一世纪跃起于后一世纪。

这是法律历史辩证的发展。但是由低级的形式，发展至高级的形式，在表面上看，固然相似，而其内容则实迥然不同。我们说个人主义的经济关系，有似于奴隶的经济关系，但我们不能说资本主义的经济即是奴隶经济。所以我们不能说后来复兴的罗马法，即是标本的古典罗马法。

---

〔1〕 Luria, Ibid, fort notes.

〔2〕 *Henbner History of Germanic Private Law*, p. 25.

判例与大陆法系*

陆鼎揆

判例之为用，久行于吾国，明清以还，其效尤广。秋曹〔1〕爰书〔2〕，言法者辄视为遵循之惟一途轨，是以数百年来，律例并称。稽之东西各国，则英美之制，视吾前代旧典，盖相仿佛。判例之于法令，其效力乃无所轩轾，甚者若美利坚，因其最高法院，权力超越，与行政立法鼎足而立。其判决之效力，乃可撤销〔3〕既立之法，而宣告行政处分之无效。斯其判例，几为执法惟一之圭臬，学者且谓法之源泉，惟恃判例，若立法者，虽或时颁法令，而其实乃不过取判例中包涵之法，而宣告之而已。考判例之起，盖以立法之初，未必能尽举人事之变化，而涵之于一法。逮至人事之来，不为成法所备，而执法者又不能以其不备于法，而不为之理，则惟有或准之以习惯性，或折之以法理，于是后之果有类同之人事待理，则执法者自必随前日之轨迹而以为判。陈陈相因，其例愈众，其力愈厚。久之而与法律之效无殊，而判例于是成焉，其来也或偶，而成之固非一日也。英美判例之价值，无俟赘述。美之制度，皆袭乎英。若英之法院，与例为判。盖自爱德华一世之际，已数数见，顾其初犹未以判例与法律相提并论。海尔贵族以为判例之为效，视法文犹差一间，而过于任何一切之私议。是以法文苟缺，判例充实。逮沿袭愈久，

* 本文原刊于《法学季刊（上海）》（第4卷）1929年第1期。原文仅有简易句读，本文句读为录入者所添加。

〔1〕 刑部的别称。——校勘者注。

〔2〕 古代记录囚犯供词的文书。《史记·酷吏列传》："〔张汤〕劾鼠掠治，传爰书，讯鞫论报。"裴骃集解引苏林曰："爰，易也。"以此书易其辞处。司马贞索隐引韦昭曰："爰，换也。古者重刑，嫌有爱恶，故移换狱书，使他官考实之，故曰传爰书也。"后用以指判决书。——校勘者注。

〔3〕 "撤销"原文作"撤消"，现据今日通常用法改正。——校勘者注。

效力愈厚，骎假而乃与法相等。是以布莱斯顿[1]之书，以为谳官之职，当一遵以往之成例，布氏与海尔相去不过二百载，而已不同如此。至于今，则是下级法庭，必受上级法庭判例之束缚，而其最高之司法机关，又必受其自颁之判例之拘束，数百年来，盖已成不刊之宪。以是之故，法之所从由者，在英美转不出于立法机关，而多肇自爰书。而言英美者，乃亦惟有搜赜探讨之于汗牛充栋之判书之中，论者乃请英美律师[2]，倍多于欧陆诸国，其故盖以英美之律繁琐而难晓，不若欧陆法典，国家一切律文，皆包涵于数千百条法令之中，人人皆可求而易得。是以英美人民，必有赖于律师，而欧陆诸国则否也。判例之在英美，重要如是，其在大陆法系诸国，则不然。大陆法系国家，都肇始于罗马。罗马于优士丁尼[3]之，固亦尝重视判例，西塞罗[4]数法律之来由，而判书亦列于其一（Res judieatoe）。至塞维鲁[5]大帝时，且曾著为令典，凡判书中关于解释意晦涩之律文皆有拘束以后之效力，逮至优士丁尼大帝，编纂罗马民法典，乃始一改旧辙，而申法官不得拘泥于旧判之明禁。法典七篇四十五章十三条曰：

“法官与公断人如不以旧判之措置为妥善。则不必援用其例。其关于有名之县官或名人之判书亦同。盖苟使其措置而有未善。自不应再适用之于他案。而使同受其累。夫判书者原不应根之于任何旧范。而惟有根之于法律。凡关于最高官吏之施设。最高法官之判决。皆无所差别。今冶朕之一切法官。唯有依据真理公平与法律以行事。”

罗马氏法典，为罗马法之粹，而欧洲大陆法系诸国大部分民法之蓝本也。自优士丁尼大帝有此规定，是以后来欧陆诸国，亦悉仿行其例，判例乃不为司法者所重视。若普鲁士奥地利[6]诸国法典，甚且效法罗马法典，明文禁止法官之拘于往例，而予判书以与法律同等之效力，若法兰西意大利比利时诸国则是关于此端未尝有明文规定。顾诸国司法上向来之通例，则与普奥相

[1] “布莱斯顿”原文作“勃拉斯登”，现据今日通常译法改正，下同。——校勘者注。
[2] “律师”原文作“律士”，现据今日通常用法改正，下同。——校勘者注。
[3] “优士丁尼”原文作“犹司丁尼”，现据今日通常译法改正，下同。——校勘者注。
[4] “西塞罗”原文作“薛雪罗”，现据今日通常译法改正。——校勘者注。
[5] “塞维鲁”原文作“萨维罗司”，现据今日通常译法改正。——校勘者注。
[6] “奥地利”原文作“奥大利”，现据今日通常译法改正。——校勘者注。

类。以往之旧判，虽可供临案万一之参考，而谨视为引证之用，原无任何拘束后来之效力。是以英美判书之体例，与大陆诸国相较，盖迥然相异。英美判书，不重事实，而于法律方面之讨论，不惮反复申述，务求其明晰，是以任何法律争点，一经判书解释以后，披髋解髀，了无疑义，宜乎学律者奉判书为惟一之圭臬。若大陆诸国则多侧重事实，其于法律点之结论，则寥寥数行，以尽能事，以英美重判例故，斯其拥皋皮者于其下笔之际，皆匠心刻意为之，英美法系之所以自有其价值，盖非偶然矣。

判例之有益于实用如是，若法典者提纲契要，井然有序而不紊，使平民皆知有所遵守，尤为近世繁复之社会所不可缺少之事物。是以判例国若英美，今日亦渐注意于法典之编制，近数十年，英美对于商法一部分，尤急起直追为编纂成文法之着手，以求适应商业社会之需要。反之若大陆国家，则是表面虽若一仍遵守其罗马法系之旧贯，摈判例使不得与法典相提并论，顾事势上进行之结果，则是因法庭于其援笔定谳之际，不得不时时回顾其前日之旧案，庶前后不致矛盾，而法令之解释趋于一贯，由是渐滋暗长，而判例之地位乃亦日趋于重要焉。识者以谓兹后判例国家，与法典国家发展之途径，将有趋于一致之势，则以社会日文明，法律日进化，则判例法典，固有交相为用之必要，二者原不可偏废也。

欧陆罗马法系诸国，虽不若英美之有所谓判例法之一物可以束缚执法者，而使之遵从。顾有所谓判决惯例（Usus Fori）者，其效盖与法典无所差别，判决惯例之成，则亦无非由于法庭向来对于法律某点取一贯之解释，于是经过几次一贯之判决以后，遂成为法庭方面之一种惯例，此后苟有同样问题发生，则执法者苟非因立法者明文修改时，亦有必须遵循旧辙之责任。吾人试一绎大陆系国之法典，往往有明白规定判例之补充效用者。试以法兰言之，法兰西之制度，表面视之，固纯粹为法典国家也。法兰西民法法典第五条曰：

“法官于处理案由时。不得拘泥于成例。或以创成一新例之态度出之。”

本文之命意，即在训令法官于判牍之际，惟当就事论事，适用法律上之条例，而各个与以应得之公平，绝不许瞻前顾后，或拘泥于旧例，或有意创新例，以为后来援例地步，转致当事者不能获充分之公平，而有违于审判之本旨。是实为罗马法系之本色，而纯粹由优士丁尼法典中之条文脱胎而来者也，一言以蔽之，本条之规定，实有不许判例存在于法兰西法庭之效力。赖挨脱诠释本条之命意，谓其本旨在禁止法官实行[1]三事，其一，在使法官不能创立行政规则，若英之高级法庭所作为者；其二，在使法官不能创立一种例案法，以束缚后来之法庭；其三，在使法官不能以解释之方法纠正法律条文中之误谬。顾本文虽禁法官拘泥于旧例或有意创一成例而后定爰，而法兰西民法法典成立之后三十年，法兰西政府颂一补充本条之法令曰："凡由下级法院而上诉至最高法院之案件，下级法院原判中之法律点，因是而为最高法院所驳斥，如下次由同一下级法院而上诉至最高法院，仍以同一之理由而遭最高法院驳斥，则最高法院法官全体，应即开一评议会，于该法律点下一确定之裁决，而该下级法院，以后即因遵照该项裁决而处分有同一情形之案件，惟最高法院本身及其他之下级法院，则无必须遵从之责任。"

赖挨脱以为本法令设立之主旨，在限制法第五条之效力者，盖就第五条之规定言之，则判例绝对不能存在于法兰西法律制度之中。而本文则于相对范围以内，允许最高法院由一定之手续制成一种判例，而使下级法院负遵守之义务。立法者设定本法之主旨，盖亦知第五条之绝对禁止设定判例，实有反乎事势上之便利，而思所以纠正之也。

循法兰西之先例而变本以加厉者，在大陆法系国中则又有墨西哥，墨西哥宪法中，原有类似法兰西民法法典第五条之条文，明白规定于宪法之中。宪法第一〇七条首款规定最高法院之权限，谓其判决，只能就现在诉讼中之当事人而决定其纠纷，给与救济，不得就法律为抽象之释明，使足以成为此后之成例，是项条文其为禁止法院擅设判例，以视法民第五条将毋同，乃一九一九年十月二十日墨西哥颁行关于特别诉讼程序之新诉讼法中则包涵有下列之条文在焉。

最高法院得依以下列之情形。设定判例。

第一四七条最高法院应限于关系于宪法上或邦法令之问题，对于特别诉讼程序，而设定判例。

第一四八条最高法院之判决经推事七人以上之同意，而作成者，应成为判例，或就同一法律点曾经连续五次以上而为同样之判决者亦同。

---

[1] "实行"原文作"施行"，现据今日通常译法改正。——校勘者注。

第一四九条最高法院，就特别诉讼程序中之法律所设定之判例，以之适用于宪法上或联邦法令或与外国订立之条约之法律问题者。对于下级法院悉有束缚之效力。

最高法院应遵守其自己所设定之判例，但得随时变更其判例，惟须明白释明变更之理由，此种释明应就当时所以设定是项判例之点，而明切表明之。

第一五〇条凡诉讼当事人，因特别诉讼程序，而援上述判例以为上诉之理由者，应以书面说明其所援引之某项判例，并摘录该判例之内容，法庭于判决时，亦应说明准许援用或驳斥引用是项判例之理由。

上述所谓特别诉讼程序者，盖指人身保护状程序，请求发现特别命令程序而言，若此之类，盖皆关系宪法上所赋予人民之根本权利，因司法或行政机关之侵害，而得以上诉于联邦法院请求救济者也。

其次奥地利，一九〇七年二月二十四日，奥之议会通过一大理院行政规则，规定大理院应设一判案登记处，凡一切判决关于民法或诉讼法方面之新问题者，应由登记处登记之，凡经登记之判决，皆作为成案。此后如有同样之法律问题发生，大理院本身应受以前成案之拘束，惟此种成案，并不即有定例之效力，除大理院本身外，下级法院无必须遵行之义务，即人民亦不必即视为法律，即大理院自身如认为有变更之必要，亦得随时更改之。惟大理院如欲变更此项成案，则至少必须有推事十五人之列席与同意，方得变更原有之成案，即经推事十五人以上之同意，而变更后，则新决定应载入于大理院记事录[1]中。惟此项新决定，亦仅大理院本身受其拘束，而下级法院及人民则并无遵守之义务。且大理院本身，仍得以更大多数之决议，再行变更之，即有推事二十一人之一致议决是也。一经议决以后，则此项议决结果，应记载[2]于大理院纪录中，以代原有之记录决定。惟此项决定，仍不能与法律相提并论，盖大理院时时得以同样多数议决之新决定，推翻或修改旧有之决定也。

三国以外其余大陆系诸国有无采从法兰西墨西哥之先例，以愚之孤陋寡闻，莫得而知焉。惟于最近时期所谓法典系之欧陆诸国，有一例外之事实发

[1] “记事录”原文作“纪事录”，现据今日通常用法改正，下同。——校勘者注。

[2] “记载”原文作“纪载”，现据今日通常译法改正。——校勘者注。

现于一时焉。当大战方终之际，各国之经济界，不论为战胜抑为战败方，悉呈从来未有之混乱现象。无论何种之国际贸易，几皆全部停顿，协约国家且厉行报复政策，务欲困其敌国至使自毙，加以封锁口岸之影响，币制之完全破坏，领土之变更等等。凡此种种，皆使以前固定之经济秩序，悉行颠覆无余，而昔日所以维持此秩序之法纲，至是乃无所措其手足，更不知胡适而后可。大多数之商业契约，无从履行，而其咎乃不在任何方面，或则因敌国之封锁港岸，或则因本国法律之禁止，或且因租税之过分加重，而最重大之原因，则为币制之混乱。纸币价值之下落，其低下乃出于任何理财务家意想之外，由是给付金钱者，皆欲以纸币履行其给付之义务，而纸币之价值既等于零，在受给付者自然拒绝此种给付，因此而成讼者，不可胜数。在法庭如认为此种给付为有效，则昔这贷人以金者，今者其偿实际上乃等于不偿，售人以物者而与以纸币，其结果乃等于赠与。事之不平，又孰出于是。如直认为无效，则纸币者皆出于国家所发行，在法律上固认为正当货币，法庭之不夜，不且将与法律相矛盾。在此情形之下，旧日之法律纵曾曲为解释，无所施其效用，于是法庭乃不得不采权宜政策，暂于法律而自定解纷之法，以济人民倒悬之急。由是欧陆诸国，例案法乃风行一时，而尤以关于商法为最，直至诸国陆续颁布特殊法令，以解决此类纠纷之后。而后例案法之流行，乃复熄焉。

大陆系国家之一以法典为圭臬，而不欲使执法者操立法之权，盖出于近代民治主义逻辑上自然的结果也。何者？依民治主义之立论，主权之所寄在民，而法者乃主权意思之表现，于是惟主权体乃得表现意思以为国法，而亦惟主权者所表现之意思，始得有法之效力。民之全体不能时时直接自表其意思，则以其权属之于立法机关，而其名仍归之于人民。上自罗马，下讫当代，盖莫不皆然。执法者既为法之奴，而非法之主，自不许擅用其柄，致蹈越俎代庖之嫌，此大陆系国法典中所以有明文禁止判例之成法也。若英吉利者，则虽至今日，而名义上君主犹为公平之源泉。彼法官者以其初本代君主而理狱，则君主之名，自立法而自行法，固何为而不可。美袭其制，成而不变，此英美之所以迥异于大陆诸国也。顾理论上大陆系虽一以法典为旨归〔1〕，而实际上，法庭判决之效力，固亦未尝不具伟大之潜势力，若上述法奥墨之

〔1〕“旨归”原文作“指归”，现据今日通常用法改正。——校勘者注。

特殊情形无论矣。即就其他诸国而论，无论何国最高法院之爰书，上自法庭之法官与律师，下至庠序[1]之生徒，何莫不人手一编而奉以为现行法律之正宗。乃若德意志之法律学校，晚近且亦步英美之后尘，而以例案示其生徒，以为教授法律这不二法门。赴官而讼者，亦莫不抱旧日之爰书，以后辩论之根据。若是者，盖有故矣。彼法典者，寥寥数千百条，未必能举人事之变化而尽包括无余。而且人情风俗之变迁，今日之所有者都为昔日之所未经见，彼法官者又不许因法律无明确规定而不为之判（大陆系诸国法典大都皆有此种规则）。既判之后，是无形中乃成为法典之补充部分[2]矣。又最高法院者，一国法律上之争点咸取决于是，而法院为维持威信计，又自不能时时自异其见解，则一法律问题发生而经解决于最高法院以后，嗣后之将成为定例，乃为当然之事也。是以法律虽欲禁其与法律发生同一之效力，而其势固有所不可也，此大陆系诸国之最高法院判例，在法律上虽无足轻重，而实际上乃视英美诸邦之判例占同样之重要地位，盖以此者也。

我国变法之初，尝欲步东邻之后尘，创立法典，自从德法，然屡作屡废，至于今尚无所成就。十余年来，民法立法之枢纽，乃遂寄之于司法机关，大理院判例实为现行私法之惟一根据，顾以人民法律程度之幼稚，讼者类皆争事实而罕争于法律，是以今之判例其所包涵之民法且不及二三，其余十之七八，基础犹未确立。而其进行之程序兹后仍必余缓，盖无待言，特国家为收回法权之准备起见。又不得不亟颁法典，庶有以执邦之口。愚以为今日而言立法，不若暂立大纲，使执法者有所取舍，而以条目之事听执法者以判例为之补充，庶得随时以应情势之需要，反免他日削足适履之短。法典判例，一举而两用其长，岂不懿欤。

---

〔1〕古代泛指学校。——校勘者注。

〔2〕“部分”原文作“部份”，现据今日通常用法改正。——校勘者注。

十九世纪中世界法律上新旧两大主义之嬗替*

张志让

十九世纪初叶为法律上旧主义之全盛时代。百年未半，而新主义渐见萌芽。迨夫二十世纪开元，则其势力膨胀，无论在公法或私法范围之内，皆已战胜旧主义而夺其席。于欧洲大陆为然，于英美亦莫不然。兹因拿破仑法典实为旧主义结晶之体，研究其势力之消长，即所以表示其主义之盛衰。故讨论世界法律上新旧观念之变更，特以法国为根据。其他各国，随取经各有不同，而结果未尝或异。举一反三。无俟缕赘。

拿破仑法典以前之哲学与经济学观念

十八世纪之法人富有哲学之精神。法学家莫不兼为哲学家。而当时人对于经济与法律两学亦往往兼营并骛。职是之故，十八世纪之哲学与经济学观念，对于十九世纪之法律，有莫大之影响。欲明后者之真相，宜先述前者之概略。十八世纪之人以为社会常受自然律之支配。此种自然律能由吾人理想发现[1]。经济学家以为各种经济现象皆可归本于一定之原则。此种原则实际上能支配一切经济状况，不论时地，皆为有效。哲学家在其研究范围之内，亦有同样观念。孟德斯鸠欲于历史及法律中探索哲学。孔多塞[2]（Condorcet）因研究历史哲学，见已往社会之进化，遂信社会能有无限度之进步。哲学家常以理想为万能。欲于此中求社会改良之道。以为但须推行理想所得之原则，即可得未来满意之社会。而在当时人心目中，此种原则，为个人主义。

---

* 本文原刊于《法律周刊》1924年第30期，续刊于第31期、第32～33期、第34期、第35期。

〔1〕“发现”原文作“发见”，现据今日通常用法改正，下同。——校勘者注。

〔2〕“孔多塞”原文作“贡铎随”，现据今日通常译法改正。——校勘者注。

即使个人得最大之自由是也。盖十八世纪尚属君主专制时代。人之身份[1]。各有不同。土地权亦多束缚。工商业皆受限制。征税常苦繁苛。民病压迫既久。但能取得自由。即属如天之福。故个人主义，实足以应当时人民之要求。

当时法学上之观念，与哲学及经济学相吻合。以为人能单独生存。其在自然境界中所享自由，实属绝对完全。迨后集群而居。造成社会。纯出自个人之意志。此外并无任何羁绊，足供维系之力。社会既成之后，一如其未成以前，吾人目的，仍在个人。故尊重吾人之人格与财产，实为法律之惟一基础。保障此种权利，实为法律之最高目的。

当时法学者之研究多偏重于公法。盖社会与政治状况之改造实为刻不容缓之事。在彼辈眼光中，社会改造之基础，端在无限制私有财产权之承认，人权之保障，人民主权之产生，与夫政权之分立。而人民全体之利益实为号召此种改革之旗帜。所谓人民全体之利益，即各种人得享受其固有之权利是也。迨学者论及私法之问题，则观念微有不同。虽个人自由仍为法律之目的。然在私法范围之内，吾人行为皆以自私为动机。而社会之利益不与焉。故私法之目的在调和吾人行为，俾各人之自由，可以同时存在。

及至十八世纪之末，专制暂减，共和初兴。当时革命家饱受百年来哲学与经济学之观念。欲将旧时制度，一律改造。先从公法着手。将财产，人权，民主，分权，之四大观念一一使之实现。个人主权完全战胜。盖公法上无顾全旧有原则之必要。故能一举手而成功。若夫私法，则问题不同。解决较难。

修订私法之标准

当时修订私法，标准有三。（甲）私法与公法不同，不能全忽已往，纯从理想立法。故法学家与立法家一致主张将旧有法律与革命新主义熔于一炉，而取其中。而新主义中则以承认完全财产权不受封建时代之束缚为尤要。（乙）私法应与其他新设制度相吻合，以个人主义为基础。私有财产权之规定应全以个人为标准。盖当时观念以为衡量私人利益与社会利益时，前者应居优先之地。而复以为人能离群而独存也。（丙）法典规定不宜过简。应有明白准确之条文。

---

〔1〕“身份”原文作“身分”，现据今日通常用法改正。——校勘者注。

拿破仑法典所根据之原则

拿破仑法典所依据之原则，类皆沿袭十八世纪中所盛行之观念。兹将其重要各端，略述如下[1]。

（一）法典为规定私法上关系之惟一法源也“事事由民”一语为法国革命之产生物。故波塔利斯[2]（Portalis）于提出民法典草案时所作报告虽谓法典不过规定重要原则。此外置而未定之点，尚复甚多。当于习惯与夫学者之言论及法官之判决中求之。云云。然学者与法官常以成文法惟一准绳。私法关系舍法典外，无其他可求之处。此种观念自十九世纪中叶以后为尤盛。

（二）法律于保护有产阶级之范围内，视各人为平等也。民法典对于平等主义并未完全承认。依其规定，异国人无继承能力（第726条嗣经1819年7月14日法律变更）。并不能因赠与或遗嘱而取得权利（第912条经同一法律变更）。商民与非商民在经济上之不平等于规定法律关系中已见承认。而此种不平等之发生于有产阶级与无产阶级之间者则绝未注意。盖法国革命为中等阶级之战胜。故凡于此种阶级有利之点莫不经法律之承认。贵族已亡。故完全土地所有权特加保护。劳工未起。故无产阶级之利益阙而未论。后者生存作业之权，绝无担保。民法典因欲保护有产家属，故予未成年人已婚妇之财产，以特别保障。已婚妇未经其夫允许而为之行为或契约得于法庭否认之。已婚妇得变更婚姻共同财产制。因欲防所有人之浪费，则设浪费监护之制，年老之人所订契约，苟所取代价过轻，则得撤销之。利息亦受限制。要而言之，保护无能力自理财产之人，浪费之人，及受欺之人，皆保护所有之各种结果也。关于财产之契约有种种之规定。如上所述。而关于雇佣契约则无之。劳工作工能力之浪费亦无保障。劳工阶级之家属亦与有产阶级不同。未受若何保护。妻之工资悉入共同财产之内。民事拘押，尤为劳工之所苦。盖惟此种人无力偿债，易罹锋镝也。关于仆役因工资而取得留置权之两条，为全典中保护劳工之惟一规定。法典对于夫妇权利之公平等，及嫡子与私生子之歧视，皆经承认。由此观之，拿破仑法典只于表面上采取平等主义。其保护个人只限于所有人及雇主范围之内。其所注意之利益，乃中等阶级之利益。以

---

〔1〕“下”原文作“左”，现据今日排版需要改正，下同。——校勘者注。

〔2〕“波塔利斯”原文作“拨塔里斯”，现据今日通常译法改正。——校勘者注。

云共和。似尚渺然也。

（三）适用伦理之过度也。全部法典根据有数原则。各项规定皆由其演绎而来。同种事实，皆受同样规定。其中特殊之点，不复置问。求合伦理几为其惟一目的。规定过于严密也。所谓规定严密云者，谓过于限制，并欠广概也。规定过于限制，则法庭无伸缩之地。驯至法律不能应社会新发生之需要。并不能因各案案情之不同而稍变。规定而欠广概，则遇有未经立法者所预料之案件发生时，法律条文既无可适用，而同时法官又不能自立新规。其结果必至牵强附会而后已。

拿破仑法典中之财产与家族法

拿破仑法典舍过旧与过激之两端，而取折衷之道。以旧有法律为根据，而参以革命时代之新原则。其全典之精神，尤以发现于财产与家族两法者为多。

（一）财产法

立法者深受人权宣言之影响。确立人民自由与平等之主义（此项主义具有例外见前）。力主绝对所有权之存在。故财产法中纯取个人主义。以保护个人利益为原则。而以有产阶级之利益为尤甚，社会利益置而不论，盖当时经济学说以为个人自谋之结果即所以增长社会之幸福也，合伙契约虽经规定，而劳工组合，则完全禁止。立法者之意以为人无共同〔1〕利益，足为其行为之根据。自私之念实为其惟一动机。故人欲望满足其需要，当反求于其个人之能力。人之利益既不相容，则法律之职务惟在限制此种利益，并予以相当之保障。俾人人得以并存。故法典只规定各个人相互间之关系。而未将各个人不同之利益融为社会共同之利益。全典中承认社会利益超出个人利益之处绝少。他如互助之原则，滥用权利之禁止，过错以外民事责任之扩张，皆未经法典采用。财产法采取个人主义之结果，为下列三大原则之承认。

（一）个人意志之自主也。意志自主之说可析为四点。（甲）凡属权利主体皆为意志主体。（乙）权利主体所作之意志行为，受社会之保障。（丙）行为之保障以其目的之合法为条件。（丁）凡事实之能发生法律上结果者皆为两权利主体相互间之关系。其中一人为主动主体。一人为被动主体。

---

〔1〕“共同”原文作“公同”，现据今日通常用法改正。——校勘者注。

个人于合法范围之内既能以意志变更其对人法律上之关系，则法典之规定不过为解释或辅助两造意志之条规，而得为两造所变更。故其所为契约自应绝对履行。其财产甚至其身体皆对于此种履行，负有全责。关于债务之强制履行，赔偿，不可免事，错误，不履行，等规定皆根据意志自主之原则。

（二）个人行为之自由也。人于不侵害他人权利之范围内，得以任何方法求达其所怀目的。原则上无论何种权利，无论何种义务，皆由个人行为以契约，准契约，侵权行为，准侵权行为，而发生。法律之授人以权利与义务乃属例外。个人之愿否行使其权利纯听其自由。在合法范围之内，其权利之行使，无论因何理由，皆不受法官之限制。虽于行使其权利时致使他人受损，亦无赔偿责任。仍可继续进行。

（三）自由取得之权利不受侵犯也。此种权利得以永久存在，得相授受，或以遗嘱转移，此种转移无论在经济上发生若何影响，皆可不问。虽社会将因此受有损害，亦所不顾。财产法中之两大部分，即所有权与继承，皆全依个人自由之观念而规定。法典视所有权为绝对的，独有的，永久的。盖当时立法之人绝少注意社会利益者。故对于土地之取得未尝加以限制与条件也。所有人有绝对的权利。得任意分析其地。用之工作与否亦悉听其自由。所有人有独有的权利。无论何人不能反达其意志而取得所有权。虽与社会利益有关亦所不问。法典亦诚有重视公共利益之处，如土地收用，法定地役权，强迫分析，等制之采用，然皆为偶见之点。要而言之，法典规定所有权时，纯重个人利益，社会利益之参入，不过为偶然之事而已。

继承法无论关于遗产之管理或继承之次序，皆纯依个人利益而定。继承人对于所继人资产不敷偿还之债，亦负全责。死者除法律为继承人保留之一部分外，得以遗嘱处置其所有财产。如无遗嘱，则其财产归其亲属。有时此种亲属甚为疏远。与死者毫无亲爱关系之可言。然国家犹应让其继承。

（二）亲属法

亲属法所根据之原则当然与财产法不同。惟其谨依成规，不尚激烈，则二者未尝或异。

亲属法之根本观念为亲属之以亲爱关系而团结。个人利益于此不能与团体利益相对抗。故互助之原则，过错以外责任之规定，与夫滥用权利之禁止，皆于特定范围之内得经采用。

亲属法不以个人视人，而以团体中之一分子视之。团体中各份子之关系皆由血统之相连而发生。亲属法之基础为亲属。亲属之始，厥在婚姻。由婚姻而生嫡子与亲属之关系。家庭苟不由婚姻而成立，则非合法之团结。为立法者之所厌弃。舍寥寥数条规定外，不复承其注意。

亲属法之规定以胶固亲属之关系为目的。于夫妻及父母与子女之间，设立一种人及财产上之联合。于此各份子之上，则置有家长。行使统摄全家之权。

夫妻之间妻有服从其夫之义务。婚姻财产制度虽可由两造自由协定，然苟无协定，则两人财产皆属公有。此种财产公有与寻常合伙不同。夫不仅有管理之权，并对于第三人得以所有人自居。妻之能力不复存在。惟略受法律之保障而已。

在父与子女之间，父不仅有监督子女教育及他种亲权，且并得管理其财产，享受其收入。父对于子女自身之权甚为宽广。对于财产之权稍狭。父于死亡时其财产权并受有最后之限制。即有不能自由处置之一部分，应留与其后裔是也。此种制度实为父与子女经济团结之最后佐证。

在财产法中个人之意志完全认为有效。亲属法则不然。关于权利义务之发生，行使，与消减，之一切条文皆有强行性质。不得以当事人之意志而变更。亲属法中之权利亦即同时为义务。不得任意放弃。

法典规定权利义务之根据不限于父母子女间之团结，而并及于其他较为疏远之关系。如最近亲属不得通婚，并能发生监护，抚养，继承等关系是。

拿破仑法典之优点与缺点

拿破仑法典之成立代表旧时法律之消亡。新典虽颇多乞灵于旧律之处，然革命时代观念之经采取者亦复不少。故一旦完成，颇足以应社会之所需。而同时以盈卷之篇幅，明晰之文字，表示民法之全部，亦实足以传播法律之知识。此拿破仑法典优点之所在也。

法国民法典中优点虽不乏，而缺点亦甚多。其中尤以法律不能追踪社会之进步为最著。

夫社会之日变月异，已为吾人公认之事实。而经济关系之发展尤为拿破仑法典成立以来社会上最大之变更。法典以未有因应之方法，遂成为进步之障碍。法官与学者非惟不能谋补救之道，乃反为之变本而加厉。彼辈以为法典已将其所涉及之法律关系，全部规定。其条文之意义，舍法律外，永无变更之可能。法官惟应谨守字句。无论其对于具体案件发生何种窒碍，皆可不问。其人不过为一种引用伦理之机械。

新主义之崛起

法儒罗西之言曰，拿破仑法典之出现，在政治革命之后，而不在经济革命之后。故其规定但根据前者发生之结果，而未能预料后来之变化。云云（Rossi：Observations surle Droit civil francais considere dans ses rapports avec letat economique de la societe）盖十九世纪中，经济上之发达，为有史以来所未有。生产之量日大。职工之分日细。由此发生之问题，如国际上与国境内工业之竞争，劳工人数之日增，阶级之冲突，等皆为法典成立以前之所未有。此种结果有根本相同之点，曰个人主义之为社会利益主义所战胜也。

（一）新法律根据新原则而成立者日多，民法之范围因此扩充也。近世因信用制度之发达，股份公司之增加，与夫土地之商业化，遂使动产日多一日。规定此种制度之目的在与一种财产以属于他种财产之便利。故其结果遂使动产与不动产之界限日消。此外复有关于农业与工业之法律。对于两种事业上所发生之关系另为特别规定。凡此种种法律皆重视农业工业与商业上之利益，而轻视个人单独之利益。在此种法律未经颁布以前，各种关系皆由民法规定。今以有此新律而遂受特别待遇，是民法之范围固已因此而扩充矣。

（二）劳工法律之日增也。自有工厂以来，劳工人数日见增加。在此阶级中人皆怀同样观念。以为在现今经济与法律制度之下，彼辈应得之物，实受无理剥夺。故遂集成团体，宣布要求。其呼声之高，几与十八世纪中中等阶级对于贵族之要求相仿佛。人民普选制之承认为其第一次所得之胜利。嗣得组织团体之权利，遂由个人之战争，而入于阶级之战争。立法者最后深悉其要求之难抗，乃毅然让步，制定种种关于劳工之法律。劳工法律所根据之原则，与民法典适相背驰。民法典纯取个人主义。专重有产阶级之利益。契约悉听个人自有缔结。劳工法律则不然，以为一种职业中之劳工，有相同之利害。法律应规定其对于雇主之关系，俾劳力与资本，得以减少冲突。此中关键，不仅在维持私人之利益，而实在维持社会之利益。故法律对于劳工契约不全待个人之自有缔结，而预为之特加规定，俾工人之生命，健康，与工作能力，得以保全。而其利益得与雇主之利益相容。且不仅关于劳工契约之条文与个人主义相背驰也。一切关于劳工之法律皆然。利害共同之一语，实为此种法律之根本原则。所谓利害共同者，谓劳工相互间及劳工与雇主间之利害，莫不共同也。劳工法律之规定皆有强行性质。与民法典之但事辅助个人之意志者不同。

（三）私法中已受种子，必于最近将来发生更大之变更也。劳工法律有扩充之趋势。其范围将不仅限于工业中之佣工，而并及于商业农业及其他一切之佣工。甚至小雇主亦终将受其保护。劳工契约有借国际协约之力，促成各国一致规定之趋势。此种趋势，其结果必将劳工契约全与私法分离。1904 年之法意协约对于此点，有所协定。实足为外交与劳工史上开一新纪元。劳工契约并渐由个人契约而变为团体契约。劳工团体与雇主团体订立契约之事日多。法律渐许此两种团体对于工作时间之最高限度，工资之最低限度及学徒之条件等项自订规则。其效力足以拘束同业全体人。此皆近世劳工法律之趋势也。

此外则有社会主义。其目的在将现受私法拘束之数种个人关系，移归国家或地方管理。复有土地所有权之社会化之学说。此种近世农业上之大问题。英国多大地主，故对于此点，立法独多。

经济状态变更，在法律上所生结果。既已陈述如上。十九世纪中，社会状态，亦经至大之变更。其影响法律之处甚多。欲窥新旧主义嬗替之全豹，不可不于此一注意焉。近世人口俱增。事业繁起。通都大邑，林立全球。人与人关系日密。利害日同。其现象之表示，则为团体组合之增加。此种组合。不限于一界。不限于一业。政治，经济，农工商业，科学，文学。及其他种种阶级，皆有组合。法律对于此种组合，无论其属商业性质与否，皆与以特殊权能。非个人之所得享有。其目的在保障团体共同之利益，借以提倡人民结合之精神。个人主义日替。社会利益主义日与。原因甚多。兹特其一。

因有政治经济与社会上之变更，遂有新观念之产生。此种新观念，直接影响道德。间接影响法律。亦为造成法律主义新旧嬗替之一大原因。其义为何〔1〕。请述如下。

---

〔1〕“为何”原文作“维何”，现据今日通常用法改正。——校勘者注。

（一）人群联合之观念十八世纪专尚个人主义。十九世纪渐生人群联合之观念。拿破仑法典之成立，代表十八世纪观念之全胜。拿破仑法典之变更，代表十九世纪观念之入寇。后者战利所得之品，得以略陈如后。

（甲）行政法中对于足以影响法律关系之公共利益，加以规定。

（乙）规定法律关系，一以公共利益为标准。此种利益。远超个人特殊利益之上。

（丙）有数种法律关系，不复听由个人自由协定。立法者为保障公共利益起见，为之特加规定。此种关系，以发生于劳工阶级者为尤要。

（丁）新法律采取个人互助之原则。而以雇主对于佣工之协助为尤要。

（戊）新法律之趋势在限制某种权利之行使。及对于不发生有形损害之行为，规定责任。换言之，即新法律有禁止滥用权利，与扩充民事责任之趋势也。权利之行使，当以循依常规为范围。苟于行使权利之时，而专以损人为目的，或与社会利益相背驰，则其人应被剥夺此种权利。或应赔偿所生损害。此种损害，苟由契约产生，则其契约应即宣告无效。精神上之损害。及其他无形损害，渐经法庭承认。过错以外之民事责任早经法律规定。如雇主对于佣工意外所生之损害是。

（二）共和之观念共和之一观念在家属法中所发生之影响为独大。民法典划分合法与不合法之家庭，至为明显。自共和观念盛行以来，此种界限，渐形消减。而在合法家庭中，法律上之羁绊，与权力之行使，亦渐见衰弱。因在此种观念之下，人皆相同，无高下之分也。兹将家属法中变更之点，择其要者，略陈如下。

（甲）夫妻间之关系夫所享有之家长权及管理共同财产权，渐为保护妻之利益，而经变更。法律对于夫妻间团结其人及财产之观念日就衰薄。妻对于夫服从之义务渐轻。婚姻之解散渐易。妻对于共同财产之管理，渐得参与。或竟得将两人财产，完全划分。

（乙）父母与子女间之关系共和之观念对于父与嫡子之关系，发生两重之影响。一，父之权力渐减。二，父之义务渐增。父对于子之权利义务，不复如前之全为个人主义所操纵。其行使当以社会利益为标准。是以父对于社会所负之义务，不能任意抛弃。对父失其行使之资格时，其权利得受剥削。

（丙）私生子自共和观念盛行以来，私生子之地位日见改善。甲，其寻查生父之权渐大。乙，其地位与嫡子之地位渐近。

要而言之，共和观念，一方面使合法家庭减少团结之力。一方面使不合法家庭增加团结之力。在原有民法典之下，惟合法家庭有存在之地。在现行法律之下，则两种家庭同时得以并存。此家属法中，根本上之变更也。

近世法律哲学的派别和趋势*

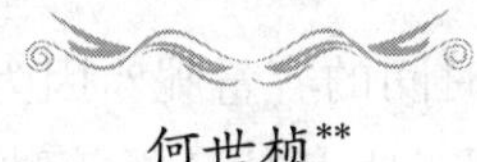

何世桢**

一、导言

大概普通人的心理总以为法律是一种极专门的学术，是律师法官等人所应该晓得的，不是普通人应有的智识。实际上这种观念是错误的；因为我们日常生活差不多时时刻刻同法律相接触，法律是保障我们一切权利紧要的工具，所以法律实在是大家都应该知道的一种常识。法律固然是一种专门学问，可是同时我们也不可忘记法律与人生关系。所谓法律哲学，就是研究法律与人生的关系的一种学问。但是在中国研究法律哲学的人非常少。就是有许多法律学校，他们的目的至多在培植学生去做法官，做律师，或者做议员；至于法律哲学，差不多没有几个学校把它加入功课中的。这种情形也是因为实际上没有几个人能担任这一课，但是要晓得法律哲学是法律的根本要素，这种根本的要素不研究，法科无论如何是办不好的。所以在中国的许多法科学校，要想办到完备的地步还差得很远咧。今年我常常和法界同人聚在一起，总是想设法提倡法律哲学，所以今天在这里还要把这个题目简单的同诸位谈

* 本文原刊于《东方杂志》（第26卷）1929年第1期。

** 何世桢（1894～1972年），字毅之、思毅，安徽望江人，何芷舠之孙。毕业于东吴大学（第4届），获法学学士学位，在校时曾参加五四运动，任上海学联会会长，由此结识孙中山先生，并加入国民党。后留学美国密歇根大学，获法学博士学位。回国后，任东吴大学法科教授，上海大学学长（教务长）。民国12年（1923年），任第三届国际律师协会中国代表。翌年，国民党一大召开，为上海代表之一。是年，在上海江湾西体育会路创办持志学院，自任院长，兼行律师业务。五卅运动中，被宋庆龄指定为后援会法律组副主任。民国15年4月，任中国国民党第二届中央执行委员（西山会议派）；8月，任中央政治委员会委员（西山会议派）。翌年7月，任安徽省政府委员兼教育厅厅长。民国18年7月，任上海公共租界临时法院院长，任职期间秉公办案。

谈。但是法律哲学仔细研究起来，绝不是短时间所能完全了解的。现在不过把法律哲学派别的大概同诸位讲讲。

我在未讲法律哲学以前，先要谈谈法律的面积（或容量）。世界上无论哪一个国家的法律，哪一个时代的法律，总是有三个面积或容量：时间、范围、法律点。

（一）时间。何以法律有时间的容量呢？因为一个时期的法律只有在这一个时期是有效；过了这个时期，所有社会经济种种情形都已变迁了，以前的法律根本上不能适用。所以法律是有时间性的。因为法律有时间性，所以在时间容量上看起来，当然是有一定的。古代适用的法律是依照古代的社会人民风俗习惯而定的。现在适用的法律，是依照现在的风俗习惯而定；我们绝对不可把古代的法律，不问风俗习惯合与不合，圆枘方凿似地适用到现代的社会。所以世界上绝没有永久不变的法律，这是很明了的。

（二）范围。关于法律应用的范围，我们可简单地说：有一种法律，是全国都通行的，全国人民都应该遵守的；另外还有一种法律，因一个地方有特殊的情形而定的，只有那一个地方适用。所以法律适用的范围是受地方的拘束，法律所有的效力是受地方的限制的。比方英国的法律，决不能适用于中国，这是当然的事。就拿中国一国来讲，所有的法律也不能条条普遍地行到全国。这种情形，因为中国是行“单一制”，比较的看不出来。如果拿美国来看，就很明了了。因为美国各州有各州不同的法律；一州的法律仅于该州有效力，出了境界就不适用。再如我们中国现在是有市政府的设置；比方一个特别市推行的法规，就只有这一个市内适用，出了这一个市的管辖范围，就没有效力了。所以法律的地点是有一定的范围的。

（三）法律点。除了以上两种时间和范围法律要受限制外，何以还有法律点呢？比方你向哪一位研究法律的人或者是律师法官去问他们“法律是什么”或者问他“什么是法律”你这样的问，他们一定不知道怎么样回答的，他必得也说“你这个问题我也不敢答复的。”前几年我的一个同学吴经熊博士他问哈佛大学法科教长庞德“What is law?”庞德说：“我不敢回答，因为这个问题太广泛，没有方法去答复。”我们晓得法律是有一种事实或一种情状做根据的。在这一种事实，这一种情状之下的法律点是怎么样，才可以答复。譬如商业上的票据，有票据法；或者是契约，有契约法，怎么样是违背契约，一定先有违背契约上的特殊规定的情形，在这种情形法律点是怎么样，那就比较容易答复了。所以单单说法律，就很广泛，很不容易讲他。我们要晓得，法律不是一个抽象的概念；有了事实才有法律可言；离了事实，也许可讲法律的概念，可是法律的概念，绝对不能与法律的本身，混为一谈。换言之，法律是和社会上一切环境事实不能脱离的。

照以上所说法律的三面观：时间、地点的范围、事实发生的关系（法律点），可以说包括法律的三个容量。

二、法律哲学之派别

我们知道研究哲学也是讲时间（Time）和空间（Space）的，法律哲学当然也不能超出这两种范围之外。法律哲学也是有时间性的，也是建立于社会实际情形之上的，并不是空空洞洞的理想。所以古代的法律哲学和近世的是不同；俄国的法律哲学和泰西的也不可同日而语的。现在我们所要研究的是限于近世西洋的法律哲学。就这个范围之内，法律哲学可分为四大宗派：

（一）分析派（Analytical school）。

（二）历史派（Historical school）。

（三）哲学派（Philosophical school）。

（四）社会法学派（Sociological school）。

以上四派各有各的长处，各有各的使命，我们不可以即刻说定哪一派好，哪一派不好。如果我们认定了一派是好的，就是表示我们的眼光狭小；眼光狭小，于是我们对于法律的研究，往往发生武断偏见流弊。所以我们现在对于各派，暂不加以评价。只把各派的特色和主张，用客观的精神，简单地叙说一下。

三、分析法学派

分析法学派以奥斯丁（John Austin）为领袖。他的分析法是怎么样的呢？他说：“法律一定有一种普通的观念，这种观念全世界的人类大家都以为当然的，所以我们把世界上已经有的法律制度比较一下，就可以拿法律上的观念做一种精细的分析，把它的元素抽出来。”这是分析法学派的研究方法。所以他第一步研究罗马法。我们知道无论在哪一个国家，研究法律，都不能不用罗马法律来参考。所以奥氏最初拿罗马法同英国法相比较，同时再研究德国的法律，于是拿来一起分析。

我们现在可以拿简单的譬喻同诸位研究分析派的分析方法。比方他对于法律的定义说明“为什么原因我叫它法律”。他用了分析方法，就说法律是一种命令（command）；命令是和道德上的劝导，或友谊上的忠告是不相同的。比方我们对于朋友劝告，他可以自由地接受或者不接受，至于国家的命令却一定要他遵守；所以命令和“劝告”（advice）是有分别的。

分析派的法学家发明宇宙间两种的“法则”：第一种的法则是自然的，就是自然科学中的公例，我们可简称自然律；第二种是人为的，我们可简称规则。比方说，草木的生长，时代的变迁，四季的循环，动物的生死，地心引力，乃至于人类身上血脉的循环（Circulation of Blood），都受自然律的支配。我们不可以说：“这间屋内的人血脉都不许流动。”这在事实上是办不到的，就是大家都举手赞成，也不能做到的。这是因为我们受自然律的拘束的缘故。至于法律是关于人类行为的规则，一切自然律都不在内，所以范围就缩小了。但是道德也是关于人类的行为的；比方在道德上讲，我们要做一个好人，或者像宗教家劝人信仰上帝，这都是道德上的规则。但是我们要晓得这种规则同法律是有很大的分别；往往有一种事情照道德上讲是合的，但是在法律上却不可原谅的；有一种在法律上是合的，但是在道德上讲起来是绝对不可原谅的。比方我们不得政府许可出外带了军器或手枪等，道德上并不算错，也并不违背道德，但是法律上是当私带军火罪去办的。再如我们有一个很知己的朋友，现在他生活极困难，照道德上我们应该去维持他，或者帮助他，但是在法律上却没有这种规定的。就是你把很要好的朋友卖了，而使他受种种痛苦，道德上当然要责备我们，而法律是无能为力的。所以照分析方法再进一步，就是说：“法律是关于管理人类的行为，并且是国家有组织体的权力，去强制执行的。”道德虽然也是关于人类行为的一种规则，可是不能用国家的权力来强制执行的；法律和道德不同之点就在这里。总之，将宇宙间一切法则析为自然律和规则二种，又将规则分为法律和道德二类；这就是分析派法学家擅长的伎俩了。

还有一点，比方我站在此地，想预备买一把刀或者一枝手枪，去谋杀一个很好的朋友；假定此地有一个司法警察，请问他能否把我立刻捉了去，说我是犯杀人罪或杀人未遂罪？这是不可能的；因为这是脑海中的想象，并没有见之于行为，罪是不成立的。反之，脑中想到，手里也做出，二者都“符合”（Coincide）了，他的罪才成立。这个意思，在分析法学派也是要素之一。

所以前节说法律是关于管理人类的行为，一定是关于人类“外表”的行为才对。以上都是分析法学派的分析方法。

这一派可以说是很好的，研究时也很有乐趣，尤其是初研究法律的人很容易了解。这种方法可以把法律的范围内根本的要素一根一根的抽出来。但是有一点我们要注意：就是分析法学派太注重国家组织体强制的力量了。因为他说：“法律是规定人类行为的规则，这种规则是国家组织机关强制执行的。”这种话在外国尤其是英国的历史上去看，还可以说有一部分是对的；但是我们在东方民族方面研究起来，根本上就错了。所以英国有一位研究法律的人叫亨利·梅因（Henry Maine），他到印度去旅行，印度是同中国差不多的，有一种村庄的法律（Village Law），他知道了就说：“这种法律是没有人制定的，可是事实上人人都服从的。”（Made by nobody but observed by every body）他就很怀疑，以为国家强制的力量不是法律的必要原素；这样就可以看出分析法学派根子上有错误了。

又如国际公法是不是法律？如果是法律，它的强制力量在哪里？我们看国家在太平的时候，许多外交家就开会商量，定出了一种法律，大家就很慎重地签字，并且经过各国国会的批准，手续上是很完备的。但是到了战事发生，无论哪个国家都是不遵守的，请问有没有强制力量去叫他一定要遵守国际公法吗？这样就可以晓得国际公法我们虽承认它是一种法律，但是都没有强制的力量，所以强制的力量是不是法律上必要的原素，确是发生问题。照分析法学派的见解，是不承认国际公法为法律的。他们说：“没有这个东西，差不多是几个哲学家的空中楼阁罢了。”这一点根本上是不对的。所以我们看分析法学派太偏重于国家政治的力量去强制，其结果法律完全是故意造成的，完全是立法的人故意创设的，不是自然发展的。其实法律不是这样造的。我们看东邻日本国家的幅员比较小，在明治维新的时候，请了许多法官，定出许多的法律，要强制适用，中间也经过了许多的周折，屡次的修改，方才比较的可以适用。如果拿地大物博的中国，也偏重分析法学派的主张，我们任意去制造法律，结果法律是天然不能适用，法律的效力也一天一天地退化；这一点分析法学派在根本上还不免有错误。我们要知道立法这个问题不但是普通研究法律的人或者是做法官的人有关系，就是我们人类无论哪一个团体或群众的生活上，也都与有密切的关系。假定一种法律制定出来形式很好，而对于人情风俗习惯根本上违背，这种法律只可以说是“纸上”的法律，不是我们需要的法律。再显明的说，法律是一定要我们人类或者一群的人类信仰的结晶，才可以有效。我们中国已经几次制宪，他们制宪法的人费了许多时间，并不注意到社会的需要，只买了不少的书籍，东去探一点，西去找几段，勉强的定成一种宪法，这种宪法不是我们所信仰的，不是我们所需要的，当然变成一种“纸上富贵”了。

譬方欧美各国的法律都有“信教自由”的规定，我们看了以为不足为奇的；但是我们看他们的历史，因为信教不自由，经过几十年的流血，许多次的战争才得到这四个字，所以在他们是觉得很宝贵的，就把它制定在宪法内，永远信仰着，永远保存着。我们中国没有受到信教不自由的痛苦，加了这四个字，也就不以为他的宝贵，因为我们信仰上本来并没有这种观念。总之，法律是应该从民众心理中自由地流露出来，不是可以专恃国家的威权任意乱订的。分析法学派没有注意此点，实在也是一个很大的瑕疵。还有这一派的研究法律是限于“已成”的法律，也是它范围狭小的毛病。

关于法律的方式，在分析法学派因为法律是可以特意制造，所以主张一定要议会立法（Statute）。由议会三读通过，经政府公布，才算是立法应该有的方式。至于法律的来源，法律的背景完全不注意。殊不知我们群众生活上的种种习惯，就是法律的背景；这是分析法学派太不注意的地方。

分析派的哲学上的出发点是功利主义；他们的理想就是替大多数人谋最大幸福。所以英国的边沁（Bentham）说：“法律的制定，是要使大多数人受最大的利益。”这“大多数”三个字，是依什么为标准？“为大多数人谋福利”，这种福利是不是普遍的，现在我们且不讨论，待讲到社会法学派再互相对照，较易明白。

四、历史法学派

历史法学派的领袖是德国的萨维尼（Savigny）。他说：“法律是从历史方面找出的，是渐渐生长的，并不是几个人任意创设的；因为我们从最初未开化的时代，渐渐地进步到了有组织性的家族，由家族成为部落，更由部落组织成国家；人类的文化靠这种渐渐地发展才能大概粗备；所以法律绝不是一个人，或者几个聪明人为我们创造的，完全是由我们群众生活的习惯使它自然生长。”

历史法学派承认，法律有一个背景的，这个背景就是我们群众人类生活习惯。照这样看来，历史法学派的出发点，根本上和分析法学派不同。分析法学派拿现成的法律研究；而历史法学派是从历史中找出法律来。并且萨维尼最注意历史上关于法律各方面进化的程序，所以到现在一般研究历史的人都要把萨维尼所著的书参考作为范本，去裁取历史上的材料。我们看无论是分析法学派或是历史法学派，他们根本上总承认法律的方式是议会立法。分析法学派是以为人造的，历史法学派是承认生长的，因为虽然由国家议会定出法律，或是国家的法典及成文法，但是实际上并不是议会里立法的人所造出来的，他们不过把已经有的社会上群众生活的习惯加以整理，再用文字写出来，不过历史法学派根本上并不是不注意法律的形式，只不过拿群众生活的习惯注重一点罢了。

关于历史法学派的哲学上的立足点是黑格尔派。黑格尔派的哲学是说："历史是记载我们人类发展的程序和文化发展的程序。"所以历史法学派用历史哲学去研究法律，拿历史哲学做法律哲学的根据，意味我们人类在最初的时候，差不多各个人是自由的，到以后人类有了组织，许多弱小的就屈服于强大的国家，人类的自由就渐渐成为不自由，人类的平等成为不平等，法律进步程序和文化的进步程序，就是要人类打破它这种行为，就是平等不平等的竞争。所以历史法学派拿英国法律做譬喻，从前英国对于种种规定的法律制度非常明显，阶级的分别异常严格，所以在历史上由阶级的不平等，就发生了许多争执；政治上、法律上都发生变化，才由不平等逐渐改为平等，由不自由逐渐改为自由。所以这一派说："历史进化的程序是可以当作法律进化的程序。"以上都是历史法学派的哲学主张，究竟这一派是对是错，我们现在且不要下批评，待讲到社会法学派再拿来比较吧。

五、哲学派

讲到这一派是极困难的，因为这一派的支派很多，问题亦非常复杂；但是我们总括地说起来，这一派的主要任务就是用哲学的眼光来解释法律的历史，用理性的方法来说明及批评法律的现象。譬如讲到罗马法的进化就可分作三个时期：

（一）神道的法律时期。在这个时期内，人民无论什么事情都注重形式。比方他们订契约，一定要到庙里去歃血盟誓，拿羊血或牛血蘸到身上等行为。

（二）国家的法律时期，在罗马是叫 Jus civile。这两个字就是罗马公民法，只适用于罗马公民法，于是这种法律在罗马人固然适用，非罗马人却不能适用。要如两方面发生问题，就不容易解决。这种情形是非常多的，因为当时同罗马通商的有希腊条顿……许多民族都是和罗马人的风俗习惯不同，所以就有 Jus gentium（译作万民法）。

（三）自然的法律时期。因了上一段国家的法律，人民间时常发生争执，就有研究哲学的人向导我们人类一样的生存在世界上一定有一种“理性”，这种“理性”凡是人类一定都相同的，因为“是非”是自然的理性，好像冥冥中有规定的。譬如“是的”无论哪一个人，无论哪一个国家，无论哪一个时代，都以为是的，反之亦然，这就是自然法（Jus naturale）。在英文中是 Natural Law。这种法律好像是上帝给我们无论哪一国家，或者哪一个时代，都是一样的，我们各个人都能享受的。等到中古时代黑暗时期，北方的野蛮民族往南打下来，罗马就亡国，文化停顿，一直到第二次文艺复兴的时代，有人研究“罗马法”，才知道有这“自然法”，于是才有自然法学派。自然法学派我们可以说是法律哲学的嫡派；他们主张“我们研究法律是拿我们理想中所定一个很好的标准去批评现在的法律，那么才可以使它进步”。这样看来，哲学派并不是研究法律在现在的状况是怎么样，却是研究法律应该是怎么样。简单地说，法律哲学派用哲学去研究法律，不是研究 What Law is，乃是研究 What Law ought to be。因为要研究法律应该是怎么样，所以这一派以为世界上是有“自然法”的。他们说“Law is nothing but right reasoning which is common to all”。所以这一派以为法律是替民众谋幸福的。但是事实上世界上的人类并不是平等的。因为各人的环境不同，时有许多纠纷，不能拿一个人的权利义务和幸福作为标准。并且这是绝对不可能的。所以这一派常常说：“脑中所理想的一个人是没有的，完全是假定这一个人应该享怎么样幸福，应该得怎么样的权利，应该尽怎么样的义务；再拿这一个人的抽象的幸福权利和义务来定成具体的法律，再应用到社会民主当中。”表面上看起来，仿佛这个标准定得并不坏，但是我们仔细去研究一下，就晓得哲学派完全是在空中造阁楼，于事实上不大有十分裨补。我们知道“公平”（Justice）是没有绝对一定不易的标准的，一时一地都有分别。比方我们拿印度来说，印度从前有一种风俗，如果一个寡妇在火里烧死，是她最荣誉的，最神圣的一件事。但是照我们看来，这种事是惨无人道的，所以依哲学派说拿理想的抽象的个人的幸福权利和义务来做具体的标准，实际上相差太远了。我们看法国和美国的革命，当时法国的人权宣言、美国的宪法都是受自然法学派的影响，他们拿理想中的个人做标准，应该有什么幸福权利和义务，于是他们的眼光集中于个人，以个人为单位，于是将国家的权利极力地缩小；个人的自由极力地扩充，使得国家无力干涉。但是这种种的情形，虽然受哲学派的影响，也是受专制太过的反应，所以要极端发展个人的自由，不过这种理想于政治哲学上却发生问题。政治哲学是说："国家是无数的分子联合组织起来的。"而法律哲学派是"以个人为本位，用种种方法抵抗有组织体的国家"。这种学说是不是好的现象呢？我现在可以拿具体的事实来证明一下。

美国的宪法上是有一条"契约自由"的规定。比方我因为生活非常困难，可以到资本家或者厂主那里去问他讲"我愿意一天替你做十六点钟的工，希望得到三块钱的工资"，我同他订契约，如果他也很欢迎地订了，这完全是个人的自由。我愿意订这个契约，他也愿意订这个契约，双方面一点没有强迫，照理国家不能干涉的，如果去干涉就是侵犯个人的自由。但是我们想这种契约是否良好，国家是否应该容忍这种契约的存在；当然是不可以的。不过照前面讲的以个人为本位，政府是没有方法可以去干涉的。所以美国的宪法在从前大家以为是很完备的，其实不然；因为拿个人对国家对抗，处处注重个人自由，忘了人民同国家是联合组织体，绝不是相抗的敌体。我们看美国的大理院天天用种种方法，去弥补已经成的宪法的缺点，使得它能够一方面符合现在新的政治，一方面扩张中央的权力，缩小个人的极端自由。照这一点看来，哲学法学派的理想同事实确是相差太远了。

这一派法律的方式是不拘定人；无论成文法和不成文法都可以的，不像上边所说的历史法学派有拘定的。不过这一派最大的一种短处，就是太玄想，离开事实太远，而且把法律的标准定得太呆板、太浅狭。我们是晓得世界上的事情没有永久不变的，就是理想也是随事实变更的。

这派的派别很多，问题也很复杂，并且它在法律哲学上也占重要的地位，我们自然有注意研究的必要，不过在这里我却不及一一详说了。

六、社会法学派

我们讲到社会法学派，就先把何以有社会法学派的原因和社会法学派的特点在什么地方，二个问题明白了，才容易了解这一派的主张。所以现在先谈这两个问题。

我们说“人类是社会的动物”。社会生活一定自有它的目的。把范围扩大一点说，“全世界是一个大社会，假定社会上有一个人犯了罪，这个罪恶不是他一个人犯的，我们在这个社会中的人个个要替他负责任，因为他的环境同现在的社会上种种犯罪的恶因是大家所种的结果。在表面上是他一个人犯罪，不知道全社会都受这种恶果。”再进一步说，“社会上出了一个了不得的学问家或者一个政治家，我们可以说他的学问并不是他个人的学问，他的发明也不是他个人的发明，实际上他不过是社会的一部留声机器，代表这一个时代的学说。”所以社会生活自有它的目的，既为有目的，我们的法律假定是为个人的，那么太把社会生活的目的抹杀了，因为要使法律注意到社会生活的目的，所以有社会法学派的产出。

社会法学派产生的实践还不久。哈佛大学校的法学教务主任庞德便是在美国这一派的领袖。德国的 Erhlich 和法国的 Duguit，也都是这一派的健将。我们中国关于社会法学派在国际上有地位的就算东吴法学院院长吴经熊博士了。吴先生新近出了一部法学论丛颇能代表这一派的思想。

社会法学派说：“我们研究法律历史是不可少的，因为从历史中才可以找出法律。”这一点和历史法学派相同。又说：“从历史中找出后，应该怎么样研究法律呢？不仅是研究法律已经是怎么样，并且应该研究法律将来是怎么样。”这一点和哲学派相同。又说：“无论什么法律不是以个人为单位，是社会化的；既然是社会化，世界上就没有永久不变的法律，一时一地都有分别的。”这就是这派的特色。

这一派中又分为三个支派，各有各的背景，就是：（甲）社会化的功利主义学者、（乙）新康德学派、（丙）新黑格尔学派。

（甲）社会化的功利主义学者，这一派以德国的耶林〔1〕（Jheing）为领袖。他说：“我们人类是有社会生活的，所以有社会的目的，法律能够达到社会的目的，才可以说是好的法律，反之就不是好的法律。”他的这几句话，我们拿事实来证明，就格外明白了。比方刚才所说的工人，他情愿替厂主每天做十六点钟的工，只要给他三块钱；照他所要求的工资，并不是很高，十六点钟的工作确是可以相抵。但是我们拿民众的生活，社会的目的看起来，这种契约根本上不能存在。因为工人订契约是自由的，至于订契约的范围是不

〔1〕“耶林”原文作“叶英”，现据今日通常译法改正。——校勘者注。

自由的。这种契约是受经济压迫，环境不良的缘故，逼得他不能不去迁就资本家，做这种苛重的工作，所以为民众的生活计，国家就应该去干涉。这样看来，我们就不能以个人为单位，一定要以民众为单位了。

但是对于公道的标准，也不是绝对的。我可以拿一桩时常发生的案件做个例子。比方我们的汽车，先看汽车夫有没有开车护照。没有当地行政机关所发的照会，汽车夫当然是不能开车的；假定雇好了车夫以后，在路上撞伤了人，或者因伤而死了，这个责任当然汽车夫是要负的，因为他有玩忽业务的罪。但是在英美法雇主却有负担赔偿抚恤金或者养伤费的责任，照道理讲这是不公道的，因为这是汽车夫不小心，坐车的人并没有罪啊，何以要他出钱赔偿呢？但是我们要晓得这种汽车的发明，都是社会物质文明进步适应民众生活的需要而产生的。这一般被汽车撞伤或撞死的人，是物质文明的牺牲者。我们享受这种物质文明的利益者，赔偿他们是公道的。再从社会经济方面说，有汽车的或者雇汽车的人，大多数有钱的，他们多负担一点金钱的责任，使得死伤的家族能够确实地得到一些养恤金，也是极公道的。所以照这一派的主张并不是普通的抽象的公道，却是实际的社会生活上需要的公道。比了上面的分析法学派、历史法学派和哲学法学派玄想进步多多了。

对于社会化的功利主义学者应注意的有五个特点：

（A）个人公平观。我们知道从前欧洲的法治勃盛的时代，法官时时受拘束的，依这一派而论，却而公平的。法官所要负的责任是拿当事人的地位用他主观去观察是否公平。他和律师是不同的，律师是保护当事人，心理上总是偏于这一面，如果法官也是有成见不注意证据，一定是不公道的。

（B）非机械的。法律的条文是死的，但是法律的解释是不可机械的。

（C）利害关系。无论什么事情法官所要注意的，一种是法律上的问题，一种是实际上利害关系。这是当事人的切身痛苦问题。比方我今天没有饭吃，对于饭就是我的切身关系，如果我有很多的钱，那么就是一桌酒席也不足轻重。所以各人的利害关系不大相同，而法律就应该注重人类民众生活的利害关系。

（D）处罪问题。这个问题实施起来很不容易，理论却是很不错的。他们说："要定一个犯罪人的罪，应该要注意各方面，方才可以定罪的轻重。譬如他犯罪的危险是怎么样，他对于社会扰乱治安的程度是怎么样，对于他将来悔改的希望有多少。所以这个犯人，如果犯的罪很轻，悔改希望很少，将来犯罪的可能性是很多的，那么法官不妨把他的罪定得重一点。假定一个犯人的罪很重，而他悔改的希望很多，将来犯罪的可能性很少，法官就可以自由把他的罪改轻一点。”所以这一派对于科刑问题，主张要使犯人能够人人得到适当的处置。这种分别的处罚（individualization of punishment），确是这一派比较好的一种主张。

（E）立法及达到法律目的的方法。这一派说：“立法是达到法律目的的方法。”换言之，假定我们在此地定法律，是很容易的，随意地写几条，参考书也很多，可以随便抄几句。但是事实上在立法的时候，我们要知道这种法律适用在哪一个环境？为什么要订这种法律？有没有意义？社会上有没有需要这种法律？如果社会上确是需要这种法律，究竟希望达到哪一种目的？有了这几点观念，我们去立法，方有目的，才可以达到社会需要的目的，绝不是由我们随便的敷衍的或者去抄袭外国的许多法律就可实行的。

（乙）新康德学派，这一派的领袖是施塔姆勒[1]（Stammler）。他的主张最要紧的一点是把法律上的时间性同地点的范围看得很注意。他说：“法律的内容是生长的，因为时间和地点发生变化，风俗情形也随着不同，我们民众的法律思想观念也发生问题。”

又说“我们人类有法律的观念，这种观念是法律最好的标准。比方我们感觉社会生活有一种痛苦，这种痛苦我们极端要避免，因为要避免这种痛苦，立刻发生一种共同的法律观念，所以这种观念是立法的人的最好标准”。

关于这一派有二个特点：

（A）注意于法律之实施，以求公平。这一派说：“法律条文不可以太机械的，我们订法律的时候，要想到将来实施的时候，一定有许多意想不到的情形。这种意想不到的情形，我们就要预先注意。使得实施的时候，达到公平，不发生困难。”

（B）社会思想的学理做法律的标准。这一层在社会法学派是很要紧的；换言之，不要以个人为单位，要以社会生活的目的需要，以及这时候所发生的法律观念，做我们立法目的。如此，这一个社会，这一个实践所需要的什么法律，换了一个社会，或者过了一个时间，所需要的法律一定也变了。所以这一派是主张没有永久不变的法律的。

---

〔1〕“施塔姆勒”原文作“斯塔姆勒”，现据今日通常译法改正。——校勘者注。

另外还有二个主要的原则：

(A) 个人意思不可屈服于另一人之武断。何以一个人的意思不可以屈服另外一个人呢？因为法律既然关系民众生活，我是民众的一分子，社会对于我是债权人，同时也是债务人，社会与社会的各个分子关系都非常密切，差不多是联合（solidarity）的，社会对于个人的关系既然这样密切，个人的意思是很重要的，所以我们订法律要注意到个人，如果个人的意思屈服于另外一个人，是不公道的；反之，个人的意思屈服于社会公共的意思，这是可以的。

(B) 法律的规定不可使服从法律者不能生存。法律规定，绝对不可以使服从法律的人不能生存。这个意思我可以拿一个譬喻来说明。在上海营业失败的人很多，现在假如一个人营业完全失败了，欠的债很多，没有方法去履行，法律上订得很明白债权人可以要求债务人清偿，但是决不能使债务人因服从法律没有方法维持他的生活。因为无论债务人或债权人都是社会的一分子，由许多的分子才组织成一个社会，如果一个人不能生存，全体的生活就发生影响，所以根据这一点，一个人做生意失败没有力量履行债务，至少要维持他的生活，无论哪一个债权人对他法律起诉，他是应该服从的，但是不可以因服从法律而使他不能生存。（外国的 Homestead Law）譬如做律师的决不能把他事务所里的法律书籍拿去抵债，做医生的也决不能把他医院里用的器具拿出去抵债，因为这许多都是他们维持生活的必需品，不论哪一个债权人都不能够动的。

（丙）新黑格尔学派，这一派是以德国的柯勒[1]（Kohler）为领袖。他说："法律是我们人类文化的结果。"这"文化"两个字范围是大一点了。我们平常说"文明"（civilization）是狭小的，柯勒所说的"文化"是 kultur 比 civilization 范围广一点。kultur 的概念包含言语、文字、宗教、政治、科学、天然环境及经济生活。柯勒是用历史的眼光研究法律的现象和人类进化的状况；用政治的眼光研究现在各民族各国家已成的制度；用哲学的眼光批评现在的法律，研究将来法律应该达到哪一种目的。所以因为这个原因，社会法学派不但是研究已成的法律制度，和强大的民族的法律，并且再注意到将来的法律制度和现在野蛮的弱小的民族中的法律。所以他们再进一步就研究人种学（Ethnology）了。他说"没有扩大的比较是不行的"，"所谓'比较'一

---

[1]"柯勒"原文作"赫拉"，现据今日通常译法改正。——校勘者注。

方面拿现在的人同古时的人用历史去比较，一方面再拿现在的文明国家同野蛮民族去比较，才可以知道法律进化的程序，究竟经过什么必要的手续”。

他还注意到法律同社会史的关系。他说：“法律是社会生活上所需要的，而社会史一定也可算是法律进化的记录。所以往往要应付社会的要求订出法律，因为有这种法律，社会上就有更新的要求，法律与社会生活互相为因果发生密切的关系。”所以他又说：“立法的人并不是任意凭自己的聪明，用无上的威权来定法律的，我们简直可以说立法者是一个时代的发言机。”

“法律用社会化的解释”这一点观念，庞德会举出许多例子来说明，意思是很好的。譬如美国的宪法是在美国革命结束后所制定，到现在已经有许多年了，内容并没有变更，但是在事实上我们不能不承认在那制定这宪法的时代所有的环境、所有的政治现象、所有民众生活的要求，一定和现在的环境、政治、现象以及民众生活的要求不同。可是这种成文法的宪法要去修改一定有许多困难，而且社会史天天在那里发生新的环境、新的经济状况，如都要用修改的方法去应付，事实上也做不到的。所以唯一的救济方法就是就已成的法律逐渐用社会化的解释，来发展它。这种把已成的法律应用到新环境，就是社会化解释的作用。譬如瑞士在从前许多的工厂都用水蒸气的机器，政府方面欲使工人安全，不至于受危险就用法律规定，用水蒸气的工厂应如何设备，应如何保护工人，不致受伤害，但是自电气发明之后，有些工厂即用电汽的机器。这种工厂在法律上既无规定，似可不必依照旧法律的设备，但是如果照社会化的法律解释，就可以知道从前立法的人为什么制定关于水蒸气工厂的法律，都是因为水蒸气有危险，许多工人时受伤害，才有这种法律的规定，目的完全是为工人的安全，明白了这一层意思，那么电气的工厂当然也包括在内，不必另外订出一种新法律来规定电气的工厂了。大概所谓“社会化解释”是和黄梨洲先生所说“法外意”是相同的。

我们再进一步去看，从前罗马同中国一样；他们的家族制度，女子是不能承继祖业的，如果一个人没有儿子，只可以由侄子或远房的男子去承继，女子是不能承继的，但是后来罗马的家族制度破坏，就时常发生争执，法律既不能更改，纠纷又不时发现，所以很困难去解决这个问题。后来有一个很聪明的法官，他就说当时立法的人因为有家族制度，才规定男人承继的法律，现在家族既已破坏，女子就同男人是一样的了。

所以照社会化的解释各种新发生的问题，都可以拿已成的法律用解释的方法来救济。如果不用社会化的解释，一定有许多法律不能通行。所以解释的方法应该极端提倡社会化。刚才讲的汽车肇祸，汽车主人应该负赔偿之责，也是拿社会化的解释才办得到。因为有了社会化的解释，我们一定知道假定要汽车夫赔偿，他没有钱，所以就是判定他赔偿撞伤的人，也得不到实惠的，至于汽车主人他有力量购买汽车，当然是有钱的，使他多负一些赔偿的责任，也并不过分，只要撞伤的人，能够得到赔偿就好了。这样看来社会化的解释，无论什么新环境都可以适用，而法律也不至于成为死的了。

自然法论*

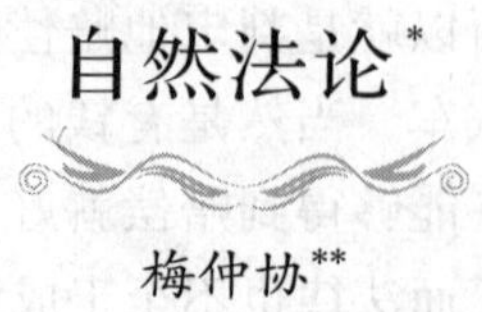

梅仲协**

一

有社会必有法律，有法律斯有社会，法律是针对社会而存在，所以一切的法律，必随着社会生活的内容之互殊而有差池，这就是所谓法律之相对性(Relativite du droit)。法律之相对性，乃自来学者所同认之事实，希腊的哲学家，早已注意到人间的法律与习俗千差万殊，决非若自然的现象之一其常轨。十九世纪初期的历史法学派，认法律是民族精神之产物，法律犹如语言，在各民族间，自有其相对的关系，所以不会有普遍妥当的法律原理之存在。以历史法学派为先锋的法律实证主义诸学派，都一致否认普遍妥当的法律原理。他如比较法学派，人种学的法学派，社会学的或社会主义的法学派，大体上亦只承认法律之相对性（就中比较法学派，因其比较研究之结果，固亦承认法律之普遍妥当的要素之存在；属于社会主义的法学派之学者中，颇亦有主

---

* 本文原刊于《中山文化季刊》（第1卷）1943年第1期。

** 梅仲协（1900～1971年）字祖芳，浙江永嘉人。法学家，教育家。曾留学法国巴黎大学，获法学硕士学位。梅仲协自1933年起在国立中央大学及中央政治学校教授民法。1943年出版《民法要义》一书，用德国、瑞士、日本等国的民法学说，对1929年的中华民国民法进行分析研究，阐释各个法律概念的法律内涵，并提出个人见解与意见，遂成一家之言。除了民法领域，梅仲协在其他诸如法律思想、宪法、商法等方面亦有建树。因早年留学法国，多受欧洲法律思想浸染，在罗马法、自然法以及近代德国法、法国法等方面亦有颇多论述，散见于当时各期刊且多被现今学者引用。梅仲协主张有选择地继承中国传统法律制度，这主要体现在其对先秦诸家的法律思想的研究。1949迁台后，梅仲协执教于台湾大学法律系并在其他多所大学兼任教授，另常年担任我国台湾地区“教育部学术审议委员会委员”。梅仲协在学术思想方面的成就影响至今，且终其一生耕耘在教学一线，教书育人的成果亦是桃李天下。

张普遍的社会法则，系法律之基础)。新康德派中所谓德意志西南学派，固亦会再度发见法律之普遍妥当性，但因其偏于形式主义，尚未触及法律之内容，从而对于法律规范的本身，亦犹法律实证主义者，一样地否定了普遍妥当的法律原理之存在。虽然，否认法律之普遍妥当性的主张，在法律思想史上，并未获得支配的地位，而承认法律之普遍妥当性的理论，即所谓自然法的思想，则自希腊罗马以降，复由中古而迄于近世，代有其人，而立说又极精辟。我国儒家者流，亦主自然法。孟子曰："仁义礼智，非由外铄我也，我固有之也。"又曰："至于心独无所同然乎？心之所同然者，何也？谓理也，义也。"(均见告子上）孟子此言，都在证明人类之有普遍性，而普遍性，便是自然法之所从出。十九世纪，虽则是法律实证主义的全盛时代，但诸儒的思想之中，依旧拂拭不了自然法的痕迹，逾及二十世纪，自然法的理论，益见昌盛，更生了新的势力，而支配了整个法学界。

上面说过，法律应该是针对着社会生活，这是不容否认的事实。法律如果不合于社会生活之需要，则即使予以制定，亦不能发挥其为法律的效力。罗马人的社会生活，当然与中国人的社会生活，沟然有别，所以罗马法与中国法，应有差异。不过两者的法律之间是否有其共通的要素在，则须视两者的社会生活之间，究竟有没有共同之点在。因人种、时代及文化的差异，会使整个社会生活，保有其特殊的色彩，但是既均系人类所营的社会生活，则就某一意义上言，必有其共通之点之存在，亦可断言者。人类系灵肉结成之一种复杂的存在物，一方具备肉体，犹如动物，不能脱离肉体的羁绊，而他方又秉有理性与自由，能够认识自己，探求真理，追求自己的幸福，完成人生的目的。又能够获取外界的财富，为自己的生存而利用而消费。不甘孤寂，而为男女之结合，以营家庭生活，产育子女，而起伦常的关系。更扩而充之，相与集合，形成部落、都市或国家等团体组织。在其自己与其所属之团体之间，一切基此而产生的事实，固然因时代的不同，能有差池，但是这种事实之由来，都是根据于普遍的人性，而且尚有共通的道德原理，随伴着此等事实而存在。人类的文化程度与经济情况，虽则千差万殊，然就其本性言，毕竟保有理性，这个理性，便是人类与其他动物的区别之所在。赖有这种"自然的理性之光"(Lumen Ration is Natural is 用中古学派语）在个人生活上及社会生活上，能够鉴别出孰为应为之事，孰为不应为之事。比如乐善好施，是应该鼓励的，损人利己，是应该避免的，这在人类的脑海中，委实是不待学而能知，全然是一种天赋的自然本能。正如孟子所谓：恻隐之心，人皆有之；羞恶之心，人皆有之；恭敬之心，人皆有之；是非之心，人皆有之。这就是朴素的道德原理，这就是社会生活的基础，这就称之曰自然法（ius naturale）。要之，古今中外的学者，其所承认的自然法，即系基于天赋而共通的人性而生之道德原理，此种原理之存在，各人得依其自然的理性之光，而能自明（Self_ evident）。

二

因实证法的存在，致自然法受尽了许多攻击。而其中抨讦最力者，厥为法律实证主义者 Bergbohrn。氏以为只有实证法才算是法律，自然法的存在，委实欠缺了科学的根据。但依吾人的见解，人类必须营社会生活，类之营社会生活，乃其本性使然，自然法即从此人之本性为其基础。人类为使其本性得以完全发展，应具备种种条件，而法律即为人类共营社会生活所必须之条件之一，故法律亦出于自然。如果没有法律，则人人以力相争，根本不能营共同的生活。人类之所以服膺于法律之支配，并不如启蒙时代的自然法学者所主张：生之初，本处于原始的斗争状态，而混战一团（Bellum omnium contra omnes），后来觉悟其不利，乃缔结契约，组成国家，而互立于法律的状态之下。人类生而营社会生活，当然应该受法律秩序之支配。人类系具有理性之生灵，认识“正义”，知道互相尊重生命、财产、健康、名誉。不问为营原始生活的人类，抑或为现代国家的国民，关于正义的认识，只有程度上的差别，而绝无根本上的岐异。自然法是人类社会之最基本的行动法则，自然法绝不是因人类之相互的约定而成立，乃只根于人类之共同的人性，而发育滋长。在自然界，万事万物之行动，都有其恒常的法则，而受一定的秩序支配，此恒常的法则之存在，使是自然科学存在之基础，而此恒常的法则之探视，乃自然科学之任务。在人类行动的宇宙中，亦复如是。人类应受恒常的原理之支配，具有理性与自由的人类，不能不遵守此原理而为行动。如果人类的行动，违反了此种恒常的原理，即使实证法对于其事未有明文规定，或者第三人或者国家机构，知之而不加制裁，但该为不义行动之人，其内心必自相矛盾，而感受痛苦。所以自然法，亦不失为自然的道德原理之一部分。

在现代法律思想中，法律实证主义者，大抵都反对自然法。新康德派的法律思想，不承认有所谓普遍妥当的道德律，更不承认有所谓普遍妥当的法律内容之存在。Stammler 以为普遍妥当性的要求，只能局限于形式的法律概念之社会理想，只能局限于“正当法”（richtiges Reeht）之范围，借以为批评实证法之准则。Lasr 认为彼主张自然法具有普遍妥当的法律内容者，乃将法律价值的观察（Rechtswert betrachtung）与法律实在的观察（Rechtswir Rlichreitbet Rachtung），混为一谈，因而于法律价值上，赋与以法律实在之性质，殊属舛误。此种见解，凡是只认实证法才算法律的实证主义者，都犯了这样的通病。Stammler 的正当法观念，委实不只是批评实证法的准则，按照氏之主张，这种正当法，不特具有自然法的机能，抑且从社会理想上，演绎出“尊重”（Acnten）与“参与”（Teilnehmen）的原则，结果否定了奴隶制度，不能不谓为带有浓厚的自然法之色彩。Stammler 别称正当法为“可变的内容之自然法”（Naturrechtmit wechselndem Inhalte），以示与传统的自然法有别。其实这个杜撰的名词，把自然法与可变性两相结合起来，尤觉暴露其思想之矛盾。最近法国南锡大学公法教授 Renard，倡导“进步的内容之自然法”（le aroit naturel a contenn progressit）一观念，颇值得注意。其用语虽与 Stammler 的“可变的内容之自然法”相似，但其含义则完全相反。Renard 只否认自然法之完成的自足体系，而主张自然注应有其弹力性而已。至非难自然法把法律价值与法律实在，混为一谈，则只有依据康德之名目论（Nominalismus）的立场，以价值与实在两词，其间应有严峻之区别，或属可能，但不能藉此以抨击古典派的自然法则之理论。古典派的理论，以实在论（Realismus）为其立脚点，把价值溶化于实在之内。

或谓自然法欠缺强制性，故不得谓之法。此殆误认强制性为法律之要件，致有此曲解。又或以为自然法既不出于道德之范畴，即不得谓为现实之法。殊不知自然法之内容，在于“定分”，道德之目的，在于“为善”，其间有其根本的异点在。要之，自然法既非单纯的道德，又非法律的理想，乃是现实的法律，直接足以拘束人类。

基上所述，吾人应知自然法之存在，乃人类眼前之事实，无待论证。只要人类是具有理性的生灵，自然法即便随之而存在。自然法并不是仅由于人类之心理上性质（即特定之欲望与本能），演绎而成。亦非以拟制的自然状态为前提，因而产生，一若卢梭[1]之所主张者。自然法是整个人类之普遍规范，是人类理性所能自明之原理，毋待于制定。此一规范，此一原理，堪以厘定人类与其周围世界之关系。在实证法之外，应该还有普遍而不变的自然法之存在，斯乃古今中外学者所共认之事实，如彼 Bergbohm 辈之法律实证主义者，虽欲将自然法思想，追从而歼灭之，但结果只有失败。自然法思想，不独为学者之所称许，即在任何时代，任何民族，都形成民众之常识，精神生活之根据，若把各时代各民族的法律制度，作一比较研究，必发见其主要的道德原理，即戒杀戒盗戒淫诸大原则，大体上皆相一致。在特定之人或特定社会，也许对于这种基本原理，因病性的性向，或错误的教育，致失其正常的认识，但此乃稀有的例外，且为时必不甚久，人类之于上列若干基本原理，见解决不歧异，这便是自然法则存在之经验的证明。

三

广义的自然法，系指一切自然的道德原理（natuerliche Sittengesetze）而言，不问是人类对于神祇的行动，和对于自己及他人的行动，均应受其支配。而狭义的自然法，亦即固有意义的自然法，乃仅就广义自然法中之有关人类的社会生活，而规律其人我之间的分际。自然法的原理，以“定分”为出发点，人人皆有“为所应为”的积极义务，而又有“毋行不义”的消极义务。基于此两种根本的义务而得之必然的理论归结，如“毋杀人”、“毋盗窃”、“毋奸淫”、“毋伪证”等等，再任何民族，任何时代，皆所同认。而“借债还钱”，“守信践约”诸观念，亦是人类所认为当然之事。不过这些都是所谓狭义的自然法，至若纯洁、博爱、节制、感恩等等，则属于广义自然法之范围，其内容应与“定分”之一观念有别。

依照新康德派的理论，以为只有实证法才算是法律，自然法不过是法律之理想。果如此说，则不能不承认自然法仅系立法者所悬为制法之目的，而其本身，在人类的社会生活上，并不有直接的效力。但是依我们的见解，所谓“毋杀毋盗”“守信践约”的原理，即使国家没有明文为之规定，对于人民亦直接发生效力，而有其法律上之义务。无国籍的人们，在不属于任何国

[1] “卢梭”原文作“卢骚”，现据今日通常译法改正。——校勘者注。

家的地域之上，于其相互间的关系，必定会发挥自然法的效力。

自然法，对于任何之人，于任何时代，在任何处所，皆能普遍地而有其法律之效力。在“为所应为”的原理下，其结果便演成“契约必须遵守”的原则。这原则超越乎人种时代国境之区别，而有其普遍妥当性，这原则如果不能建立，则社会生活，便无从维持。这不特于国家和其他社会内个人相互之间，应该如此，在国家与国家相互之间，即所谓国际关系上，守信践约，亦同样的需要。自然法犹如自然法则，是必然的，不可变的。对于各个具体的情形，有时虽异其适用，而其原理，则亘古不易，只要人性本质无更改，自然法必固定不变。

自然法上的“为所应为”与“毋行不义”，是社会生活的两大原则。这都是一般的原理，依吾人之理性而自明，为吾人常识所能了解，而无需乎专门智识，利用科学研究而始行发见。此种原则，不容有学说上与见解上之差异，凡是人类皆不能不予以承认。但是此种原理，适用于各种情形，而为细节的确定（naehere Stimmungen）时，亦即依据自然法的原理，而为确定之方法时，则非若自然法之一般的原理，可以自明，并且随着时代与地域，互有差池。比如惩凶罚恶，是自然法之一般原理，而以如何的方法，惩治凶恶，则为自然法之细节的确定。圣托马斯〔1〕(Saint Thomas）有言：在自然科学的原理，不问是基本原则，或其归结，真理之于一切之人。都是同一的，但关于人之行为之事项，只有一般原则，人人从同，而关于细节，则彼此未必一致。在正当的自然法论，应该只认许基本原理，是具有普遍妥当性与不可变性。而关于细节之点，则保留其弹力性。

自来学者，关于自然法的观念，对于此一点，皆有其重大的误解。都以为自然法系超然于一切的实证法而独立，由于人类的理性，演成一种万古不易的法律体系。不特认自然法系普遍的法律原理，抑且应有其具体的存在，兼及于细节的规定。一若自然法乃一种已经完成的体系（unsgstem acheve)，全然失其弹力性，致不能适应实际生活上之需要。这样的自然法，当然不能发挥其为自然法之功能，以匡正实证法之偏敝。这种固定的无弹力性的自然法乃启蒙时代法学家所凭空构结之自然法的体系。挟此种精神，以编纂法典，何怪乎受历史法学派的抨击。

〔1〕“圣托马斯”原文作“圣托梦斯”，现据今日通常译法改正，下同。——校勘者注。

四

兹请一言自然法与实证法的关系。人类系具有理性，知道自然的法律原理，那么对于其一切的行动，是否便不需要实证法？不，绝不！社会生活，日益繁复，人们不能专凭常识以行动，而共营其和平的社会生活。所以各人在社会生活上，应有堪为其行动准据之细节的规范。这种规范，应该适合于社会生活的内容，人生的欲望，以及利益的种类。言其性质，应该是偏于技术的。于是在常识的自然法律原理以外，必须要有技术的实证法之存在。比如“毋杀人毋盗窃”，这是自然法的原理，固足以抽象的规律社会生活之实际。刑法之于杀人罪的规定，则必须区别其为故意过失，而且同是杀人的事实，其情状又有种种不同，因而刑罚的程度，自有差异。“契约必须遵守”，固系自然法上之原理，但契约的种类，则千差万殊，所以在民法商法或其他法令上，应该规定各个契约之如何履行，始足以充分发挥其实际效用。至于这种细节的规定，则不能委诸各人的常识判断。有恃于立法者本其威权，以法律技术的智识，谨慎决定，而使一般之人，有所遵循。唯这种决定，却不能谓系依据理性的判断，非此不可。比如在社团的总会，讨论关于某一特定事件时，究竟取决于出席社员的过半数，抑应取决于三分之二以上的通过；某种请求权，其时效应该定为十五年抑或五年；遗嘱的订立，应该用哪种方式，这都不是自然法的法律原理，乃系立法者衡量事件之重轻，并考虑其目的之所在，而予以决定。又如建筑物之营造，应该用木料，抑或用砖石，这亦不是自然的法律原理之所在，立法者考虑火灾的危险，认都市与乡村，应有区别，而予以适当的决定，纯粹是一个技术的问题。要之，一切细节的规定，其离自然的法律愈远者，其必然性便愈减少，各人的意见便愈差池，而其浮动性，则渐次增加。这其间有赖乎立法者之为划一的厘定。常人行路，可以靠左，亦可以靠右，不能说靠左比靠右好，亦不能说靠右比靠左好。但是在维持都市交通的安全起见，立法者应该决定靠左或靠右。

姑勿论细节的规定之与自然的法律原理，相隔较远者，有待乎实证法之厘定[1]，即如其他法规，虽与法律原理，相去未远，但在社会生活上，亦

〔1〕“厘定”原文作“厘订”，现据今日通常用法改正。——校勘者注。

有为确切明了之必要？比如刑法中的一部分规定，民法中关于亲属法之规定，固由于吾人的常识所构成，就令不堪明悉此等规定之内容，大体上亦不致远反法律而为行动，但仍然不能不认为有以实证法为之宣达之必要。是故实证法可分为二种：其一，在开明自然的法律原理之必然归结（Conclusiones ex Prinelipiis），如关于杀人、盗窃、奸淫、骚扰及违反契约之禁止是。其二，系厘定自然的法律原理之细节的规定（Determinationes），而不及于其必然的归结。此种分类，在圣托马斯之神学大全（Summa Theologica）上，固已明言之矣。我们也可以说，法律有伦理的与技术的之分。刑法、亲属法属于前者之范畴，商法、行政法及民刑诉讼法、则属于后者之范畴。

上述之第一种实证法（即自然的法律原理之必然归结），罗马学者，称之曰 Jus gentium（万民法），亚里士多德则名之曰 Diraionpolitiron physiron（自然的政治正义），以普通的人性为其基础，而在任何民族间，均同其资本。第二种的实证法（即自然的法律原理之细节规定），则应由立法者审酌各种具体情状，而予以事宜之规定，所以在各个民族之间，不能尽为一致。不过世界交通，日益频繁，而各民族的文化状态，又复小异而大同，因而立法者据以为立法准则之法律政策，法律技术，以及法律思想，彼此无多出入，卒致第二种实证法，亦为世界各民族所共通，而形成所谓“新万民法”，亦即大同法是已。

五

由上以言，自然法与实证法，并非互不相容，实证法系由于自然法而来，也可以说，实证法是自然法的内容之确定。二者有其连续的关系在，而自然法常浸润于实证法之中，良以实证法必有待于自然而始可存立。实证法是自然法的发展，亦可谓其系以自然法为其外廓。然则，实证法既系受制于自然法，所以立法者必不能离开自然法而另设与之相远，反之规定。如果实证法违反了自然法（比如立法者制定准许杀人放火或盗窃之法规），则即使在形式上具备法律之外观，仍不得认为系法律。从或不明白表示与自然法则相抵触，但按其立法精神，确与自然法相背驰者，吾人仍得本诸内在的自然法律感，予以抨击其实证法具有固定性，其自身得为独立之存在，因而遇有与社会生活之现实相隔阂时，吾人亦得加以反对。所谓法律之修正或废止，也就是说实证法脱离了自然法的法律原理之轨道，而使其回归正轨而已。在革命中有所兴革时，往往援用自然的法律原理，法兰西大革命时之自然法的人权宣言，即其一例。基于正义的要求，以缓和实证法之固定性，亦属与自然法之重要的机能。对于普通法而有特殊的要求时，便产生了特别法，如商事法劳工法之于民法是。对于一般原则之审判严格性，欲使缓和，即应另立特种原则。如罗马古法（Jus Civile）上之审判程序，不适用于外国人，妥设置外事大审官（Praetor Peregrinus），基于公平观念及外国法的智识，成立了 Jus gentium 的一般体系。至若英国，因普通法（Common law）的裁判，颇欠允当，王室的 Chancellor，遂依据衡平原理，而为审判，日积月累，创立了衡平法（Equity）的体系，并组织衡平法院（Conurtofe Quity）。凡此种种，都系自然法的机能之发挥，亦即自然法具有匡正实证法的功用。

在实证法不悖于人们的自然法律感时，固不觉得有自然法之存在，可是实证法究系人为之物，人类的智识与经验，毕竟有限，虽则也能制定一般的抽象的原则，但立法者从竭其思虑，亦甚难网罗万象而一无挂漏，所以人定的实证法，缺陷之处，在所不免。实证法有缺陷时，审判官仍不得委卸其审判之责，应该设法予以填补。唯所谓填补，不能纯凭审判官之主观的信念，必须遵循客观的自然法律原理而后可。关于此点，各国立法例有明言之者，奥国民法第七条，瑞士民法第一条第二项，意国法例第三条，德国民法第一次草案第一条，皆其例也。我国民法第一条，所谓“法理”，也就是指自然的法律原理而言，审判官有予以援用之义务。在实证法的文义晦涩，解释发生疑义时，亦不能不以自然的法律原理，为其解释之准据。再者，某一事实，在实证法之法律概念的范畴，未有规律，但若此一事实，在社会生活上有其需要，而法律必须予以保护者，此际亦应援用自然法以资解决。从前的实证法，对于著作一事，大抵均未有明文予以规定，因而惹起著作是否系一种权利的争论，而近今法制之认许著作系权利，而受法律之保护，殆亦不外以自然法为其基础。由是以言，自然法除具有匡正的功用外。尚秉有补充的机能。

六

法律秩序的任何角落，都为自然法所浸润着，自然法支持了法律秩序的整个骨骼。从来的法律思想，皆认国家法是万能的，其实国家所制定的实证法，端赖自然法以维护。在太古之世，既无所谓国家法之制定，又未有自治法与习惯法之存在，但是人类自有生之初，即已受自然法的支配。“有社会必有法律”（ubi societas，ibi Jus）之一格言，认为系指实证法与社会之社会学的牵连关系而言，毋宁谓其系自然法与社会之本质的牵连关系之所在。我们的法律体系论，与国家本位的法律观，全异其趣，分述于左。

第一，法律先于国家而存在。毋论是近世的国家也罢，中古的封建国家也罢，上古的都市国家也罢，在有国家以前，必已先有法律，此在理论上所可断言者。国家只对于某种秩序基于社会生活上正义之要求，特制定国家法予以确认与维持而已。再就权利的概念言，个人为欲达到其生存的目的，必须享有财产或其他地位，国家则只对于这种权利，予以必要之保护，亦即赋予以强制力也。即使离开了国家，“人我之分”的观念，依然为人性之所自明。因自己的劳作而敢获其所得，因婚姻而为男女之结合，集家而成族，集族而成氏，这些事实，在有国家以前，早已存在着；既先于国家而存在，则除了受自然法的支配外，别无他途。

第二，国家本身，亦建立在自然法之上。亚里士多德有言：人类系政治的动物，营国家的生活，乃其本性使然，而藉此与物质及精神两方面，力求自己的发展。要之，人类非营国家生活，殊不足以维持自己与完成自己（但此言并非谓一有国家之组织，事事皆可随心所欲）。至若国家之形成的原因，则视各个情形而有殊，不过这种差异，则属于历史的偶然，国家生活之最根本的基石，并不是实力关系，或契约结合，乃是在于国家的秩序之道德必然性。国家对于人民之享有主权，因主权的行使，而又有立法权、刑罚权及宣战权等等。皆非以其能餍足人民的欲望，而认其为正当，亦不外国家之道德的必然性使然，换句话说，国家有其自然法的基础在也。倘若如法律实证主义者之主张，一切法律，都源于国家，则国家自身，何以亦能享有权利？实证主义者都认为国家之以此种权利赋与于自己，乃由于国家以明示或默示的方法，宣告自己的权利，系基本的法律事实。但这样的解释，只是循环论法而已。所以凡欲主张国家之存在者，必须于超国家秩序之上，求其基础。

第三，自然法得以对抗国家而有其存在。国家的意思之活动，及其制定之法规，而有不和正义时，自然法得为人权之呼。法律实证主义者，以为国家所制定的法律，乃系唯一无上之法律，人民对于国家的活动，及其所定的制度，自不得加以非议，国家之及于人民的权力，至少在社会生活范围内，系属无限，此际无所谓不道德的法律之存在。黑格尔的国家论，亦认国家是最高的道德理想之实现，国家是万能的，国家决不会做不道德的事，个人应该无限制服从国家。照这样推论，人民对于违法而不德的国家，便不能为反抗，则人民与无人格的奴隶傀儡何以异。唯物史观的论者，亦不认有超国家超阶级的自然道德及法律原理之所在。国家不过是拥护特殊阶级的利益，国家而有不义之举时，只有以暴力与之相拮抗，而无庸为伦理的批判。虽然，在认许自然法的立场以言，国家本身，固系自然法的产物，但是现实的国家，亦易犯过误，若国家多行不义，人民自无服从之义务。人民决非奴隶，绝不是绝对隶属于国家，国家对于个人的关系，亦是人格者相互间之关系，应认为须受法律秩序的支配，在一国之内，被压迫的阶级和民族，自得对于国家提出正当的要求，这是因为在国家的实证法之上，尚有自然的法律秩序之存在故。如果不为这样解释，则在任何情况之下，皆无从是认反抗实证法的权利之正当性。吾人常有所谓生存权者，道生存权的观念，亦只有在自然法上，求其根据。

第四，自然法存在于国家之上及国家之间。关于国际的关系，有实证的国际法之存在，依一般的学说，认为条约及国际习惯，系其渊源。可是条约及习惯，仅系国际的关系之极小部分，还有许许多多的事件，漏未有所规定，自不能不认实证法的国际法之贫乏。国际法在任何方面，较诸其他法律，多见其尚在萌芽与草创之初，有待加工与培植，此乃学者所共认之事实。如上所言，国内法有欠缺时，自然法得发挥其补充的机能，然则，国际法之实证的法规，既若是其贫乏，那么自然法之补充的机能，自应加重其任务。在法律实证主义者，如耶利内克〔1〕(Jellinek)，如李斯特〔2〕(VonLisgt) 的国际法理论，认为一切的法律，皆渊源于国家，实证的国际法，亦属国家的意思之产物，于是就国家何以须受国际法拘束之一事实，便无法予以说明。无已，只有任国家之所以尊重自己所创制的国际法，并履行所缔结的条约，乃全然出于利己心，与夫国际的礼让。殊不知国际法之存在，实有赖乎自然法。国际间的条约，其所以有法律的拘束力者，良因基本的法律秩序之存在故。此与私人间的契约，以国内法规为其基础，同一理由。耶律内克根据所谓自主

〔1〕“耶利内克”原文作“耶律纳克”，现据今日通常译法改正。——校勘者注。

〔2〕“李斯特”原文作“李芝脱”，现据今日通常译法改正。——校勘者注。

的自己拘束说（Theorie der autonomen Selbstbindung），认国际法及条约之基础，建立在国家的“自己义务”（Selbstverpflichtung）之上。姑勿论对己负担义务的观念，拟制得过于勉强，即依此说，国家亦可以随时卸除其所负担之义务矣。其为不当，毋待烦言。国家之必须履行条约，仍系根据自然法上的“契约应该遵守”（Pacta sunt servenda）之一原则耳。法律实证主义者，认国家主权，是绝对的，国家法是唯一的法律，所以其理论的归结，必然否定了国际法的法规性。黑格尔的法律哲学，虽非属于法律实证主义，但亦因其承认国家主权之绝对性，故其结论，亦属从同。若依这两派学者的见解，则国际关系，定然陷于无政府的状态，殊非人类之福。所以只有承认自然法的存在，总可以解释国家对于国内社会的支配，不能够恣睢跋扈，而应该受自然法的拘束。国家对于国际关系，所谓主权，亦只是相对的，人须服从于自然法的约制。只有这样解释，可使国际法的本质，获取了科学的根据，且对于实证的国际法，予以理论的基础，而补充其强制力之不备，进而求世界和平之实现。

实证法学导言*

陶天南**

一、法学上之实证法

凡研究法学必须有一科学方法；吾人所采用者为狄骥（Léon Duguit）之实证方法，乃以孔德之实证主义（Positivism）为基础而改进之者。依孔德之所说，事物之本质乃不可知，吾人之一切认识皆限于现象，而应以研究自然科学之方法研究之。孔德谓人类之认识乃经过三个阶段。其一为神学的阶段（l'état thé logique），此时，人类以为宇宙现象为人类意志以外之意志所统治；最初以为事物皆有生命，有意志，且拟之为神，其后以为宇宙现象为多神或一神所统治。其二为形而上之阶段（l' état métaphysique），此时，人类以为宇宙现象为抽象的概念所统制，而以此抽象的概念为实在。其三为实证阶段（l' état positif），此时，人类认为一切认识皆由实验而来，一切结论皆由归纳而得。[1]狄骥最先将实证主义适用于法学；氏于其著宪法详论（Traité de Droit Constitutionnel）第三版之序言中称曰，余所用之方法，是确证事实（constater les faits），只接受吾人所得以直接观察之事实，而将一切先天的概念（les concepts a priori），一切形而上的及宗教上的信仰，一切只能为文学家描写之资料而无科学价值者，俱排除之。氏于其所著公法讲义（Lecons de Droit Public）之中讨论社会科学方法，主张下列三端：一，以客观的态度观察事实。

---

* 本文原刊于《国立武汉大学社会科学季刊》（第6卷）1936年第2期。

** 陶天南，1927年东吴大学法科毕业（第10届），获法学学士学位，后留校任教。

〔1〕 Auguste *Comte*, *Cours De Philosophie Positive* (5 e Edition), pp. 1 ~ 31.

Fritz Berolzheimer, *The World's Legal Philosophies*, Translated From The German By Rachel Szold Jastrow, pp. 308 ~ 316。

二，适用演绎法，惟须以事实与演绎所得之结论相印证，若与事实不符，则立应摈弃假设之前提；总之，毋以逻辑害事实。三，排除一切形而上之概念，凡吾人感觉之不能直接观察者谓之形而上之概念。[1]狄骥之方法与孔德之原说所异者：孔德以归纳方法为主，由归纳方法得一结论，再用演绎方法发现其节目；狄骥则除归纳方法外，同等的兼用演绎方法。且狄骥不以研究自然科学之方法适用于一切认识，而谓社会事实与自然界之事实不同。最后吾人所应注意者，狄骥所谓排除一切形而上之概念，并非排除“理想”（ideal）。法律学是规范科学（Normative Science），规范是有目的之行为规则。研究法学须最先探求行为规则之目的，此时即须立一种理想。理想固有形而上者，但亦有以事实为基础者，实证主义所树立者乃以事实为基础之理想。[2]

二、法律规则与法律地位

历来的法学者，多少采用形而上的方法，故对于法学上几种基础概念给与非科学的意义，有时其所树立之概念之本身是非科学的。吾人应首先注意者乃是权利。在传统学说上，权利是相当意志具有之特性，凡有此种特性者能以其意志加诸他意志之上；因此，在他人意志上形成一种义务。既以权利为意志上之一种特性，则应知人类意志之性质为何似。从实证主义的立场言之，意志的性质非吾人所能观察得到，乃系不可知之者。夫人类意志的性质既不能解决，岂能知人类意志上具有一种特性？是以，此种定义不能成立。[3]吾人如欲得权利之科学的意义，必须从观察社会事实着手。吾人用实证方法观察人类，可以得两种社会事实：一，人对于其行为乃自觉的；二，人不能离群独居而必须与其同类共同生活于社会。从第一种事实，必然的发生一社会法则。社会若无意中规则以决定其中个人之行为，社会将无以维持；人类既必须生存于社会，则必须有一社会法则。从第二种事实，遂决定社会法则之性质。吾人断定人对于其行为是自觉的，乃谓人对于其行为之标的，以及决定其行为之目的是有意识的。人之活动是一种有意识的，追求一种目的之活动。由人类此种相互间的行为，相互间的活动产生之事实，是社会事实；以

---

[1] Léon Duguit, *Lecons De Droit Public General*, pp. 23 ~ 37.

[2] Léon Duguit, *Traité de Droit Constitutionnel* (Troisieme Edition), Preface, pp. XVIII ~ XIX.

[3] Duguit, Traité t. 1, pp. 14 ~ 22.

其系意志上之事实，故与物质的事实不同。因此，社会法则与自然法则相异；适用于物质事实之自然法则为因果律，适用于社会事实之社会法则为目的律。社会法则是一种规范，指挥并规定人之意志上的，有意识的活动；决定其行为之标的及目的，禁止其为相当行为，复命令其为相当行为，违反此规范者将受社会之反响。〔1〕社会规范既然规定人类行为之标的及目的，人类之行为应如何，应由社会规范规定之。因此，社会规范必定有一个理想一个目的；否则人类行为应如何则无从规定。此种理想此种目的，有系形而上的，有系实证的。前者，以其非科学的，应排除之。吾人之职务为发现后者。实证的理想为社会连带关系，实证的目的为社会连带关系之实现。社会连带关系乃观察社会事实而得。首先阐明其意义者为社会学家涂尔干（Durkheim），后经狄骥略加修正。狄骥谓，吾人观察事实人类一面有共同的需要，一面有不同的需要及能力。人类为满足其共同需要，必须共同经营其生活，以其同样的能力，相互合作。涂尔干称为同求的连带关系（Solidarité par similitude）。人类复须相互交换其劳动以满足其不同的需要；换言之，个人须以其特有之能力，满足他人之需要，他人对彼复应有同样之举动。此为分工的连带关系（Solidarité par division du travail）。〔2〕社会分工有三种：经济规范（norme economique），道德规范（norme morale）及法律规范（norme juridique）。经济规范规定人类一切关于财富之生产，交易及消费之行为。此间财富之意义较广，系指凡足以满足人类之需要之物而言。经济事实完全为人之有意志的有意识的行为所产生。由违反经济规范所发生之反响，只关于财富之生产及其使用，而不及于其他。道德规范规定人之外部的行为的相当态度，如服装，起居以及社会上交际等项；总之，是一种社会上之风化，对之违反者，亦足以引起社会之反响。经济规范与道德规范皆非法律规范，惟于一定时期可以形成法律规范。当人民意识之大体感觉违反某种经济规范或道德规范之行为，乃违反社会连带关系，此应以强制力予以制裁之时，该经济规范或道德规范即形成法律规范。〔3〕

吾人所谓人民意识之大体，乃谓个人意识之全体或大多数，并非指人民

---

〔1〕 Ibid, 65 ~74.

〔2〕 Ibid, 82 ~89.

〔3〕 Ibid, 89 ~99.

之集体的意识。德国历史学派之民族精神说卢梭之总意志说皆认定集体的意识之存在，且以之为法律之基础。[1]吾人用实证方法观察得知各人之意识相联合是其意识之总数，绝对不能形成与个人意识相独立之另一个意识。人民意识之大体所以认为应予制裁，乃因人民有一个社会连带关系之感觉。此法律规范之定义乃狄骥早年所树立。惟狄骥嗣后认为社会连带关系之感觉以外，为法律规范之基础者，尚有公平之感觉。[2]乃谓，当人民意识之大体认为某种经济规范或道德规范乃维持社会连带关系所必要，且系公平的因此对于该规范之违反要求一种制裁者，该规范系法律规范。吾人认为狄骥所补充之意义，乃违反实证方法。公平是形而上理想，狄骥对于公平虽未定一绝对的标准，而谓人民于特定时特定地，有公平与不公平之感觉；但氏所谓公平，并无社会事实作其根据，故仍系形而上的理想。是以，狄骥所补充之法律规范之定义，简直是自然法的概念，是形而上的，吾人应排除之。

上面所讲之强制力，在国家尚未形成之社会中，是人民的集体的势力，此时之制裁为无组织的制裁；在国家形成之时，社会强制力为治者所专有，故集体的势力为治者的势力所代替，此时之制裁为有组织的制裁。但只要有制裁，法律规范即已形成。法律规范之形成，乃在国家之先，并系独立于国家之外。[3]惟法律规范虽是法律规则，但并非一切法律规则皆是法律规范。法律规范是规范的法律规则（règle de droit normative）；尚有组织其制裁，保证其实施的法律规则，是技术的法律规则（règle de droit constructive）。技术的法律规则是在国家形成以后，而不是独立于国家之外；但其强制性非从国家取得，而从规范的法律规则所产生。[4]

法律规则成立以后，无论其为规范的规则抑技术的规则，即为个人树立权利，积极的及消极的义务。狄骥否定权利，只承认个人有义务。为促进社会连带关系，由法律规则产生个人之积极的义务。为促使社会连带关系不受

---

〔1〕 Marc Réglade, *Thérie Générale du Droit Dans L'oeuvre de Léon Duguit*, Archives de - philosophie du Droit et de Soeiologie Juridique, p. 24.

Duguit, op. cit. p. 81.

〔2〕 见氏所著 *Traité de Droit Constitutionnel* 之第二版（1921 ~ 1925） t. 1, p. 47 et S.；及第三版（1927）, t. 1, pp. 119 ~ 127.

〔3〕 Duguit, op. cit. 95 et S.

〔4〕 Ibid, 108 et S.

妨碍，产生个人之消极的义务。氏称此积极的义务为个人之权利，权利义务之总体为法律地位（situation juridique）。[1]依吾人研究之结果，其说尚未尽善。从实证主义的立场言之，权利的概念，确实有之；惟历来之法学者未能发现其正当之意义耳。社会连带关系之要素为个人能力之自由发展，此项事实曾为狄骥所指出；[2]权利之概念即从此项事实发生。个人如无权利，即无自由发展其能力之力量，权利即是法律规则赋与个人，在不妨碍社会连带关系之范围，自由发展其能力之力量。[3]狄骥因为历来的法学者对于权利所立之定义是形而上的，遂否定权利概念之本身。吾人认为权利之存在，是一种社会事实，非吾人所能否定者。权利之外尚有权力，权力与积极的义务有密切之关系，乃由法律规则所产生。法律规则因欲发展社会连带关系，遂为人民树立积极的义务，同时赋与人民实现其积极义务之力量，此力量可称为权力。一个法官，与一般人民同，对于其财产有所有权，此是权利。从其职位言之，有审判诉讼之权限，此是权力。

总结所论，权利非意志上特性所产生之力量，是法律规则为实现社会连带关系，赋与个人自由发展其能力之力量。义务是法律规则为实现社会连带关系，对于个人之命令及禁止。权力是实现积极义务之力量。权利，权力及义务可以总称为法律地位。

三、法律地位之种类[4]

法律地位有两种，其一为法律规则所直接创设者，称为客观的法律地位（Situation juridique objective）；其二是在法律规则容许之下由个人或个人间决定，而其拘束力是从法律规则取得者，称为主观的法律地位（Situation juridique subjective）。兹分别说明之：

（一）客观的法律地位。客观的法律地位是处于同一情形下之人所具有之一律的法律地位。以房主之所有权为例，无论何人为房主，其所有权均系一致而无异。在法律规则上，绝无为房屋所有人甲特别制定之所有权，或为房

〔1〕 Ibid, 213 et S; 224 et S.

〔2〕 Ibid, 86.

〔3〕 Cf. Laski, *M. Duguit's Conception of the State*, Modern Theories of Law, p. 59.

〔4〕 Gaston Jéze, *Les Principes Généraux de Droit Administratitif* (Troisiéme Edition), I. a Technique Juridique Du Droit Public Frau ais, pp. 10 ~24.

屋所有人乙另定之所有权。是以同一类物之所有人之所有权为一律的。此之谓客观的法律地位。再以公务员之法律地位为例：同一种类之公务员之法律地位为一律的。以县长论，无论任县长者为何人，凡是县长，其法律地位皆相同。绝无为甲县长特别指定之法律地位，或为乙县长又特别指定一种法律地位；盖一切县长，其法律地位为一致而无异。

客观的法律地位有下列之特质：一，客观的法律地位是普遍的非个人的；此法律地位之第一特质为其普遍性，盖处于同一情形以下之人，其法律地位为一律的。创设及规定此法律地位之法律行为，唯系法律规则。例如选举权乃是普遍的非个人的法律地位，凡合乎选举法所规定之条件者，其选举权为一律的。此法律地位，乃绝对的为法律规则所创设，而其内容又绝对的为法律规则所决定。例如，公务员之权限系一普遍的非个人的法律地位，凡掌理特定性质的职务之公务员，其法律地位为一律的；此地位系法律规则所创设者，此权限之内容，又系法律规则所绝对的决定。二，客观的法律地位是固定的；此法地位之第二特质，为其固定性。所谓固定者，乃谓在法律或行政规则未变更以前，不因一时的行使而消灭。例如选举人选举权不因一时之选举而消灭，县长之警察权亦不因一时之维持治安而消灭。三，客观的法律地位是法律规则所能变更的；此法律地位既为法律规则所能创设，法律规则自能变更之。例如，关于选举人之限制，法律规则为实现社会连带关系，得加以变更。四，客观的法律地位不可以绝对的或普遍的抛弃；此法律地位不可以绝对的或普遍的抛弃。例如选举人对于其选举权不得为绝对的普遍的抛弃。又如人民对于其结婚自由，经商自由，不得为普遍的抛弃。盖以法律具普遍性，绝不因个人之抛弃，该法律遂对之不能适用。而普遍的绝对的抛弃，虽属一时亦系无效。惟下列二点应为注意：一，此法律地位依照法律规则有得不行使者；如选举人得不投票，人民得不结婚，不经商。但选举人之选举权，并不因此丧失，人民之结婚自由，经商自由亦不因此丧失。此法律地位依照法律规则有不得不行使者，例如公务员不得不行使其权限。二，此法律地位有时可以相对地抛弃，例如，个人虽不得绝对的抛弃其经商自由，但渠得抛弃，在某地经商之自由。但即此相对的抛弃，法律规则为实现社会连带关系有时且加以禁止，例如选举人不得抛弃其某届之选举权，县长不得于某特定事件抛弃其警察权。

（二）主观的法律地位。主观的法律地位之内容非法律规则所决定，而其所包含之权利，权力，及义务只对特定人发生效力。例如甲乙二人订立买卖契约，因此买受人甲对出卖人乙负一百元之债务，出卖人乙对买受人甲取得一百元之债权，此乃主观的法律地位。

主观的法律地位有下列之特质：一，主观的法律地位是个别的或特定的；主观的法律地位之内容只对特定人发生效力，例如，买卖契约中出卖人之债权，乃专对买受人乙而言。二，主观的法律地位是暂时的；主观的法律地位所包含之权利，权力及义务，一经行使即行消灭。以所举买卖契约为例，买受人某甲履行一百元之债务后，其债务即消灭。反之，出卖人之债权亦然。三、主观的法律地位是非法律规则所能变更的；例如，买受人甲对出卖人乙负一百元之债务，乃非法律规则所能变更者。四、主观的法律地位是可以抛弃的；例如，民法第三百四十三条规定：债权人向债务人表示免除其债务之意思者，债之关系消灭。

四、法律行为之要素

人类为达到某种目的从事于实现某种标的，即有一种意思表示。此是意志行为，此种意志行为能发生法律的效果者为法律行为。[1] 法律行为有三个要素：标的，目的及意思表示。[2]标的是法律行为所必然产生之效果。其效果或系事实的，或为法律的。例如，救助行为之标的为收养老幼残废；疗治贫民；贷借贫民营业资金。[3] 惩戒处分之标的为免职；降级；减俸；记过；申诫。[4] 警察罚之标的为拘留；罚金；训诫。[5] 目的是从标的所应收获之结果。例如，救助行为之目的为发展民族；扶持社会经济及救济社会贫困。惩戒处分之目的是保持公务员之纪律，及行政上之效率。警察罚之目的为维持公共秩序及善良风俗。意思表示是人类为达到某种目的，从事于实现某种标的之意思上的决定。

---

〔1〕 Duguit, op. cit. , 325 et S.
Jeze, op. cit. , 25 et S.
Roger Bonnard, *Précis Elementaire de Droit Administratif*, pp. 33 ~ 35.

〔2〕 Duguit, op. cit. , 337, 338, 362 et s.

〔3〕 各地方救济院组织法第二十，三十一，三十五及四十五条。

〔4〕 公务员惩戒法第三条。

〔5〕 违警罚法第十三条。

法国公法学者博纳德[1]氏（Bonnard）认为除标的，目的及意思表示以外，尚有“动机”。氏所谓“动机”并非人类之主观的心理上的状态，而是使行为发生之一个事实；实际上即是原因。博纳德谓：“动机是法律行为之第一要素，此乃法律行为之前提，而使其发动者。动机或是一个事实上的情况，或是一个已完成之法律行为。例如救助行为之动机，是受救助人之贫困的情况。刑罚之动机是犯人之犯罪行为。警察处分之动机是公安及卫生之受妨害或有受妨害之威迫。”[2]吾人经详细研究，断定法律行为并不含有此要素。法律行为是意志上的行为，与物质的事实不同，只有目的并无原因。且法律行为之要素须合法，如原因系法律行为之要素，则原因亦须合法，于是法律规则将成为因果律。

其理论之结果遂不合于逻辑。

五、法律行为之分类[3]

法律行为之分类方法有二，其一就标的分类，其二就意思表示分类；前者称为实质的分类，后者称为形式的分类。兹分别说明之。

（一）实质的分类。法律行为就标的分类，应分为四类；规则行为（acte - regle），主观行为（acte - subjectif），条件行为（acte - condition），混合行为（acte - complexe）。规则行为是创设普遍的或客观的法律地位之法律行为，其范围是普遍的。法律规程以及团体之章程皆系规则行为。主观行为是创设，变更，或取消客观的法律地位之行为。主观行为系对特定人及特定事而言，其范围是个别的。凡与债券债务相关之法律行为俱为主观行为。条件行为之范围亦系个别的或特定的，此其性质之与主观行为相同者。所异者条件行为不创设，变更，或取消任何法律地位，此种行为只将规则行为已经创设之客观的法律地位归属于特定人，或其手中剥夺之。是以条件行为并不影响法律地位之内容，例如，结婚是条件行为，婚姻当事人并不能规定其法律地位，此法律地位乃法律规则所明白规定，婚姻当事人不得增加或减少其内容。[4]

---

〔1〕“博纳德”原文作“般那”，现据今日通常译法改正，下同。——校勘者注。

〔2〕Bonnard, op. cit., 34.

〔3〕Ibid., pp. 35 ~ 42.

〔4〕Cf. Maynard v. Hill (Supreme Court of United States, 1888, 125 U. S. 190, 8 Sup. Ct. 723, 31 L. Ed).

又如，归化是条件行为，乃将法律规则所规定之国民之法律地位，在相当限制之下，归属于归化者。公务员之任用亦是条件行为乃将法律规则所规定之公务员之法律地位归属于被任用者。混合行为之产生乃当主观行为与法律上强制规定相关之时，盖以法律上之强制规定非个人行为所能变更，且其规定之权利，权力，及义务是客观的；当主观行为创设，变更或取消一个主观的法律地位，同时必然地将客观的法律地位归属于行为人。此际，该主观行为遂同时具有条件行为之性质，因此成为混合行为。以劳工契约为例，其主要标的固为创设雇佣人及受雇人间之法律地位，故该契约是主观行为。惟双方订立契约关于工作钟点，休息及休假等项，皆须依照劳工法规之所规定，乃是将客观的法律地位归属于雇佣人及受雇人二者；此际，该主观行为遂成为混合行为。

（二）形式的分类。法律行为就意思表示分类，应分为二大类：其一为单方意思之行为，其二为多方意思之行为。后者又分为三种，集议行为（acte - collectif），联合行为（acte - union），及契约（contrat）。凡多种意思同意于实现同一标的以达到同一之目的者，谓之集议行为。此行为之标的及目的是单一的，其成立有时须全体同意，有时得大多数之同意即可，如一种团体之选举或委员会之议决，均系集体行为。联合行为是两种意思同意于实现同一标的，以达到个别的目的之行为。其标的为单一的，其目的则为二重的。例如某学会新会员之加入是联合行为，入会者与该学会具有同一之标的，即是使前者成为会员，并取得会员之客观的法律地位。惟其目的互异，学会方面之目的在增强其本身之力量，新会员之目的在享受会员之利益。契约亦包含两种意思，惟此两种意思互不相同，以其双方之利害不相同。双方不但所追求之目的不同，其欲实现之标的亦不相同。

六、国家与公务

在国家的活动上，有两种现象：一，国家常行使其单方权力；二，国家使用公财产。法学者对于此两种现象当然欲得一逻辑的解释；历来之法学者解释此两种现象之学说为国家人格说及主权说。国家行使单方权力，乃谓其单方意志可以拘束其他意志。其他意志所以受国家意志的拘束，并非因为他们中间有一个合意，而是因为国家的意志优越于一般意志。国家的意志为优越的意志，故能命令其他意志服从。国家的意志除受自己的限制外，不受其他限制；否则，即失去其优越性。国家所以能行使单方权力，乃以其具有此种优越的意志，称为主权。主权之前提是国家意志之存在，故国家系具有人格者。国家之使用公财产，亦须以国家人格说解释之。凡是财产权，必有主体；国家具有人格，故得以公财产之主体之地位使用之。但依吾人之见解，国家人格说不能成立；从实证主义言之，唯自然人方有意志，国家本身之意志乃非吾人所能观察得到。且国家之活动是双重的，并不限于行使单方权力。国家之活动有时假手于单方行为，有时假手于双方行为。假手于单方行为之时，国家系发布命令者，其意志超越于一般自然人及法人之意志。假手于双方行为之时，其意志则与其他意志相等，如国家与人民订立契约是。此种双重活动之事实与国家人格说实相矛盾。法人说有两种理论：拟制说与实在说。依照拟制说，法人并非真正具有意志，只是在法律上视之为人而已。此说对于国家不能适用，拟制说假定法人人格为国家所创设，而国家不能创设自己的人格，其理甚明。依照实在说，法人是有机体真实的具有意志。但法人只有一个意志，然则国家亦只应有一个意志；国家之意志既有时是优越的，有时与其他意志相等，吾人势必或主张国家有双重的人格或意志，或主张国家之意志有双重的性质。此类主张乃非合于逻辑者。[1]

关于国家之行使单方权力与使用公财产，应以实证学说解释之。吾人观察社会事实，得知构成国家概念之要素者，除民族与土地以外乃是治者与被治者之“分级”，以及公务。国家之形成是在一个民族中发生“分级”之时。[2]治者因特定时特定地不同的原因具有强制被治者之意志之最大势力；此是治者之特质。国家是一个抽象的概念，从其法律的活动言之，国家即是治者。国家本身并无意志，有意志的是治者。治者亦系个人，与被治者同样的受法律规范之限制，法律规范之目的是实现社会连带关系。因此，治者不得有妨碍两种形态的社会连带关系之行为。治者不得有违反同求的连带关系之行为，不得阻挠共同需要之满足。治者不得有违反分工的连带关系的行为，此种连

〔1〕 Duguit, op. cit. 618, 619, et s., 649 et s.
t. 2, 60, 72 et 73, 112 et s.
Bonnard, op. cit., 62 ~ 66, 68.

〔2〕 Duguit, op. cit. t. 1, 535 et s.
Bonnard, *La doctrine de Duguit sur le Droit et l'Etat*, Revue, Internationale De La Théorie Du Droit Cahier 1, pp. 35 ~ 40.

带关系之要素是个人能力之自由发展；凡足以妨碍个人能力之自由发展者，治者不得为之。此乃治者之消极的义务。治者与个人同，尚有积极的义务。个人应以其特有之能力，实现两种形态的社会连带关系，同时使得他人为同样之行为；治者亦应以其能力，实现两种形态之社会连带关系，从治者积极的义务产生公务的概念。如有一种活动是实现社会连带关系所必需，并且在其性质上非经治者的力量之参与，不能使其完全实现，则必须由治者管理或监督。此种活动称为公务。法律规范一面使治者负保证公务之继续的实施之义务（继续性是公务之特质，如司法，教育，交通皆非能一日间断），一面赋与治者组织，管理，监督公务上活动之权力，具有权力以压制一切妨碍公务上活动之行为，保障一切以实现公务上活动为目的之行为。[1] 由此理论吾人得知国家行使单方权力之逻辑的解释。国家所以有单方权力，并非以其有优越的意志，乃因其有积极的义务，其权力乃由法律规范所产生。

国家之使用公财产，亦应以公务解释之。治者及公务员为实施公务常须使用财产，其所适用者当然非其自己之财产，而只是公财产。例如治者及公务员对于国家债务之偿清，是用公财产而非自己的财产。是以公财产乃与私人之财产不相混属。历来之法学者认为公财产所以与私财产不相混属者，乃因其主体系国家或其他公法人。依照此种见解，国家人格说乃属必要。吾人否定国家人格说，吾人认为公财产所以与个人财产不相混属，乃因其目的之不同。个人之财产之目的是满足个人需要，公财产之目的是实施公务。治者及公务员为实施公务可以使用公财产。[2]

七、国家公务之分类

国家公务之分类在学理上有两种。其一为形式上之分类，乃以分立的机关为标准；其二为实质上之分类，乃以公务之标的为标准。从前者言之，国家之分立的机关有几种，其公务即有几种；且不问公务之性质为何，实施公务之机关为何，其公务即属于何类。在三权分立之国家，其公务共有三类：立法机关之公务为立法职务，行政机关之公务为行政职务，司法机关之公务

---

〔1〕 Duguit, op. cit., pp. 671, 672 ~ 673, 679.
Duguit, op. cit., t. 2, pp. 59 ~ 62.

〔2〕 Ibid, pp. 68 ~ 69.

为司法职务。我国才五院制，[1]则我国有五类公务：于立法，行政，司法以外，尚有考试及监察。从后者言之，公务之标的有几类，公务即有几类；且不问实施公务之机关为何种机关，公务之标的为何，该公务即属何类。依此之标准，国家之公务有下列之四种：

一、立法职务。立法职务之标的是创设，变更或取消客观的法律地位。实现立法职务之手段为规则行为。立法职务之性质为纯粹法律的，以产生法律上的效果为其唯一之标的。实现立法职务之法律行为为法律及规程。法律与规程在实质上并无区别，其区别只是形式上的，乃以该类法律行为所由出具之机关为区别之标准。法律或规程皆是立法行为。[2]

二、审判职务。审判职务之标的是解决法律上的争执，其争执具有确定力及法律上之真理。此种争执通常称为争讼或诉讼。争执之标的有时系法律行为或事实行为，有时则系法律地位。审判职务之性质亦系纯粹法律的。实现审判职务之行为其性质较为复杂，其要素有二：其一为证实（constatation），乃对于争讼标的之证实。假设争讼标的是关于主观的法律地位之存在与否，以及法律行为之合法与否者；则证实之内容为宣告该法律地位之存在或不存在，以及该行为之合法或违法。其二为判决，判决乃证实之当然结果，其性质随证实之性质而异。判决有时为条件行为，有时为主观行为，有时为规则行为。设争执之标的系关于某种法律行为之合法与否，而证实之结果为该法律行为之违法，则其判决必然地将该法律行为取消或变更。设该法律行为为主观行为，规则行为或条件行为，则该判决势必为主观行为，规则行为或条件行为；某种类之法律行为只能为同种类之法律行为所取消或变更。实现审判职务之行为称为审判行为。[3]

三、行政职务。行政职务之标的可分为直接的及间接的。其直接标的为立法及审判以外之公务之实施，或监督及参与人民对于此项公务之实施。如国防，交通，教育等是。其间接标的乃关于实施公务之人员以及“以实施公务为目的”之财产之准备，选择，征集及管理（包含人员之监督）。如公务员之考试及任用；公务机关之课征租税及财务管理等是。行政职务之性质非纯

---

〔1〕国民政府组织法第八条。

〔2〕Roger Bonnard, *Le Controle Juridictionnel de l'Administration*, pp. 17 ~ 18.

〔3〕Ibid., pp. 19 ~ 21.

粹法律的；实现行政职务之手段不限于法律行为，事实行为亦可。例如公路之修筑即事实行为。实现行政职务之法律行为为主观行为及条件行为。例如行政机关与人民订立契约是主观行为；公务员之任用及归化之许可，是条件行为。实现行政职务之行为称为行政行为。

四、监察职务。监察职务之标的亦是解决一种争执。惟与审判职务不同者，其所解决之争执非单纯法律上的；有时是混合性质的——法律上的，同时是行政上的，甚至政治上的争执；有时是纯粹行政上的甚至政治上的争执。此种争执之标的有时是公务员之行为之合法并适当与否之混合问题，有时只是其行为之适当与否之单纯问题。〔1〕实现监察职务之行为有二，弹劾与惩戒。弹劾与惩戒皆包涵两个要素；第一是证实，有时证实公务员之行为是否合法且适当，有时只证实其行为之是否适当。第二是决定，乃证实之当然结果。此决定在弹劾方面为被弹劾人之移付惩戒或不移付惩戒；在惩戒方面为被付惩戒人之受惩戒或不受惩戒。〔2〕

我国采五院制，在形式上遂有五种职务；但在实质上，只有上述之四种。盖以考试院之职务在实质上系行政。依据现实法之规定，考试院之职务为考试及铨叙。〔3〕考试之种类有二，其一为公职候选人及任命人员之考试，其二为应领证书之专门职业或技术人员之考试。〔4〕前者之标的为实施公务之人员之准备及选择，后者之标的有时与前者相同，有时且是立法及审判以外之公务之实施。以公营业技术人员之考试为例，该考试乃系实施公务之人员之准备及选择，盖以公营业是公务。以西医及药师考试为例，则一面是实施公务

---

〔1〕 弹劾法第二条规定：“监察委员对于公务员违法或失职之行为，应提出弹劾案于监察院。”公务员惩戒法第二条规定：“公务员有左列各款情事之一者应受惩戒，一违法，二废弛职务或其他失职行为。”

〔2〕 弹劾法第三条规定：“监察委员行单独提出弹劾案于监察院。”同法第五条第一项规定：“弹劾案提出后，应即由提案委员外之监察委员三人审查之，经多数认为应付惩戒时，监察院应即将被弹劾人移付惩戒。”第六条规定：“弹劾案经审查认为不应交付惩戒，而提案委员有异议者，应即将该弹劾案再付其他监察委员五人为最后之决定。”条文中及本论文所称“移付惩戒”与“不移付惩戒”，系指将弹劾案移付或不移付惩戒机关审理而言。

公务员惩戒法第十二条规定：“惩戒机关之议决以出席委员过半数之同意定之，出席委员之意见分三说以上，不能得过半数之同意时，应将各说排列，由最不利于被惩戒人之意见顺次算入次不利于被付惩戒人之意见，致人数达过半数为止。”

〔3〕 国民政府组织法第四十二条。

〔4〕 考试法第二条及同法施行细则第一条。

之人员之准备及选择，盖以公共卫生管理以及救助事业均系公务而西医及药师皆为实施上述公务之必要人员；一面使立法，及审判以外之公务之实施，盖以西医及药师复系自由职业者，不限定为国家卫生及救助事业服务，而得独立的，个别的向人民提供其有偿之劳务。国家考试其资格，乃为人民考试其医药学上之能力，间接的保护人民之健康与生命，实系一种公务之实施；此类公务与立法及审判不同，故为立法及审判以外之公务之实施。实施公务之人员之准备及选择，以及立法及审判以外之公务之实施，皆是行政职务之标的；故在实质上，考试是行政职务。铨叙之标的为公务员及考取人员之登记；公务员之资格，任免，升降，及转调之审查；其成绩之考核，登记，以及俸给及奖恤之审查登记；〔1〕俱为实施公务之人员之管理，故亦系行政职务。尚有须说明者；依据现实法之规定，弹劾职务属于监察院，〔2〕惩戒职务则属于下列之机关；〔3〕一，中央党部监察委员会；二，国民政府或政务官惩戒委员会；三，公务员惩戒委员会。弹劾及惩戒之原因为公务员之违法或失职。〔4〕失职之意义包涵职务上义务之不作为，违法的作为及不当的作为。故失职非单纯法律上的问题，有时是法律上及行政上甚至政治上的问题，有时是单纯行政上甚至政治上的问题。当弹劾之原意为违法，则监察院以及惩戒机关之职务在事实上是审判。当弹劾之原因是失职，则监察院及惩戒机关之职务是监察。故在实质上其职务有时是审判，有时是监察，乃具有审判及监察之混合性质。监察院尚有一种职务为审计，其标的为政府所属机关之收入

---

〔1〕 考试院组织法第三条。

〔2〕 见国民政府组织法第三十六条，但有一例外；公务员惩戒法第十一条规定："各院部会长官或地方最高行政长官，认为所属公务员有第二条所规定情事者，应备文声叙事由连同证据，送请监察院审查；但对于所属荐任职以下公务员得迳送公务员惩戒委员会审议。"

〔3〕 公务员惩戒法第一项规定：监察院认为公务员有第二条情事应付惩戒者，应将弹劾案连同证据，依左列各款规定移送惩戒机关：

一、被弹劾人为选任政务官者，送中央党部监察委员会；

二、被弹劾人为欠款以外之政务官者送国民政府；

三、被弹劾人为事务官者送公务员惩戒委员会。

但有一例外，同法第十二条规定："荐任职以下公务员之记过或申诫得迳由主管长官行之。"国民政府或政务官惩戒委员会处务规程第一条规定："本会由国民政府委员中推定七人至九人组织之。"

公务员惩戒委员会组织法第一条规定："公务员惩戒委员会直接隶属于司法院……"

〔4〕 弹劾法第二条规定："监察委员对于公务员违法或失职之行为，应提出弹劾案于监察院。"公务员惩戒法第二条规定："公务员有左列各款情事之一者应受惩戒，一违法，二废弛职务或其他失职行为。"

命令之支付命令之核定；其执行预算之监督；决算计算之审查；以及其公务员财政上行为之稽核；[1]俱属实施公务之人员之财政上行为之监督。一般的言之，且是“以实施公务为目的”之财产之管理。故在事实上审计系行政职务。在事实上，考试院之职务既属行政，考试院应否与行政院相分立？在实质上，弹劾及惩戒既具有审判及监察之混合性质，审计既是行政；弹劾，惩戒及审计应属于何院？皆是极重要且甚有兴趣之问题，拟另作一文讨论之。

〔1〕国民政府组织法第三十六条及监察院组织第五条。

中国新分析派法学简述*

端木恺**

近世法学，大概分别起来，有四大派，即所谓哲学派，历史派，分析派，与社会派。现在可以说是社会学派全盛时代。然而法律的进化没有止境，法学的进化也是没有止境的。分析学派不满意于哲学派的徒尚理想，离开实在太远，便从事于现实法的研究，剖解追求法律的一般原则。历史派又以为分析派的范围太狭，眼光太小，而且把法律看成人造的机械，不合进化的原理，便从历史上去寻找法律演进的过程。社会学派则嫌历史太偏于法律的既往，反忽略了现代的生活状态，便拿社会学的方法研究法律的社会作用。最近有一个新分析派，又在那里酝酿了。

新分析派还在极幼稚的时期，我们找不出强有力的代表，说不出具体的方针和组织。德国的岛尔祺（Wurzel），美国郭克（Cook，W. W.），也只是精

---

* 本文原刊于《法学季刊（上海）》（第4卷）1930年第52期。

** 端木恺（1903～1987年），亦名端木铁恺，字铸秋。安徽当涂人。父亲端木璜生是同盟会会员、国民党早期党员，追随孙中山革命，陆军少将军衔。毕业于上海复旦大学政治系、东吴大学法科，留学美国密西根大学，授法学博士。曾任南京中央军校军官教育团政治教官、安徽教育厅秘书、科长，省立安徽大学法学院院长、农矿部秘书、专门委员，复旦大学法学院院长，国立中央大学、东吴大学行政法教授。1934年任国民党行政院政务处参事。抗日战争开始后，任安徽省民政厅厅长，1938年去职随国民政府迁重庆，后赴汉口仍任行政院参事。1941年任行政院会计长，1942年后任国家总动员会议副秘书长、代理秘书长。1945年4月为第四届国民参政会参政员。1946年8月至1947年10月，任行政院粮食部政务次长。1946年11月，以国大代表身份出席制宪国民大会。不久，因政见不同和派系斗争，辞职移往上海，开办了“端木恺律师事务所”。1947年12月再次复出，任立法院立法委员，1948年7月，任司法院秘书长，同年12月任行政院秘书长。1949年任孙科内阁秘书长。1949年4月全家迁到台湾，任总统府国策顾问。1962至1963年任台湾斐陶斐荣誉学会会长。1969年任东吴大学校长。1979年受聘为“光复会”副主任委员，团结自强协会理事长。1983年任台湾东吴大学董事长。1976～1986年为国民党第十一、十二届中央委员会评议委员。1987年5月30日在台北因病逝世，终年84岁。著有《社会科学入门》、《社会科学大纲》、《中国新分析法学简述》等。

神相近罢了。吴经熊教授[1]是绝对主张这一派的。虽然他的思想还不能说成熟，但是他的态度已经表明。他说，"……根据于新唯实论的逻辑，主张用科学方法来研究法律的现象，使法学变成一个真正的科学。"[2]自从去年吴教授的法学论丛（Jurisprudence Essays and Studies）出版以来，已引起全球法学界的注意。这不特是沉寂[3]已久的中国法律思想上的一大转机，并且是世法律思想上的一大革命。他的立场，方法和主张，实有不可不研究的价值。

法学的派别普通分为哲学，历史，分析与社会，稍为一详细一点便可分为六七派。其实，各派的内容，并不是从派别的名称所能推测得到的，所谓哲学、历史、分析、社会等等名称，只能说明各派的主要方法。新分析派的方法，显然的是分析。旧分析派和新分析派的分野，在于前者从事于形式上的分析，而后者从事于实体上的分析；正各社会学派又称新历史派，也和历史派一样地主张法律是进化的，法律史是要特别注意的，但是他们不单就法律的条文与原则方面纂其统系，把法律的变化完全看作既往的法律现象之产物，而要比较社会的经济的与心理的状态，搜求每一法律变化的社会原因及外用。[4]

新分析法学可以说是由社会法学脱化而来；虽然一个注重分析，一个注重历史，但不像分析派与历史派那样互相水火。历史派原来就没有完全独立，德国的历史法学家受了浓厚的哲学空气的熏陶，法学每不离哲学的精神，甚至有些玄学意味。英国的历史法学，与分析法学相辅而行，对待哲学的时候，历史派当与分析派联合战线。[5]社会法学是历史法学的推广，其间又经过哲学派中社会哲理法学的一个阶段，本来是互为因果，而且互相发明，不必彼此攻击的。现代分析派的英儒萨尔漫（J. W. Salmond）说，"法律必须从体系或定训上搜求其内容，从历史上搜求其演进的程序，从批评上搜求其所以合乎道德公利的方法"[6]，完全的研究，一定要各方都能顾到。新分析派直接

---

〔1〕吴经熊："社会法理学·序"（见陆译社会法理学论略第四页）。

〔2〕同前。

〔3〕"沉寂"原文作"沈寂"，现据今日通常用法改正。——校勘者注。

〔4〕Pound, *The Scope and Purpose of the Sociological Jurisprudence*，陆鼎揆译：《社会法理学论略》第一〇九页。

〔5〕端木恺，法理学，见孙编社会科学大纲第七章第五一页。

〔6〕*Jurisprudence*, p. 2.

社会学派之后，受了社会学派很大的影响，所以与社会学派的关系非常密切。在它没有长成之前，就放在社会学派之内，为一支脉，亦未尝不可，至少，它不曾与社会学派处于相对的地位。

然而要使法学成为一种科学，重要的工作，是确定它的内容。历史的研究，是要追求它如何变成现在的情形，哲理的研究，是要追求它存在的原因和善恶的判别，离开了现实的内容，非但价值减低，而且失所根据。法律哲学（Philosophy of Law）与立法学（Science of Legislation）不是科学。立法学虽然时常带着一顶科学的帽子，事实上是一种技术（Art）[1]，至多可以成为应用科学。它与科学的关系，犹之电机工程对于电学，制药学对于化学，严格的法律，须脱离伦理观念的价值论，站在客观的地位，考察一切法律现象。历史法学家努力于范围的确定的，实以奥斯丁（John Austin）为第一人。他首先声明法学不是直接与立法学有关系的，他虽以法学（General Jurisprudence）为现实法哲学（Philosophy of Positive Law），但是他的真意，是造成一个纯粹的科学，只问法律的实情，不问它的美恶，更不问它应当如何[2]。吴经熊教授的观点正与奥斯丁相合，所以替他所主张的法学，命名为新分析派了。

新分析派究竟不是分析派，不是奥斯丁直传下来的统系。奥斯丁的分析，取材仅及于已发达的法系，只看见政治组织完备的国家中的法律，以至被梅因（Sir Herry Maine）驳得体无完肤。[3]奥斯丁的信徒，更不能充分利用分析的工具。贺兰（T. E. Holland）大有把归纳的法学改为演绎的法学的倾向。适合奥斯丁理论的法律，他便认为法律，不适合奥斯丁理论的法律，他便放过一旁。不比较东方与西方的法律，彻底[4]分析以求共有的要素，而硬把梅因在印度的多年观察所得的事实裂开，强纳入奥斯丁的结论中去。所以吴经熊教授要叹息说“他毫没有分析法的概念；他简直是独断甚或立法”了。[5]

---

〔1〕 Holland, *Jurisprudence*, p. 5.

〔2〕 奥斯丁说“General Jurisprudence, or the philosophy, fo positive law, is concerned with law as it necessarily is, rather than with law as it ought to be; with law as if must be, be it good or bad, rather than with law as it must be, if it be good”, *Lecture on Jurisprudence*, Campbell's edition, p. 33.

〔3〕 参看 *H. Maine's Early History of Institutions*, Lect Ⅷ.

〔4〕 “彻底”原文作“澈底”，现据今日通常用法改正。——校勘者注。

〔5〕 *Province of Jurisprudence Redetermined, in Judicial Essays and Studies*, p. 10.

同情于奥斯丁的方法与精神，而不加入他的统系，另创新分析学派的原因，便在此。

新分析派所更不满意于奥斯丁派的原因，由于他们太偏重于法律的概念部分（Conception Parts）。概念是法学所应当研究，因一切科学都研究它，但是法学“不但分析这些多少带有凝结性的概念；并当分析法律的生活程序，尤其是裁判程序”。[1]（Judicial Process）社会学派的大儒霍姆斯[2]（Holmes），有一句名言说，“法律不是逻辑而是经验。”[3]现在已经有了经典的价值了。法律的概念，所能在典籍中求得的，是定的，即不移动，更无变化，正如一个圆圈永远的是三百六十度，一条直线永远的是两端间最短的线。这种概念是纯粹的形式，在实际生活上，是不会有的。法律与其他的制度一样，产生，长大，随接着便衰老死亡。法典乃是立法者的形式概念。司法的责任，固然是解释，和引用法典，但解释的范围是很广的。解释，平常都认为是确定立法者的意志。果真如此，司法未免太容易了。莫雷（Gisy）说，“事实是如此的，所谓解释的困难，起因在于立法没有意义表现的时候；在于发生的问题律文没有规定的时候；在于法官所要推测的不是立法对于已经想到的问题的意志，而是要对于立法没有想到的问题，推测其假如想到了，意志便将怎样的时候。”[4]裁判的程序，生生不息，法律便也进化无穷。研究法学不能不研究法律的进化，更不能研究裁判的程序。

法律的动性，完全是社会学派的主张。在他们的眼光中看起来，立法者拟制的律文，并不是真的法律，而是法律的表饬。真实的法律，除了法律的判决之外，在别处是找不着的。照这样讲，以前的判决，也不是法律，因为法院可以推翻前例。现下的判决，严格地说，只对于该案的本身为有效，对于该案的两造才是法律。[5]犹如梅诗德（J. De Maistie）所说，“我一生会看见过西班牙人，意大利人，俄罗斯人等等；多谢孟德斯鸠，我并且知道还有普鲁士人；至于人，我可以说我一生从没有遇到过；如果有他存在，我却没

---

〔1〕 Id. , p. 11.

〔2〕 “霍姆斯”原文作“何墨氏”，现据今日通常译法改正，下同。——校勘者注。

〔3〕 “Law has not been logic, it has been experience”, *Common Law*, p. 1.

〔4〕 *Nature and Sources of the Law*, p. 165.

〔5〕 Jethro Brown, *cited in Cardozo*, Nature of Judicial Process, p. 126.

有晓得。"〔1〕社会法学派只看见各种单独的法律；至于法律，他们却没有看见过。大法学家如庞德（Pound）其人，竟不敢回答"什么是法律"。〔2〕霍姆斯说的最痛快，"我所谓法律，就是对于法院将来实际上所要施行的预测，一点也不夸大其词。"〔3〕霍姆斯对于吴经熊教授的影响，可以从他的《霍姆斯推事的法律思想》（The Juristic Philosophy of Mr. Justice Holmes）一文中看出。〔4〕

吴经熊教授以"法律即预测"的格言为出发点，确定了法律的三个线度（Three Dimensions of Law），就是（一）时间，（二）效力范围，与（三）事实的争点。这并不是什么新的发现〔5〕。本来"宇宙间没有新的东西"，时间，范围与事实，尤其是法学家所时常讨论的问题。但是，把它们组织起来，使成为法律的化合元素，却是吴经熊教授的首功。

承认线度说，法律的科学便有了新的生命，由形成的而变为归纳的科学〔6〕形式的法律，无论为典籍或判例，每因社会情形的变迁，在意义与效力上，得着新的解释与运用。换一句话说，法律与宇宙间的一切，全都受时间的咀嚼。各国法典有许多明白规定律不因引用中止而失效，西班牙与意大利的民律通有这样的条文。史凯乌纳（Scavola）批评意律说，"这条律文能完全遵照施行吗？我很怀疑。一条法律废弃不用，而相反的习惯成立的时候，那是因为那条法律不合当时的急需和当时人们的意志，立法者虽有强人遵守的权力，也是徒然。"时间的侵入，是无法阻止的。所以吴经熊教授说，"时间是不速之客。自动地它会到法律的官邸中去的。关闭在前门外它便由后门偷着进去。"〔7〕

第二个线度，效力的范围，便是空间的限制。空间与时间同为宇宙的真实。久度与广度不是像坚质与重量那样要借事物来表现的，虽然离开事物，时与空仍旧存在。〔8〕时间是继续的，空间是并列的（如果我们可以将时间与空间分成段落的话），各个时代有各个时代的法律，各个地方也有各个地方的

---

〔1〕 *Oeuvers*, Vol, 1. Chapter 6, p. 88. *Quoted in Gray*, Op, cit., p. 138.

〔2〕 何世桢，近也法律哲学的派别和趋势，东方杂志第二十六卷，第一号，第九十六页。

〔3〕 *The Collected Papers*, p. 173. *Quoted in Wu*, op. cit., p. 108.

〔4〕 *Juridical Essays and Studies*, pp. 101 ~ 119; *especially*, pp. 107 ~ 110.

〔5〕 "发现"原文作"发见"，现据今日通常用法改正，下同。——校勘者注。

〔6〕 Id., p. 2.

〔7〕 Id., p. 3.

〔8〕 Martineau, *Types of Ethical Theory*, Vol. I, p. 473.

法律，古今的法律不相同，中外的法律又不相同，徒没有一种法律能离开时间性，也更没有一种法律能离开空间性。中国法日本法，大陆法，英美法，都是以效力的范围为形究辞的。提开了并存在空间的各种法律，便不再有任何法律了。管辖无限，效力无穷的法律，是找不着的。

最后一个线度为事实的争点。[1]我们不能够含混地问，“法律是怎样的?”这种空泛的问题，没有人能回答。我们一定具体地把事实说明，然后再问，“对于此事法律是怎样的?”一切的法律，都与事实相对。天下绝无没有事实的法律，理想的法律，也有假定的事实为其对象。庞德[2]说，“订法无论你爱称它为制造或发现，总预为悬想着一人的某种行为及其行为的原因。”[3]法律是有了事实之后才产生的，不是由法律产生的事实。事实相类的，法律也相类，然而同一事实绝不会发生两次。从甲河跑到乙河，虽然两条河都是水造成的，无论如何绝不能乙河的水就是甲河的水；再回甲河去的时候，甲河的水，又变化过，不是前一次所涉着的水了。物理学家的责任是分析事实，法律学家的责任也是分析事实；物理学归纳各项事实，结论物理是如此的，法律学家便归纳各项事实，结论法律是如此的。法典，判例，不是法律，而是法律渊源。[4]我们不能强以事实来俯就典例中的原则，而要试验那原则对于现有的事实是否适合。

这样说起来，法律过去的过去了，未来的还未来，现实法是没有的了。我们所谓法律，只是或然的，不是必然的了。这就是科学。科学上是没有必然的。科学不能训导我们若何真理，不过做我们的行为标准，求其适用而已。[5]科学不论其以认识为目的，或以功利为目的，其价值在能预知。[6]预测[7]有时或不可靠，那是科学不完全的缘故。物的最终性不可知，所能研究的，止于各种现象。用孔德（Comte）的话来说明，科学的能事，不外乎以归纳方

[1] Point of Law. 起初我把它译作法律点（见孙编社会科学大纲等七章第七页），但是Point实在是指事实而言。后来与德生先生讨论，他也觉得中文的法律点三个字虽是直译，Point of Law三英字意思似乎不妥，所以现在改译为事实的争点。

[2] “庞德”原文作“滂德”，现据今日通常译法改正。——校勘者注。

[3] Pound, *An Introduction to Legal Philosophy*, p. 59.

[4] 吴经熊:《法学论业》，第四页。

[5] Poincare', *La Valem Dela Science*（科学之价值，文元模译第一百六十五页）。

[6] 前书第一六七及一六八页。

[7] “预测”原文作“豫测”，现据今日通常用法改正，下同。——校勘者注。

法，探求近似的智识（Approximate knowledge）。法学不能超出这范围，大法学家便是大法律预言[1]家。

然而破碎支离的片段智识，不足以称科学。我的朋友孙寒冰教授，替科学下了一个简单明了的解释，他说，科学“就是把我们的一种智识，造成一个统一的体系，使构成全体的各部分，非但没有矛盾的现象，并且还有互相联络，互相牵制的关系存在”。他又说：“科学的目的是要从混沌复杂的现象中，发现其因果关系，确立公例定理。”[2]是的，潘加勒也说，科学就是关系的系统；我人仅于关系求其客观而已。[3]法律的科学，是要将法律的基本概念分析归类的。[4]在此地，我们可以看出新分析派与社会学派的分水线。庞德说：“法律要稳定，但不能静止。”[5]吴经熊便要说：“法律是动的，但是我们要在它演进的程序中，找出关系的系统。”

关于法律的定性与动性问题，社会学派的卡多佐[6]（Cardozo）推事与吴经熊教授最接近，他们虽不甚相识，然意见每多不谋而合。[7]卡多佐以为独立的判决不足以概括法律。判例所溯源之通则遗规，都应属于法律范围。判例的重要，由于它能助人预测，可见研究法律的目的不外发现因果关系，确立公理定例。很明白的，卡多佐宣告他的态度：“我不要将我自己列入主张在实际上除了判决无所谓法律的法家之内。我想真理是在珂客（Coke），海尔（Hale），布拉克斯董（Blackstone）一派人，与奥斯丁，贺兰，莫雷，白浪（Jethro Brown）一派人所代表的两极端之间。较古的论者，以为法官绝不立法。规则是原有的，隐伏于习惯法中，遂致不大显著。法官所有的工作，只

---

〔1〕“预言”原文作“豫言”，现据今日通常用法改正。——校勘者注。

〔2〕“社会科学是什么”，见孙编：《社会科学大纲》第一章第三页。

〔3〕《科学的价值》，第二百零四页

〔4〕吴经熊教授说“It [Jurisprudence] analyzes and classifies the fundamental legal concepts. It formulates methods actually employed in judicial process.” *Juridical Essays and Studies*, p. 20.

〔5〕*Interpretation of Legal History*, p. 1.

〔6〕“卡多佐”原文作“卡多梭”，现据今日通常译法改正，下同。——校勘者注。

〔7〕卡多佐于一九二四年在耶鲁大学讲《法律的生长》（The Growth of Law），大意组织已定着手编写的时候才看见先一年吴德生先生在 *Michigan Law Review* 上发表的“The Jurisdic Philosophy of Mr. Jusfice Holmes”。他觉得所见略同 *The Growth of Law*, p. 44. 德生先生一九二四年在东吴法学季刊上发表“The Jurisdic Philosophy of Judge Cardozo”，也声明与卡多梭的意见不十分认识，但因智慧的同情而有神交的好感 *Juridical Essays and Studies*, p. 144.

是，揭开这层罩盖，显出它的面目来我们看。自从卞沁[1]（Bentham）与奥斯丁以后，大家对于这种思想的信仰，便打了折扣，虽然我们在近代判决中还找得微细的线索。现在渐有超于另一极端的危险。奥斯丁式的分析，非但否认法官造法，且以为除了法官之外便无人造法。在法院的认可之前，他们说，习惯虽已确立仍旧不是法律，甚至律文都不是法律，因为须等法院去确定它们的意义。"[2]

卡多佐又说，"一个法律的定义，因为否认有普遍效用的规则的可能性，以致连法律的可能性都否认的，其中定有谬误的种子。分析假使将它所要解释的东西都破坏了，还要分析何用。法律与服从法律，是我们生活经验上每日证明的。……我们一定要找出唯实主义所能接受的法律概念。"[3] 服从法律，为维持人群生活的基本条件。但是我们无需时时刻刻地到法院里去确定我们的权利与义务，诉讼在常人的眼光看起来，是很不幸的事，大多数人终生没有这种经验，但也能知道法律，竞竞自守。在诉讼事件上看起来，大概法律都是很明了的，所争辩的多半是事实问题。法律固然滋生不息，但至少数年或数十年才能看到一点进化的痕迹。法律史上不易有强烈的歌名，更不像魔术家的戏法瞬息突变。否则，分析将成为不可能，科学也无从树立了。

对于法律的概念，社会学派的硕儒霍姆斯，庞德等，皆没有什么大贡献[4]。卡多佐虽有很好的意见发表，而他所做的工作，仍是趋重在法律的进化方面。现代法学家致力于概念法学，而有特殊贡献的，当首推新康德派的史丹默纳（Stammler）。他是主张，"无形的物质不存在"的。[5] 他说形式有两种，一种是有条件的，一种是纯粹的。有条件的形式用于有限的事件，为特种目标的观念组织。对于任何一种动物，譬如狗的概念，是有条件的形式，它所组织的是一种可由觉官感受的特种目标的印象。这个形式，又称为实验的概念。智识与意志的形式，是纯粹的，与有条件的形式相对。它的作用不是特种的觉官印象，乃是普遍的智慧。例如因果的概念，便是一种纯粹

---

[1] "边沁"原文作"卞沁"，现据今日通常译法改正。——校勘者注。

[2] *The Nature of Judicial Process*, pp. 124 ~ 125.

[3] Id. p. 126.

[4] "贡献"原文作"供献"，现据今日通常用法改正。——校勘者注。

[5] *On The Question and Method of Juristic Philosophy*, *Selected in Wu*, *Juridical Essays and Studies*, p. 249.

的形式，因为因果概念检点世界上的一切事变，不问它是由哪一种觉官感受的印象。法律的概念联系一切司法的经验，使成为统一的整个，所以是纯粹的形式。[1]史丹默纳的形式法律，不是没有生命的尸体，他的客观的直道，是生生不息。能随时代自行变化的。他的目的，用他自己的话来表明，就是要“找出一种具有普遍效力的方法，可以支配，批评，并取舍随时代而发育，因经验而变化之法律原则的材料，务使其合于客观直道的性质。”[2]

吴经熊教授在美国受了霍姆斯与庞德的熏陶，到欧洲又随史丹默纳游，便想融会贯通二派的学说。霍姆斯认为形式是保存内容的工具，犹之酒壶是装酒的。单考壶的式样，不能得着好酒。史丹默纳以为没有好壶，酒便不能保存。法律哲学之所以在形式上做工作，正是为着内容起见，惟有美的形式，才能表现美的内容。吴的意思以为法学的要旨，不单是酒，也不单是壶，乃装酒的壶，与壶的酒。[3]换一句话说，便是动与静并重。吴经熊教授的调和思想，并不是因为处于二大之间，故意妥协，乃是兼采众长，造成全璧。

法律既须稳定，同时又进化不止，那么[4]，一动一静之间，有没有线索可寻呢？照庞德的意见，一切都可归之于社会的利害。权利与义务的制裁，应视社会的利害如何而定。个人的利害，可以社会的利害关系来解决。[5]所谓社会的利害，当然也没有绝对标准，要以时间与地方的情形决定的。在政治安定的时候，人民的自由便是社会利害的要点；在战争时代，社会的秩序便要放在个人的自由之上了。在文明进步国家，所需要的是公共道德的建设，与社会制度的保障；在落后国家，便要鼓励改良，遇事求新。权利本来是一个相对的东西。法律之所以保障权利，无非为求人事之平。[6]倘是法律所保障的权利，不能适应时代的精神与环境，一定不能存在。奥斯丁所谓恶法也是法律，分析起来，亦有其存在的必要关系。庞德提出社会的利害，便可免掉专断横暴，假借法律权利，演出不平不直的事来。

---

〔1〕 Op. cit. , pp. 249, 250, 251.

〔2〕 *Theory of Justice*, (Husik's Translation) pp. 89 ~ 90.

〔3〕 *Juridical Essays and Studies*, Preface, xi.

〔4〕 “那么”原文作“那末”，现据今日通常用法改正。——校勘者注。

〔5〕 Pound, *The Spirit of Common Law*, pp. 42, 43.

〔6〕 关于衡平去不直的一点没有此中国的“法”之一字表显得更明白的了，参看端木恺，法理学，见孙编社会科学大纲第七章第一第二两页。

然而社会的利害是怎样定出来的呢？在逻辑上，它的推演，是没有空间的。东西南北，无不可去，机玲[1]奇巧。这样，未免太予法官以反复的机会了。吴先生于是发生疑问。[2]吴经熊教授是要拿人性（Human Nature）来解释法律的，那就是说，他要建设一个心理的法学。他说法律的稳定性，依赖于社会的心理[3]，任何时代的法律，都是一种人类的制度，有心或无心的发明，以满足人数的需要。[4]更明白一点说，各项法律观念，实视舆论的趋势而定。[5]固然没有人能说舆论就是法律，但是法律确由舆论而来。在物广人稀的原始时代，天然的财货取之不尽，用之不竭，私有财产是不存在的，因为那时人没有不足的感想。及至人们的生活需要超过力所能及的自然的供给，物权遂应运而生。到了机械工业方盛的时候，国家差不多绝对不能干涉私有财产，然而现在要节制资本了。这也许可以归之于社会的利害关系，但是财产观念的变化，不发生于少数先知先觉看出社会的利害时，却发生于社会心理有了一致的趋向时。至于警权由公安范围而扩大到审美，限制建筑的式样，那大概用社会的心理来解释，要比社会的利害说得通点罢。

在《心理法学的问题与方法》（Problem and Method of Phychological Jurisprudence）一文[6]中，吴经熊教授非但说明新分析法与奥斯丁贺兰等的分析法学的分别，并且说明它与社会法学的分别了。“社会法学讲利害，需要，功能；心理法学则讲内在的素质，情绪，习惯，集合等等。”[7]本来社会学派的法学家，利用心理学的地方很多。在社会学派的发展史上，心理学占据最后的一个时期。其重要的代表有三人，为乔基（Gierke），华德（Ward）与泰特（Tarde）。乔基从事于团体人格与团体意志的研究，而引起法律政治的心理运动。华德认为精神的力与物质的力同属现实的自然的，没有什么分别。泰特则谓模仿性为法律制度发展的最要原因。[8]庞德先生也尝引用心理学上的智识。到了吴经熊教授，便脱离社会学派的大家庭而独立了。

---

〔1〕“机灵”原文作“机玲”，现据今日通常用法改正。——校勘者注。

〔2〕法学论业第一三九页。

〔3〕Juridical Essays and Studies, pp. 139 ~ 140.

〔4〕Id., p. 129.

〔5〕Id., p. 140.

〔6〕See *Juridical Essays and Studies*, p. 48. Ff.

〔7〕Id., p. 50.

〔8〕庞德：《社会法理学论略》，第九十五页。

吴经熊教授的心理法学，与华拉斯（Wallas）之用心理解释政治相同。[1]吴先生所认为心理学家的，有吉姆士（James），华德（Lester F. Ward），华拉斯（Wallas），麦克独（McDongalt），佛洛伊（Freud），勒朋（Le Bon），庄诗莱（Transley），李佛士（Rivers），郭夫卡（Koffka），霍白浩（Hobhouse），李兰诺（Rignano），费印嘉（Vaihinger）等。[2]他的心理概念，还是指意识而言。现代的心理学也是在革命时期，颇为一般人否认有所谓社会心理学，章益教授最近曾有过很精密的讨论。[3]人群的行为和意识并不是人群能自有，而为人群中各个人之所有。而且，社会的与非社会的虽然也可区别，但是界限很难区分。实际上的行为，忽而是对社会刺激的反应，忽而是对非社会刺激的反应，忽而是对两者同时的反应，不能够勉强抽象地把它分开。然而这不成问题。人的结合便是社会，各个人的意识行为，绝不能脱离社会的影响。至于普通的心理学与社会学的区分，便没有关系。社会心理学独立也好，不独立也好，我们所注意的是社会关系，是社会的心理关系。主张社会心理学包括在普通心理学之中的，总不能推翻社会的行为，即对社会刺激的反应。我所谓社会的，便是人与人的交涉，甲对乙的刺激，乙对甲的反应，就是社会的行为，但是新起的行为说派心理学家，根本不承认有所谓意识精神等玄虚的名词[4]，这似乎要成为问题了。

吴经熊教授很痛快地反对新兴的行为论者，说他们的方法只能应用于人以外的动物心理，对于人类不适用，对于法律现象尤不适用。[5]现代法律对于能力、意思、动机、目的、错误等等意识问题，时常提到。在法律的眼光中看起来，这些属于精神方面的现象之存在与否，关系非常重大。一旦打破意识观念，责任的轻重有无，便无从判断了。法学家的经验，意识简直是实在的行为。论者根本上要推翻法律的基础，无怪他们要宣战了。其实，行为论者并没有将意识问题一概抹杀[6]。华岑（Watson）仍在讨论情绪的问题，郭任远教授也讨论意识。不过他们反对所谓心灵的渺茫思想，而要在生理上

---

〔1〕 Graham Wallas 的书已经译成中文的我看见过的有钟建闳译的政治中之人性商务印书馆出版。

〔2〕《法学论业》，第五十页。

〔3〕“社会心理学”，孙编：《社会科大纲》，第四章第十七至二十二页。

〔4〕 参看郭任远：《心理学与遗传》，第一〇一至一〇七页；人类的行为卷上第七章。

〔5〕《法学论业》，第四十九页。

〔6〕“抹杀”原文作“摸煞”，现据今日通常用法改正。——校勘者注。

找根据罢了。郭任远教授说，“行为的心理学不但不否认意识的现象的存在，并且承认关于意识各种问题，也是心理学的重要的问题。但是我们关于意识的见解，和从前的心理学家的见解不大相同，所以不十分仔细的人听了我们所说的话，往往发生误会。”〔1〕至于他们见于意识一类的名词被前人解释的虚茫玄妙，踪近迷信，不合科学，而想另要它种字眼，那我们不必过问。等他们成功之后，我们也不妨采用。郭任远教授说，“心理学的目的全在研究潜伏和外表的行为，至于关于我们何以能知或观察这种问题，大概属于哲学的范围。”〔2〕吴经熊教授也不妨说，“法理学的目的在研究法律行为与意识现象的关系，至于我们何以有意识这种问题，大概属于心理学的范围。”法理学研究行为的社会关系，心理学研究行为的生理原因。法理学日日求进步，何必鼓励心理学的守旧？心理学的发达，与法理学有利无害，决不能妨碍心理的法理学之生长。

本文所论，实为吴德生博士之法律思想。题标中国新分析派法学者，其故有二：盖德生博士致力改造，已近十年，且揭新分析之帜，奋勇直前，以其学派之名题吾文，从其志，亦所以略明法学之趋向也。然与德生博士共同努力者，西洋亦大有人在，将来建设，势虽事事一致，故加中国二字，以示区别。德生博士之思想，养成于西洋，所有著述，亦多与西儒论学之文。就愚所知，处在法政大学（即今法政学院）演讲“唐代以前之法律之思想，”曾以国语在法学季刊发表外，余皆西文写成。商务印书馆为出法学论丛，轰动欧美，而国内读者，犹属无多。且德生富于哲学天性，好引证深奥如康德柏格森诸学语，常人更难了解。愚随德生先生游，凡二年有奇，日亲谈吐，故获略知大概。久拟述之为文，借以自识，奈人事彷徨，终鲜暇晷。近日老同学都君乃毅任法学季刊编辑职，征稿及愚，催索甚急，爰书简述以之。匆促成篇，殊嫌潦草，客中书籍不备，参考尤欠周详，他日得便，当为更详细之讨论，就教德生先生及读者。

一九（1930年），六，二六，午夜，铸秋附志

〔1〕《人类的行为》卷上，第二〇一页。

〔2〕前书第二一四与二一五页。

从西半球的法学说到三民主义的法理学*

丘汉平

一、发凡

在过去的法学史中，就法律的性质和观念及其治学方法，约可别为三派，即哲理派、历史学派和分析派。而现在正在创设的法学，尚未完全成就的法理学亦可分为二项；即社会法理学派与三民主义的法理学派。哲理派又可分为三支：一是十八世纪的自然法派，这一派是在法国发生，卢梭[1]代表之。他的人权论和社会契约便是完全放于自然法则上。这派在美国颇占势力，代表也不少，都是时代促成的。二是玄学派，十九世纪前期的哲学派归之。三是社会哲理派，这派的代表都不能一致，到新黑智学派才可说是有相当的法理价值。历史学派亦可分为德意志派和英吉利派。前者的治学方法是哲理的，间亦不少是玄学的和历史的；后者的治学方法则为比较的和历史的。其所以然之，故完全是两国的学术背景不同。因为德国的历史学派是对纯粹哲理派或玄学派而发的，在此过程中，法家一方面觉得单纯的哲理方法是过于迂阔，于是参入历史的研究，从历史上的观察，用哲学的方法归纳其结论，这种由哲理派转入历史学派，自然脱不了哲理的影响。其在英国，历史学派乃对分析而发的，故其方法为比较的和历史的。因为分析派的法理学只就一种法律而加以分析，并没有比较其他派别，于是往往失之过狭。历史学派崛起之后，认定分析派的治学方法过于狭隘，便从事比较搜寻历史的背景。历史学派的代表，原亦不以独立门户自居，当其批评哲学派的时候，往往附于分析派，

* 本文原刊于《东方杂志》（第32卷）1935年第1期。

〔1〕“卢梭”原文作“卢骚”，现据今日通常译法改正。——校勘者注。

这就可见英国的历史学派之用意了。在分析派自身亦有新旧之别，旧派完全以分析为法理学唯一方法，新派便兼有历史的，沙尔蒙[1]便是属于新派。

我们如果就法学的趋势看，有一种很值得我们注意的现象，这就是近代的法理学已舍弃单纯的治学方法，而趋向于各种方法的融合了。就过去历史说，各派的产生大多是其本国的社会情形和学术风气的影响。譬如英吉利的分析派，其初始颇受热烈欢迎，后来历史学派崛起，分析派就转帆兼用历史的方法了。其在德意志，分析派只附于哲理派和历史派，故未能独树一帜，以与其他派相对应。这种原因有其来踪去迹，不容我们忽略的。但自十九世纪末期以来，欧美社会制度已是整个的工业革命，民主政治亦普遍全世界。于是一国之立法政策，逐渐趋于社会方面，而复不为一个或数个特殊阶级着想。法理学既为法律的科学，自不能离法律而独立，一般社会学的法家就以往的各派言论批评而研究之，深悉其弊病之所在。如果要使法理学成一独立符合时代的科学，那就不能接纳任何旧学派了。因为从旧派蜕变出来的东西仍不免偏重于一学派。例如德意志的历史学派是从哲理派蜕变出来的，故其治学方法扔脱不了哲理方法。现时正在方兴未艾的社会学的法理派有鉴于此，故立一新的原则，应用各学派的方法。要之，我们不要忘记的，就是法理学的新生命是由时代而造成的。我们将在第四节说明新派之成立经过，现在先将旧派的产生及其特别约略述之。

二、分析的法理学派

这派是专注重分析的方法，故名之谓分析派。本来分析的方法是很科学的，并没有什么弊病，但是这派的法家走到极端，而认法理学的唯一方法是分析了。分析派的主要任务是集各种已发达的法系，而就其共同的目的、方法和意义为比较的研究，依以成熟法律的形式而分析其系统、原则和目的。这种方法是法学中的最旧方法，然其成为法理学的方法，却又是最新的了。这派的整理实质法律的方法和文法家的分析造句一样，先把搜集所得的法律材料分为若干类，其目的无非使人们容易了解法律的详细内容。但是详细的内容很复杂，我们不能逐一记忆，那就不得不归纳到若干公式——归纳几个普通概念作我们决定案情的参考。文法也是如此，譬如众数变成之常例，是

[1] “沙尔蒙”原文作“沙尔孟”，现据今日通常译法改正，下同。——校勘者注。

加S于单数字之末。这条原则便包含了许多句法，否则我们要逐句去研究注意就很费事了。不过我们要构成这种原则，我们先要将语言的类别分成若干语部，每语部又分成若干规则和数、字、位等的关系，方可得到系统的文法学。分析派的法学，更是应用此方法到法律上去。但是这种方法的适用，非先有稳定的法律系统存在是不能着手。所以此法只能适用于已发达的法系中，因为法系已届成熟时期之后，分析方法始可得到实验。可是成熟的法系，其法律之产生，往往由于立法的正式手续，故分析派的法律论多偏重于命运说。这派的代表认定法律是人造成的，否认其历史的原因。奥斯丁、霍兰〔1〕和多数的英国法家都是属于此派。至最近德国的新分析派学者如宾丁〔2〕耶林〔3〕等才稍易旧派之观念，而以法律是由国家所设立或承认的行为准则或规范。此准则或规范虽然发生于社会，而其有法律的效力者实赖国家的司法权力为其后盾。英国的沙尔蒙亦主此说。要之，分析派的根本主张是认定法律是有意识的逐渐确定意志，法律就是这有意识的结晶品。从这个观念我们可以举出分析派的特点如下〔4〕：

1. 仅就以发达的法系而研究。

2. 认定法律是立法者有意识造成之物。

3. 认定法律背后必有强制力才可拘束法律的对象。

4. 认定司法机关是法律存在的目标，没有司法机关就没有法律。

5. 认定国家的法令是法律的正宗，这也是分析派的必然结论，因为司法机关的设立，必定在国家成立之后。

6. 偏重功利主义和结果论。

7. 否认法律以外的公平或正义。

分析派的特征既如上述，我们就可进而评其得失了。分析派的特点，在能充分地运用分析方法到法学上去，其结果遂使法学得到系统的陈述，且于每个法律的观念能尽剥削之能事，赤裸裸地写实出来。在整理法文方面，尤具伟大贡献。这派的缺点，也就是其强点的必然结果。英历史派尽力指斥分析派法律观念的错误，以为法理学不应单纯以已发达的法系为其对象。社会

---

〔1〕“霍兰德”原文作“霍兰”，现据今日通常译法改正。——校勘者注。

〔2〕“宾丁”原文作“柄定”，现据今日通常译法改正。——校勘者注。

〔3〕“耶林”原文作“耶令”，现据今日通常译法改正。——校勘者注。

〔4〕“下”原文作“左”，现据排版需要改正。——校勘者注。

法理派更反对其治学方法，认为是削足适履之弊。因为分析派的法学，其内容不外取自罗马法系和英国法系的法律原理而已。就这两系的共通原理归纳到若干原则，以之考验法律的新现象。历史学派虽然指斥分析派，但其治学方法亦只胜一筹：过于忽略现在。因之他们不期然殊途同归，把法理学演成为概念的科学。在社会学派看来，两派均为未免过于忽略目的方面。因为法律是一种手段去达到一种目的。乃分析派的学者只求形式上的完成，遂致实际上的公平或不公平不复为其所欲达之目的。美法家庞德批评这派说："这一派的目的，仅在求已成立的原则中的逻辑的实质，由严格的演绎而充分的发展，使法律本身达到十分确定的境界；由是法庭的判决，均可先求而得不容丝毫的游移。德法家康托洛维兹[1]曾描写这派的观念说：法家最通行的理想，便是为 最高的法官，曾受有高深学术的训练高坐在皋皮上面，具有极精密复杂的思想机械为其利器，并有国家的法典，排列在他的座前。无论何种真拟案件，都可在那部法典中求之。他就其自己所能了解，运用其逻辑的方法和秘密的技能宣示绝对准确的判决，推荐为当时立法者所预定的东西。"

这种法官当然在事实上是找不到，也是不可能的事。因为单单根据一部法典或法例，而用机械式的方法以奉行之，势必归于失败。

所以法律不仅是受过去和现在的支配，并且也受立法者和司法者的个人意志之左右，而个人意志又随个人的训练、环境、理想的支配。譬如一条同样的条文，如果是一个不同信仰的法官来解释，其结果必不尽一致。试观英美判例之出入，大都由于司法官的眼光不同，是为明证。所以法学除了整理条文以外，还要顾及社会方面、个人方面。因为法律的设立和施行，并非为贯彻个人的主张，确是要借法律去达到社会的目的。分析派的法学只说明法律如何制定，如何施行，如何整理，实没有多大利益，最多亦不过给司法官搜索案件的时候便利而已。至于法律的最大目的，如何去实施，那就置而不问了。总之，分析派的法学只做到"整理"二字。此外是没有什么贡献了。

三、历史的法理学派

就时间说，历史学派是三派中的最后发达的。到了现在，这派还没有确立基础。这派的治学方法是把法律，法系及法律原则的来源、进化、发展、

---

[1] "康托洛维兹"原文作"甘托路维资"，现据今日通常译法改正。——校勘者注。

作比较的研究。这派的始祖，要推到意大利学者古耶氏，但其能自树一帜，蔚然成为法学派别者，则自德之萨维尼〔1〕始也。因为当时的德国，适提倡复兴统一论，海德堡〔2〕的大学教授蒂鲍〔3〕氏于一八一四年著德国一般民法典之必要，主张统一德国民族，须由法律之统一，故提倡编纂普通法典，以求其急。这部法典应该排除外国法，尤其是罗马法，而以本国的民俗为背景〔4〕，依据正义及理性为立法根本原则。这也可见自然法派的势力了。蒂氏一书，几乎纸贵洛阳，那时柏林大学教授萨维尼正潜心研究法律史，遂著《立法与法学的先决问题》一书，反对蒂氏之说。谓法律不是任意选作，正如语言是民间自然发达的东西，不是有意选作给人民的。如要德意志的民族的法律统一，只有先统一德国民族的法律思想。此说一出，赞成者颇多。萨氏又继续其历史的寻考精神，大得时人之信仰，德国的法学也就此蓬蓬勃勃起来。

其在英国，历史学派之崛兴，亦在十九世纪中叶。主要代表是梅因〔5〕氏，但是英国的历史学派是起来批评分析学派治学方法之狭隘，并非推翻分析派，梅氏以后，继起的有梅特兰〔6〕和维诺格勒道夫〔7〕二人。不过整个历史的法理学，迄今尚未成立，亦可见历史学派的艰难了。

历史学派的法律观，以法律只可由我们发现，却不能由我们自由制定：立法万能是这派所不信任的。这是历史学派与分析学派冲突的地方，而与哲理派相同。其与哲理派背道而驰者，是法律的发现方法或途径。历史学派以法律为人类经验所结晶而成之人类的或社会的行为公例，渐次发展到条文。但是哲理派却以法律是依公平与正义的原则而定的。由此看来，我们可以知道历史学派的法律观是生机的、进化的，而否认是人群有意识的确定的意志之所产生的。其与分析派比较起来，这派有数特点：

1. 趋重于法律之过去，而不大注重于现在。

---

〔1〕“萨维尼”原文作“萨威尼”，现据今日通常译法改正。——校勘者注。

〔2〕“海德堡”原文作“赫德尔堡”，现据今日通常译法改正。——校勘者注。

〔3〕“蒂鲍”原文作“隄波”，现据今日通常译法改正，下同。——校勘者注。

〔4〕“背景”原文作“背境”，现据今日通常用法改正。——校勘者注。

〔5〕“梅因”原文作“梅茵”，现据今日通常译法改正。——校勘者注。

〔6〕“梅特兰”原文作“麦特兰”，现据今日通常译法改正。——校勘者注。

〔7〕“维诺格勒道夫”原文作“温脑格拉夫”，现据今日通常译法改正。——校勘者注。

2. 否认法律是有意识的造物。

3. 注意法律背后的势力，以为法律的权威是由于人类的服从性，同群的好恶心，群众感情与舆论或社会的公平标准所会合而成的。

4. 认定习惯或造成法律惯例与判例的判决方法为法律之正宗。

5. 倾向黑格尔[1]学派为其哲理观念之中心。

历史学派的弱点，亦正与分析学派相同，其治学方法亦为一演绎的方法——先下一确定的、独断的、外形的标准，然后从而推演以试论一切之法例。此派的研究对象，亦不外以罗马法系为中心，所以得到的结论也是没有正确。法律科学对于已往固不可不注意及之，但是专门注重已往，而全盘抹杀人类的创造力，恐不免自陷于矫枉过正之讥，德国学者批评历史学派的弱点说：

“要知道我们的现在的立足点，不可以不研究已往，这固然是治学的途径。但是我们前进方向的确定，就要考量将来，这也是一样的重要。所有的法律只有现在才有真实的价值，以往的法律，除却其有影响现在的部分外，却没有多大价值。至于将来，则除却它的包含现在的一部分外，也是没有实在价值。从此看来，所谓现在，实是现在和未来的相结点，只有现在是真实的。然而历史学派，却往往忽略这一部分。”

这是一个很忠实的批评，分析派的弊病，是把法律当作死的，可以由国家自由造成或者是毁灭的。只有现在而不顾已往，也不是法理学的正常方法。历史学派虽然知道分析派的弱点，却也不能自拔。只注重已往，忽略现在与将来，岂可再为良法吗？

四、哲理的法理学派

哲理派的治学方法，是研究和批评一切法律，法系及特殊的原则和制度在哲学上或道德上的根据。这一派的发生最早，历史最长，虽其间遭了几次外力的狙击，然而始终未失其地位。不过哲理派的面孔，古今已变过几回，到了十七世纪，这派的势力最盛。后来受了历史学派的挫折，哲理派在德意志渐入衰微；到了十九世纪末，才生反动，现在可说是重要立足地了。至于德意二国，这派原没有失去势力。在法国哲理派占最大的地位。和前二派比

[1] “黑格尔”原文作“黑智尔”，现据今日通常译法改正。——校勘者注。

较起来，哲理派有几个特征：

1. 比较注重理想的未来。

2. 认定法律为人类所发现，但主张发现后的法律应该纳入一定的格式。

3. 注重法律的目的方面。

4. 不着重任何特种的法律。

5. 派别复杂，见解分歧，哲理派不过是一个坏名声而已。

这派的势力在英美并没有什么，其主要原因，由于英美学者误解十九世纪前叶的玄学派为哲理派，我们稍一注意已往的历史，就不难说出哲理派之非玄学派。例如十九世纪后期的德国学者已抛弃自然法论，而采用历史派和分析派的方法，但仍以哲学态度出之。所以我们在前面说，由哲理派转入别的派，哲理方法仍是保留。因为哲学方法，并不是空空洞洞的东西。在文明社会，法律一定要有程式才可以实现出来。哲理派认定法律应以理性与时代的是非理念做目标，使法律与社会不至背驰，既不是分析派就法律之所以为法律的解释，又不是历史派的独持历史为重心。法律的既往，现在及将来，这一派都有顾及，其于是非观念加以理性的批评。法律是一种手段去达到社会理想。

但是以前的哲理派。虽然有上述的长处，却也有几个弱点。一是过于运用抽象的方法。这自然要和实际的法律不符。这派学者，大都作笼统的批评，对于法律内容鲜有明确的知悉，因之，他们常把实际的法律丢开不谈。有时反代为捏造理由，认定某种法律是合理的，而在事实上，那条法律早已废弛了，这种弊病，不讲法律的哲学家更是容易蹈染。庞德说他们自知批评所不大明了[1]的事物是很危险的，因而他们不得不从而事事称赞他的好处。这个批评确是有几分真理。不但如此，有许多学者或司法官吏，他们所崇拜的哲理学说他们的奉行的法律是分道背驰，然而他们从而推崇之，也无非是同样的染庞氏所说的恶习了。不过就历史悠久来说，哲理派具有最长的历史，其改变面目亦最多；自格劳秀斯[2]以后，自然法论大行于欧陆。至十八九世纪，英美的法学者也崇哲理派的“法律不外理性”论了。布莱斯顿[3]是

---

〔1〕“明了”原文作“明瞭”，现据今日通常用法改正。——校勘者注。

〔2〕“格劳秀斯”原文作“格罗稀”，现据今日通常译法改正。——校勘者注。

〔3〕“布莱斯顿”原文作“勃来司顿”，现据今日通常译法改正。——校勘者注。

惯习英法的导师，他将陈旧法例，解之以理性，甚得时人的信仰。但是哲理派的一味理性论，便生出许多牵强的臆说。分析派就起来就哲理派的所谓理性的价值一一衡其轻重，验其事实，察其方法。这样一来，哲理派不能抵抗其视野了。别一方面，亦因哲理派的意见复杂；分析派兴起，又往往在法律上的纷乱时期，谋制法为改良法制的手段。但是学派的发生并不见十分严明，往往是相互游说。所以当哲理派激起的时候，不但是分析派与其对抗，新派常用哲理派之矛攻哲理派之盾。譬如德国的历史学派，从未脱离哲理的方法，然后势力已凌驾哲学派之上。因为历史派的功用在揭破哲理派所设的牵强解释是有此力。不过等到历史派推翻哲理派之后，自身又给哲理派攻击机会，在事实上，也往往有此需要。盖历史和分析派的法学，一经成立，便逐渐固定化，法律渐朝机械方面的过度发展。社会上既深觉得法律的硬化，于是制定的法律必然生出反动。这时非哲理派出来缓和固无从救其流弊，就近代法学思想的全部来说，分析派在今日是全盛时代，历史派的圆满时代已经在最近的过去，至于哲理派的全盛时代，则自宗教改革时代至十八世纪为止的一段时期，入十九世纪，便是这派的最衰落时期，至最近复逐渐萌发在最近的未来哲学派必占一重要位置。但是，以上三学派的不足，均未能认定法学的整个性，自十九世纪末以后，物资方面渐次普遍，经济现象起剧烈变化，其在治学方面则各种应时而起的政治学经济学和社会科学日形发达。受此一外力的影响，法学遂有异军突起，招揽四方，一时间响应的颇不少。虽然这支军的历史不久，但是他的队伍都有很整齐且在政治舞台上，亦博得许多人之喝彩，这支军就是社会法学派！

社会法理学派的历史不过五十年间事，在现时这派还在形成时期之中因为社会学的派别分歧，社会法理学的派别也就一样的分歧了。然而我们却不能以其间接互异之故，就否认社会法理学派的存在，或法律学者的议论纷纭不一，我们不能即否认其哲理的方法，因为社会法理学派的间接虽是分歧，但是我们各有共同之点。我们治法理学的人，对于这新学派的特点怎可不注意呢？

五、社会法理学派

社会法理学的发生，肇端于孔德的实证哲学。孔氏的社会学，是有类于社会机械的工业学，换句话说，就是把社会当为人类机械，而社会学即研究其推动和作用的种种。这些因为孔德自己是一位大数学家，所处的时代又是最注意于物质宇宙的机械性。这个方法在法律方面，最容易受欢迎，因为历史学派的方法亦是一样的讲究法律变化。历史学派所发现的是玄学的定律，而社会学派所寻出的是物质的定律。结果是一样的。

到了十九世纪的最后三十余年间，法律学便开始以生物学的口吻观察法律现象，或仅用其名或其义。自达尔文的进化论一出，遂造成当时科学思想之中心，当时法律学者均为天演论所折服，都以生存竞争的定律暗合于历史学派或者积极哲理派的所发现，这派的推演结论便是以法律的目的在使人人得到有秩序有规则的生活。使各人可以自由活动。物竞天择就自然地发生了。

后来法律学又慢慢走入另一条路，认定个人意志的重要和社会意志的关系。犯罪者不惟观其行为就算了事。且要研究其心理状态。对于社会的影响又如何。于是社会学的法理不得不注重心理学了。因为法律的单纯作用，绝不是为了个人，或某阶级，且应向社会全体方面进行。这是心理学派之所长。

以上所说的社会法理学之过程有一事值得吾人所最注意者：这便是每过程的段落中法理学方面多生出一个新方法。晚近因为学者渐悟原来社会法理中各派的学说均可相因为用，殊不能固执一端为能事，于是社会法理学之统一。就此派的整个理论言之约有六项值得吾人之注意：

1. 研究由法律原则所发生之实际的社会效果。

2. 研究法律应注重社会现象，以为立法的预备，往昔同行的办法，不外就别种的法律作分析的研究而已。后来进而用比较的方法。认为是立法的最佳基础。但是仅就法律本身而相互比较，虽然比从前的已胜一筹，然而在立法方面，实不能认为满意，因为纵使法律的原则是许多法制所共同，但我们却不能即断定其可适用于任何社会，所以法律学除用比较方法外，尤应探究法律的社会作用，及其行用之后所发生的效果。否则，我们无非是为法而造法，忘掉法律的对象却是人。

3. 研究如何使法律条文发生实际的方法，这个问题向来没有人注意的，原来法家和立法家只知贯穿法律的精神方面，以为法律一经成立就能自起而行了，对于法律方面所下的全套功夫，无非是如何变成一部一贯而合逻辑的法典，却忘记法律的目的是在实现社会生活和时代的公平观念。孟子说：“徒法不能自行”，盖已见乎法律的实施方法之重要。现在只凭纸上的意见以制定法律，对于实际上当事人所受之效果，绝不过问。殊不知法律的命令，人民权利的保障，完全寄托在执行方面。所以法律的重要问题，即在切实地研究如何可使法律的纸上公平，能发生实际的效力。社会法理学便是认此问题的重要。

4. 讨论法律目的之史的原因。这种法律史所据的材料，不限于从前的单纯的法律学材料，也不是单纯地研究法律如何进化如何发达，却是搜寻种种法律原则所已发生之社会的效果如何，及如何而可使法律产生社会的效果。易言之，就是说明以往的法律在社会的经济和心理的情形之下如何发育。如何与他们能互相调协，相互适应，又如何能使法律产生一定的效果。

5. 企业求特个案件的公平审判之实现。现在的法律有一个大弊病，就是固定化而忽略法律的适用条件，因为欲树立法律之确定性到不可能的程度，于是宁愿牺牲特个的公平之实现。晚近学者深明以往法律过于注重确定性，于是主张“法律应按情而适用”且法律为司法官之南针，作治案的权衡而于一定范围之内，听其便宜行事，以处理各种事件，这样人民所欲求之公平，乃可如愿以偿。而法律才不背乎情理，由此看来，社会法理学的立场是“法律之人情化”，近乎吾国中庸之道矣。

结论起来，社会法理学派就是将法律的典章，原则，制度视为社会现象作此比较的研究。更就其与社会情态，社会进步，所以发生之关系而评论之。如果将这派的特点概括起来，约有六点值得我们注意：

1. 注重法律的作用而不注重于抽象的内容。

2. 视法律为社会制度之一以其如此法律目标应和社会的共同目标一致。

3. 注重于法律的社会目的的方面，而不注重于法律的权利方面。

4. 主张法律例是为指导司法官使得达到社会公平之用，而不是为其呆板的规范。

5. 重实验方法。这是社会学的必然结论。

6. 派别复杂，但其主要学说则颇相同。

我们对于上述诸学派，不消说是认社会法理学派最为完满。因为社会法理学派的方法是包括各派的长处，而其治学的立场和基础却和各派不同。分析派是在法理中找到公平，于是忽略了法律的作用及目的。其于法律的产生则以国家为唯一来源。这是反乎历史的。历史学派虽然进一步去补充分析派的弱点，说明法律的进化和发展，辨明法律不是完全国家的造物，但因其过重于历史的探索，过力于观念论的说明，遂致忽略现在而终至抹杀人类的创造力。哲理学派出来对于法律的公平观念固能尽发挥之能事，然以其过于推演于不知不觉中自陷于玄学论。虽然上述三派均有其长，但于法律的社会方面，皆略而不谈，这便是一个大缺陷。现在许多国家的社会现象早已改其旧观，然而其法律仍是一如几百年前的规定。这就是法律忘却其自身社会制度之一种。社会法理学派出来破空前之建树，成未来的法学基础，厥功至伟，固非各派所可望项背也。

虽然社会法理学派亦非一无缺点，法律的作用固然很重要，但法律的内容也一样重要，只注重法律的作用而忽略法律的内容，结果仍是无完满。例如所有权一项，我们要知道它的作用，自非先知道它的内容不可。如果只找出其作用而不明其抽象内容，无异乎盲人骑瞎马了。其次社会法理学派过于注重人性，如果法律留了大空白给司法者，那无异说法律要实现特个案件的公平，非有良法之士不可，但是要执法之官吏各个听从社会法理学派的言论哪一个国家也是办不到的。这就是说社会法理派的主张要使之实现，先要有一班博学无私又无感情的法官不可。然而，一观今日的法律社会，这是不是办得到呢？这种过多的人治的主张，实质与法学相冲突。不过，我们也诚信法律要得显示的公平。一定要有良好的执法官，我们以为良好的执法官应该注意审判方法这比任何条件来的重要。注重方法方合科学精神，现时有一部分的社会法理学家已有这样的主张。比如惹尼[1]的法律之解释方法一书，美国法律哲学中的法律的科学方法与经熊先生的裁判中之不得不逻辑等，都是向这条路跑。如果社会法理学一味说特个案件的公平审判，而不求其如何实现的方法，结果岂不是一样的徒劳无功吗？

六、三民主义的法理学派

世界上有一个文化最悠久而物质最落后的国家这就是中国。因为中国的农业社会制度绵延了四千余年的生命。经济背景既为如此，那么[2]其所产生或影响的制度自然脱不了农业社会的色彩。故在法律方面，仍是农村法律

〔1〕“惹尼”原文作“义尼”，现据今日通常译法改正。——校勘者注。
〔2〕“那么”原文作“那末”，现据今日通常用法改正。——校勘者注。

私权不甚明显，而各种工业社会的法律无从发生或发展。故在法律上的权利单位，自然是以家族为单位——没有个人独立的，可能这不会是我们立法所能定而使然的，却是农业社会的必然现象及结果。因为农业社会在其简陋时代，除了靠家中及其分子共同维持生活外，别无他种较好办法。这种社会，在中国的文化各时期之过程中，虽是有多少变化，然其主要骨干仍是四千年来的老东西。

自从十八世纪末叶以来，逊清迫于外力不得不开放门户和西洋经商。鸦片一役，中国的整个农业社会于焉摧残。近百年来，可以说是中国有史以来的最剧烈变动。革命之后，尤汲汲于追随欧美之文明。但是中国这个社会倘要一步步地依西洋进步的步骤发展，那就非一二百年的时间努力不可。等到我们做到西洋今日的文明，他们又不知跑多少远了。因为这个缘故，孙中山想出一个方法，可以使中国的改造不循旧辄，而用一最敏捷且最效力的方法使中国一蹴由四千年前的农业社会到最进步的社会。这个方法就是三民主义，三民主义是最新的因为在民族方面谋一永远独立的方法，因为在民权方面谋一真民治民主的国家，因为在民生方面谋全民的衣食住行之解决。我们的现在社会既是如此剧烈的变动，所以我们立法也丢开西洋的步骤方法，跟三民主义的缩时空术。胡汉民先生曾说过："革命的立法有进取性，所以要迎头赶上世界一切新学理新事业。革命的立法有改造性，所以不能因袭古代法规，继承外国法系。"

为什么不能因袭古代法规，继承外国法规？因为三民主义的社会是旷古今无有其例，则其立法亦自必是古今无先例。

三民主义的立法是最进步的，最彻底[1]的，最进步的因为赶过社会主义的立法；最彻底的因为赶过社会法理学的主张。虽然这三派的立法均以社会为单位，但是三民主义的社会单位和前二者不同。一，三民主义的社会单位是无阶级的；二，三民主义的社会单位不是以多数为标准的；三，三民主义的社会单位是互助的社会，是全民的社会。其在法理方面和社会法理学不同。三民主义的法理学很细。上述三民主义的立法其特征有十二：

1. 注重民族精神，民族思想，民生幸福为中心立法。

2. 注重社会中的全数分子。

---

[1] "彻底"原文作"澈底"，现据今日通常用法改正，下同。——校勘者注。

3. 侧重现在和未来。

4. 并重法律的理论公平与实际公平。

5. 并重责任义务及法律关系。

6. 研究治安的方法。

7. 研究由经济政治及教育所生的法律效果。

8. 注意法律所产生的特别效果。

9. 注重法律的执行方法。

10. 视法律的确定性为主要条件，以法律的适应性为补充条件。

11. 注重国家的效能。

12. 三民主义派的理论确是共同生活。

三民主义的法理学正创造的路程，我们相信他的完成日期，有待于我们的努力。这派的方法，不惟是把古今的方法铸于一炉，并且把法律哲学上的几个最重要的问题也消化下去。譬如萨维尼说法律是国民精神的表示，三民主义的法理学便承受它而改称为"法律是民族意识的表示"由此看来，我们可以知道三民主义的法理学是有其立场，我将另文述之。

附参考书：

（一）学说概要

Pound，《社会法理学论略》（见前二章）；《法理学大纲》，第二章至第七章。

吴经熊：《六十年来的法学花花絮絮》；

吴经熊：*Juridical Essays and stuties*，commercial press，ltd.

Stammer，*fundamental tendencies in modern jurisprudence*（drakis translation），mich. L. R. Bryce，*Studies in History and Jurisprudence*，*Lecture on Jurisprudence*.

吴经熊：《施塔姆勒[1]及其批评者》。

丘汉平："现代法律哲学之三大派别"，《东吴大学法学季刊》第一卷第八期。

丘汉平："施塔姆勒法律哲学述要"，《法学期刊》第三卷第二期。

（二）分析派

Austin，*Jurisprudence*（见前二章）

Holland，*Jurisprudence*，chap. 1

Salmond，*Juriprudence*，&1 ~4.

[1] "施塔姆勒"原文作"舒丹木拉"，现据今日通常译法改正。——校勘者注。

Pollock, *A First Book of Jurisprudence*, Chap. 1.

Pollock, *Essays in Jurisprudence and Ethies.*

Geny, *The Nature and Sources of Law*, & 288 ~ 321.

Amos, *Systematic View of the science of Jurisprudence*, 1872.

Heron, *Intoduction to the History of Jurisprudence*, 1860.

Rattigan, *The science of Jurisprudence*, 2nd. 1909.

Stern, *Rechtsphilosophic and Rechtswsscnschaft*, 1904.

Levy – Vllmann, *Elements D introduction generate a lelude des science juridiques.*

Pt. I > La definition du droit, 1917.

（三）历史派

Savigny, *The Vocation of our Age for legislation and Jurisprudence* (Hay – Wards Transl, 1831); Maine: Aneiient Law (Pollock's end) 1206.

Maine, *Early History of Institutions*, 1874.

Maine, *Early Law and Custom*, 1883.

Bryce:

Clark:

Cartet, *Law: Its origin*, Growth and Function, 1907.

Hastie, *Outline of Jurisprudence*, 1887.

Bergbohm, *jurisprudence and Rechtsphilosphie*, 1892.

Wieland, *Die historische and die Kritische Methode in der Rechtswissenschaft*, 1910.

（四）哲学派

（五）社会法理学派

吴经熊:《法律哲学研究》。

Pound, *Introduction to the philosophy of Law*, 1924.

Ehrlich, *Sozilogie and Jurisprudenz*, 1903.

Hol, es, *The Path of the Law*, 10 *Harvard Law Review*, 467.

Spencer, *Justice*, 1891.

Toutoulon, *Philosophy in the Development of Law.*

John C. H. Wu, *Essays in Jurisprudence and Legal Philosophy.*

（六）三民主义派

孙中山:《三民主义派》。

胡汉民:《平均地权的真义及土地法原则的来源》(《胡汉民先生演讲集》第六集三五页至四四页)。

胡汉民：《我们的民族法及以王道精神来取最新法例保存良好习惯》（第十一集页六二至七三）。

胡汉民：《民法物权编的精神》（同集页一〇三至一一六）。

胡汉民：“社会生活之进化与三民主义的立法”（《中华法学杂志》第一卷第一号）。

三民主义的法学原理*

梅仲协

（一）弁言

对于三民主义的政治原理与经济原理，颇有所阐述，唯独对于三民主义的法学原理，则似未有人能道之者。或谓，中山先生全部遗著，偏重政治与经济，而鲜言法律，我们当然不能妄有所主张，不过笔者深信一切社会科学的研究，都是在发见法律规范，为法律寻求基础。所谓法律的基础，就是社会连带关系，社会连带关系之实行，端赖人生之服务的精神。中山先生有云："人人应该以服务为目的，而不能以夺取为目的，聪明才力愈大的人，当尽其能力而服千万人之务，造千万人之福；聪明才力略小的人当尽其能力以服十百人之务，造十百人之福；……至于全无聪明才力的人，也应该尽一己之能力，以服一人之务，造一人之福。"（见民权主权第三讲）笔者不自量力，颇欲就中山先生所昭示于吾人的这一段教训，参以近世各国学者之法律思想，并附以管见，藉用阐明三民主义的法学原理。谨陈一得之愚，以就正于读者。

（二）三民主义的法律系以义务为本位

人类自初生以迄于今，虽仅有二十万年的历史，但是世界上有了人之后，便到处都有人，人与人之间，总是营着共同的生活，这是地质学家和社会学家所告诉我们的自然事实。任何人都是人群的一分子，但同时各人还依然感觉其自己的个别性。因为知道自己是个别的人，所以有他的需要，有他的意向与希望，只能够与他人营共同生活，才能够实现，所以人人皆有社会的认识，不过这种认识，因时代的不同，在程度上有些差别而已。总之人人皆知道他是隶属于人群的，却同时亦知道他自己是具有个别性的，大地上自古迄

* 本文原刊于《新认识》（第3卷）1941年第3期。

今，便有许多的社会集团，参与社会集团的人们，既认识自己的个别性，同时亦知道自己与他人相联系的种种拘束，这种拘束，社会学家，称之为“社会连带的拘束”（LiensDe La Solidarite Sociale）。

在历史的过程中，一切社会集团，各具有不同的形式，其中主要的社会形式，是依时代而递变的。譬如在游牧部落，人类营共同生活，却无一定的居处。彼此之间，为了共同防御与共同生存上的需要，便互相结合。在家族组织，除由共同防御与共同生存而生之连带关系外，复加上一重血统的关系，与共同的信仰，所以家族集团，较游牧集团，更为完整。后来许多同渊源通习惯同信仰的家族，复相与结合，而成为市府组织，更进一步，形成了民族集团。这个民族集团，是近代文明社会的特出典型，其组织的因素，甚为复杂，如语言宗教、法律、政治、习俗之一致，以及战争胜负之休戚与共皆是。〔1〕

不问各种社会的形式，是怎样的分歧互异，亦不问在同一社会集团中，其分子间互为结合的连带拘束，是怎样复杂而善变，我们却相信社会连带的关系，总是由两种基本的原因而发生的。第一，因为人类有共同的需求，而这种需求，只能够在共同生活之下，才可以获得满足；第二，就是各人又有不同的需要，而其技能又各互异，为求这种不同的需要之满足，唯有努力于各种不同的技能之运用与发展，以互相交换其服役。前一种的连带关系，我们可称之为“同求连带”，后一种的，可称之为“分工连带”。这同求连带与分工连带，就是一种维持团结的实力所以连带的拘束，愈来愈紧密，则社会组织，便有愈见强固。

人类既共营社会生活，且藉此连带关系，以团结各个构成分子，而维持其生存，故自然会为情势所迫，产生一种行为的规范，强迫社会的人们，对之服从。这种行为的规范，就是法律。一切制定法，必须皆在实现下列两种原则，或者是发展与运用这种原则，才能成为正当的法律：

（1）凡属侵害社会连带（同求连带或分工连带）的行为，都不许做；

（2）凡是实现或发展社会连带（同求连带或分工连带）的行为，都应该做。

上面所说的行为规范，亦即所谓法律，其性质与社会连带攸同，亦具有

〔1〕参考民权主义第一讲及民族主义第一讲。

社会性与个别性。就法律基础言，是具有社会性的，因为法律只能存在于共营社会生活的人群之中；而法律之所以具有个别性者，则因为它蕴蓄在人们的个别意识之内的缘故。正因为具有个别性，就不能不有所差异。盖法律系强制人人都须为社会连带关系而共同努力，固然人人都有其同样的法律，但是因人们的聪明才力，各有不同，其对于社会连带之个别努力，当然只能适用各种不同的方式，是故法律亦只得就各种不同的义务，以强制各人而为履践。这才是“真平等”。

法律既以社会连带为基础，那么[1]所谓“权利”的概念，亦从而可以想见。人人既然都是受法律的强制，共同努力于社会连带关系，则人人致力于社会连带的一切行为，必须有“权”去履行，同时在完成其所负荷的社会使命之际，亦必须有“权”去阻止一切外来的障碍。营社会生活的个人，诚然保有各种权利，但此外所谓权利，只不过是种种的“权力”而已。因为既然是社会里的人，便应该履行其“义务”并具有“权”去克尽其义务，所以才起种种权力，赋与于他。总之，依“人生以服务为目的”的道理讲来，法律因强制各人履行其社会义务的缘故，所以使各人享有种种权力，亦即通常所谓权利，而这些权利，又是以各人应完成的使命为根据，而受限制。

讲到“自由”，亦复如此。在社会连带的关系上，人人既负有必须在可能范围内充分发展其个别活动的义务，故自由当然会成为一种权利。诚以个别活动，乃分工连带的基本因素也。但是，人固然有自由发展其活动的权利，然只能在其活动对于社会连带之实现，有所贡献时，才享有自由之权。要之，所谓自由，不过是履行社会义务的自由而已。

以上所述都是根据三民主义的哲理，认义务是法律的基础，一切的权利，俱系因履行义务而始得享有。这个结论，与个人主义的法学原理，适属相反。个人主义的法律，系以权利为本位，而不以义务为基础。认人生而自由，而且天赋以种种自然的权利，得以任意发展其活动。并可以强制一切之人，对于其种种活动，予以尊重。不过因情势所迫，要使众人的个别权利，获得保障，则不能不使各人的个别权利，受有限制，所以个人主义的法学原理，认为法律一方是强制众人应尊重各人的个别权利，而他方为求众人的个别权利，获得保障计，又不能不使各人的权利，受有限制。以为有权利才说得到法律，

---

〔1〕“那么”原文作“那末”，现据今日通常用法改正。——校勘者注。

法律的基础，是建筑在权利之上。再者个人主义的法律论，还联想到人类的平等问题。人人既生而享有同样的权利，虽则为了共同生活的必要，各个人的权利，固应受有限制，但众人所受的限制，应该是同样的，才算平等，设若其间有所差异，则在同一社会的人们就不复人人享有同样的权利了。在十九世纪，个人主义的法学原理，曾发挥到顶点，任何一国的法律都受它的启迪，一直到现时，尚保有其威势。可是因近今社会科学的发达，证明了个人主义的学说，完全建设在假定的设想之上。它认自然的个人，是孑然孤立，生而自由，与他人不相关涉，并且因为人是孤立的，自由的，就会取得种种权利，这确是无稽之谈。〔1〕照历史讲照事实讲，人生而为集体内的一分子，总是在人类的社会上生存着，可见人乃是一个为社会连带关系所拘束的个体。要之，人并不生而自由，都享有同样权利，人是生而就为集体中的一分子，所以对于一切为维持及发展共同生活而生的"义务"，都应该履践。再者，人人平等的这句话，亦与事实相反。人有圣贤才智，平庸愚劣之分，如何能够平等。在事实上，人与人之间，有很大的差别，社会愈文明，人与人的差别，愈见显著。人与人既有差别，则对于各个人的待遇，自有不同。人在法律上的身份，原来就是显示人与人相关联的地位，就各人对于集体而言，个别的活动，各有不同。只能服一人之务者，不能强其服十百人之务，力能服十百人之务者，则又不许其好逸恶劳，而只服一人之务，造一人之福。可知各人法律上的身份，自然不能不互相殊异。个人主义的学说上所谓人人都是绝对平等，乃是"假平等"。〔2〕

我国古代的法律思想，一向是以义务为本位，把法律的基础设在社会连带关系之上。唐律杂律"见火起不救"条载："诸见火起应告不告，应救不救，减失火罪二等"。及捕亡律"邻里被强盗"条载："诸邻里被强盗，及杀人，告而不救助者，杖一百，闻而不救助者，减一等"。这显示了先哲所谓守望相助的精神，而为个人主义的立法，所梦想不到的。

（三）主权就是民权

近时中外公法学者，咸认主权是民族的意思，是国家的命令权力，在民族组成了国家的时候，主权便成为国家的命令权力，亦即成为发布无条件的

〔1〕见民权主权第二讲。

〔2〕见民权主权第三讲。

命令之权力，足以命令一切在其领土上之人。被称为布丹（Bodin）再世的法国宪法学大儒埃斯曼[1]（Esmein）教授，对于主权的解释，极为精彩其言曰：国家是民族之法律上的拟制人格，它是政治威权的主体，又是政治权的支柱。民族之法律上的构成，就是因为在人类社会中，有了一个超越个人意思的威权之存在。这个威权，对于其有统治的种种关系，当然不复承认另有一种较其更高的或者与其相抗衡的权力之存在。此即所谓主权是已。主权有两方面：一为对内主权，亦即对于一切构成国家的公民，及一切寄居于国土上的人们，发布命令的权力，二为对外主权，亦即代表国家，并且于与其他国家所作成的关系中，使本国受其拘束的权力（参照 Esmein，Droit constitutionnel，1927，I. P. I）。埃斯曼的学说，虽尚为一般学者所奉为圭臬，但是近今实证法学家如狄骥（Duguit）者，早已加以驳难，斥其说为玄学上的见解，不切合事实（参照狄氏著：Traite de Dro－It Constitutionnel）。至在中国人的脑海中，更不能了解所谓“拟制人格”与“权利”这一类的名词。推埃氏之说，以为原始的主权，本渊源于民族，在民族组成国家之前，这个民族，已经是一个具有意思的人格者，而其意思乃是至高无上的，在民族组成了国家以后，这意思虽则还寄托在民族的身上，却转移到国家来了。所以主权就是国的意思，主权之于国家，恰如意思之于个人，既认主权是国家意思之力，则主权当然就是权力，就是以国家为主体的权力。像这样的解释所谓主权，在欧美人看来，已经觉得是玄得不可思议，而在我们中国人看来，更是莫名其妙。依我们的见解，在三民主义的中华民国，全体国民，具有“有能者”与“有权者”两种的差别。集国内聪明才力之士，即有谓有能者，使其组织政府，管理国事，而授与以广泛的权限。这些有能的人，通常均称之为“治者”。治者既享有充分的政治力量，便得发布命令，借物质上的强制力，使人务必服从，不过治者所发布的命令，必须遵照法律，才算是正当。物质上的强制力，亦只能用之于保障法律的制裁，才算是正当。三民主义的法律，系以义务为本位，以社会连带关系为基础。法律是行为的规范，上面已经说过，凡属侵害社会连带的行为都不许做，凡属实现或发展社会连带的行为，都应该做。所谓治者必须遵照法律，就是指恪守这个行为规范，而负有积极与消极的两种义务而言，治者不能以一己的私念，发布命令，强人服从，只有他

[1] “埃斯曼”原文作“爱斯曼”，现据今日通常译法改正，下同。——校勘者注。

们的意思与命令，合乎法律，众人才对之服从。总之，政治力量，应该以促成法律之实现为目的，治者应该竭智尽能，以作成一切足以保障法律的威信之行为，才算是克尽厥职。

治者的任务有五种，就其权而言，亦即所谓五种治权是已。一曰立法任务，就是表达法律的任务，通常均称之为制定法律。制定法最足以表达法意，可以强制一切人民，不问为治者或非治者，均应受其支配。二曰行政任务，就是国家在法律范围以内而为种种干涉的行为之任务。因行政任务的实施，便会创设特定的法律地位，或者因而作成足以产生法定地位的条件之种种行为。三曰司法任务。治者因执行司法任务，对于违反法律的事件，或关于特定的法律地位之存在及范围，有所争执时，即须予以裁判。在遇有违反法律的事件时，则依其情形，应命其为赔偿，或予以惩罚，或使其无效。在确认特定的法律地位时，于判定其存在及范围以后，并应保障其实现。四曰考试任务，就是选拔真才，使有能者皆得有服务政事的机会。五曰监察任务，就是对治者本身，作种种的考核，使贤者得以安于其位，不肖或无能者，不致滥竽充数。

大凡治者，都是全国国民，依照法律，就考试及格，或特出的人才中，用选举方法，选拔其最有能力者，以充任之。可是治者于执行任务时，如有违反法律或不忠于职守者，则人民依法可使其去职。前者就是人民的选举权，后者就是罢免权。在治者应制定法律而不为制定，则人民依法自己可以直接制定，在治者制定的法律，是否适当，发生争议时，人民便依法而为最后的判定。前者谓之创制权，后者谓之复决权。上述的选举，罢免，创制、复决四种权力，合而称之为政权，人民赖有这个政权，便可以很灵活地控制治者。

在三民主权的哲理中，我们只知道有能的治者，握有治权，无能的众人，则享有政权，有能的治者，可以而且应该尽量发挥其治权的作用，使政府成为万能的政府，为国家富强，为人民谋幸福。但是滥用治权，或者不发挥治权的作用，致陷政府于困顿的情状，使人民感受痛苦，则国民便得运用其唯一的武器，即所谓政权者，予以种种纠正与制裁。总之，我们只知道权与能的区分，治权与政权的差别，除此以外，不复能了解如欧美学者所谓“主权”之一事者。如上文所示，照欧美拥护主权论者的见解，认国家系具有拟制的人格，主权虽则是渊源于民族，却可移而属之于国家，形成了国家的意思，是国家的命令权力。这个意思——主权，超越于个人，凡基于国家意思而发布的命令，人民便不能不服从。在民主政体的国家，这个国家的意思，便寄在于国会的身上，构成国会的份子所谓议员者，虽则选自人民，但一经选出以后，便不复是人民意思的代表，而无庸对人民负责，只有他们所组成的国会，才是国家的机关，他们所表示的意思，才是国家的意思，这个意思超越于个人的意思，可以任意支配人民，而人民不得不对之服从。其实，国会议员的意思，还不是治者的个人意思，倘若不问治者的意思，是否合乎法律，换句话说，就是是否合乎社会连带的关系，人民皆须服从，则人民无异于为议员的奴隶，"民主专制"下的牺牲者。

在三民主义的法学原理上，不特治者在行使治权时，有违反法律或怠忽职务的情事，握有政权的人民，得予以罢免（参照五五宪草第三十二条），即全国所选出以代行政权的国民代表，违法或失职时，人民亦得依法罢免之（参照五五宪草第二十九条第二项）。就此可知，治者固应对人民负责，即国民大会的代表，亦须对其选举区负其责任。这明明与拥护主权论者，所谓主权是国家的意思，属于国家而不属于国民的见解相反背，而且尤其与彼等所主张的"主权不可分"的原则，大相冲突。然则，我现行训政时期约法第二条及五五宪草第二条规定：中华民国之主权，属于国民全体。云云。该主权一语，并不是欧美学者所想象的玄学上之主权，实在就是民权的别称。我故曰："主权就是民权"。

（四）礼与法

礼之一字，含义至为广泛。今人与古人，对于礼字的意义，见解颇不一致，而最大的毛病，往往把礼与仪混为一谈。昔者子太叔见赵简子，简子问揖让周旋之礼焉。对曰："是仪也，非礼也。"今人指"夫规规矩矩的态度"谓之礼，也是犯着同样的错误。依笔者的愚见，礼与法是同质而异名，礼就是法，法就是礼。古人对于礼字，也有解释得很确当的。礼记乐记云："礼者，天地之序也……序，故群物皆别。""礼者，天之经也，地之养也，人之行也。"（见左昭二十五年）这样解释礼的本质，简直与十七世纪自然法学派大师格劳秀斯[1]（Grotius）与普芬道夫[2]（Pufendorff）辈之说明法律的本义，若合符节的。不过我先儒中，基于人类的社会生活关系，以阐述礼的概

〔1〕"格劳秀斯"原文作"加格鲁述"，现据今日通常译法改正。——校勘者注。
〔2〕"普芬道夫"原文作"普分道夫"，现据今日通常译法改正。——校勘者注。

念的则莫善于孔子与荀子。礼记礼运篇有云：饮食男女，人之大欲存焉，死亡贫苦，人之大恶存焉。故欲恶者，心之大端也，人藏其心，不可测度也，美恶皆在其心，不见其色也。欲一以穷之，舍礼何以哉？

这是很明白地告诉我们，饮食男女，是人类的本能所需求的，而死亡贫苦，又是人心所恶的大端，这种欲恶，隐藏在人心内面，一听道德的制裁。然若一旦见诸行为，则不能不绳之以礼。可见礼就是人类行为的规范。

荀子对于礼的起源，更说得清楚，而且具有近人科学的眼光。在其所著礼论篇，开头便说：礼起于何也，人生而有欲，欲而不得，则不能无求，求而无度量，则不能不争；争则乱，乱则穷。先王恶其乱也，故制礼义以分之，以养人之欲，给人之求，使欲必不穷乎物，物必不屈于欲，两者相持而长，是礼之所由起也。

荀子认礼是人类在营共同的社会生活中，彼此相处间的一切行为之准绳，其目的在于定分而止争。论其本质，实在是与法律毫无差异。所以我敢说，礼就是法，法也就是礼。

不过法律的概念，在中国人的脑海中，是极为模糊而褊狭的。一向只知道刑法是法律，所谓“彝章”，所谓“茂范”，都是专指刑律而言（参照唐律疏议进疏表）。其实，刑法殆不过是法律的一部门。在古代封建社会，贵族执政，一般平民，都 是贵族的奴隶或准奴隶，贵族物质上的需要，都取之于平民，严刑峻法，是贵族榨取平民与镇压平民的唯一工具。可是贵族自身，也是营共同生活的，既营共同的社会生活，自亦不能不有法律，藉作行为的准绳。不过贵族社会的行为规范，古代不称之为法，而别名之曰礼。所以在那时候，礼是贵族社会的法律，刑是平民（古称庶人或小人）社会的法律，君子守乎礼，小人服于刑，礼不下庶人，刑不上大夫。礼与刑的分限，自嬴秦商君变法以后，虽渐渐地归于泯灭，但是儒家总还尚礼义，法家则专尚刑名。因此便有所谓礼治与法治之争。其实礼就是法，法也就是礼，近代文明各国所谓法治，乃是守法为治的意思，却并不是我国古代所谓严刑峻法以临民的意思。至于守法为治一语，乃是指举国上下共守法纪而言。不但无能而享有政权的民众要守法，即有能而握有治权的执政者，亦要守法。如是才能成为一个法治国（Rechtssta at）。

或谓就法理学上言，法律具有强制力，治者得借物质上的实力，以强令一般人民，对之服从，而中国的所谓礼，却并不含有强制性，何得认为礼即是法，法即是礼？其实，礼亦具有强制制裁的力量，昔时人未之深究耳。昔者郑公孙子晳与公孙子南争妻，子产执子南而数之曰："国之大节有五，女皆奸之。畏君之威，听其政，尊其贵，事其长，养其亲，所以为国也。今君在国，女用兵焉，不畏威也；奸国之纪，不听政也；子晳上大夫，女嬖大夫，而弗下之，不尊贵也；幼而不忌，不事长也；兵其从兄，不养亲也。君曰：'余不女忍杀，宥女以远'。勉速行乎，无重而罪。"（见左昭元年）可见虽身为贵族，一旦逾礼，也和平民犯了法一样，亦要受放逐的制裁，安能谓礼是缺乏强行性的呢？

（五）结语

建立三民主义的法学原理，原是一件重要而艰深的工作，而且千头万绪，断非数千言所能罄述。三民主义提出过几个基本的问题，作简要的阐明，甚原藉此以引起读者的注意与兴趣，相与作进一步的研究，至于我国现行各成文法典，及学者的著述，是否尽与三民主义的哲理相吻合，异日当另为文以讨论之。

苏联法律的哲学基础*

郑竞毅**

一、引言

帝制时代的俄国其政治经济及社会一切组织，和现在所谓文明的国家，可说是大同小异；但自1917年间的无产阶级大革命以后，前此一切制度尽被废弃，国内资本主义的势力，因以崩溃，无产阶级专政的幻梦，遂告实现。当时通行全国的法律亦全部失效。在秉政者的意思，他们以为国家即法律，并无丝毫露着急促的态度去制定什么完全的法典，以资遵守。所以当时政府的一切命令，其效力与法律相等。然为便利援用起见，始有下面所谓司法组织令的颁布："嗣后法院审理案件，须适用苏俄法令，若法令无规定时，则应根据社会主义的精神……"因此从革命成功后一直到1922年间，社会主义组织都在新陈代谢的过程中。所谓革命意识，便支配了全国人民的行动。凡属无产阶级的同志，在法律上或非法律上的行为，较其他任何阶级人民都占有绝对卓越的地位。其后国内渐趋安定，苏俄政府始将数年来业已经过试验的理论和政策，制成有系统的法典。除民法因采用新经济政策不能完全脱离旧有制度外，其他法典——尤其是刑法，则比较纯粹的可以完全代表他们的革命意识。

马克思的经济学说，乃苏俄社会全部生活之基础。研究苏俄法律，自不能不把他做根据。惟马氏学说之实际运用，仅在过去十余年之间，为时甚短。因此我们从事这种研究，便发生下列二种困难：第一，苏俄法律并无历史上

* 本文原刊于《东方杂志》（第30卷）1933年第2期。

** 郑竞毅，1931年毕业于东吴大学法律系（第13届），获法学学士学位。

的前例可供参考，材料方面极感缺乏。第二，仅仅根据于数年来的实施，并单从马氏的学说作解释及研究之用，自不免受偏见所限。所以我们只能提出若干要点，略予讨论。

故本篇所述，仅限于苏俄法律的抽象理论，而且仅及其重要各点。当然谈不到专门的研究。即关于详细的讨论，亦只有俟诸异日。

二、法律的起源

非共产主义者之法律起源论，学说甚多。在共产主义者的眼光看来，没有一种不是虚渺无据的。前昔最占势力的神权论，根本上即为共产主义者所否认。其他各说，亦都属于唯心论，和苏俄学者之法律起源的见解之积极地趋向于唯物论方面者，适相反对；但是他们的主张亦有下列二种学派之区分：第一学派为 P. Stuechka 教授所领导，极力主张法律的起源乃肇自有历史以前之土地的私人所有论之概念。谓法律在当时是地主用以压迫奴隶的一种工具。第二学派为 C. Pashukanis 教授所主张，谓法律起源之残迹，须在货物交易的时代内追求之。依第一学派内关于前昔奴隶制度存在时始有法律一说，在推论上可供苏俄“法律属于阶级的”之学说做一种极有力而合理的根据，其立论比较正确，至于第二学派的主张，资本主义的社会乃为货物所有人所结合而成的一种团体。他们相互的关系，完全系经济上的关系。于从事生产时，受雇人的劳力和雇主的资本虽同为生产之要素，在事实上雇主则单独地为生产下来之货物的所有人，享有高大权力，占有优越地位。因此，双方的利益既不平均，遂开始发生冲突；同时，分配者与消费者亦屡因经济上的利益竞争，引起纠纷，于是统治阶级为压迫被统治者，并杜免无谓争端起见，遂有法律的制定，以为双方奉行遵守的根据；但是依马氏的学说，则谓：生产工具的分配与生产物的分配，有连带不可分的关系。在古时人们的交易，并非货物（生产物）方面，而系着重于土地及耕作的工具（即生产的工具）方面。专事于货物的交易，乃后来的事。所以第二学派之法律起源，谓系始于货物之交易的时代，我们似乎不敢轻易予以赞同。

上述两学派的理论虽不相同；惟最后之主张则皆殊途同归。双方均坚决地以法律系专属于阶级的，而且亦异口同声地对资本主义者的神权和其他唯心论极力加以攻击。

三、个人的权利

马氏以为个人不过是阶级的构成分子，在法律上并无所谓个人的权利之存在。换句话说，社会的组织体乃以阶级为单位，各个人尽被阶级所吸收，不能单独存在。个人所享利益和所有权利，都应并入阶级。所以个人的权利即为阶级的权利。个人对于所应享之利益，仅能在于实现阶级的共同目的之范围以内，始为法律所许可。依马氏此种学说则个人权仅系一种“准权利”，不外是由阶级所赋予而只能在于尊重阶级的利益之限度内，才可享有的一种利益。记得列宁有下列的一段话：

“民法在广义方面看起来，并非关于什么财产货物的规定，亦不是什么关于人的规定，实则系关于人（众人）与人（众人）间——阶级与阶级间的规定。”

由上所述，可知共产主义者对于法律虽亦承认它是社会关系中之一种规范。但此种关系乃指社会上的阶级与阶级中的相互关系而言。依我们关于公私法区分的见解立论，共产主义者是始终不承认有所谓私法这一种名称的存在。

四、法律的性质

非共产主义者法律性质的分析，通常由主观与客观两方面着手。他们以法律从客观方面看去，是一种复杂的规范，乃由立法者根据人民的意志，以实现正义（Justice）为目的所制定而成立的。若从主观方面看来，则法律是个人在某种设定之规范的支配之下，以实现其利益之一种权利。这两种见解的哲学基础，都逃不了唯心论的范围。当然地与马氏学说站在唯物论的立场，绝对处于相反的地位。

依马氏的解释，个人与财产（生产的结果）在法律上的相互关系，乃在后来始行明显。以前的法律或其他的一切事物，大都是由抽象的进于具体的。证诸人类以往历史，无不如是。所以非共产主义者之法律的主观论与客观论的分析，未免与事实不符。因此马氏信徒以为若由客观方面去分析法律，仅可视法律为生产与交易之相互间的一种具体上的关系。换句话说法律在客观方面是从事于实体上的经济事务中之人民彼此间的一种关系。如由主观方面言之，则法律系关于法的规范与法的概念之一种制度。

马氏曾于其著作内说过，社会并非以法律为根据，而法律则必须以社会为根据。法律须脱离个人意志的表示，而代以社会经济上的生产所需要之普通利益的表示。他的意思是说前此的法律并不是一种确定个人权利的工具，实则历来的个人反为形成法律的活动分子。凡此种种，都是与非共产主义者之主张相反的地方。

五、伦理道德与法律的关系

古时曾有一个时期的学者，主张法律的原则不必要和社会上的伦理及道德相符合。此种倾向，为时甚短。其后学者则多以为法律和伦理及道德有特殊的关系。就是在今日的共产主义者，亦积极承认之甚且更扩张的，深刻的，加以发挥。他们以为法律和伦理及道德的关系，较任何关系还要来得精密。伦理及道德不特具有时间性，且亦带着阶级性。所以社会中一个阶级有一个阶级特有的伦理及道德。法律既大部分是由伦理及道德蜕变而成的，则法律的成立，自应以统治阶级所承认为合乎其阶级的伦理及道德做标准。凡违反这种标准的，虽法律未设明文，亦视为间接地系违背他们所制定的法律。此种理论，在苏俄各种法典未制定前之所谓依据“社会主义的精神”及“革命意识”以处理案件，便已推行过了。法典成立后，是项理论仍可引用。

在另一方面论之。即被统治阶级亦有他们自己的理论与道德，他们亦和统治阶级之自视其阶级中之伦理与道德同为高尚不可侵犯的；但是被统治阶级的群众，原较统治者的数量多，所以他们的伦理及道德的权威，理论上和事实上，都比统治者的法律来得尊严而具有绝对不可侵犯性。如果被人家（指统治者的法律）侵犯时，便可实施抵抗。即未受他人侵犯，若有危险行将发生，或有被侵犯之虞时，为维持他们（被统治阶级）自己的伦理及道德之存在起见，就是积极地破坏统治阶级所制定之法律，亦是一种极正当的行为。在表面上虽属违背现行法律的举动，而视为一种犯罪行为；然从被统治阶级的立场说起来，此种“违法”行为是维持他们全阶级的，至高无上的，不可侵犯的伦理及道德。

根据上述理论，被统治阶级一旦推翻了统治阶级，他们可以依据自己阶级内所视为不可侵犯的伦理和道德，制定有利于己之法律，以为被统治者遵守之准则。所以无产阶级握到了政权时，他们所制定的法律，亦应以他们阶级内之一般视为至高无上的伦理及道德为唯一标准。

以上所说，乃关于法律和伦理及道德的关系，读者至此，必有谓诚如此说，则所谓正义〔1〕者是不可以存在者矣。我们因此遂不可不讨论所谓正义之问题。

六、正义问题

所谓正义，在我们一般的法学者心目中，乃专指合乎公正持平的原则而言。其实此种原则之成立及确定并非一成不变的。宇宙间的事物，天天在那里活动和演进，我们的主观亦随之而时时发生变化。昔日之所谓公正持平，今日则以为反乎公正，反乎持平。甲地之所谓公正持平，在乙地则否。如果我们把法律当作维持正义的一种工具，那么便要发生很多困难而不可解决的问题，所以正义问题的讨论，历来已绞尽无数学者之脑汁，还未敢轻予论断。即在共产主义者之鼻祖马克思氏，对此问题亦不能创设一定的意义。我们因此只有依据他的论理，庶可窥见共产主义者所称的正义之内容和它的性质。

我们通常都以为正义即平等之谓。在马氏的意思，他以为在无阶级的理想世界未实现以前，社会的进化，完全是阶级的斗争之过程。在某种时期内尚须经过一次无产阶级的专政。无论如何，这是不能避免的阶段。他们为欲维持其独霸的地位和掌握其统治权，乃制定有利于己之法律，以为镇压其他阶级的工具之用。所以马氏的推论是："法律系保护统治阶级的工具，因此无论什么法律都是阶级的法律。"

由上述结论，我们便可推知在阶级间并无所谓平等之存在，而且彼此永久地是在乎斗争和竞争统治权之状态中。

非共产主义者的法理学，大都一致主张法律的目的是要使人人在法律上有一种完全的平等。其实现方法，就是使人人的权利都能够由一种普遍的标准，详予规定，而且能够受着同一内容之法律的保障。而共产主义者的主张，则完全与此相反。他们以为人类的平等不能以法律为根据，只能以劳动做标准。目前一般社会上的经济，根本是不平等的。在表面上法律是以平等为名，实则它的适用，因社会上的经济不平等，而亦随之变实质上的不平等。因此所谓正义，在法律上仅是一种空空洞洞的名词，与法律的目的并无何种关系。

其次马氏学说谓国家乃一种阶级的斗争，他说："国家或政府是政治社会

---

〔1〕"正义"原文作"正谊"，现据今日通常用法改正。——校勘者注。

中所存在之敌对的一种公的表示（Official expression）。”列宁更进一步明显地说：“每个国家不外是阶级间的利益不能调和时，所产生之一种压迫其他阶级的机器。”可见共产主义者的国家观念，亦是一个统治阶级所设立以从事压迫被统治阶级的一种工具。

今日苏俄的国家，即无产阶级独裁之国家。他们阶级之意志的表现，就是靠着法律。所谓正义，如果有这样一种东西，那么仅系存在于这种合乎他们全阶级所表现的意志之中，而且只有他们阶级内的同志，始能获到。其他阶级的人，如欲追求它，除牺牲他们的地位外，别无方法。所以在共产主义者的意思，法律是阶级斗争中胜利者对待失败者的工具。所谓正义，不过是统治者安慰或欺骗被统治者之一种名词罢了。

七、法律的将来

法律在非共产主义者的见解，总以为是规范人在社会上一切行为之一种法则。苏俄法学者的理论，完全与此相反。上面业已讨论过，至于将来的法律究竟要演进到什么程度，或要变化到什么方式。人类的文化愈进步，法律的地位在将来究竟如何。凡此种种问题，在共产主义者和非共产主义者的意见，颇有区别之处。然双方学者一致主张法律是活动的，向上的，它的演进与人类文化的进步，成为一种正比例。这是二者之主张的共通点。

依非共产主义者的见解，法律是把抽象的理论去适用于具体的事实。事实愈多愈繁杂，则抽象的理论亦随之而增加。在此种过程中，我们无时无刻地不在探求一种尽善尽美的法则，那么在这样不断的努力人类社会上的关系苟一日存在，法律亦一日不能废除。

综观上述两种相反的见解，前者是以法律的向上活动，得到一种积极的结果——完美的法律。后者则以法律的向上演进，获得一种消极的结果——不需要的法律。究竟这两种不相融合的理论，何者属于正确，我们姑置不论。若就其出发点——即法律的性质——加以判断，如果我们相信法律确为以阶级压迫另一阶级为目的的一种工具，由此处推论下去，则将来不需要法律的时代，当然无疑地行将成为事实。总之，非共产主义者对于法律的解释，专指为阶级的御用品。已往的事实是这样，目前的情形，也是这样。宇宙间的事物，都有连带的因果关系。如能从这一点观察，也许于解释上或下判断时，更能增加若干的助力。

法儒狄骥*（Leon Duguit）之法律哲学**

张志让

法儒狄骥为法学中之革命家。推翻旧时观念。独倡新说。虽其主张未必尽是。而其取经得当，则属无疑。其论驳旧有学说，言之中肯，尤为有功法学，不可磨灭。兹将其驳斥前人之言。及其个人对于法律与国家之学说，概括陈述如后。或亦研究法学者之所乐闻欤。

以往对于国家与法律之错误观念

国家系人之一观念，除少数例外不论外，为近世国家与公法学说之基础。布伦奇利[1]（Bluntschli）以国家为有政治组织之人格。卢梭主张国家有其独立之意志。基尔克（Gierke）以国家为有意志之生物。耶利内克[2]（Jellinek）以国家为有权利能力之人。类此主张，不遑枚举。要之皆以一种虚设之观念为根据。其实惟人为真有存在。人有相同之需要。有互异之才能。常习群居。互易劳役。其动作皆出于自知。人有强弱之分。弱者常受强者之强迫。此为事实。舍此以外皆属虚构。说者每以人群为生物。有独立之思想与志念。与其各份子之思想与志念截然为两物。然试问世果有目睹此种生物耳闻此种生物者乎。说者以为个人意志而外，另有团体意志。殊不知于一时期中，诚每有多数之人，怀同样之意志。惟此种意志仍系各个人意志之集合。并非于个人意志之上，另有所谓团体之意志者。即使假定于一团体中，各人之意志皆同，而其为个人之意志，仍不因此而稍变也。

---

* “狄骥”原文作“杜基”，现据今日通常译法改正。——校勘者注。

** 本文原刊于《法律周刊》1924年第44期，第4～6页，续刊于第45～46期。

〔1〕“布伦奇利”原文作“伯伦知理”，现据今日通常译法改正。——校勘者注。

〔2〕“耶利内克”原文作“叶林纳克”，现据今日通常译法改正，下同。——校勘者注。

于是说者则谓此种意志自有其目的，与各个人之目的不同。故与各个人之意志为不同之物。岂知以团体之目的为目的之意志，仍不失为个人之意志。吾人但见人之思想与动作。未见其他。

或有以为国家苟无人格，则公法无存在之可能者。此种理论，根本上即难成立。其意盖谓吾人不能公法。故国家不能不为人格。是持此说者应先证明公法何以为必要。且国家之为人格与否，与公法之能否存在，并无若何关系。主张反对之论者，以为法律关系以主观的权利为根据。是以欲有公法，必先有主观的公权。而欲有公权，必先有权利主体。国家有主观的权利，是以为权利主体。是以为人格。欲使此种理论成立，应首先证明国家之有主观的权利。而主观的权利之一观念，固属纯粹空想。数百年来学者多以为人有主观的权利。各种法律学说皆以此为起点。

此外则有自然权利之说，主张吾人生来既有权利。此种权利，实于未有国家之前即已存在。国家只能保护此种权利，使之不受侵害，而不得无故干涉之。凡此云云，皆不过一种设想之辞。并非真有之事实。此种学说常以契约为社会与国家之源。殊不知契约之一观念实发生于社会成立以后。决不能为制造社会之具。

吾人以为社会利害相关之一观念，实为法律规则之源，请先就此种观念，详为阐发。

社会利害相关之观念

利害相关之原则，承认人与人有共同需要，此种需要必须协力合作，乃得满足。又人与人有不同之能力，与不同之需要。此种需要，必须互易劳役，乃得满足。是以人不欲生存则已，苟欲生存，则其行为应与利害相关之原则结合。利害相关一语并非行为之规则，实为社会之根本事实。并非命令，实为吾人生存于社会之条件。亦即为吾人生存之条件。兹为解析此种原则起见，请将各种关系观念，分别研究之。

离人而言，国家与社会皆无独立之生存。研究社会，应以个人的心为单位。笛卡尔[1]之言，曰“吾思，故吾存在”。此实为唯一不能争辩之事实。个人之心，实有存在，且能自知。

---

〔1〕“笛卡尔”原文作“德卡儿”，现据今日通常译法改正。——校勘者注。

人之心各不相同，惟其不同之点纯在其内容。其内容或趋向个人，或趋向社会。然无论如何，心之为物，仍属个人所有。

心之趋向，常欲有所表示于外界。即对外界有所动作。此种由内及外之趋向，即吾人之所谓意志。意志在外界之表示为动作。此种意志系属自由，抑属前定，乃一久经讨论之问题。迄今未有圆满之解决。惟意志之作用常为个人所悬之目的所耸动，则属无疑。吾人对于各种目的有无自由选择，抑常为强有力之目的所左右而不自知，其选择实已前定，此皆未经解决之问题。吾人所可言者，乃人皆知其动作，并知其目的，自信此种目的实为使其动作之原因，并自信此种目的实由自由选择。

自知的，有思想的，有意志的，有目的的。人乃社会生活中惟一真实之物。各种哲学，法学，伦理学，政治学，社会学，均应由此起点。心之内容日久生长，则心亦因之而生长。人人思想之物愈多，其所怀目的愈广，则人之为人，愈为扩大，然内容之发达并不足以改变心之性质。心之为个人所有之物，仍不因此而稍减。意志日趋复杂，而仍属个人之意志。动作日繁，其进行日速，而仍属个人之动作。人之心虽不徒知有己而并知其与他人相联之关系，而其心仍属个人之心。

人苟离群而居，则其生命必较短。所受痛苦必较多。以历史之眼光观之，自有人类，即有人群，无论在有历史以后，或在未有历史以前，未有离群而独立者。卢梭所想象〔1〕之自然人，实未尝经科学式的证明。故社会学家可以置而不论。社会学家所应研究之问题，乃社会存在之事实在吾人心中有何种之表现。有何种之反应。社会之意义如何。人在此种情形之下发生何种之要求。

人莫不知有个人之生命。因此发生好生之意志。欲免除一切有害生命之物。消灭人类之苦痛。此种心理，人人皆有。时与地不之不同不足以变更之。此种共同意志，实为人与人连结第一关键。此即自知人类利害相关之心理。惟其为各个人之心理，则仍不因其内容而稍变。人与人欲望需要相同之一观念，实为社会成立之基础。文化愈进，则此种观念愈形发达。在人类之大联合中，更有无数小团体。团体中之人自信其关系较与他人为亲切。而团体与团体每易发生争斗。

〔1〕“想象”原文作“想像”，现据今日通常用法改正。——校勘者注。

人与人因有共同之居地，源始，宗教，敌害与苦痛，并因自知其共同之需要非有共同之生活不足以满足之，故相率为群居合作之事。社会之一观念，乃得植立于各个人之心中。人非必以公众之幸福为目的。不过协力同心以求各个人之幸福而已。集人群而成社会，乃一自然之事。惟人莫不知社会中之各份子皆有生存之念与减少苦痛之意志。此种意念非借共同生活不足以冀实现。因有社会关系，故有此种观念。因有此种观念，而社会关系益密。然此种观念仍为个人所有之物。是以个人化与社会化实可同时并进，人与人之关系愈密，则人之社会性愈发达。人之思想范围愈大，则其个人性愈增加，二者初无冲突也。

然各个人群居合作之志愿，非即卢梭之所谓社会契约也。主张社会契约之说者，假定最初之时，人皆独立。其后订立契约，弃其原有之独立，而取得相关之保护。吾人以社会为自然产生之物。谓社会因人欲群居而成立，无宁谓人类自来即属群居，舍群居外别无其他生活方法。人知群居之为必要后，即具有群居之欲念。其发达纯属自然，无待人力之强求。且即使社会契约之说为有据，亦不至遂有团体意志之发生。盖在契约中，两人以上之意志虽有同一之目的，而其意志，仍不失为各个人之意志。并不因其目的之合一。而遂有一独立之意志实现也。

人皆知有好生恶死减少苦痛之共同意志，故发生利害相关之观念。换言之，即因有共同之需要与欲念，并深知社会生活之足以减少敌害，故有此利害相关之心理。是此种心理实因人类有相似之处而发生。然人亦有互异之点。此种异点之存在，亦足为发生同样心理之原因。其理为何〔1〕，兹可略述。

人有相同之思想，欲念，与需要。人非生而平等。全体一致之社会为有史以来所未见。天演之趋势实足增加人类不平等之点，草昧时代，人民相似之程度，较之近世为高。文明愈进，则人之能力与需要愈异，则各人之需要愈易满足。其痛苦因以减少。个人之活动愈发达，则其借以交换之具愈多，而人类全体之幸福因以增加，可知人类互赖之处实多。社会生活实为绝对有利之事。利害相关之观念，每即因此而生。是其发生之原因，实在分工。与第一种情形，适成相对。而其影响实较第一种为大。

法律规则于此有一问题，即于上述情形中，能否推出一行为之规则。如

〔1〕“为何”原文作“维何”，现据今日通常用法改正，下同。——校勘者注。

果能推出，则其内容为何。人知之否。有无制裁。此种问题为社会科学所不可不解决者。一经解决，则其他问题，皆可迎刃而解。此种规则，乃对吾人意志与动作而言。系规定目的之规条。仅适用于有知觉的行为。亦非关于原因与结果之陈述，如物质界之定律然。故此种规则不能于日常所见之因果关系中求之，而当求之于人之心中。其内容非陈述式的，而系命令式的。此种规则实已包括于社会利害相关之一观念中。

人于动作时常有目的。此种目的系常由其自择。选择是否有绝对之自由，兹且不论。而人之自知其行使选择，则属无疑。兹所谓目的者，乃指决定吾人行为之直接目的，而指超越一切之普通目的。吾人行为之价值，只可依其目的而定。盖行为不过为个人意志之发于外者。其本体固属无足轻重。所应注重者，乃在意志。而意志复为目的所定。故行为价值问题，最后仍归本于目的。

今试设想有一种社会在完全静态之中。则其间份子既无动作，自无行为规则之问题发生。盖必先有各个意志间之关系，然后乃有行为规则之必要。倘意志无对外之表示，则行为规则永无适用之时。必也意志对外发为动作，而吾人对于此种动作复欲评定其价值，而后乃有行为规则之问题发生。然则个人行为必如何始有社会价值。曰，其行为必为合于社会利害相关之观念之目的所定，乃有社会价值。人之为人，全因其利害相关，互谋团结。非此不足以减少人类之苦痛。故凡能增进此种团结之行为，皆应为人所尊视。吾人于此可得行为规则之第一条。曰，对于个人意志之动作之由社会团结之目的所定者，应加尊视。毋为阻碍此种动作实现之行为，尽力合作，使其实现。

吾人自有生以来，即自视为个人的，而同时复自视为社会的。盖吾人常习群居。故常自知其与他人利害之相关。此种知觉有时固甚隐昧。然仍自不失其存在。人自有此知觉，即自知其受此种利害相关念之拘束。可知上述之行为规则，实与社会利害相关之观念相混合。自有社会以来，无论其在何种草昧时代，人莫不有忍受行为规则拘束之观念。利害相关之观念苟经变更，则此行为规则之观念，亦即随之而变。故在分工最盛之时代，助进个人动作自由之发达之行为，最为行为规则之所提倡。

上述行为规则，在人类心理发达史中，为最先发现之观念。凡为社会团结之目的所定之行为，既皆应为吾人所尊视，则凡反对之行为，自皆应受反对之待遇。人人既皆有权利为合于此种目的之行为，则自无权利为反对之行为。人人既有义务尊视合于此种目的之行为，则自无义务尊视反对之行为。进而言之，人人皆得保护社会之团结，使之不受侵犯。或为之修补所受之损害。最后吾人复乃有免除有害社会团结之行为之义务。是以行为规则之第二条，可由第一条中推得。第二条之规则曰，人人皆应免除为反对社会团结之目的所定之行为。本条规则，亦犹第一条，系包括于社会利害相关之一观念中者。

依照第一条规则，吾人对于合于社会团结观念之行为，既应尊视，则当然有自为此种行为之权利。于此有一问题，即吾人是否仅有为此种行为之权利，抑并有为此种行为之义务。此种义务实为上述规则之当然结果。故吾人有第三条之行为规则。曰，尽力合作，使社会之团结实现。人类之思想系由简单变为复杂。其内容与时俱长。故其所怀行为规则，亦由第一第二两条之简单规定中，发生第三条之规定。人不仅应尊视合于社会团结之行为，免除反对社会团结之行为，并应努力自为行为增进社会团结之行为。近世法律规定之日越复杂，亦即由于同一原因。盖文明愈进，则人对于其所负义务，愈为明了也。总而言之，行为之规定与社会利害相关之观念为一而二二而一者，其发达之经过，实相结之欲望。亦即因此有希望团结之义务。上述行为规则有无客观的存在，兹可不论。吾人所应注意者，即人心中确有此种观念也。此种规则为社会上之事实。故亦犹其他社会上之事实，其存在乃在吾人之心中。上述三条规则，可以一言蔽之曰，毋为减损社会团结之任何行为。为增进社会团结个人实际上可能之各种行为。

此种行为规则既系由社会利害相关之一观念发生，故其性质亦同时为属于社会的，并为属于个人的。其性质何以为属于社会的，盖此种规则之存在实以社会为基础。自有人类，即属群居。舍群居外别无他种生活方法，其存在与社会相终始。其发生纯属自然。然此种规则同时亦为属于个人的，盖其存在本在个人之观念中。一般社会学家常以社会有独立存在之心。其实此种社会心灵之存在，从未经科学式的证明。纯为一种假定。心之内容虽可以为社会的，而心则仍个人之心。故行为规则之内容虽属社会的，而其观念仍属个人之观念。此外尚有另一理由足以表示行为规则属于个人之性质。即其适用仅限于个人是也。其效力只能拘束有知觉有意志的个人。盖惟人为能了解其行为之动机。苟无知觉与意志，则但能有因果之律，不能有目的之律。行为规则乃属目的之律。除人以外，尚未发现[1]何种物体能为有意志之行为。在此种物体未曾发现以前，行为规则之适用只能限于个人，而不能及于团体。盖团体之有知觉与意志，尚属未经证明之事也。行为规则因为个人之观念，并仅适用于个人，故亦至为驳杂。人有相似之处，亦有相异之处。其欲望与处境亦然。故所受规则亦同时有相同相异之处。此种规则关于社会之团结与人以共同之义务。故对于个人之命令有相同之处。人之能力各不相同，故行为规则对于各人所索之劳役，亦各不同。是其命令相异之处。人愈相异，则适用之规则亦愈异，其所加之义务亦愈不同。义务所根据之原则虽相同，而此种原则之适用则相异。换言之，即人人皆有尽力合作助进社会团结之义务，而其合作之方法则各视其状况而变更。相同之处得相同之待遇，相异之处得不同之待遇，是之谓平等。苟以同样之义务加诸互异之个人，则非平等之道也。

行为规则虽对于各人之适用不同，而对于各人之拘束力则无异。吾人于此得有重要之结果。即一社会中之份子虽有强弱之分，而行为规则对于两种之人所加之拘束力，则初无不同。此种社会苟有永久之性质与相当之组织，则吾人称之为国家。强者所有之义务有时较弱者为多。因强者能力较胜，促进社会团体，较易奏效也。

行为规则同时有永存与常变之两种性质。其所根据之社会为永存之物。利害相关之事实在各种社会中皆存在。各种行为规则皆与人以促进此种团体之义务。故其内容之大概实皆相同。然历史所记载之各种社会。其形式实至不同。故各种行为规则内容之细节亦不能不因时因地而互异。在某种社会之中，因相似而生之团结，较之因分工而生之团结为重要。在他种社会之中，则或反是。

此种行为规则系属道德的规则，抑属法律的规则，为可以提出之一问题。夫道德与法律之分，为数百年聚讼未决之点。研究绝少意味。苟有行为规则为人所遵守，并足应社会之所需，则其性质之为道德或法律，初无所异。惟于人类发达史中，社会每有两种份子。一种份子较为明察，所具社会利害相关之观念较清。故规则中每有未为群众所承认而已为此种份子所承认者。此种规则可以名之曰道德规则。至于群众所认为对于社会团结为必要之规则，

[1] “发现”原文作“发见”，现据今日通常用法改正，下同。——校勘者注。

则名之曰法律规则。换言之，即道德规则之为人所知不若法律规则之普遍也。是以文化愈进，则道德之领域愈为法律所侵夺。盖所谓文化进步云者，即明察之人较多，明察之程度较高之谓也。

世不乏反对吾人之学说者。自然法学说，早经弃置，无劳驳辩。所应注意者，乃目前德国学者所主张之学说。依照此种学说行为规则，非有物质强迫之制裁，不足以脱离道德之域，而进于法律之界。故社会必先有具有物质势力之人，采取此种规则，予以[1]制裁，然后乃有法律。换言之，即必先有国家，然后乃有法律。法律为国所创造之物。此种学说始为黑格尔[2]（Hegel）与耶林[3]（Jehring）之所创。惟为拉班德[4]（Laband）与耶林内克（Jellinek）之所拥护。其势力并旁及于法国后起之学者。然此种学说理论上所应有之结果为国家权力之不受限制与国家契约之无拘束力。故其主张是否成立实为一亟应审判之问题。

兹将黑格尔置而不论。请一研究耶林之学说（Der Zweck im Recht）。耶氏以为社会之根本原则为个人为众人而生存，众人为各人而生存。实行此种原则之担保可分为两种。曰，报酬与强迫。报酬为个人相互间之关系，如契约之类。强迫为他人意志因欲其特定目的实现而所加之干涉。干涉之方法有二。（一）物质的强迫，即以较强之物质势力为干涉之手段是也。（二）心理的强迫，即受强迫之人为特种观念如畏惧之类所战胜是也。合强迫之表示与其关系规则而成为社会强迫之制度。此种制度包括两种机能。一为外部。一为内部。外部之机能含有外部强迫之机关，即国家是也。内部之机能即关于行使强迫权力之规条。集合此种条规而成法律。国家为自然成立之物，即因欲达到其生存目的而具有强迫权力之社会也。社会有规定强迫权力之条规，即吾人之所谓法律。国家之特质，为在特定土地之上，具有优胜物质的势力。换言之，即强迫权力之专有。法律为一国之内所适用之强迫条规。换言之，即法律有条规与强迫执行条规之两种要素。是以国家为法律之源。

耶林氏复谓法律不仅对于人民有拘束力，即对于制定法律之国家亦有之。其对于国家之拘束力系国家自加限制之结果。然国家具有无上权力，既如上

---

〔1〕“予以”原文作“与以”，现据今日通常用法改正。——校勘者注。

〔2〕“黑格尔”原文作“黑格儿”，现据今日通常译法改正，下同。——校勘者注。

〔3〕“耶林”原文作“叶林”，现据今日通常译法改正。——校勘者注。

〔4〕“拉班德”原文作“拉榜德”，现据今日通常译法改正。——校勘者注。

述。则何以复自加限制。曰，自加限制不过为其自利之必要方法，盖国家自知必服从其所出之命令，乃能常保其无上之权威[1]也。

耶利内克直接受耶林之影响。其说以法律为国家创造之物。然国家有一特性，即具有自己决定之能力。因有此种能力，故同时遂有自加限制之能力。其自己之权利为他人之权利所限制。法律对于国家所以能有拘束力者，因其自愿受此限制也。

依照诸家学说，行为规则非经国家发为命令，不能变为法律规则。是则吾人根据社会利害相关之一观念所得之行为规则，只可为道德的规则，而不能为法律的规则。然吾人则以为此种规则，即未经国家宣布，认为有拘束力，已自成为法律规则。即假定耶林与耶利内克之说为然，法律规则以社会强迫为必要条件，然仍可不待社会强迫之组织成功而先已存在。社会强迫之组织足以使此种规则益加强固。而并不能创造之。此种规则在未有国家以前，已有制裁。即心理上之强迫是也。何以言之，凡人之行为，苟与社会团结之观念相和，则必为大众之所许。反之则必为其所恶。而大众意见之趋向，亦常为吾人之所预知。因此发生避恶就善之意志。此心理上之强迫，即行为规则之制裁也。

耶林亦承认心理上之强迫，足以使行为规则变为法律规则。此种强迫在任何时期，任何社会中，皆有之。即在未成国家之社会中亦然。再进而言之，在已成国家之社会中，行为规则亦有为群众之所承认而未经国家之采取，其制裁纯在人之心理中者。即如国家负责救济贫民之规则，虽未完全制为成文法律，然业经一致认为保存社会团结之必要举动，自不失为法律规则。苟再经国家采用与以拘束力，则将变为国家的法律规则。然其为法律规则，则自始至终，未尝或异也。

国家自加限制之说，殊难成立。盖自己意志所加之限制，可以自己意志免除之。谓国家仅有此种限制，无宁谓国家之权力为无限制的。依照吾人之说，则行为规则乃因其固有势力而有效，其能拘束国家亦犹其能拘束个人。国家不过宣布之并加之以制裁而未尝创造之。依照耶林与耶利内克二氏之学说，则宪法无存在之余地。盖国家既为创造法律之人，则只能为发命令之人，而不能同时为受命令之人也。换言之，即宪法即系对国家发言，则不能为上

[1] “权威”原文作“威权”，现据今日通常用法改正。——校勘者注。

级人对下级人之规则，即不能为法律。夫限制国家权力为法律之最要作用。德儒之说对于此种限制既不能有相当之解说，则其不能存在，岂不彰彰明甚。

结论（国家与法律）

近世学说常以国家为化人的社会，为法律之主体，有独立之意志与独立行事之权力。此种权力即普通所谓主权。国家根据此种主权，得创作一切法律。并以强力执行之。其行事须由个人代表。惟此种个人纯为国家机关，并无固有权力。故吾人于私法以外，复有公法。即规定国家组织及其对于其他团体之关系之条文也。然国家主权亦非绝无限制。而此种限制，根据何在，则从未有完满之解说。始则以个人自然权利为解决困难之基础。继则以此种观念自身即无存在，非另寻理由不可。于时乃有国家自加限制之说。然此种理由复难成立，已如前述。可知近世学说对于国家权力之限制，实不能供相当之理由。然则真理果何在乎。吾人以为世有根本无疑之两大事实。曰，心与个人意志之存在。吾人并由观察中得知人与人利害相关。故非团结不能生存。此中关系，人皆知之。故人之意志常趋向于社会之团结。社会中之行为规则无他，即以社会团结为意志之一语而已。此种行为规则亦即法律规则。对于无论何人皆有拘束力。然则国家究为何物乎。曰其特点在强弱两种份子之特著的与永久的区分。强者独揽大权。亦自知其有此权力。并亦每每即为组织此种权力之人。简言之，即凡有治者与被治者之区分，强者与服从强者之区分，即有国家。治者与被治者同为个人，故同受法律规则之拘束。前者之意志较后者之意志，并无固有之优势。故必先自合法，乃能强人以服从。其权力本身并无所谓正当与合法。必于为拥护法律而行使时（亦即为担保社会团结而行使时）始为正当，始为合法。故国家非专为团体利益之代表，而实能因保护社会之团结，将团体与个人之利益，冶于一炉，合为一体。

社会进化至某种程度时，治者即宣示所谓文法，此种成文法寻常谓之为国家主权意志所创作之律。吾人则以为此种成文法不过为法律规则之申述，及确保人民遵从之方法之组织而已。此种法律当然有拘束力。然恰非因其含有治者之命令。盖治者亦为个人，不能对被治者为命令也。其所以有拘束力，实因其为法律规则之申述，而法律规则自身有拘束力也。此种法律亦犹法律规则，为普遍的，有继续性的，并对无论何人皆有拘束力。此种法律并未尝创造主观的权利，不过包含客观的权利与义务而已。

总　结

意志之效力全视其目的而定。目的苟为社会团结，则意志应即见诸实行。各种势力皆应助其实现。换言之，即惟社会团结为意志之正常目的。有此种目的之意志应受法律保护。根据社会团结之负责有拘束个人意志之效力。人有强弱之分。在此种规则之下，强者应以全力为社会团结服务。此种治人之人乃将此种规则申述并组织制裁之方。于是吾人乃有国家与法律。前人所主张之国家人格，主权，法律主体，诸观念，皆非事实，应即弃而不谈。

评　论

狄骥氏推翻旧说，倡立新见，为法学中之革命家。从社会方面立论，为社会学派之法学家。其言论，于摧毁旧说之处，深切详明，无可答辩。于敷陈已见之处，着眼社会，取途无失。惟欲以社会利害相关之一观念为法律惟一基础，则尚未脱前人好以一二语概括世界万有之旧习。岂知社会利益，固为法律之基础，然社会利益果何在，乃一复杂之事实问题，应随时随地由观察得之，而非可以理想凭空探索者。今狄骥氏欲以一意概括万变，其为欠当，似甚了然（参考 Roscoe Pound，*Introduction to the Philosophy of Law*）。

庞德[*]教授对于现代法学之贡献[**]

梁鋆立[***]

庞德（Roscoe Pound）教授为当代法学大师，任教美国哈佛大学法学院，已历二十二年，所著书籍论文，无虑百余种，其译成中文者，有社会法理学论略，法学史，及法学肄言三种（均商务印书馆）。我国学者著文讨论氏之思想者，有吴经熊氏之《庞德氏之法律哲学》（*Juristic Philosophy of Roscoe Pound*），最初载于美国意利诺法学评论（一九二四年）嗣经收入于吴氏之《法学论丛》（*Juridical Essays and Studies*）。吴氏最近发表之六十年来西洋法学的花花絮絮（一九三三年申报月刊创刊号）及关于现今法学的几个观察（东方杂志第三十一卷第一号）二文中亦有涉及庞德氏学说之处。本文作者与吴氏均曾负笈其门，于涉猎其著作之外，幸得亲炙其讲演。庞德氏定于今夏来华观光设本期东方出版之时，氏丛已抵沪。作者得知庞德氏来华消息甚晚，为介绍其思想于国人起见，爰躬一日之力，择其学说之重要且未经国人详细介绍者，加以推阐，赶成是篇，非敢云系对于庞德氏整个思想体系的诠释，亦不过就其荦荦大端，最值得法律学生之研讨者，作一鸟瞰式的叙述，聊与

---

* “庞德”原文作“滂恩”，现据今日通常译法改正。——校勘者注。

** 本文原刊于《东方杂志》（第32卷）1935年第16期，第5~15页。

*** 梁鋆立（1905~1987年），乳名善尧，新昌新天乡（今回山镇）樟花村人。出身书香门第，其父、叔父均为清末举人。初就读于县城南明小学，再就读于上海南洋大学，并于上海曙光大学夜间部补习法文，先后就任上海中华书局英文编辑及商务印书馆法律与文学书籍编辑，1926年卒业于上海东吴大学法科（第9届）。先后担任武汉国民政府外交部秘书、南京国民政府司法部秘书及上海市第一特区临时法院推事。1929年5月，梁鋆立被派任驻美华盛顿公使馆秘书，出席第十届国际联盟及国际法编纂会议，任中国代表团技术顾问。1930年，获美国乔治·华盛顿大学法学博士学位，旋又获得卡内基和平基金会国际法教师研究员奖学金，进入哈佛大学法科。其间，严词揭露日本侵略行为，列举《国联盟约》、《九国公约》等相关条约，逐一指出日本在华军事行动之侵略本质，最终使日本方面理屈词穷退出国联。

国人对于当代法界泰斗，同表高山仰止之忱耳。

一、导言

拉斯基教授在比较英美及欧洲法律时，曾谓“欧洲大陆的重要法律学校及美国的著名法律学校，其目的不仅在训练成功的律师，并在训练律师之外，尚有更主要的工作。它们不但在教授现行法，抑且研讨法律根本的问题。这种学校里的教师的意见，对于法院中有甚大的势力”。[1]拉氏致憾于英国法律教育的太务于专门化，不注重法律与社会相互关系，而推崇欧美法律教育的进步。拉氏此种意见自为曾经比较研究英美欧洲法律教育者所赞同。可是美国同欧洲相较，其法律学校认真致力于法律一般理论的研究，尚是近数年的事。法学家的著作，对于法律一般理论有贡献者，尚是近数十年的事。在欧洲，法律哲学（Philosophie de droit；Rechts－philosophie）的一门课程，几乎是每个法律学校都有的，有些学校并且当它是法律入门的功课，在美国就是目前将法律哲学或法理学排入法科课程中者，还是限于几个比较著名的学校，至于法学的著作，在十九世纪的欧洲，如耶林[2]及萨维尼发表其皇皇巨著的时候，美国的法学界还是寂寞无闻。英国的奥斯丁及梅因精研法理学的性质及法律社会之形成的时候，美国也无可以与它们分庭抗礼的学者。但是在过去的三十年中，美国法学界忽然出现蓬蓬勃勃的气象，著名的法律学校，逐渐开始教授法律的一般理论，而关于一般法学的著作，逐渐地日增月盛。关于介绍世界法律思想的工作，亦积极进行，如近代法学丛书 *Modern Legal History Series* 及大陆法制史丛书 *Continental Legal History Series* 的发刊，使美国法学界耳目一新。以个人的著作，对一般法学作原始的贡献者，有霍姆斯[3]推事（Justice Holmes）、威格摩尔[4]教授（Dean Wigmore）、卡多佐[5]推事（Jutice Cardozo）及庞德教授。此四人之中，霍姆斯及卡多佐二氏因被职务所牵，未能有多量的著作，幸威格摩尔氏所致力者，仍在法律的

〔1〕 H. J. Laski，*Studies in Law and Polities*，p. 293.

〔2〕 “耶林”原文作“以也林”，现据今日通常译法改正。——校勘者注。

〔3〕 “霍姆斯”原文作“霍尔姆”，现据今日通常译法改正，下同。——校勘者注。

〔4〕 “威格摩尔”原文作“韦格摩”，现据今日通常译法改正，下同。——校勘者注。

〔5〕 “卡多佐”原文作“卡铎查”，现据今日通常译法改正，下同。——校勘者注。

特殊部分[1]，惟有庞德氏始终殚精竭虑于法律的一般理论方面，历数十年而不懈，美国法律哲学之得臻目前的境地，庞德氏实为第一功臣。其在哈佛学院的工作，不久即为其他法律学校所效法，最近数年，耶鲁大学及哥伦比亚大学的法学院的课程，企图将法律与社会科学融而为一，其注意法律的社会方面，较之哈佛法学院尚有变本加厉之象。说者推究其原，多认是法律哲学提倡发扬的结果，此虽不能完全归功于庞德氏一人，但可称为其流风所被，则不容疑。

庞德氏生于一八七〇年。其故乡则为美国西部的内布拉斯加[2]州，本来是学生物学，其博士论文是内布拉斯加植物在地理上的分配 *Phytogography of Nebraska*。他毕业内布拉斯加大学之后，再进哈佛大学法学院肄业，只读了一年法律，并未毕业，一九〇〇年，在内邦当了一年不到的律师，一九〇一年被派为纳邦最高法院审理上诉案件委员（Commissioner of Appeals of the Supreme Court of Nebraska)，做了三年光景，同时还在内邦大学担任助教。至一九〇三年升为该大学的法科教务长，凡四年。在一九〇七年为西北大学法科教务长威格摩尔氏聘为西北大学法科教授，西北大学彼时在美国法学界已占有重要地位，庞德氏被聘为该校教授，系由威氏一人之力。自一九〇七年起担任芝加哥大学法科教授，到一九一〇年为止。在一九一三年，被聘为哈佛大学法学院法理学教授。到了一九一六年升任该校教务长。现在尚任该职。[3]

当庞德氏被升任哈佛法学院教务长时，美国新共和杂志 *New Republic* 载有美国著名哲学家（亦是法律哲学家，可是不在法律学校中教书）科恩[4]氏（Morris R. Cohen）所著一文，推崇庞德氏之学识无微不至。科恩氏谓庞德教授在法律学的造诣上立了一个新标准。他有关于法律及法律思想，无所不含的知识，包括罗马法，欧洲近代法，英美法等等。并有植物家，律师，法官的经验。更其难得者，庞德教授能将法律与人生的关系看得清清楚楚。认定法律的功用能力与弱点都与实际上司法的运用有密切的关系，对于法律有一

[1] “部分”原文作“部份”，现据今日通常用法改正，下同。——校勘者注。

[2] “内布拉斯加”原文作“纳白拉斯加”，现据今日通常译法改正，下同。——校勘者注。

[3] 采用吴经熊：“六十年来西洋法学的花花絮絮”，(《法律哲学研究》二一一至二一三页）内载之材料。

[4] “科恩”原文作“柯亨”，现据今日通常译法改正，下同。——校勘者注。

个概括的认识，乃是一切法律学校应该给予学生的东西。科恩氏援引庞德教授的话："现代的法律教师不但应该知道法院的判决和判决所根据的原理，抑且应该知道适用此种原理的对象，就是社会及经济的情形，他也应该知道人民对于这种情形的思想和情感。有一种人，我们可以称之为"法律的僧侣"，他们老是呼吸着纯粹法律的空气，摒除一切世界上的东西和人类的接触，自然不能建设实用的原则，可以适用于血肉造成之营营扰扰的世界。"科恩氏结论谓哈佛法学院前任院长兰德尔〔1〕氏（Langdell）使法律的教学起了一种革命而提高法律界的标准，其法在坚持法律是一种科学的原则。庞德教授一定会促成一个同样重要并且有益的革命，因为庞德教授素来是主张法律是一种社会科学的。〔2〕

庞德氏在哈佛法学院的工作和成绩不是我们此处所可举其大要，我们此处所能述及的就是：如前面所说，在庞德教授的提倡之下，法律与社会科学的关系，为庞德氏在哈佛法学院所注意者，今已流传到其他著名学校。至于庞德氏对于法学上本身的贡献，我们在庞德氏的不可胜计的著作，是可以找出几条线索，为我们讨论的指针的。

二、对于法理学的阐释和对于社会法理学的发扬

法理学（Jurisprudence）的一个名词，在英文里面，到十九世纪始有确定的意义，虽则它是导源于罗马法法家乌尔比安〔3〕(Ulpian）氏的定义。乌尔比安氏谓："法理学乃是关于一切神人事务的知识，公道与不公道的辨别力。"〔4〕到了十九世纪英国分析派法学家奥斯丁氏作《法理学领域的确定》(“The Province of Jurisprudence Determined”）一文，乃将法理学的涵义，下一注解，奥斯丁氏称"法理学为现实法律的科学"。奥氏之后，分析派巨子霍兰德〔5〕氏（Holland）称"法理学，为形式的现实法律之科学。"其所言形式的科学，盖谓法理学之范围，乃为研究人类的各种关系之有法律结果者而非

〔1〕"兰德尔"原文作"蓝格台尔"，现据今日通常译法改正。——校勘者注。

〔2〕MorrisR. Cohen, *New Leadership in the Law*, *The New Republie*, Vol. VI（1916）p. 148. reprinted in Cohen, *law and social order*, p. 32.

〔3〕"乌尔比安"原文作"乌尔品"，现据今日通常译法改正，下同。——校勘者注。

〔4〕Dig. j. 1. 10.

〔5〕"霍兰德"原文作"荷兰"，现据今日通常译法改正。——校勘者注。

研究各国法律共同部分的本身。[1]分析派对于法理学一语的用途，认定应作狭义的用法。美国学者受分析派的影响者有格雷氏（John C. Gray）。[2]氏认法理学的主要任务，为法庭适用的法律之有统系的排列（systematic arrangement）。

庞德教授对于法理学一语的注释，抱有一种非常虚心的态度。他将法理学分为广狭二义，在最广的意义上，他虽然不主张像上引乌尔比安所下的定义的漫无限制，但认法理学就等于法律科学。除了这个意义之外，他指出 Jurisprudence 一字还有三个意思：在最狭的意义上，就是英国作家所用的 Jurisprudence 是"业已发展的法律制度之比较的解剖（comparative anatomy of developed systems of law）。"奥斯丁氏在其上引之文中，阐发此一用处，最为详尽。第二，在法文上，Jurisprudence 是指法院判决的流程（course of judicial decision）此义曾为美国法官施多莱氏所采用，施多莱氏曾著一书，名曰 Equity Jurisprudence 即讨论衡平法院中判决的流程，易言之，即衡平法院中判决所准据的及所发挥的原理。第三，在美国此字渐渐变为"法律"的同义字。照庞德教授的意见，此三种用法，均不妥当，第二第三两义与法理学无关，姑不必论，第一义可代表分析派的意见，亦嫌太于拘墟。法理学的意义，应为法理秩序（legal order）的科学或用法律以建设社会秩序（legal drdering of society）的科学，包括法律程序（legal process）及推行法律程序的所需之制度和权威的法律材料（authoritative legal material）的科学。原来法律一字，至少有二个意义，其一即"法律秩序"，例如我人说"尊重法律"（respect of law）此处法律，即是"法律秩序"之意。法律的第二意义，等于致成法律秩序的工具。例如我人说"罗马法"意思就是罗马人所用以维持法律秩序的"权威的法律材料"。所以法理学的任务，不仅在研究法律秩序的问题（就是在有政治组织的社会中，如何去用法律规范人与人的关系），抑且研究"法律秩序"的工具，就是具体的法律规则和法律制度。[3]

庞德氏将法理学——如上面所下的定义——在历史上的工作，分期说明。氏谓法理学的方法，随各时代的一般的知识态度而变迁，例如十七八世纪时，

---

〔1〕 Holland, *Elements of Jerisprudence*, pp. 7 ~ 9.

〔2〕 John Chapman Gray, *The Nature and Sources of Law*, and Edition, p. 133. See John C . H. Wu, *Jyrdical Essays and Studies*, p. 9.

〔3〕 Pound, *Jurisprudence*, *Encyclopedia of Social Sciences*, Vol. VIII, p. 477.

人们将一切关于社会现象之有组织的知识归纳于哲学的范围，十九世纪时则归纳于历史的范围，二十世纪时则归纳于科学的范围。故在哲学方法最通行时，法理学即被视为哲学历史方法最通行时，法理学即被称为历史，而在目今实证主义（positivism）及社会学方法主治之下，法理学亦被视为一种科学。[1]

于此我人应记得庞德教授是植物家出身。植物家对于各种植物的分类，是认为最重要的工作。庞德氏以植物家的方法，适用于法理学的分类，真可谓出色当行。法理学在他的手中，已不是奥斯丁及荷兰两氏狭隘的范畴，而是一束奇花异草，有待于享受其色香者的分析。本文作者回忆在美国与卡多佐推事谈论美国的法学家。卡氏相告谓：彼起初未尝注意庞德氏的著作，等到有一次读到庞德氏作着《法律的分类》（Classification of law）一文，觉得作者分析与排比的能力，实在可敬，随后去读他的别种文章，到处发现其使用一种逻辑方法，于千头万绪的问题中间，找出罗罗清疏的条理来。卡氏谓此后读他的著作，好像发现了取之不尽的宝藏一样。庞德氏利用此法，去分析法理派各派的短长，并确立其地位。其分类的精细，总是使人想到他的自然科学之素养，很是有助于他的社会科学的成就。

庞德氏将法理学分成下列各派：

（一）分析派（Analytical School）。

（二）哲学派（Philosophical School）。

（1）纯哲学派（Metaphysical School）。

（2）自然法派（Natural Law School）。

（3）社会哲学派（Social - philosophical School）。

（A）实力派（Social Utilitarians）。

（B）新康德派（Neo - Kantians）。

（C）新黑格尔[2]派（Neo - Hegelians）。

（三）历史派（Historical School）。

（四）社会学派（Sociological School）。

关于各派学说的比较，庞德氏于其法理学讲义大纲（Outline of Lectures

---

[1] Ibid.

[2] “黑格尔”原文作“黑智尔”，现据今日通常译法改正。——校勘者注。

on Jurisprudence）中列有数表，将其对象、法律观、着眼点、形式论、哲学观，分别比较（按此表转载于日人穗积重远所著李鹤鸣译述的《法理学大纲》第九页至第十二页）。并在氏所著的社会法理学的范围与目的论文中详细阐述。〔1〕吾国学者叙述法理学的派别者，多以此文为蓝本。如梅汝璈氏的现代法学及何世桢氏的现代法律哲学之派别和趋势（东方杂志第二十六卷第一号）。兹为避免重复起见，作者对于庞德氏批评各派之说，不再讨论，惟庞德氏关于此一问题的意见，确有精湛独到之处，尚望读者取庞德氏原文或其译本，细加阅读，以明各派的趋向。

庞德氏自附于社会法学派之林，其对社会法学派的工作，谓“社会派法理学者，欲取法律之典章、原则、制度，视为社会现象而为比较的研究；更就其与社会情态，社会进步，所发生之关系而评论之”。〔2〕庞德氏认现在社会法学已由实验期，生物学期，心理学期，而达统一时期，所谓统一期者，乃指法理学与他种社会科学彼此具有密切关系，互相影响，不宜分立，必须统一。庞德氏谓社会学派在统一期中，其注重之点有六：（一）研究法律及其制度和学说所发生之实际的社会效果；（二）以社会学的研究与法律的研究，二者相行并进，以为立法之预估；（三）研究如何可以使法律发生实效的方法；（四）用社会学的方法研究法律史；（五）诉讼上之每一事件，皆应求为合理的公平的解决；（六）本派之目标，在使已努力者益为努力，务使法律所以设立的本旨得以实践。

上列各项目标，有的似乎过形抽象，但庞德氏使此派法学达到所谓“统一时期”。实已惨淡经营，非一旦一夕之故。氏之发表社会学派法理学的范围和目的一文，距今已有二十余年，人们对于庞德氏的未曾继此而发表其积极主张，颇引以为憾事。吾人衡量氏之贡献，于此亦未免认为美中不足。氏诚然已使此派法学的方法较此更为确定，但社会学与法学诸种关系的千端万绪，尚有待于缜密的爬梳，吾人所引以为喜者，是在庞德氏提倡之下，美国学者已觉醒法律学之不能故步自封，必须与其他社会科学合作。近年来耶鲁大学及哥伦比亚大学关于法科课程的厘定，实受有此种注重法律与他科学的相互

〔1〕“The Scope and Purpose of Sociological Jurisprudence”, *Harvard Law Review*, Vol. XXIV, No. 8 ~ 10. 此文由陆鼎揆君译成中文，题曰社会法理学论略。

〔2〕陆译：《社会法理学论略》第一百七页。

关系学说的影响。庞德氏发扬社会学派之功，固已在人人耳目，吾人尤望其于社会学派法理学的范围与目的之外，更能予吾人以社会学派法理学积极的纲领也。

三、法律的意义

法理学上一个最重要的问题就是法律的性质。各派学者争论得剑拔弩张，目眦尽裂的问题亦即是："什么是法律" 的问题。德国法理学家康托洛维兹〔1〕说过："法学就是字学"（Rechtswissenschaft ist Wortenwisschaft）。此语实足描摹现代法学界争论得无意味。其实"法律"一字，含有不少不同的意义（我们在上节已经举其二个意义）。假使数位法学家争论法律的性质而彼此所用的意义各不相同，则争论愈激烈，其去题愈远，又岂有结果之可言。庞德教授最近鉴于此种情形，特地著文释明法律的意义，本文作者认为此乃在法理学的方法学上一种极大的贡献。〔2〕

庞德氏告诉我们：法律虽说是一些规则的集合体。但此种规则的性质，纯视各种观察点而转移。从法官方面而观，法律是判断的规则。从个人方面而观，法律是行为的规则。或者可以说是行为结果的恫吓。从律师方面而观，法律是预测司法或行政行为的根据。从法学家方面而观，法律只是一些原料，可供统系的组织或理论的推阐。

更有进者法律不但是一些规则，并且这个术语也用以指点（一）司法与行政行为所根据的权威材料（authoritative material）之全部。（二）法律秩序。（三）在最近的法学上，审判中的心理成分（judicial process，此语为卡多佐推事所创造，极为难译，倘译为"司法秩序"，必至以辞害意，指鹿为马，兹循其原意译之）。分析派的法学家用法律一语，互取其第一义。他们只要找到现实的法律，便觉得他们的工作已尽。历史派的法学家则注重研究法律的起源，认一切道德，习惯，宗教仪式，均为控制社会的工具。他们认"法律秩序"为社会控制的一部分，亦即是法理学的范围。例如奥斯丁（分析派）与梅因（历史派）两氏著作中所用法律的制裁（Sanction of law）一语，意义便

〔1〕"康托洛维兹"原文作"康妥罗维斯"，现据今日通常译法改正。——校勘者注。

〔2〕Pound，"Law and the Science of Law in Recent Theories"，*Yale Law Journal*，February，1934，p. 323et sep.

截然不同。奥斯丁所谓之法律制裁，乃指“致使特定的法律规则有效之物”，而梅因所谓之法律制裁，乃指“法律秩序全部因而有效的根据”同一语，也因用者所站的立场，绝不相同而意思亦异，字面上固毫无区别。

除了分析派与历史派之外，尚有哲学派对于法律一语的观念。哲学派所注重者为社会控制的理想，以及社会及法律制度的目的，这种理想和目的乃是永久的实在，而具体规则及法律秩序不过是这种理想之部分的实现而已。从此派法律家看来，这种理想，属于现实的范围。这种理想，也就是法律。我人不必去创造此种理想，因为它们是古今常存的，我人只须去发现即可。从此派法学家看来，“创造法律”一语，本来便不成话，因法律本来存在，我人只要做发现的功夫，用不着去创造。

最近美国有一新派法学家，采用心理学的方法去探究法院审判的工作。从他们看来，凡是影响到审判的种种势力和因素，都可称为法律法官的行为，法官的情感，均在审判上有心理上的势力，所以也是法律（关于此派法学，庞德氏有专文批判，参看本文第六节）。

因为各派学者所用“法律”一语，其意义各各不同。所以就发生极奇特的结果。某一派的法学家称自己所讨论的法律为“实在”而别派所讨论者为“幻觉”。其实他们所用的标识虽同，而所谈论的标的，乃绝不相同，以致争论如游骑无归。我人不必求他们意见的调和。可是我人应知各派注重特种现象的原因，而予以相当的承认。在某一时期何种学说最为有力，此一问题，是有历史的背景。我人不能太坚持门户之见，抹杀一切异己之说。实则此种种学说，都是法理学探讨的范围，固不必坚持大家都用“法律”一字，使一切讨论，愈趋愈远。而中心问题反被忽视。

庞德氏此种意见，实足显示他的态度之恢宏，识别之精审。其批判各派之无的放矢，尤为深刻。本来法理学的范围，仅可包含讨论何一时期，应该注重何派学说的问题。因为一时代有一时代的背景。现今的时代，是与前此何时代相类，是否应该采取时代所注重的观点，抑或必须另起炉灶。仅可为法理学上讨论的资料。若是墨守自己心目中悬为鹄的之理想，不问别派所称为“法律”的东西是否与我所想象相同，便竖起挑战的旗帜，而自诩必操胜利之券，是何异刻舟而求剑？庞德教授的警告，是可促一般法学家的反省。其关于“法律”二字的注释，与其所予我人之教训相较，尚不过小小的贡献而已。

四、法律与道德

法律与道德的关系，在初学法律者看来，是再清楚没有的。任何法学通论上，都告诉他们说：法律和道德，是要辨明。其实我人倘使肄习法学稍久，必知道德和法律的关系，并不如此简单，诚然照分析派的说法，法律与道德是分离的。道德是立法的事体，法律是司法的事体。立法者制定法律必须采道德上的材料，所以研究立法，就必须研究道德问题，司法家的任务，只是研究立法机关已经制定的规则。法律上认为合法的事情，可以使不合于道德的事情。[1]

这是向来法学家对于法律和道德的关系的意见。在美国此种意见亦极盛行。等到庞德教授着论阐明法律与道德相互关系之后，美国法学界的意见，渐渐改变。庞德教授于一九二四年出版法律与道德一书，重行申述他的立场。庞德氏的意见，简言之，以为虽然道德与法律的观念不可相混，但是这二种东西倘是截然分离的话，则法律必受其害。因为法律的生命——它的施行——是靠着社会的道德情感。并且在发展法律规则的实际内容的时候，我人倘使不顾到人们的企望，则此种规则，也难实行。[2]

庞德教授讨论此一问题，亦如讨论其他问题一样。不囿于一派的学说，要将各派法学家对于本问题的意见，比附批评。在法律与道德一书中，庞德氏详述历史派，分析派及哲学派的主张，穷竞竟委，至为详书。氏谓就法律发达的历史看来，（一）在幼稚的时期，法律与道德，是不分界线的。（二）在严格的法律时期，法律与道德分得极其清楚。法律除成文法的材料外，是不顾道德的观念或规则的。（三）在自然法和衡平观念发达时期，道德和法复混而为一。（四）到了立法程序成熟的时期，道德和法律或者相辅而行，或者处于对待的地位。在现在法律社会化的时期，自然法和衡平法的观念，重复盛行，法学跟随伦理学而行的现象，亦复出现。道德被认为利益的估价，而法律被认为照此估价而对于利益的一种限制。

庞德氏在法律与道德一书中，最后反复申说伦理学与法学合作的重要。

---

〔1〕 参看燕树棠：“法律与道德的关系”，《武汉六学社会科学季刊》第一卷第一号。此文是庞德氏之学说之缩本，值得细读。

〔2〕 Pound，*Law and Moral*，1924.

氏谓欲社会控制的有力，必须使各种科学能够打成一片。法律规则的成分，如此之多，我人要把它们融会贯通。倘使一味用分析的方法，使其互相脱离，则结果所至，必须如古代共同债权人分割债务人的身体一般，虽然表面上合乎逻辑，但结果一无所得。庞德氏又谓现代的趋势，倾向一种主张，即法理学的立法决不能被截然书清的界线所分离，而两者均须以政治及社会的伦理为根据。〔1〕

庞德氏关于此问题的主张，为美国著名法学家之所同。卡多佐推事曾谓：分析派学者口口声声坚持法律与道德是两件事，此种态度之极端，是使道德与法律非但如风马牛之不相及抑且互视为寇雠（not only alien but hostile）。卡氏复援引狄龙〔2〕氏（Dillon）之语，谓："在司法上我人之不能摒弃伦理的观念亦正如在居室中我人不能排除空气而生活。"〔3〕本文作者按法律与道德的领域的共同，在大多数的法律规则上，是不可否认，分析派学者对此问题，采一十分专断的态度，强迫法律与道德分家，自难免人们的抨击，因为这些学者，太忽视实际了。庞德氏的批判，实是对此问题的最大贡献，其于纠正美国学者的错误，实有很大的功劳。〔4〕

五、法律的工程解释

以上所述的庞德教授之思想体系，似乎大都偏于批评方面，而非对于法学积极的主张。庞德氏于一九二二年应美国剑桥大学之邀请，作《法学史观》一题的演讲。嗣将其讲稿出版即名曰 Interpretation of Legal History 。在此书中，庞德氏首先批评各派对于法律的解释，如伦理及宗教的解释，政治解释，人种学及生物学的解释，经济的解释，法家的解释等等。最后氏提出"法律的工程解释"之理论。庞德氏揭出"法律须稳定但又不能站住不动"（Law must be certain yet it cannot stand still）的大前提。此一前提，实为氏之积极法律哲学的出发点，换句话说，为人民的利益之保障起见，法律朝令暮更，固

---

〔1〕 Pound, "Jurisprudence", in *Barnes*, *History and Prospects of Social Science*, p. 466. 此文，经雷沛鸿氏译成中文，名曰法学史（商务印书馆）。

〔2〕 "狄龙"原文作"第伦"，现据今日通常译法改正。——校勘者注。

〔3〕 Dillon, *Law and Jurisprudence of England and America*, p. 18; Quoted by Cardozo, *The Nature of Judicial Frocess*, p. 66.

〔4〕 Morris B. Cohen, *Law and Social Order*, p. 346.

然有所不利，但墨守旧章，法律不能和社会的变迁相偕前进，也是有违法律的本旨。如何可使此两个显然相反的观念——稳定与进步——能够调和，乃是法学家第一的任务。凡是法学家和律师，照庞德氏的意见，都有一种职责，就是帮助于此调和稳定与进步的工作。此种工作，犹如工程一样，法理学可称为社会的工程学。而工程则是一种历程，一种活动，而不是一些知识的集体。工程师的工作是造成一种工程上的结构，其能力的良否，是看他造成的东西能否与原来之目的相符。现在我们对于法官，法学家和立法者，也应视他们为社会的工程师。我们对于法律之抽象的性质，暂时可以不必研究。我们要研究“法律秩序”如何调和各种互相冲突的利益与要求。

于此庞德氏开始推阐其关于“社会利益”的理论。照庞德氏的分类，社会利益可分为六大端：（一）社会的一般安全；（二）社会的制度的安全；（三）一般的风俗；（四）社会资源的保护；（五）社会的一般进步；（六）个人的生活。每一类中尚有不少小题目，如“一般安全”项下包括卫生、治安、交易的安全、财务取得的安全等等。〔1〕至于何种利益应受特别保护，则随时地而不同。且社会利益的本身，亦因其性质的互异而所需要藉以保障的法律亦应有别。例如关于社会的一般安全之经济方面，如交易的安全及财务取得的安全，法律必须稳定，虽稍形机械的亦无妨。尚有一种社会利益，则法律对之应为个别化。例如个人行为及企业行为，法律当因案件而制宜，盖每案有每案的特别之点，胶柱鼓瑟，必生不公道的结果。法律工程师对于此点，无不予以深切的注意。〔2〕

庞德氏谓法学家对于社会工程的职责甚大，倘法学家能致力创造的工作，其影响于立法者及法官者，必非浅显。因为立法者为社会秩序而立法，其工作有时将被间断，而法官创造力又多被实际情形所限制，且法官尚须依靠法学著作家及教授供给材料，以为判决的准绳。是故法学家可以贡献于司法的改进者甚多，工程解释，实不过发其凡耳。〔3〕

庞德氏对于社会利益的权衡，认为今日法理学所有主要问题之一，吴经熊氏，在其法学论丛中，对此有极透辟的讨论，愿本文读者一参阅之。

〔1〕 Pound, “A Theroy of Social Internets”, Quoted in Wu, *Juridical Essays and Studies*, p. 164.

〔2〕 Pound, *Interpretation of Legal History*, p. 154.

〔3〕 Ibid, p. 164.

六、对于唯实派（realism）法学家的批判

近数年来，美国有一派新近法学家，竖起革命之旗，想使美国法学思想界起绝大变化。他们以“唯实”为标志。“唯实”的意义，不是哲学上于“唯心”对待的意思，而是亦属“求真”的意思。此派的领袖，为弗兰克（Jerome Frank），柯克（W. W. Cook），卢埃林[1]（Carl Llewellyn）诸氏。此派尚未形成中心思想，可是诸作家的立场，亦有一般的共同之点。此派根本否认或怀疑法律的确定性。其激烈者，对于庞德教授，认为思想尚属落伍。弗兰克在其《法律与近代心理》（*Law and the modern mind*）一书，对于庞德氏，下一剧烈的抨击。谓庞德氏所讨论者，非法律的本身乃法律之幻觉耳。此派奉霍姆斯氏为宗主，但霍姆斯氏对此派之主张，并未发表任何意见。致有其从前的著作，屡被援引以为唯实论张目而已。卡多佐推事亦被此派认为是在追求幻觉——即法律的确定性。

庞德教授曾为长文以答复此派的攻击。[2]按庞德氏的意见。此新派的法理学有五个特点。（一）它是用统计的方法；（二）它是用严格字义的（rigid terminology）；（三）它认定几条不可推翻的规律作为一切讨论的基础；（四）以科学方法观司法实况而因此希望得到有正确的程式；（五）注重个别的案件而不信司法行为有规律的发展。此派多认心理学为探究司法行为最有用的工具。此派的极端，否认一切法律规则，原理，观念及学说、从他们看来，法律不过是商业交易的工具而不是社会一般目的的工具。

庞德教授批评此派法学家，甚为公允。庞德氏谓此派对法理学甚有贡献，但他们所忽视者，为法理学的性质。法理学非但考虑法官如何判案的问题，抑且须考虑应该如何判案以实施“法律秩序”的目的。心理学在阐明审判的进程上固有用处，但纯赖心理学而抛弃司法的本实，是亦等于买椟还珠而已。“应该如何判案”是法理学中一个很重大的问题。因它是包含着“价值论”（Theory of Values）价值论与法理学有密切关系，抛弃价值论，法理学便等于无灵魂的躯壳了。[3]

---

〔1〕“卢埃林”原文作“柳惠灵”，现据今日通常译法改正。——校勘者注。

〔2〕Pound，“The Call for a Realist Jyrisprudence”，*Harvard Law Review*，Vol. 44，（1930～1931）697～711.

〔3〕Pound，“Jurisprudence”，*Encyclopedia of Social Science*，Vol. VIII，pp. 48～485.

七、结论

我人从以上所论的各节，可以约略得到庞德氏思想体系的彰明较著的部分。庞德氏著作，浩如烟海，从事法学者随意汲引，均可获得满意。亦正如凿井随处可以得泉，固不能谓个人之所心得，即已包括氏之学说的全部分也。吴经熊氏于最近讨论近代法学的二文中，特取庞德氏《打倒机械化的法学》，《法律的限制》，《法学的开放》等意见，加以发挥。最近英国伦敦大学法科诸教授所出版之《近代法律思想》（*Modern Theories of Law*）一书，内载阿摩司[1]氏（Sir Mourice Amos）讨论庞德教授之思想一文，着眼在庞德氏的社会工程解释。此固因庞德氏著作等身，仁者见仁，智者见智，各个批评家，各有其特殊之观点。惟庞德氏之哲学立场，则大家承认是承袭詹姆斯[2]（William James）及杜威（John Dewey）的实验主义的学说，以之适用于法理学，乃有辉煌的成就。杜威教授在《哲学的改造》一书中，将哲学的门户打开，使与社会相沟通，此与庞德氏之《法律史观》认法律为社会工程，其《法律与道德》坚持伦理学与法律之当相互为用，同是开放专门并且狭隘的知识之户牖。庞德教授盛倡《机能的态度》（*functional attitude*）在法学上的重要，亦是借鉴于实验主义的原理。美国政治学者艾略特[3]氏（W. Y. Eliott）认实验主义在政治上起了一个革命，实则在法律上所致成的革命，甚不亚于在政治上的重要。[4]

庞德氏近数年来，致力刑法的改革。在胡佛总统时期，任法律施行研究会会员。嗣复著《美国的刑事制度》（*Criminal Justice America*）一书。可是同时他对于法理学的兴趣，还是不减。我人常常可以在法律杂志上看到他的论文。庞德氏的文笔，有时稍嫌晦涩，沉闷，远不及霍姆斯推事的犀利，卡多佐推事的清丽。这也许是美国人不很读他的文章的原因。可是他作文的速度，实在可敬。除了他的教务长的职务外，他在哈佛法学院，尚担任数小时的功课，但是他时时有文章发表，内容的精湛，差不多使每篇文字都成了法理学

---

〔1〕“阿摩司”原文作“亚摩斯”，现据今日通常译法改正。——校勘者注。

〔2〕“詹姆斯”原文作“詹姆士”，现据今日通常译法改正。——校勘者注。

〔3〕“艾略特”原文作“依立奥脱”，现据今日通常译法改正。——校勘者注。

〔4〕W. Y. Elliott, *Praymelic Recolt in Polities.* 此书亦说到实验主义在法学上的影响。可是语焉不详。

上永久的贡献。

际此我国法律制度正在蜕化的时候，我人应欢迎一个集大陆法英美法之大成的法学家来给我们以指导。庞德教授倘能适用其社会工程解释于社会制度尚未确定的中国而给我人以有益的教训，我人敢说，他的法学贡献，更其值得人们的感谢了。

法律与法学家在现代国家之地位*

庞德演讲　杨兆龙译

各位先生，各位女士：

我很担忧今天的工作，我本来花了许多功夫写了一篇稿子，预备根据稿子慢慢地讲，临时才知道同时要杨先生翻译，这样一来，时间上要增加一倍，我只能放弃原来的计划，把比较扼要的讲一讲。

法律这一个名词，有着很多种不同的涵义，但无论你从哪一方面来说，法律都是文化的产物。那么〔1〕文化又是什么呢？文化是人类生活的高度发展，文化就是人类对自然界的控制的能力，人类对于自己的本能和天性的约束能力。要求控制自然界的能力，否则一切是徒劳的。约束又须依靠社会的制裁，例如道德的压力、舆论的压力等等。社会制裁可以分有组织的和无组织的两种，最初当然是无组织的，后来才通过政府组织，来达到这称社会制裁的目的。所谓法律，也可以被解释为一种很进步，很特殊的社会制裁的一种方式，换句话说，法律是一种调整各种关系的制度，这是第一种说法。法律又是解决纠纷的根据，或指导工具，这是第二种说法。法律更是根据权威资料，来进行解决纠纷的工具，这是第三种说法。

一般人常常机械地认为法律只不过是数目繁多的条款，实际法律这样东西比他们所想象的要复杂得多。严格地说，法律有两个范畴，一个是 Laws，一个是 The Law 前者包括条款，技术以及某一国家民族固有的理想，条款部分又包括其他原则，概念，标准，一共有四种主要的成分，至于 The Law，则是一种比较更本质的更系统的法律。

---

* 本文原刊于《新中国月报》（新编第1卷）1946年第2期。

〔1〕“那么”原文作“那末”，现据今日通常用法改正，下同。——校勘者注。

条款是我们比较容易理解的，它给予某一特定事实，决定一个特殊的结果。在最初，法律制订者，仅就每一种可能发生的事实加以规定，后来渐渐感觉到这种方法是不科学的，因为这样一来，法律的条文将无限制地增加。因此又想到，原则的确立问题，例如民法中，就规定人不能使别人利益遭受损害，而增加自己的非分利得，这个原则足够代替许多条款，而普遍适用了。原则并不是唯一的减少条款的方法，此外概念的适用也很重要，例如英美法上只有人力或兽力的车辆，而现在有汽车和火车了，条款不可能随着物质文明而天天修改或补充，但我们可应用概念参照性质相同的条款处理。其次标准是衡量行为的程度的，标准的合理化，也可以达到减少条款的目的，机械的条款对客观的事实一无用处，因此使条款成为活的东西，成为对于客观事实有决定影响的东西，这是法学家的工作。现在我们开始讲："法律与法学家在现代国家之地位。"

我们常提到宪政，宪政就是依据宪法的政治。宪法有各种不同的宪法，在美国是一种政治制度的轮廓的规定，除了某一特定部分以外，和普通法律没有两样，都可以由法院执行的，在欧洲大陆，也是一种政治制度的轮廓的规定，特别注重行政机关和司法机关的相互关系，对立法机关并不约束。但由于历史的传统和立法机关之间一向很融洽相处，英国的宪治也是一种政治制度的轮廓的规定，但有一点特点，就是议会的至高无上的权威。

历史上有两个宪政最发达的国家，就是共和时代的罗马与英国。近代各国的宪法，其来源也就在罗马和英国。不单宪法，一般的法律也往往以罗马与英国为渊源。

罗马法由于移民的关系，十二世纪普遍地流传到海外。罗马法的特点，是系统完整，顾虑到行政与司法的均衡。在习惯上，罗马法又称大陆法。和大陆法相对的是英美法，又称普通法，是日耳曼人流传到英国来的。罗马很早就把法律作为专门的学术来研究，相反的美国到十九世纪下半叶，才到大学里开法律的课程，或法学的百科全书，但是仍旧很少人对法律作整个的系统的研究。

中国采用的是大陆法，这是很聪明的，因为英美法的制度很不健全，并且还保留了许多原始时代的制度，并且是两重对立的，制定法和习惯法，就是最好一个对立的例子，英美为了补救这些缺憾，定了许多"例外"来融通处理某一条款，英国已经定了十五个例外，美国在考虑根本取消这条款。所谓法学家应该包括律师，法官，法学教授这三种人，在英国律师极受社会重视，法官都是从律师里面选拔出来的，假使一个律师曾执行职务多年，并且有极好的声誉，那么就有希望被选拔为法官。律师有公会的组织，负责审查资格等工作，还有一种不出庭的律师 Solisiter，同样地受人重视，同样地有组织，而且法院里的工作，如询问证人，收集证据等等工作，都由律师去担任，所以英国律师多而法官少。美国继承了英国之传统，律师简直成法院里的职员，在采用大陆法的国家，询问证人，收集证据等工作，都由法官担任，所以律师少，而法官多。

法官在英国地位最崇高，做到高等法院的法官，皇家就要颁给爵位。英国的名人录里面，连小法院的法官也收录在里面。凡是没有做过法官的人，即使有法律方面的著作，也不准印行。美国现在也正在计划提高法官的地位，在欧洲法官没有人重视，我看到一本欧洲战前的名人录，其中只有一个人是法官，而这个人是有古怪嗜好的才放在里面的。

大学里的法学教授，大陆方面比较重视，英国那些教法律的教员，自己只看成自己是顾问的性质，美国方面一八七三年爱姆斯到哈佛大学教法学，这是第一个没有做过法官或律师的法学教授。

我希望中国能够在律师、法官、法学教授这三种人里面，不要对某一种特别重视或轻视，从教育当局方面知道，政府颇有从法律教育着手，来从头整顿法治，厉行法治的决心，我个人觉得这是很聪明的办法。

法学思想与法律秩序*

庞德演讲　杨兆龙译

诸位：我们知道十九世纪是非常重视历史的世纪，事实也的确如此，无论什么事情，假使不从它的历史演变和历史条件来观察，是不容易得到要领的。美国最高法院推事詹斯第斯曾说起，我们现在的法律，是根据历史上已经有了的资料来订定的，这是以证明法律的历史的渊源，是如何地值得重视，我今天讲法学思潮，在法律秩序方面的重要性，就是从历史的分析来开始的。

法律的五个时期

罗马法和英美法，这世界上两个最大的法系，发展到现在，可以说都经过了四个不同的时期，而现在已进入第五个时期了。

（一）法律的原始时期或萌芽时期。

（二）严格的时期。

（三）衡平法自然法的时期。

（四）法律成熟的时期。

（五）法律社会化的时期。

我所应用的这些名词或术语都是经过商榷的，我可以把这些名词和术语的来源说一说。原始时期这很通俗，可以不说。严格法则见于罗马法，衡平法和自然法，在罗马法，近代罗马法，英美法中，都普遍地应用。法律的成熟期，是英国分析学派的法学家，如奥斯丁等先用的。法律社会化，最早由德国的史泰因，英国的格莱图夫所应用，以我个人而论，在四十二年前，就

* 本文原刊于《新中国月报》（新编第1卷）1946年第2期。

开始应用了。

原始时期

法律的原始时期，带着浓厚的种族色彩和宗教色彩。纪元前四世纪的罗马法，中世纪初叶的日耳曼法，十三世纪的盎格鲁－撒克逊法，是最好的例证。他的特点是根据一向的习惯，因此不但硬性，而缺乏系统，并且只注意损害的行为。例如在盎格鲁－撒克逊规定损害他人指甲要赔偿一个先令，从这一点看，原始时期的法律，是消极性的，并且极度缺乏行政的性能，要被损害人自己去把罪犯捉到司法的机关里来。至于一国的国王，他是以基督教教徒的资格，来劝导人民遵守法律，并不是利用自己的权力，来向人民威胁或恐吓的。最滑稽的是损害的补偿。并不是由损害的程度来决定的，而是由被损害人报复欲望的强弱来决定的。在盎格鲁撒克逊，身体的损伤有衣服遮到的部分，与衣服遮不到的部分的分别；在威尔斯，疤伤也分为明显的与不明显的两种；在雅典，屈兰克田执政的当儿，规定某一田庄某一城镇的居民被杀害时，报复者可以向对方所属的田庄或城区杀掉三倍的人。

严格法时期

严格法的时期，是政治组织比较健全的时期。纪元前四世纪到纪元前二世纪的罗马法，十二世纪到十六世纪的近代罗马法，十三世纪到十七世纪的英国法，都属此。他的特点是着重救济，规定对于被损害人的救济，原则与救济方法，并且太拘泥形式，而忽略事实上的需要。在罗马，树被人砍伐可以起诉，但葡萄藤被人砍伐，假使起诉，便要被驳斥。在英国假使某被损害人要求赔偿二十先令，而法院审查结果，应该多赔一先令或少赔一先令的话，这诉讼便要被驳斥。假使借了钱虽已归还，但没有取得收据，这种案件一上法院，法官虽明知已经还清，但仍要判决债务人应该再归还一次。严格法的对象是人，但这人并不是生物学上的人，必须有身份的罗马法上的人，是自由人或公民或家长。英国的普通法上，有一种实际仍旧活着而法律上则作为已经死了的人，例如宣誓永远不回祖国的放逐者等等。

衡平法与自然法

衡平法自然法的时期，纪元前二世纪，到纪元后二世纪的罗马法，十七十八两世纪的近代罗马法，与英美法均属此。这一时期的特点，就是哲学所给予法律制度的影响很大，无论是罗马法，近代罗马法，英美法，都开始注意到确立原则的重要性不再专门在条款上用功夫了。并且把道德的原理，和法律的原理，统一起来，调和起来，形式也不再拘泥。举例来说：在严格法时代，奴隶的解放一共有三种方式：一，把奴隶的名字登记在自由公民的表册上，二，举行戏剧性的审判，主人当庭承认已将奴隶解放，三，主人在遗嘱中给予奴隶自由。假使不采取这三种方式，一概不生效力。到衡平法时代，就不这样严格了，召集了邻居，宣布解放某一奴隶或给奴隶一封信，允许给他自由，都可以从纯粹的法律观点来说，固然还不一定就生效，但从道义观点，大家都承认某一奴隶已经解放这一事实。罗马法中有人拟加入感恩的规定，但是因为感恩一种内心的状态，要加以规定，事实上很困难，因此没有实现。衡平法时期的道德观念，并不进步，和近代流行的集体安全观念，根本是两件事。

成熟期

法律的成熟期，是以詹斯汀奈氏所编法典的出版为终点的。十九世纪中，近代罗马法和英美法，仍旧恢复了严格法治的精神，和严格法时期的不同，是前者的重心仅仅是些条款，而后者的重心，在正义的表现，同时使法律系统化，一方面承认个人的合理的自由，一方面承认社团的权利。十九世纪末叶，法律本身的演变，使那些最初的原则，成为不必要的，而予以扬弃，这种现想，德国法学专家颜露尔，在一八九零年就看出来了。

法律社会化

法律社会化的时期，有几个特点，例如财产权的限制，从前业主有权任意处置自己的财产，例如法国有一件趣事，某甲某乙相邻均甚富有，惟某乙无声望，于时每见某甲高朋满座，心甚怀恨，一日某甲请当时权贵来园中狩猎，某乙乃先集多人于园中，齐鸣钟鼓，而将隔邻某甲园中之禽兽悉数惊走，以致某甲不得不将狩猎取消。这在从前某乙无罪，在法律化社会时期，则是有罪的。对于契约的履行，也有了伸缩性的规定，偿还能力由法院来决定，即使债务人宣告破产，仍旧可以留一部分生活所必需的资产。美国的法律，未征得妻子同意，无权出卖生活所必需的居住的房屋，即使这房屋是你在婚前自己买来的。法律社会化有一个明显的趋势，就是要求全社会对被损害人负责，所以有工厂工人补偿法，社会保险法之订立。同时认为国家的存在是为了对人民的服务，所以行政和行政的效率，比到以前四个时期更为被人重视。现在我们再扼要地说一说：第一时期法律所说的，在维持和平，方法是用金钱来代替报复。第二时期法律的目的，在要求安全，方法是国家法律规定救济。第三时期法律的目的，在适合道德标准，方法是义务的执行。第四时期法律的目的，使个人有自由的发展，方法是保障个人的自由。第五时期法律的目的，是调和社会关系，使之均衡发展，方法是替社会服务。

法律之所以能逐渐进步而系统化，立法家并没有多大的贡献，因为立法家只是根据已有的一些资料来立法而已。使法律进步的，是法学家，罗马法的生命是罗马帝国法学家所写的法学著作。近代罗马法是十七十八两世纪研究自然法的法学家，对各种法律制度比较研究的心血，英国的柯克教授，与美国的肯脱教授，则是英美立法史上的大功臣。案件的审判，一般说来，可以分三个阶段，先找出条款，再加以解释，然后运用，因此找出条款仅仅是工作的开始，而解释和运用，必须借助于法学思想与法学著作，这问题又回到以前这两次所说的法律教育的重要性了，因为法律思想的发达，法律著作的丰收，完善的法律教育是先决问题。

如何研究法律学*

孙晓楼

法律人才，在某一时期被人们看得似乎不十分重要了。他们认为在抗战时期是军事第一、胜利第一。要军事第一、胜利第一最重要的是在机械的进步，飞机、大砲、坦克车、兵舰、潜水艇等等，何一而不讲机械、更何一而可不讲自然科学。因为机械学的重要，因为自然科学的重要，于是法律学便不免被许多人们搁置在脑后了。我认为在此抗战时期，因为军事第一、胜利第一，法律学的地位更形重要。为什么呢？因为于抗战时期，在物力上固是需要各种机械武器，不过有了机械而没有有纪律的军士来运用这种机械，这机械可以发生作用么？有了武器而没有有机组织的军士来运用这武器，这武器可以发生作用么？所以军队的纪律，民众的组织，是抗战杀敌的要件。临时全国代表大会发表的宣言说："抗战之胜负，不仅取决于兵力，尤取决于民力。民力之发展，与民权增进相为因果，故组织民众与训练民众，为发展民力之必要工作，亦为民权之必要条件。"总裁说："第一期抗战失败最大一个原因，就是纪律不严，军纪废弛。"所谓"纪律"，所谓"组织"，哪一件可以脱离了法律！

再讲到立法，可以说在抗战的工作愈紧张，立法的工作也愈繁重。因为在抗战时期，无论关于交通方面、经济方面、军事方面、财政方面、教育方面、人力方面、训练方面，何一而不应使之集中，期以最短促的时期，最敏捷的手段，来收极大的效果。这样，就不得不制定各种战时法规，来统制，来推动。在平常时期应有平常时期的立法，在非常时期应有非常时期的立法，以非常时期的法律用之于平常时期，固非所宜，以平常时期之法律用之于非

* 本文原刊于《光年》（第4卷）1935年第48期。

常时期，亦有未当。在第一次欧洲大战时，各国因抗战而制定的战时法规很多，仅就法国一国而言，自从一九一四年至一九一八年所制定之战时立法（Legislati on deGuerre de 1914～1918）竟辑成十二巨册。也可见战时立法工作的繁重。所以我们决不可以说，因为战时发生而停止立法工作。

再有人说：一个国家的贫富强弱，其关键全在化学物理电械生物地质农业土木建筑造船纺织等科学的进步，他们认为自然科学可以左右国家的贫富强弱，好像[1]是万能的一样。当然在这二十世纪的现代，自然科学的落后，于一国工商实业的发展上，是有密切关系的。不过工商实业的发展，于其本身方面，没有法律人才在里面经营擘划，使成为一个健全的组织，那工商实业可以成功么？再进一步说，假使一个国家的政治不上轨道，大家不知法律，不遵守法律，营私舞弊，贪赃枉法，甚至军阀横行，盗匪遍地，在这样的环境中，工商实业可以发展么？谁都承认这是不可能的事。所以我认为法律人才实在是各种事业的基本人才，事无巨小，都需要有这种人才工作着。我们看到欧美各国之工商实业所以能这样的进步，与其说是由于他们技术的进步、科学的发达，毋庸说是由于他们法治观念的普遍、政治组织的健全和法律人才的重视。他们小至工商事业，大至总统或陆军或海军的统帅，很多是研究政法的人才。意相墨索里尼说："没有法律的政府，能促成专制；没有法律的民族，必至陷于无政府紊乱而完全瓦解的状态。"又德国公法学权威寇尔罗脱氏（Otto Raellreuttesr）也说："国家和法律乃民族生活的力量，其价值和意义，可于其对于民族生活的功用来看。……所以凡是文明国家，都须以法律为必要的准绳，失去这准绳，则健全的政治组织便不存在。"总裁于此更很痛切地说："中国过去军纪败坏，法纪荡然，一切事业不能成功。"呀！一切事业的成功，全仗着军纪和法纪，法律学的地位，已可概见。"男儿读书不读律，致君尧舜终无术"，苏东坡此诗，不失为至理名言。

研究法律学的几个方法

研究一种科学固然应当有一定的目的，也不可没有一定的方法。没有一定的目的，那是无的放矢，当然是没有结果。有了目的而没有方法，那是药石乱投，也是没有结果的。关于法律的方法，在欧美各国的派别很多，我现

---

〔1〕"好像"原文作"好象"，现据今日通常用法改正。——校勘者注。

在将各派研究的方法提出来和读者研究一下：

（一）分析法学派的研究方法

这学派以研究法制的成分为对象的。他们的着眼点，是在法律的权力及制裁力，而法律的权力和制裁力，必由国家司法机关表现出之，缺乏了制裁力（Sanctional potoer）的道德风俗、习惯等，便不能认为法律。他们的研究方法，是以分析或解剖的方法来研究具体法律的成分组织。十八世纪时英国的勃拉克斯[1]（William Blackstone）、奥斯丁（John Austin）皆为此派主要的健将。

（二）历史法派的研究方法

这派从法律的发源与生长中来推求其原理原则的。他们的着眼点是在法规的背景，即社会的压力、服从的习惯、公共的感情及舆论正义等，所以他们观察法律，是由发达而成之物，并非属于创作之物。他们研究的方法，是以现有的法律现象，与历史上的事实相对照为研究的方法，从这过去的连续性的法律生长中，探求那原理原则之所在，这派以十九世纪时英国的梅因[2]（maine）和德国的萨维尼（Savigny）等及普赫塔[3]（Puchta）为其代表者。

（三）哲学法派的研究方法

哲学法派也是以探求理想标准为目的。他们的着眼点是认定法规的制裁力应以伦理作基础，他们也和历史法派一样，观察法律的创造，是渐次演成的。至于法律的形式如何，他们可以置之不问。所以这派的研究方法，是以抽象的伦理的目光，来批评现实法律，这派的权威，是十九世纪德国的康德（Kant）及黑格尔（Hegel）。

（四）比较法学派之研究方法

这派是以二个以上的法律比较研究做对象。他们的着眼点，在就立法的系统以探求其异同，不问法律之形式如何，广为搜集材料，以为比较，然后于比较对照中探求法律原理。所以这派的研究方法，是以各种法制比较其异同为方法。所谓各种法制者，有的以人种做标准，有的以国别做标准，有的以法系做标准。搜集材料的标准虽不同，而比较的方法则并没有两样。这派

---

〔1〕“布莱克斯通”原文作“勃拉克斯”，现据今日通常译法改正。——校勘者注。

〔2〕“梅因”原文作“梅茵”，现据今日通常译法改正。——校勘者注。

〔3〕“普赫塔”原文作“普黑答”，现据今日通常译法改正。——校勘者注。

是以法之孟德斯鸠（monteguien）为首创；这代学者如法之兰伯特[1]（Lambert）及日之穗积陈重等，皆系此派之领袖。

（五）社会学派之研究方法

这派是以法律抽象的内容考究法律作用为对象。他们着眼于社会之目的，认为法律是由人类智能劳力改良而得的社会制度。所以他们研究方法，是以社会学的方法为研究之方法，即谓社会的福利、社会的功用、社会的利益等等，都是这派最注意之处。这派的健将，当推德之耶棱[2]（Jhering）及美之庞德（Pound）。

以上几个学派，无论分析法学派、历史法学派、哲学法学派、比较法学派或是社会法学派，各有各的长处；于法学上也各有各的贡献。不过我认为研究法律：一，应注意到广义的研究。因为法律是包罗万象的科学，专从法律中研究法律，结果是没有实益的，应当与法律有关系的种种科学和问题，都加以相当的研究，这才能于法学上有真实的贡献。二，应注重功用的研究。因为研究法律专注意到文义的分析、理论的推究，往往不能收十分功效，于社会国家上恐不能有多大贡献的。所以我们研究法律，不可不注重实际的功用。在以上五种研究方法中，当然要以社会学派的研究方法为最广大最切实，即为我们研究法学最妥善的方法。

法律人才的要件

研究法律的人们，当然没有一个不希望自己做一个法律人才。什么叫做法律人才？关于法律人才的解释，在普通一般人，认为只要在法律学校毕业便是法律人才；有的认为做法律事情的无论律师或是法官，都是法律人才；有的认为必于法律学上有专门研究，有多少关于法律的著作，方可称为法律人才。以上所述，可以称为法律人才要件之一，然而不能称谓真真的法律人才。我认为真真的法律人才，一定要具备下[3]列三个要件：

（1）要有法律学问。研究法律最明显的目的，是在求得法律智识，即所谓法律学问。而法律学问的求得，又应注意于下列三个步骤：

---

〔1〕“兰伯特”原文作“拉伯尔”，现据今日通常译法改正。——校勘者注。

〔2〕“耶林”原文作“耶棱”，现据今日通常译法改正。——校勘者注。

〔3〕“下”原文作“左”，现根据排版需要改正。——校勘者注。

(a) 认识法律。认识法律是研究最初的步骤，就是希望学者知道现行法律是什么 what law is? 条文字义作何解释? 所有民法刑法法院组织法商事法行政法宪法国际公法国际私法等课，都是属于这一类的。

(b) 运用法律。只是认识法律，尚不能称为有真真的法律学问，一定要于认识法律之后，进一步研究法律如何运用 (How law is applied)? 做律师的手续如何? 做法官的手续如何? 民法如何运用? 刑法如何运用? 关于这一类的功课，像民事诉讼法、刑事诉讼法、和诉讼实习等课，都的属于这一类的。

(c) 法律应当怎样。于认识法律和知道法律怎样运用之后，还要更进一步研究法律应当是怎样 (what law aught to be)? 凡是关系法律原理的批评，中外法律之比较和法律应当怎样改善? 都是属于这一类的工作，像法理学法律哲学法律史和立法原理等课，都是属于这一类的主要的课目。

以上三点，可说是研究法律者的主要步骤，我们一定于认识法律之后，方可研究如何运用法律；要于认识法律和能运用法律之后，方可研究法律应当怎样。所以，完善的法律学校的课程，应当以民法刑法等排作第一二学年的课程，民事诉讼法刑事诉讼法等排列第二三学年的课程。法理学法律哲学立法原理等排列第四学年的课程。然而现在事实上有很多研究法律的人们，往往又根本不知道法律是什么；也有知道法律是什么，然而不知法律怎样运用；也有知道法律如何运用，而不知道法律应当怎样改善。这都是研究法律学问中的畸形状态。许多学校中法律功课的编制，也混乱非常，于认识法律运用法律和法律应当怎样等，都没有一定的顺序。最近教部制订的法学院法律系课程，于此固已。改进不少，不过于法律应当怎样的一类课程，尚感缺少。我们还希望各大学的法律课程，能于第三点加以相当的充实，或于选修课程中能多增设几门，以补救其法律学问的不足。

(2) 要有社会常识。有了法律学问，还不可无社会常识，所谓法律不外乎人情，人情便是社会常识，一个法律问题，都是人事问题，都是关于人干的事体问题。所谓柴米油盐酱醋茶的开门七件事，所谓吸烟吃饭饮酒的问题，所谓住房耕田的买卖借贷的问题，结婚生小孩的问题，死亡分财产的问题，骂人打人杀人的问题，偷鸡摸鸭的问题，大至国家大事，小至孩童争吵，都是人干的事情。从这些事情里还发生了许多的法律问题，假使我们能从社会上发生的种种问题加以详细的研究，有相当的经验，那么[1]当然对于是非曲直的批评和判断，比较地可以清楚些，周到些，将来于运用法律的时候，自能顾到实际，不致一知半解，顾此而失彼；亦不致空泛立论，毫无补于事实。有许多研究法律的人们，一天到晚专注于法律条文之研究，法律学理的探讨，熟读民刑法规便怡然自得，自意为法律学之专家，偶有一实际问题发生，则瞠然不知所对，这便是有了法律学问而没有法律常识的缘故。所以研究社会科学的人们专在牛角尖里钻，决不能成为有用之才的。所谓专家没有了常识，便不能成为真真的专家。真真的专家，一定要于某种学问有深刻了解之外，再要加以和该学问有关系的各种问题都有相当的认识，能理解，能意会，能举一而反三，能适应环境。我们可以看到有很多成功的律师和法官，一方面固然由于他们常识的丰富。换句话说，失败的法律学子，一方面固由于他们法学的肤浅；一方面也由于他们没有社会常识。而这个社会常识的取得，当然不是由于法律书本中或法律条文里可以取得，也不一定是在学校的教室里可以学到，所以有社会上的一事一物，一草一木，一举一动，都和法律有多少的关系，便都在应行研究之列。所谓法律乃社会生活的规范，当然凡是社会生活中有关系的事项，都应该悉心研究。所谓“四体不勤”、“五谷不分”的学者，终日读死书死读书的书呆子，于社会即毫无裨益，与法学亦难有贡献。无论研究何种事物都是这样，更因如此，这是法律人才第二个要件。

（3）要有法律道德研究法律的人们于备具法律学问和社会常识以外，还要有法律道德的修养。道德是做人应有的道理，为什么法律人才要有法律道德呢？我不是说法律道德是法律家所独有，我是说法律道德是法律家除普通一般人所应有的道德外，还要特别修养左列二种美德：

（a）有守正不阿的精神。凡研究法律的人们，都希望现行法律的推行无阻，要希望法律的推行无阻，最重要的是在能守正不阿以身作则，即孟子所谓“富贵不能淫，贫贱不能移，威武不能屈”，不徇情面，不畏强权，抱不屈不挠大无畏的精神，来执行法律，来保障人权，这是法律家应有的美德。

（b）有牺牲小已的精神。所谓守正不阿是重在一个正字，法律上认为正则守之，欲守之在正，便不得不具备牺牲小已的精神。例如什么议案，什么法律，即经合法的手续已产生，那么，无论如何应当牺牲个人的意见，抱十

[1]“那么”原文作“那末”，现据今日通常用法改正，下同。——校勘者注。

二分的热忱来拥护此法案之实行，不应当固执成见，做出阳奉阴违的事来。这点精神和上述守正不阿的精神，当然是有连带关系的，有牺牲小己的精神，方能守正不阿；有守正不阿之精神，方能牺牲小己，两者是互相为用的。所以我常说，我们要执法如山，一定先要守法如山，自己不能守法如山，便不要望其执法如山。

上述的美德，不单是仅律师法官的应当如此，无论什么地方，凡是关于法律的运用上，都应于此有特别修养。

所以一个法律人才的成功，除有高深的法律学问外，还当有丰富的社会常识和高尚的法律道德。美国康奈尔〔1〕(Cornell) 大学校长怀特〔2〕(Andrew D. white) 氏于该大学法律学院创立时，曾作公开的讲演谓："我们创办法律学校的目的，非在造就许多讼棍，乃欲以严格之训练提高其程度，使将来出校之后，有高深的学问，有远大的目光，有高尚的道德，若养以相当的经验，则无论其为法官、为律师、为各种公共事业，鲜有不成为造福国家之法学者。"所谓高深的学问，高尚的道德，资以相当的经验者，即是我上面所讲的法律学问、社会常识和法律道德。希望今后我国研究法律学的人们，能如怀特先生之言，于法律学问之外，多注意到社会事物的经验和法律道德的修养，于法律学习中，多造成几种像我国古代的包文正，张居正，像美国的林肯总统，像英国的古克推事等那样的法律人才。这当然不是一件容易的事，或者比研究任何科学都难，然而我们应当树立法律人才的标准，共勉自动的向前迈进。

研究法律学的几种基本课程

在过去研究法律学的人们，都认为愈专门愈好，所以研究法律的方法，都不免故步自封，不肯越雷池一步，一天天地向着牛角尖里钻，结果呢？便养成许多没有常识不懂实务的法律学者。这样哪里可说是法律人才呢！到了现在，欧美法学者，已逐渐放弃他们旧有主张，认为研究法律，决不可以专从法律来研究法律，像美国大法家威格摩尔〔3〕(Wigmore) 氏所说：无论在

〔1〕"康奈尔"原文作"康纳尔"，现据今日通常译法改正。——校勘者注。

〔2〕"怀特"原文作"辉得"，现据今日通常译法改正。——校勘者注。

〔3〕"威格摩尔"原文作"魏格模"，现据今日通常译法改正。——校勘者注。

科学、在哲学、在行为，不拘形式，是这时代的特点。一个数学同时也须学些逻辑化学和生理学；一个生理学家同时也须学些地质学和化学；法学家同时也须研究哲学、社会学、经济学。……什么不应学呢？所以法律是各种科学的结晶，不但是社会科学的各门和法律有直接关系，便是自然科学的各门和法律学也有多少的关系。所以我们于研究法律科学之前，应于左列诸学课作基本的研究：

（1）政治学。政治学是研究国家的科学，法律是跟着国家的体系而产生出来的东西。民主国家有民主国家的政治体系，也有民主国家的法律，极权国家有极权国家的政治体系，也有极权国家的法律，欧洲许多国家拿政治学法律学并在一起研究，便可以看出政治学于法律学的重要了。

（2）经济学。经济是社会机构政治组织的中心基础，经济制度的变迁，便是社会机构的变迁，即是政治组织的变迁，同时法律制度当然也直接间接受到很大的影响，所以没有经济学根底的法律学生，于法律学问上很难有极大的成就。因为市民法律直接间接和经济学是有关系的。

（3）心理学。心理学是关于人类意识的研究，而法律行为不外是人类意识的动作。我们研究法律，于行为主体的故意过失默许承诺，知情不知情意志薄弱等等，都和心理学有密切的关系，所谓心理法律学（Psychological jursprudenee）便是以人类本性来解释法律现象之学。此外又如犯罪心理学（Criminal Psychalogy）、审判心理学等，更证明心理学和法律学的联系性，这是我们所以不可不研究心理学的缘故。

（4）社会学。法律是社会生活的规范，我上面已经说过，社会上无论什么事没有一件不与法律直接或间接发生关系，所以近代研究法律的人们，无论是追从美国庞德（Ponnd）氏的社会机械工具说，卡多佐[1]（Cardozo）氏的社会福利说，日本穗积重远的社会生活说，德国耶林（jhering）氏的社会功能说，可以说没有一位不以社会二字为其中心观念。因之，我们研究法律的人们，应于社会学一课特别注意。所谓社会学一课，又不仅限于学校的研究，并且要于教课之外，凡与社会学有关诸问题，都应当加以相当的注意。这样，于法律的解释或运用上必有极大的帮忙。

（5）本国史。研究法律者，尤应于本国的历史有深切的体会，因为研究

〔1〕“卡多佐”原文作“卡独索”，现据今日通常译法改正。——校勘者注。

本国史后，一，可明白中国文化过去的变迁；二，可以知道中国文化未来的趋势；三，可以知道中国文法制度的特质。中国文化在过去几千年中很有光明灿烂的历史，我们研究法律的学生，应如何负起全责，以复兴中华法系，俾得发扬放大，而与大陆英美诸法系并垂千秋。

（6）哲学概论。研究学问，要于求得科学知识之外，作进一步理论的研究，当然不可不有些哲学的基础，有了哲学的基础，方可以从认识事物现象的根本原理中来确定各种事物；在万有现象中的位置，研究法学的人们，假使没有哲学，的基础，往往不能有清楚的头脑来理解各种事物，于法律思想的运用上也能提大体上着想，更无从领会法律的真精神。吴德先生说：“现行法律是法律的骸骨，法律哲学才是法律的精神”。我们要知道法律精神之所在，当然不可不于哲理学上加以相当的研究，这是我所以主张研究法律学者应以哲学概论为基本学科的一种。

以上几种学科，所谓政治学、经济学、心理学、本国史、社会学和哲学概论等，都是研究法律学上所不可不有的基本科目。当然和法律有关系的学科，亦绝不是底线以上的六门，此外如社会科学中的伦理学、统计学、会计学；自然科学中的化学、物理学、生理学、解剖学、气象学等，和法律都相当的关系，上述数节，不过是就其大者要者言之，研究法律学者，若于上述几种学课尤为无视之，于法律学的研究上，便不免发生了极大的困难。

结　论

在过去中国的许多法律学生，所以不能为人们所重视者，其原因简略说来不外有四：

（1）研究法律没有正当的目的。在变法以前，研究法律的即没有专门学校可进，大都追随在机关办理诉讼案件的师爷幕客，像徒弟一般地研究法律，结果便造成许多刑名师爷。到了清代变法以后，一般研究法律的人们，以研究法律为升官发财的快捷方式，到学校里去混了一张文凭，便在政治上乱搅一下，中国政治的一时不能上轨道，这般研究法律的人们，多少要负些责任。

（2）研究法律没有正当的方法。在过去研究法律的学生，都像学徒跟着师傅一般地学习法律，他们所教的是以大清律例为教材，教授的方法，只限于法律专门名词的讲解和裁判方法的大要，他们注全力于咬文嚼字，于与法律有关的实际问题，都置之不问，当然不能得到好的结果。

（3）缺乏基本科学的研究。过去研究法律的学生，看得法律的研究是非常容易，有许多关于社会科学的学科，像历史心理学社会经济学政治学等几种重要课目，都未曾稍事涉猎，以至对于法律的见解差误，不能活用，不能适应环境，不知法律的大势，当然于法律学是永远不会有真实的贡献的。

（4）法律科目的不完备。在过去的法律学校，于法律科目方面，大都是拿几本日本教科书作研究的工具，他们的科目除掉民刑法民刑诉讼法及商事法外，于其他学门，像国际私法法理学劳工法犯罪学中国法制史比较法等都很少注意的，他们研究的范围太狭，到社会上去当然是随时感觉到不够了。自然科学的落后，因为各种工商实业的人才的缺少，需要自然科学人才的迫切，科学救国的空气，闹得甚嚣尘上的时候，法律人才的训练，不期而然地被一般人所轻视了。再加之以法律学校设置的限制法律学科招生的限制，而法律教育的前途，乃益见其惨淡了。

我是认为法律是支配社会的最重要的工具，同时也承认法律任务是社会的任务，法律事业是公益事业，是国家事业。没有法律人才，是不能组成健全的社会和国家的；没有健全的社会和国家，便谈不到什么工商实业的发展的。在过去研究法律的人们虽不为少，但是所以不能在政治上、社会上表现出来相当成绩来的缘故，真真的法律人才是因为没有完善的法律教育来培植出真真的法律人才，假使我们不于此时努力检讨自己过去的错误，反而去压制法律教育限制法律教育，那么三五年后，法律人才的前途，更不堪设想。到那时要再图补救，恐怕已为时不及了罢。总裁曾说：“一般国民如仍和过去一样不知法律，又没有重法守法的精神和习惯，将来就是军队打了胜仗，敌人不来侵略我们，我们国家也会自取灭亡的。”不知法律不重法守法的结果是多么严重！所以我在五年前，写的一本《法律教育》中，也曾一再地说：“法律教育的得失，有关于国家的盛衰。”

近代比较法学之重要*

孙晓楼

研究法律之方法甚多，概括言之，不外有四：其以解剖分析已成法上之观念，而考究法制发达者，为分析派之研究；其基于哲学上之原则，以批评现实法律而求其理想标准者，为哲学派之研究；其基于现在法律，而擘稽其起源及进化者，为历史派之研究；其以社会学之方法，由法律之抽象内容，以考究法律之作用者，为社会学派之研究；其以二个以上之法律比较对照，而探究其异同利弊者，为比较法派之研究。惟分析派注重于法律之威权，且拘泥于已成之法规，其范围未免过狭；历史派注重于过去之经验，不能适应未来之潮流；哲学派空衍窈冥，而昧于实际之得失。以上三派之于法学研究，均不免于畸轻畸重，而为世诟病；至社会学派能注重法律之功用，而不拘泥于空洞之学理，能崇尚法律之社会目的，而轻视法律之威权。其理论适合潮流而切于实际，此社会法学之所以甚嚣尘上，为世界法学者所推崇也；惟时至今日，吾人于社会法学派之理论，固当重视，然于比较法学派之研究，亦有未可忽视者，推厥理由，不外有四，兹撷要以说明之如下〔1〕：

一、吾人研究法律，非徒孜孜于认识法律而已，必于认识法律之外，进而推究其法律应有之态度；夫欲推求法律应有之态度，固偏于立法者之任务，惟无论立法司法，吾人苟欲考求其法律应有之态而谋如何改善之道。则非将世界各国之法律作一比较之研究，本此研究之结果，斟酌损益，拾彼之长，补我之短，而后法律乃渐臻美备，此比较法学之重要也。

二、当此国际交通日益频繁，诸国家间之生活关系亦日益密切，自应树

---

* 本文原刊于《法学杂志（上海1931）》（第6卷）1933年第6期。

〔1〕“下”原文作“左”，现据排版需要改正。——校勘者注。

立一定之准则，以免除相互间利害关系之冲突，英儒布赖斯〔1〕氏（Bryce）之言曰“各中法律，其关乎生计之利害者，渐趋于大同”，此于国际私法方面吾人不可不将各种法律作比较之研究；然后可以以世界法律之统一，重以吾国受不平等条约之束缚，外人借口于我国法律之不合世情，而不肯放弃其在华之领事裁判权，是吾人于各国法律，更当有彻底〔2〕之了解，以谋汉律之改善，而免为外人借口，此比较法学之重要二也。

三、再以法律之渊源言，一国法律之制定，决非完全本地之风俗习惯道德宗教可以成功，其于外国法之采取，亦为不可少之事实；如德意志之采用罗马法，比利时意大利之采用拿破仑法典，日本之采用德意志法，我国之采用日本法；以前各自为政之法律，今日且有融会贯通之势，故吾人欲创制新法，决不可以闭门造车，不顾世界法律之趋势，此比较法学之重要三也。

四、法律有固定性，一经成立，不易变更，然社会则日新月异，时时变迁，以固定之法律，何以绳多变之社会，遇新事实之发生，而在无法律或惯例可援用之时，不能无条理以济其穷；此德国民法第一条，奥国民法第七条，瑞士民法第一条第二项，日本民法第一条与我国民法总则第一条，均有法律无明文者依习惯，无习惯者依法理之规定，或有此种类似之规定，惟所谓法理，必于国内社会风俗习惯有详细研究之外，于世界各国法律之趋势与背景〔3〕作比较之研究，此比较法学之重要四也。

比较法学既如此其重要，惟其于研究之方法，有根据国别以研究法学者，谓之国别比较法学派，法国学者孟德斯鸠氏（Montesquieu）足以代表之；有根据人种之区别以研究法学者，谓之人种比较法学派，德之柯勒〔4〕氏（Kohler）足以代表之；有根据法系之区别以研究法学者，谓之法系比较法学派，日本学者穗积陈重氏足以代表之。此三派之中，比较法学之研究，有以法系比较为中心观念之趋势，良以法系之比较，系于地理人种物产国别等，作一综合之研究，其范围广大，其方法较为便利，最近美国名法家（Wigmore）氏，于其所著 *A Panorama of the World's Legal Systems* 一书中，分世界法系为十六，据此以申说各系之异同与特点，是可知比较法学派之渐趋于法系

---

〔1〕“布赖斯”原文作“勃赖斯”，现据今日通常译法改正。——校勘者注。

〔2〕“彻底”原文作“澈底”，现据今日通常用法改正。——校勘者注。

〔3〕“背景”原文作“背境”，现据今日通常用法改正。——校勘者注。

〔4〕“柯勒”原文作“戈拉”，现据今日通常译法改正。——校勘者注。

之研究矣。

至于研究比较法学之机关，类由学者自动组织者为多，如法国巴黎设立之比较法学会，德国柏林设立国际比较法学经济学协会，英国伦敦设立比较立法学会，美国全国律师协会附设之比较法学会，其所出比较法学杂志，亦复风行全国，具见比较法学之日趋重要。至法律学校之以专攻比较法学问者，犹属麟角凤毛，不易多得。余于西方得一里昂大学之比较法学院，是校为比较法学派之健将即兰伯特[1]氏（Lambert）所创办，即氏好著比较民法之功用 *Fonction du droit civil Compare* 一书，久已脍炙人口，为世界法学者所推崇，在该校主编之比较法学丛书，先后已达十余种，实为我研究法学之宝库，于学术上之贡献实大。若于东方，其注重比较法学之研究者，当推我上海东吴法律学校，该校原亦以中国比较法律学校称，其课程之编制，除以本国法为主体外，于德英美法日俄意比诸国之法律，皆请各国专家来华教授，最近并于英文德文法文之外，添设日文意文俄文西班牙文等课，以善研究比较法学之工具，数年以后，当可成为世界最完善之比较法学研究机关，以与法国里昂比较法学院媲美也。

〔1〕“兰伯特”原文作“伯尔”，现据今日通常译法改正。——校勘者注。

论法律之解释*

胡毓杰**

治法学者，对于法律之研究，有解释论及立法论之区别。解释论者，以明法律之司法运用、分析疑义、指明要件为当务之急；而立法论则以立法之得失、法律之目的及其运用之当否为评论中心。故立法论不能离解释论以独立，盖不明法律司法上之运用及疑义之分析并指明其要件之当否，无由探讨法律目的及运用上之当否，即无以说明立法之得失。同时解释论亦不能脱离立法论而独立，盖法律解释，不能脱离立法意旨而断章取义〔1〕，胶柱鼓瑟，故言法律解释，必也二者并重，而无所偏废焉。

法律解释学，在英美法学界中，为近五十年来始有相当发展之科学，美国学者迪斯洛维〔2〕曰："法律解释为科学，亦为技术，其为技术也，以其赖个人之经验决断，及对于文字关系之领悟，以解决有待解释之问题；其为科学也，则以此种有待解释问题之解决，赖对于法律科学法理学及社会科学之认识。"〔3〕惟斯而言，则法律解释，不单纯为立法论及解释论之追求，且有技术及科学问题存乎其中。技术方面，待经验决断，文字之修养，而科学方面，则有待于法律科学法理学及社会科学之认识。

故某一法条之疑问发生，拘拘于分析之方法，以为本条之要件若何，固不足以言解释。即并重立法意旨，亦不足以言解释，必赖科学之修养，为技术上之运用，始得谓得解释之真谛。

---

* 本文原刊于《法令周刊》1935 年第 282 期，第 5 ~ 9 页。

** 胡毓杰，曾任东吴大学在渝复校后教授。

〔1〕"断章取义"原文作"断章取意"，现据今日通常用法改正。——校勘者注。

〔2〕迪斯洛维 FJ. DeSloveer 为纽约大学教授焉 *Cases of Interpretation of Statutes* 作者。

〔3〕见迪斯洛维著法律解释名案选自序。

解释法律，其难也如此，欲求解释之准则，盖非易事。兹依欧美学者所崇尚，而撮举其大要。

一、法令之宗旨。所谓法令之宗旨，非谓拘拘于立法意旨，便可得其真谛，必在科学方面，能详悉此法令之渊源；同时在技术方面，对于文字及有连锁性法律之关系，有明确认识，始可得之。例如破产法已经施行，试问破产法宗旨何在，保障债权人之利益，抑并债务人之利益而保障之，仅据法条，似难得其主旨所在，倘回溯法律发展之过程，及近代法学思想之趋势，则可知今日破产法立法宗旨之所在。在昔罗马时代，依法律之规定，债权人得以债务人为奴，甚至得支解其人以取偿债务。〔1〕其后莎士比亚乐府中，维城商人，有以割肉为偿债之约定给付者，虽非信史，然文人笔墨，实不能跳出社会背景，可知中世纪虽不若罗马时代之得支解债务人以取偿，而以身体发肤偿债，则非法之所禁；法律进化之余，社会思想抬头，昔日之得以支解债务人者，一变而只许奴畜其人并得尽其所有以取偿。〔2〕再进而只限于管领债务人所有之一切，法律社会化之后，复一变不得倾债务人之所有以取偿，且须为留生活所必需，以为债务人仰事俯畜之资本。〔3〕故庞德列举法律社会化七种限制中，当以债权取偿之限制，为法律进化之明证。〔4〕美国乔治亚省一八七七法律，规定债务人破产时，须留六百元之资产，以为破产人家庭生活费用。〔5〕以法学为探讨基础，方可知今日破产法之立法宗旨，并非满足债权人取偿为唯一目的，而有社会立法之倾向，存乎其中。此从法学上作科学观察，以求法律宗旨之明证，此外：立法记录及立法者之言论，皆为探求法律宗旨之一助，而足为解释之门径。

法律宗旨，以法学为基础做科学观察，或以立法者之言论及记录为考其究竟之方法。然立法行法之时代是不同，而社会环境因之而异，不能拘泥法律宗旨为解释唯一目标，为运用法条之张本。故法大理院推事曰：〔6〕“解释法律时，推究立法者之意志，盖不能拘拘于立法者当时意志，应设身处地推

〔1〕见茅莱著罗马法大纲。

〔2〕34 And 35 Henry Ⅷ. c. 4 亨利第八世之英国破产法。

〔3〕见各新破产法例。

〔4〕见庞德“So ciolezation of Law”短文中。

〔5〕*Cases on Bankruptey*, S. williston p. 598.

〔6〕见 Cardoso, *The Science of Law*.

测立法者处今日之社会，其意志为何如？在我国各种新方法，甫经颁行，虽非必要，但社会瞬息万变，司法者于解释之时，亦须注意今日解释法条时，环境是否异于昔日，社会如有变迁，即不能墨守成规，谓立法者今日而立法，其意志仍同于往昔。”

二、法律之文义，依普通文义解释，为解释上最通用之方法。英伯尔统法官尝曰：“除立法者有相反之表示，于法律本身之中，对于所用之文辞，加以变迁式之限制外，应用普通字义及文法之意义解释之。”〔1〕英美学者，或指此为解释法律之金律。〔2〕故成文法典中之文字，应依其通用文义为当然解释，而假设立法者之用此文字当致意于习惯之意义，而非有特别或不明显之含义存乎其中。至于法律用语，则应依法律对于此种用语习用之含义解释，在可能范围之内，应认法律用语之见于此者，彼此攸同。

三、法律解释之结果。法令疑义，有时可得二种或二以上不同之解释，何取何从？有时则须以其结果为标准。而所谓结果者，亦非漫无限制而任意为之，有时其结果影响及于社会全体，当然取舍之标准，为利多而害少之一种，有时影响及于法典之全部，取舍之标准，斯应以无违法典全部精神者为准则。举例以明：美纽约邦大理院为宪法解释时当曰：“政府为人民所成立，以保障其自身福利及个人之企业，故宪法解释，应依其无背斯旨者，而舍其违此政策及大多数之利益者。”〔3〕而后者之例，则有如我继承法关于已亡故女子直系卑亲属代为继承之解释，二十年院字四二四号，采固有权利说，认为继承前亡故之女子，其生时从未有继承权，其子女得代位继承。至二十一年变更解释，采代位说，于院字七五四号解释，谓已嫁女子死亡时，依法尚无继承财产权，其直系卑亲属，自不得主张代位继承。至二十三年四月，解释复变，仍采固有权力说，仍认已嫁女子死亡于法律授予继承财产权以前，其卑亲属得代位继承，盖以民法一千一百四十条之规定，于继承开始前丧失继承权者，得于其子女代位，是被代位人无继承权者，其子女得代位，乃原条所许，司法院最后变更之判例，所以贯彻法律之精神，且合于男女平等之立法意旨，此为求法律之贯彻，变更解释之足为明证

---

〔1〕 Warkurton vs tove land, 1 Hudson and Brooke, 623, 648.

〔2〕 See *Cases of Interpretation of Statutes De Seloveer* p. 85 Foot nots.

〔3〕 Sun Printing ect ass'n vs New York 152 N. Y. 257.

者也。

四、解释法律不可断章取义。解释法令，其首要宗旨为使法令前后贯注，而无使一部之解释，害全部之适用，除法条明文有但书例外之表示，不得作例外之解释，而以词害意。

五、修改补订之条文，应作为原法令之一部解释之。求法令之贯彻始终，修改补订之条文，应视为原法令一部，而求其一致之运用，不得以单行法规视之，而害其连贯性。依英美学者对于解释法令之学说，于此则有三说存焉：(A) 苟修正补订之条款，与原法无显然相异之点，则视为原法之一部分，与原法固有之条文，一体适用而无所轻重。(B) 若显然与原法律有出入，则依后者，而视修正补订之条款，为废弃旧有法令，与新法冲突部分，而代以后订之条款。此新法优于旧法之通说。(C) 至若补订修正条款，有与旧有法条文义相同者，则视为旧法之重见，而一仍旧法之原有解释，不得认为有新意义作独立之解释。

解释法令之基础，前已详言，际兹宪法已经起草竣，实行有期之时，法令之违宪问题，与普通法令及宪法解释关系至深，兹就美国学者之言论，一为介绍：美国学者所公认解释法令之宪法问题，其原则有五：（一）推定一切法令为合于宪法的国家立法之权无限，除明显地与宪法违背外，一律有效。准此，则任解释之机关，应以为立法者于立法之初，已致意于宪法之限制，故解释有出入时，当以其合乎宪法之解释为准则，而舍弃其违宪之意义，而免为违宪之宣言。（二）法令本身，纵或违背宪法之精神，而无违宪法之明文时，仍应视为合于宪法。而不得据此以宣告其无效。盖美国学者公认宪法为立法权唯一之限制，使法令而不逾越此限制，当然不得以宪法明文之外所谓之正义等等一类之自然法则，为限制立法权之根据。（三）宪法实施，既是为国内无上之最高法律，一切法令苟无可能之解释，使之合于宪法，则当宣布其违宪而使之无效。苟有可能之解释，则不得废弃该项法律之宣言。（四）法令之违宪问题，须待纠纷兴起，有解释权之机关，始加以解释，盖法令之宪法问题，非每一法令于颁布之后，须经有解释权之机关审查，始生效力，乃于施行之后，发生争执，因系争事件，而后待解释宪法之机关为之裁夺。（五）法令之违宪，往往只限于局部，依美国前例而言，法令之一部违宪，而他部无瑕疵者，则无瑕疵之部分，不因其一部之宣告违宪而失效；但有时被宣告违宪之部分难不过该项法令之一部，而此一部分为此项法令之其中心，经宣告此一部分之违宪，而他部遂无存在之可能者，则此局部之宣告违宪，遂及于全部而一并无效。[1]

[1] 法令之违宪问题见 *Constitutional Law of the State of New York Annotated*, by K. R. ELL; ongton and G. V. Strong.

法律施行后生效日期之研究*

蔡选清**

法律从公布施行后应自何时起发生效力，系一具有实际重要性而通常被人所忽略的问题。年来朝野倡言法治，然若对此重要问题缺乏明确认识，则影响于人民权义之确定者甚巨，而执法机关于适用法规时，亦将生毫厘千里之诖误。

法律有明定自公布之日施行者，我国多数法规系属如此规定，其例甚多，无待枚举（如票据法一三九条；复员后办理刑事诉讼补充条例三十五条）。论及此类法律之生效日期，在首都以刊登该法律于国民政府公报〔1〕之日或公布该法律之命令依限应达到各主管官署之日起；在各省市以刊登该法律之公报或公布该法律之命令依限应到达该省市最高主管官署之日起，发生效力（法律施行日期条例第一条）。是在首都，若刊登该法律之日遭遇命令依限应到达之日，应自刊登日起生效外，否则皆应自公布该法律之命令依限应到达之日起发生效力。各省市则概以刊登该公报或命令依限应到达之日起发生效力。所谓依限应到达之日一语，系别乎此限期早到或迟到之实际到达如期而言。此不失为就法律生效日期采拟制性之规定，解释上当无可疑。

若法律定有施行日期者（例如民法各编及刑法），则原则上应自该特定之日起发生效力。但刊登该法律之公报或公布该法律之命令到达各主管官署或各省市最高主管官署在特定日期以后者，以依限应到达之日起发生效力（同条例第二条）。此条但书立法宗旨仍与第一条同，惟文字似有罅漏；因依第一

* 本文原刊于《新法学》（第1卷）1947年第4期。

** 蔡选清，1947年毕业于东吴大学法学院（第30届），获法学学士学位。

〔1〕 三十七年五月二十日起改称总统府公报。

条规定，在首都若刊登该法律于国府公报之日在公布改法律之命令依限应到达之日以前者，以刊登日起为该法律生效日；本条但书之情形相若，而无此同样之规定。

法律施行日期条例所称公报或公报命令应行到达日期，系以国府命令定之（同条例第三条）。换言之，此项日期之制定毋庸经立法程序。国府曾于该条例公布之同日，即二十一年十二月二十三日，公布法律施行日期表〔1〕；纵前揭条例规定及法律施行日期表，可知除在首都刊登该法律之国府公报，其刊登日先于命令依限应到达日期，以及特定有施行日期之法律所其所刊登之公报或公布之命令实际到达在特定日之前之两种情形外，任何法律（作广义解，包括命令在内。请参阅同条例第六条），均须自法律施行日期表所定拟制日期起发生效力。我国于抗战前，邮电交通已趋正轨，故公报或命令，咸多能于限前到达；如偶遇窒碍不能依限到达时，则可援引同条例第四条〔2〕，以公报或命令实际到达之翌日起发生效力；故法律施行生效日期，初无困难问题之发生。

抗战军兴，全国大部沦为战区，政府持久抗敌，西迁重庆；因电讯阻梗，所颁命令，多不能按法律施行日期表所定期限到达各省市最高主管官署。依二十八年九月十六日国府渝字第五一九号训令所示，当时军事委员会曾函国府文官处建议修改法律施行日期表，后经行政司法两院会商后函复文官处称："因抗战以还，各地交通失其常态，且战区各省市之最高主管官署往往迁徙靡定，此时而欲于各省市之法律施行日期各定一适宜之到达期在限，极感困难。在此非常时期，似可参照法律施行日期条例第四条规定，各省市县一律以公布法律之命令实际到达各该省市县之翌日起发生效力，较免窒碍；其以电令公布者，亦可同时解决。"是行政司法两院会商之结果，并未如军委会所请将法律施行日期表修正，不过遵照同条例第四条之规定复为阐述而已。按国府五一九号训令系国府对直辖机关之一纸行政命令，要无法律效力；而法律施行日期条例系经正式立法程序所制订，迄未经修改或废止，自属全部有效。

〔1〕 查法律施行日期条例中有省市之分，而法律施行日期表中概以省为标准。又近年来我国版图更改；行政区域，亦颇多重划。本表亟有修改之必要。

〔2〕 第四条规定："刊登该法律之公报或公布盖法律之命令如因天灾事变致不能依限到达时，自其到达之翌日起发生效力。"

二者实质纵有冲突，条例规定应行优先适用，自不待言〔1〕。细察该五一九号训令，实质上并未与条例规定有何抵触之处；惟其“各省市县一律以公布法律之命令实际到达各该省市县之翌日起发生效力”一语，使一般法学者发生错觉，认为不论命令传递有无迟延，到达日期是否迟于限定日期，于此命令有效期内，一概自命令到达之翌日起生效，诚属曲解。瑞云君即认自该五一九号训令发布后，凡“以电报公布之法令，不能再适用上开法律施行日期表所定日期，概凭以电令实际到达各该省市之翌日发生效力”〔2〕。前荷人马斯白（F. Mysberg）违背经济紧急措施方案被诉一案中，上海高等法院判决亦持同样见解〔3〕。兹姑置命令可否变更法律一点不论，寻绎该五一九号训令之旨趣实并未变更条例一二两条之规定，不过仅就第四条另为训示释明而已。盖按条例一二两条规定，刊登之公报或公布之命令依限应到达之日期为任何法律生效之日乃系原则，而公报或命令因天灾或事变致依限不能到达，系属例外。故无天灾或事变时，固应按条例一二条依限定日期起生效；纵有天灾或事变（如逢国家战乱时），设公报或命令仍于限前到达，则法律施行日期表自仍有其适用。五一九号训令既称“可参照同条例第四条规定”，可见其并无排斥条例之意，只因其“一律以公布法律之命令实际到达各该省市县之翌日起发生效力”一语，因未明文限制其适用于迟到之公报或命令，措辞含混，致易为人所误解耳。查立法院于民国二十一年制定该法律施行日期条例，于每一省区分别制定法律施行日期，无非以我国幅员广阔，各地交通状况不同，文化水平各殊，故于每一法律施行之处，予人民充分认识该法律之机会，因而在该条例一二两条，首立拟制性生效日期之规定；如遇天灾事变之特殊情形，复设例外规定，以资补充，立法用意，可谓相当周详。准此以观，适用条例第四条，只可因公报或命令迟到而将日期放长，绝不可因其早到而缩短，实无可疑。

---

〔1〕我国自国民党执政后，奉行中山先生五权分立之遗训，然实际上行政权力高于一切；司法机关依旧约法及新约法虽有权否定行政命令之效力，然为息事宁人计，往往对违法违宪之命不加置喙。此点因非本文范围，容待将来另为专文申论之。

〔2〕震旦法律经济杂志三卷四期：由“洋老虎”案说到立法程序。

〔3〕该判决理由云：“……查法律施行到达日期表，前因抗战以还各地交通失其常态，施行极感困难，曾经国民政府以第五一九号训令通饬各省市县一律以公布法律之命令实际到达各省市县之翌日其发生效力，其以电令公布者亦可随之解决。经济紧急措施方案系于本年二月十七日由国民政府电令公布，同日到达上海，于二月十八即发生效力……”（见三十六年五月十八日上海大公报）

近阅院解字第三八二四号（三七年一月三十一日司法院复国防部电）有云："法令施行及废止生效日期仍依法律施行日期条例规定，如有该条例第四条情形，并参照国民政府二十八年九月十六日渝字第五一九号训令办理。"〔1〕窃以为此一解释其前半之旨固明，惜其后文仍未对命令在限期前后到达一点补充具体释明，恐仍易滋误会，此不可不注意者。

〔1〕 1948年2月20日《国民政府公报》第三〇六二号。

法律格言*

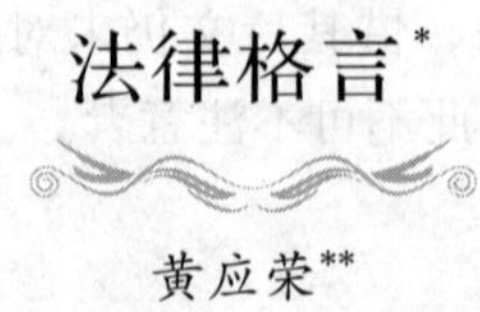

黄应荣**

一、“Vox Populi Vox Dii 人民的声音，即是天的声音”

在专制的国家，国王是每一个人民的主人，具有生杀之权，人民无论如何，不能反抗他的。他是在人民之上，在法律之上，不受法律的限制。但在民主的国家，主权是属于人民的，他的元首是人民选举，对人民负责任。近代国家，除少数君主或独裁的国家之外，无不以上项原则奉为圭臬。

二、“Nemo Est Supra Leges 无一人在法律之上”

一国的法律对于其人民，应有绝对支配的效力。每一国民，不论贵贱，贫富，都要遵守法律，受法院的管辖，在法律上，全体国民一律平等。上至总统，下至工役，如有违法行为，都要受法律的制裁。没有一个人，可以蔑视法律，可以不受司法的管束。虽然在君主国家，如英国，有君王无不法行为的格言，但在英国，英皇并未因此而位在法律之上。在民主的国家，总统

---

* 本文原刊于《新法学》（第1卷）1948年第1期，续刊于第2期、第3期。

** 黄应荣（1905～1978年），原籍广东省梅州市梅县区人。一九〇五年出生于新加坡。少时就读于莱佛士学院，参加剑桥会考获优等文凭。嗣后负笈持志大学、燕京大学及东吴大学，获东吴大学法学士学位。后又远渡美国乔治·华盛顿大学，获法理学博士学位。因成绩优异，毕业后获该校金牌奖章。一九三零年，学成后在上海挂牌执行律师业务。同时在东吴大学担任教授，讲授英美合同法。又曾任中央大学、暨南大学、光华大学教授。一九四九年回新。一九五五年，南洋大学成立后，任经政系教授兼系主任。一九六五年至一九六九年出任南洋大学副校长，兼代理校长职务。黄博士主持南洋大学多年，成绩卓著。黄博士除在南洋大学任教外，也参加多种公众职务，如新加坡学校上诉局局员、新加坡成人教育局局员、所得税审查局局员及林溪茂教育调查委员会委员等。他常受邀参加国际学术会议。一九六六年，获总统颁公共服务星勋章（BBM）。黄博士于一九六九年二月十五日荣休。一九七八年逝世。

是人民之一，当然不在法律之上，不过总统为一国的元首，位居重要，在任期内，不可不有特殊的保障，这是立宪国家一般的通例。我国宪法也明文规定："总统除了犯内乱或外患罪外，非经罢免或解任，不受刑事上之诉究。"（第五十二条）

三、"Lex Angliae Sine Parliamento Mutare Non Potest 英国法律，非经议会同意，不得变更"

议会"巴力门"[1]是英国最高的立法机关，有制定法律和立法之权，经议会制定的法律，只有议会可以予以变更。行政机关，固得发布命令，但命令究非法律，不得违反变更或抵触法律。这个原则，与我国法规制定标准法的规定相同，凡法律应经立法院三议会之程序议决通过并由国民政府公布之。（第一条）规程规则细则办法不得违反变更或抵触法律。（第五条）应以法律规定之事项，不得以命令定之。（第六条）

四、"Lex Prospicit Non Respicit 法律向前瞻，不回顾"

任何人不得变更其目的，以损害他人，这是罗马法的通则。为保障既得权利，而使社会交易得以安定起见，法学家便用以限制立法者。在立法时，既取得的权利，或已经确定的关系，立法者不得以新法变更之。新法乃对于未来的事物的规范，对于既往的事物，没有追溯的效力。如果新法的规定，有剥夺或损害既得权利，或创设新义务，或增加原有的义务，这都是追溯既往，有利良好的立法原则。在英美两国不溯既往的原则，也是认为是立法原则，在其他各国则视为法律适用上的原则，无论是立法原则，或法律适用上的原则，这原则可作为一种指南，有下列各例外：（一）新法明文规定者。（二）依法律的性质，或立法者的意思，应解释为有追溯既往者。

五、"Ubi Jus Ibi Remedium 有法律的地方，便有救济的方法"

这是英国普通法的原则，所谓救济，是指诉讼权，或其他确定或恢复权利的方法而言。根据这个原则，凡普通法给予一种权利。或禁止一项不法行为时，同时也给与救济，因为一个人有了权利，便应有确定或保障权利的方

[1]"巴力门"为英文"Parliament"的音译，即议会、国会。——校勘者注。

法，他的权利或被损害或妨害时，他便应有救济。权利与救济是相互的，有权利而没有救济，这是不能想象的。

但是这个原则也有他的限制，简单地说，在下列各种情形之下，这个原则不能通用，或至少不发生损害赔偿责任。（一）侵害的行为，纵侵害公众的利益，在这种场合，除非该不法行为，也侵害个人的权益，对于加害人，不得单独请求。（二）损害的事实，与所引起的损害，并无因果关系。（三）所为的行为，因为紧急避难。（四）基于国家的政策，或公众利益，为保障行为人行使职务起见，虽然有侵害行为但行为人不负责任，例如议员在议会所为的言论，对外不负责任。

六、“Dies Dominicus Non Est Juridicus 星期日不是司法或法律程序的期日”

这是因为星期日那一日，应作为神用，这一日应休息，除为慈善事，或紧急需要外，不得于此日为意思表示，或为给付。若于是日为意思表示或为给付，该意思表示或给付无效。

在英国，虽然议会，遇有紧急事件时，得于星期日集会，或由星期六继续开会至星期日，但法院无论如何，不得于是日开庭，任何民事程序也不得于是日进行。这个格言，在英美等国，除法律另有规定，或为保障国家的安全外，至今仍在实行。

七、“Cessante Ratione Legis，Cessat Ipsalex 法律的理由终止时法律亦终止”

理由是法律的精神，法律理由既然终止，法律本身，自亦终止，这是很当然的。例如外交官在驻在国家，为尊重他的地位和自由行使他的职务起见，享有各项特殊权利，但他所负的使命终止后或他的上头抛弃时，他享有的特权。即应终止，又如立法委员在院内所为之言论及表决，对院外不负责任。（宪法第七十三条）立法委员，除现行犯外，非经立法院许可，不得逮捕或拘禁（宪法第七十四条）这是立宪国家保障议员的通例。在职务范围内的行为，立法委员故不负责任，但超出职务范围的言行，则仍应负责。基于同一理论，立法委员任期内故不得逮捕或拘捕，解任后则不在保障之例。

八、"Nemo Cogitur Suam Rem Vender，Etiam Justo Pre Tio 任何人无出卖其财产之义务，即使付与公平的价金"

买卖为一种合意的契约，当事人约定一方转移财产权，他方支付债金契约即成立，这种契约，应完全自由，所有权人，对于所有物，即有处分之权，他是否情愿将所有物出卖，这是他的权利，债金是否公平，这是买卖双方的事，一方即使付与公平债金，也不能强迫他方将所有物出卖，这是违反“契约自由”的原则。在私人间法律上的往来，自应遵守这个原则为准，但这个原则也有他的限制，遇有公共利益所必需要时，如国家征收私有土地，则应适用前项“人民福利为最高法律”的原则。

九、"Rex Non Peccare 国王无不法行为"

这是英国宪法上的传统原则，但我们不可误解，以为英王是在法律之上，他的一切行为，当然公平、合法。这原则有下列两意义：一，国王个人不受任何管辖，公务上有任何失职或违反情事，不得归责于国王，而使他对他的臣民负责。二，王室虽享有各种特权，但这个特权，并不包括有为任何损害人民的行为，凡法律所禁止的行为，国王不得许可。从这一点看，足见国王是在法律之下，并不在法律之上，他和他的臣民一样，要遵守法律，国民不但无不法行为，而且无错误的意思，国王若赋予宠臣特殊的恩惠，如专贡权，该项权利为无效，因为国王行使他的特权是以公共的利益为准，他不能剥夺人民既得的利益，或违反普通法的规定，来赋予特权，买卖权利剥夺人民的既得权利，他对宠臣赋予这种权利，是受了欺诈，他本人不会有这种意思，应为无效。从这一点看，国王本身虽不能为不法行为，但他的行为，可能违反法律，也可以法律放弃之。根据这个原则，如国王所为的财产行为，或契约行为，如有侵害他人权利之处，被害人不得向国王追诉，唯有以诉愿请求救济，从而公务员职务上的侵权行为，国家不负责赔偿责任，这个原则按晚近各国的趋势，已不存在，国家对于公务员职务上的侵权行为，应如个人一样，负赔偿责任。我国宪法也放弃这种说法，在宪法上确定国家赔偿的原则。

十、"Salus Populi Suprema Lex 人民之福利为最高法律"

人民在法律上，故享有各种自由及权利，但个人的福利，于必需时得为公共的福利而放弃，他的自有财产甚至生命，得为公共的利益，而限制甚至牺牲。

"人民福利为最高法律"这个原则，就是基于这个观念，根据这个原则，每个国民，都有纳税，服兵役，或服其他公务的义务，国家基于公共利益，在必要时，对于个人的财产，得征收或征用，但都应给与相当补偿。有时候为保障国家的安全，或为紧急避难，所为的行为，个人即使受了损害，也无追诉之权。为谋公共福利，对于人民的自由权利，加以限制，这是无可厚非。不过事实上，在欧美法治国家，立法机关或行政机关有时也受大企业的鼓动，借口为公共利益所需要，将人民的财产征用，为防止行政机关的武断，或滥用权力，其行为，是否基于公共利益所必需，实在很重要。立法机关有无滥制恶法，也不可不注意。我国关于人民的自由权利缺乏保障，故在宪法第二三条明文规定："以上各条列举之自由权利，除了为防治妨碍他人自由避免紧急危难维持社会秩序或增进公共利益所必要者外，不得以法律限制之。"

十一、"Ad Ea Quae Frequentius Accidunt Jura Adaptanyur 法律以时常发生的事情为准则"

制定法律，应以时常发生的事情，不应以罕有或偶然的事情为准则，这是个立法原则。

法律的制定，无论如何审慎缜密，要包罗万象，适用于将来可能发生的任何事情，是绝对不可能的，制定的法律只要适用于时常发生的事情便算好了。故解释法律的文句，应以通常的意义来解释，如在一般的场合，以通常的意义来解释法律的文句，并无抵触或不合理，则不得以特殊的意义来解释。

十二、"Leges Posteriores Priores Contrarias Abrogant 后法与前法相反时，后法废止前法"

议会是最高的立法机关，凡经制定的法律，得由议会变更修正或废止，是以法律前后不一致时，后法废止前法，这是基本的原则。

废止法律有（一）明示废止与（二）默示废止之分。新法明文规定废止旧法时，这是明示废止，新法不明示废止旧法，但新法与旧法的规定不符合或抵触时，新法废止旧法，这是默示废止。旧法不得随便废止，除非新旧两法的规定，很显然的相反，致不能同时并存时，新法方废止旧法。新法与旧法完全相反时，旧法固应完全废止，若一部分相反，只有相反的部分无效。

这个原则，对于特别法不适用，因为特别法优于普通法，通常应适用“普通法不废止特别法 Generalia Specialiabus Non Derogant”的原则，除非新的普通法，明示废止旧的特别法，或是新旧两法并存时，必然冲突，致不能适用。

十三、“Justitia Nemini Neganda Est 对于任何人不得拒绝公平待遇”

在法律上，全体国民一律平等，这是法治的基本原则，每一国民，不论贵贱、贫富、贤不肖，不但应遵守法律，受法院的管辖也应享有相等的权利方是公平，如果有阶级或财富的差别，对于一方给予某种权利或救济，对于他方则拒绝给予权利或救济，这当然是一种不公平的待遇。

什么是公平，自古以来，争论不决。殊难下一确切的定义，公平不公平，似应以各个具体的事实来决定，例如司法官，对于某人的请求，不允救济，或故意延迟救济，这显然是一种不公平的待遇（Denial of Justice），若一切虽遵守法律程序，但所下的裁判，却有不公允之处，这是否构成“不公平的待遇呢”？又如外国侨民除条约另有规定外，在法律上，应如所在地国民享有相等的待遇，设有一刑事案件牵涉到本国人民甲与外国侨民乙，甲乙二人均请求具保出外候讯，经讯问后，认为确无羁押的理由，但承审的推事，因种族的歧视对于二人的请求，则准许甲而拒绝乙，这种裁判，对于乙当然是一种不公平的待遇，反过来说，如果承审的推事，患了卑下感，恐怕羁押了乙，将引起乙的本国政府的严重抗议，不详为讯问，对乙即准予具保出外，而对甲，虽不具备羁押的条件，仍认为应将甲羁押以示儆，这种裁判，对于乙固属保障周到，但对于甲则未免太不公平。总之“法律不知有父母，只知有真理”（Lex Non Novit Patrem Nec Matrem；Solamveritatem），要彻底贯彻这个原则，才有真正的公平。

十四、“Lex Spectat Naturae Ordinem 法律顾及自然的次序”

根据这个原则凡是不能恢复的权利，法律是不容许人们去请求的。共有人对于共有物为诉讼，如共有物的性质为整个的不能分割，共有人应全体共同诉讼，这不仅是英国法律上的原则，也可以说是基本的法律原则。例如我国民法也规定共有物的处分或分割，非经共有人全体的同意不得处分。这是从共有的性质所生的当然结果，各共有人固得随时请求分割共有物，但若共有物性质上不能分割，则应例外。

立法之道[*]

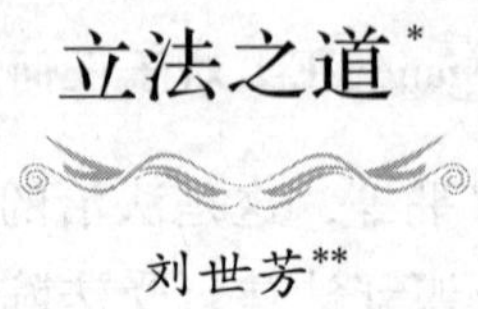

刘世芳[**]

人不能离群而生，群不能无法而存，无论人群文化程度之高低，莫不有法律为之维系。“法律”一语，意义甚广，凡一切准绳人类行为之规则，违之而受国家统治力之制裁者，皆可称为法律。半开化人群之禁例（Taboo），古代之习惯法，现代之法典，形式虽异，而其具法律之性质则同。一国法律之简繁，往往为其政治经济之寒暑表；视水银之高下，而知气候之温寒，观一国法律之精陋良窳，即知其人民程度之所至。考其法律变革之步骤，及其变革之迟速，又得知其民族之性情，及立法者之识量，按图索骥，百不失一，虽欲蔽藏，不可得也。盖法律者，为民族好恶之所表现，而政治社会经济信仰之结晶也。民族之信仰，为法律之原因，而法律又为民族信仰之结果。民族信仰所在，多潜隐无形，非如商旅罗列货物于肆中，一瞥即历历在目也。故异国学者，读其法律，而昧于所以，及入其境，瞰其生活状况，经济组织，社会制度，分析而归纳之，则其社会信仰，如桌前陈图，线索厘然，然后进而研究其法律，自易知其各项法律之由来。故社会信仰存于先，法律立于后，无社会信仰，而有法律，殊不可能。夫人为人群之构成分子，若其行为有害于团体生存者，则期其必行。而团体生存，又往往兴其社会中之强有力者之生存相沆瀣；其构成分子行为之利害，纯依强有力者之主观判断之。若某种行为认为有害，则立法以禁止之，禁止之方，对于犯禁者，加以身体上或精神上物质上之痛苦（例如监禁罚金及民事上之赔偿责任），非特使犯禁者惩羹吹齑，不蹈覆辙而已。且可使未犯者，引为鉴戒，故禁勒之法律，足保证危

---

* 本文原刊于《法学杂志（上海 1931）》（第 9 卷）1937 年第 6 期。

** 刘世芳，曾任东吴大学法律系教授。

害行为之不发生。反之，若某种行为，强有力者，认为有利，则倡礼教以奖励之，使构成分子，力行不懈，犹恐不行，乃树法以促其必行，奖励之术，对于行为者，就其行为，予以利益，或为社会之讴歌，或为法律之利权。对于怠缓者，则例同禁止法律，而处以不利之制裁。盖其乃法律之效用，强有力者运用之，以保持其团体整个之生存，抑亦所以保持其阶级与个人之生存也；古今中外，靡不如斯。然某种行为之于团体整个之生存，或利或害，悉取决于强有力者之主观见解，苟其见解，恰与人民之性情能力生活状况相合，则社会状态，可臻静如。不然人民一部分当先觉法律之羁押，其生活感受痛苦，其能力不获伸展。汲汲然思有以改除之，乃至人民大多数同感痛苦，强有力者，因其所欲而改之，是谓变法，若彼执拗而抑遏之，酿成激变，是谓革命，故变法革命，皆为变更法律之程序也。洎乎近世，凡文明之国，莫不有规定变法之程序，专司变法之机关，而变法事业，又不操诸一人或少数人之手，故于其团体生存利害之见解，亦非基于一人或少数人之利害，盖彼以团体构成分子全体利益为鹄的，故其鹄至公；然其于利害之见解，除其学识外，又无准绳，苟其见解谬误，必至贻害民主，迨人民大声疾呼亟求变法，法之弊，早已荼毒人民，苟可急起而改之，则民困自苏，将颂来苏之庆矣。故为人民幸福计，立法艺术，有不得不讲求之势矣。

夫所谓学理，所谓主义，所谓见解者，乃其个人就过去之体念，而为未来之预测也。惟于未为预测之前，必先就人类之过去现象中，确认人类之绝对的根本性，及民族之相对的特性；次就该时之生活状况，及人民之知识程度，推究某法施行之后，社会曾发现何种现象；于此可见在此环境之中，人民如何反应。以此观察之结果，作为预测之借鉴〔1〕，俾为预测者有所凭借。凡此种种，皆为任何时代社会环境之构成分子，非立法所宜遗忽，盖立法者，殆实行之预测家也。

1. 人类之根本性。现代之立法者，当就人类过去之历史，认定人类之绝对根本性。所谓绝对根本性者，直言之，即兽性云耳。饮食男女，兽性也；人无皮毛，不足以御寒，其生于温寒二带之人类，以衣蔽体，亦兽性也；动久思静，静久思动，肌肉筋骨之常情，亦兽性也。夫兽性者，凡有生灵者，藉以生存而与生俱来者也。若施以精神上之锻炼，或可节制于一时，而未能

〔1〕“借鉴”原文作“借镜”，现据今日通常用法改正。——校勘者注。

互久如斯；是以治群者，当致其满足，而不使流于缅陨。苟不满足，则易起骚扰，流于缅陨，多致伐性殃族。故审评现代法律之良窳，莫不以人民兽性，是否获合理之满足为断。至达若何种程度，始为满足，若何程度，已为越度，权衡二者之间，则艺术尚矣。立法者，于创法改法之际，宜注意及之。

2. 民族之特性。夫一民族，各有其历史上之过程，及其天然界之环境，因斯二者，遂生特种之社会观念，即吾所谓民族之特性。德法同为欧洲文明之国，邻立并存，然其民族性，极不相似。英美本系同文之邦，母子相嬗，然其民族性，亦南辕北辙。若意，若俄，若日，其民性之背悖，更无论矣。因各国民性之迥异，其法律之沿革，现代法制之现象，势不能不各自为谋，自成一家。吾国民族性之特征，吾于《欧化司法与中国民族性》一文，曾详为论列，兹故略之。但吾民族性之特异，不能与他国雷同，凡深思之士，无不早见熟知。吾国民性，既与他国迥异，则立法之步骤，法律之内容，自有不得不异之势。盖依上所述，人民之于新法，其反应之迟速，及反应之方向，悉归民性潜力之支配，吾民素富保守性，于新法之反应也当迟，且新法与旧观念相接洽，如两力相遇，非仅一力回缩，一力推进，一循其强者之方向，而实则二力相扼，往往合力换趋另一方向，其另一方向之角度，恒以弱力之量为准，此虽为物理学之原则，亦非法律所能逃避。盖新法为一力，民性为一力，两力相撞，必生另一方向，此另一方向者，既社会之新现象也，故立法者，欲产生某一现象，当先计民性之力量，以定其新法律之施行方法，俾达其欲改之鹄的。至民性力量估计之正确，新法施行方法之适合，则立法之艺术存焉，此立法者，不可以不计及者二也。

3. 人民之经济状况。凡法律之于经济，犹毛之于皮，互附而存，曩昔之欧西法学家，或谓宇宙间，存有真理，立法者可攫之，而制法典，施行之，莫不公允适合；或谓凡百法律，悉以民族之特性为依归，不问特性之美恶，时代之变迁，立法者可仅取人民之习惯，编成法律；前者失于玄渺，后者拘于守旧，然此二说，实各应其时代之需要，各负使命，各致其用，未居其时者，诚不能责其迂诞也。然至近代，机械猛晋，人民之生活状态，为之突变，昔日基于手艺工业之法律，至今遂形废堕，例如前世纪之法律偏重“故意”，而不深究“过失”观念，迨机械遍用，损害多发生于过失，是以“过失”意义，顿见重要。昔日经济重现金，今日交易藉信用，昔日交易简而为稳，今日交易繁而危，故昔日之法律，处今日之经济状况，已失其凭借，理宜废改，制新法以代之，新旧代谢，本事理之当然，吾人奚能强逆之哉，故立法者，当熟察人民之经济状况，详审经济力之所在，何者应予扶掖，何者宜早摈弃，取舍之间，立法者之责也。

4. 人民之知识程度。设立法者，对于人民之根本性，民族之特性，人民之经济状况一一顾及，靡有孑遗，立法固尽善矣，然法律之能否奏效，尚未可卜，盖徒法不能自行，尤赖人民之遵守耳，苟人民程度浅陋，暗于法律内容，虽一二法律合于其根本性与特性者，在不知不觉中，尚能遵行而不违，但于其新经济状态，所产生之法律，非彼所习知，虽已编成法典，或单行法规，仍若风马牛之不相及，法律为法律，人民为人民，各事其事，两不相干，则法律等诸虚设，徒负立法者为民造福之初意。反之，若新法律之目标，在于取缔不合新经济之旧习惯，其于犯之者，处以制裁，假令人民不知新法之存在与新法之意义，而不遵行，然于国家威信攸关，又不得不处以罪刑，如是，诚古人所谓不教而诛者也。夫不教而诛，为治国之最下乘，久行之，必引起人民之反抗心理，故时有良法，反成劣法，法本优良，而施行之不得其方，有以使之然也。人民程度之高低，与法律之效力，实有密切之关系，吾国立法者，应以人民之知识程度，采为立法之标准，俾人民易于晓喻，乐于遵行，非惟不酿成人民之反抗心理，且使法律之目的，可计日而达也。

上述四点，皆立法者所宜确知，苟因判断力之缺乏，而误认任何一点，法律既失其效能，非徒无益于人民，且将为其诟病。吾闻欧西学者曰：法律者，各种科学结论之汇集，诚哉斯言，盖法律以天地间之一切事物，及人民之一切行为，为其客体，而事物之特质，人民之行为，又为各种科学研究之资料，各种科学之结论，即为法律之基础。更有进者，各种科学之结论，仅为学者之论断，社会国家，采纳与否，学者无权过问；然立法者，乃操有采纳权之人，故立法者之识量，当胜人一筹，非特应喻各科学之结论，且尚须具判断正谬之能力，盖某种结论，一经立法者采纳，编入法律，人民遵而行之，遂成社会现象，有理论推至事实，乃立法者之职权，非他人所能代谋者也。若立法者，见解谬误，摒弃〔1〕正确结论，而采纳错误结论，使社会发生恶劣现象，斯亦立法者之罪辜，非他人所能代为承受者也。夫各种科学家之矛盾结论；孰是孰非，最难评判，若国中有深造之鸿儒，为之扶正斥邪，

〔1〕“摒弃”原文作“屏弃”，现据今日通常用法改正。——校勘者注。

则立法者，尚有折中之准绳，苟国中科学幼稚，专家寥寥，则立法者，纵欲求其为之斧正，犹“借听于声，问道于盲”，终无济于事也。故欲一国立法昌明，必责立法者，精于立法技术，又旁通其他科学，是以居人才缺乏之国家，立法者责任之重大，不可言喻矣。上谕四点，为立法者，于立法之前，宜一一审计之，以定立法之方针及法律之内容，立法方针，既已适当，法律内容，既已正确，而于立法之科学技术，尤应研究，始能观其大成，兹就管见所及，谨述如左。

1. 法律之整个性。人之生活，自生至死，乃系继续的整个，故其一切行为，莫不有连络之关系。法律为准绳人类行为之规则，其对象既具有整个性，则法律不得不同具此性。故在某种社会制度之下自该种制度立场而观之，其法律系整个而无缺陷，团体生活，所欲保护之法益，及取缔之行为，法律无不设有促进之方法，促进之法，虽散诸各种规则，但无形中，莫不有中心思想为之维系，为之贯彻，是以各种规则，当互为补充，即吾所谓车辅相依者也。夫吾国旧法律，以现代眼光观察之，诚似残缺简陋，但就当时之社会现象绳之，则尚称完整；迨欧风侵入，吾国采取欧西制度之后，旧有之社会制裁，始形涣散，终失效能，而新制度，又未能即臻健全，社会遂呈混乱现象，人民不知适从。盖法律者，实验科学也，非仅立寥寥数条法理原则所能藏事，因人民所欲知者，在某种场合，应如何处置，始为合法，而获法律之保障。进之，如法律既予以权利，又须使之实现：譬之民法总则规定，凡人民咸享有绝对之姓名权，如被侵害时，得请求救济，但姓名之登记，至今迄未施行，二人同姓同名，谁为加害人，谁为被害人，无从决定。又如民法债编规定，合伙人对于合伙债务负连带偿还之责，然吾每见债权人，虽明知某甲为合伙人，终以所有证据，俱握诸被告人之手，不能证明，或有张冠李戴，以甲混乙，以致债权人不获受清偿，职是之故，法律虽设专条，意在保障债权人之法益，但仅有民法第六百八十一条之规定，而未施行合伙登记，法律仍等诸虚设，徒有法律之虚名，而无法律之宝益。再譬之民事诉讼，人民请求法院运用其强制力，强制被告人履行其义务，故审理与执行，即为法院协助人民得其法益之程序中之步骤，是民事诉讼法，虽已完备，法院对于人民仅为一部分之工作，至于实现其请求之利益，尤赖执行之效能，故诉讼法与执行法，合并始成整个程序；吾国有诉讼法以来，已阅二十余载，但至今执行法尚付缺如，法院仅能凭残陋之执行规则以应付之，诸是此类，不胜枚举；一言以蔽之，立法者，对于法律之整个性，缺乏认识，盖于订定民事诉讼法后，当即从事执行法之订立，理应以两罚同时施行，使诉讼人能达到诉讼之目的。就法律之整个性言之，每创立新法，即创设新权利与新义务，该权利义务之内容，及与已存在之权利义务之关系，固应正确规定，以表示该新法与现存制度之关系，且须进而谋该新权利之实现方法。若对于实现方法，无周妥之规定，则该权利义务之规定，不啻盛装艳服之傀儡，无推行之性能；立法者，往往中途顿止，而不完成其最重要之工作，症结所在，不知法律之整个性故也。凡一国之法律，既成为独立之制度，当有特种之效能，而所以能发挥其效能者，尤构成分子之局部效能，譬诸机器有大轮，必有小轮，有轮齿，必辅之以链，非若是，独有大轮，终不能奏其大轮之效能，且将等诸无用之钢铁，不复成为机器也。各种法律，即为该制度之轮链，吾人绝不能拆解，采其片段，而望其能奏全部之效者也。吾人采取欧西某种法律，非惟应究该法之性质，并须计及该法之实施方法，尤宜注意该法在其制度之地位，及其与他法之联络[1]关系。假令吾人研究仅及该法条文，而对于上述之种种，忽而不顾，则不啻在整个机器中，择取一二转轮，冀其自动回转，而献其效能也。具体言之，凡订立一法，必辅以施行法，然吾所谓施行法者，非仅为施行时间之规定而已，乃指施行方法而言。在施行方法中，对于实现方法（其中以登记制度为最），应不厌其烦，详密规定，使人民有所遵守，有所适从也。

2. 法律之正确主义。正确性云者，弹性之反对名词也。法律贵有弹性，凡习律之士咸能道之，而欧美学者，莫不颂为现代法律所不可或缺，故德国于起草民法典之际，决议捐弃普鲁士法之列举主义，而采取原则主义，使法律具有弹性，以应付环境之变迁，不致民法大典，时为修改，而形混乱，其理极正，殊难责诘。盖立法之科学方法，皆先就现存现象中，用归纳方法得一以贯之原则，然后持此原则，作成法律，该法律之施行范围：即（一）为日后发生之同前现象，（二）为与旧现象类似之新现象。故理论上，凡从前已发生之一切现象，莫不囊括于法律之中，既尚未发生之现象，难与旧现象歧异，然理论实与旧现象相同，当可适用同一原则（所谓类推解释），即俗所谓执一驭万也，因之立法多采原则主义，而弃列举主义。又称法律贵有弹性，而贱呆板，吾以为法律弹性之理论，就欧西情形而言，理当固然，是以成为

〔1〕“联络”原文作“连络”，现据今日通常用法改正。——校勘者注。

现代法律之趋向；但用之于吾国，恐有大谬不然者，盖法律弹性论，一如其他一切理论，莫不有其背境，如法官对于法律，既有精邃之研究，其才其识，足以应付环境之变迁，若有呆板法律，为之羁轡，适足摧残其应付之本能，故咸感法律弹性之重要，俾法官仅受原则之拘束，不受列举条文之牵制。易词言之，法律弹性主义，实为强有力之司法官与立法者宣战之旗帜也。譬之孩童，身心未臻发达成熟，不得不受父母之管束，迨至成年，体智完健，自有志趣，自能为谋，及至不惑之年，若尚有第三者，背其意趣，强令为之，则莫不反抗；故法官之法律程度，若已至不惑之境，自有见解，足以应付社会之新现象，无不疾首呆板之法律，故前世纪末叶，欧洲盛倡自有法律主张(Freirechtliche Bewegung)，而瑞士民法，开宗明义第一条，即谓：如法无明文，及习惯法缺乏时，法官得以个人立法见解，决定其原则。由此可见，非惟法律，贵有弹性，使法官能任意发挥其本能，而运用法律之原则，且进而赋予立法之权，英国为不成文法之国家，法国拥有欧西鼻祖之拿破仑法典，前者仅凭判例判决，而旧例又往往矛盾，后者为成文法典，极为精确，然英国之司法，远胜法国，其故何也，英国不成文法，虽散漫而无系统，但有富有学理之法官，足以使英国之不成文法，嬗传至今，用之不尽，取之不竭。是以法官之程度，与法律应具何性，两者有密切之关系；弹性法律，须有高深学识之法官，为之后盾，反言之，无高深学识之法官，即不能有弹性之法律，犹枪械为御盗利器，授之孩童，将误伤家人，以弹性之法律，授予无充分学识之法官，亦罔不如此。故吾欲决定吾国法律，应否具有弹性，或宜呆板正确，应先明吾国现时法官之程度。吾国法官，对于讼案事实之审究，是否可告无愧，兹故不论，然对于法律点研究，仅涉浮表，实不能讳，观其判决书理由栏中，只就法律条文，加以文字上之解释，殊乏诵读之价值，视之德法法律之判决书，吾不知其何得称为法官也。吾闻之，法律者，法官判案之指导书也，譬之建筑师，绘制大厦之草图以后，必绘制详细图样，加以详细之说明书，将全套图案，授予包工，则包工始能着手工程。若包工之建筑知识，已与建筑师相埒，必无需前者之图案。吾国法官，具有建筑师之资格耶，抑仅为包工之辈耶，若为建筑师，则寥寥数条之弹性法律，固已有余，若仍为包工，则详细之图案，实不可或缺，不然，设计之大厦，将为数椽之败屋矣。是故吾国立法者，以吾民法富具弹性相夸炫，实不啻嫫母施粉而争妍，人莫不闭目而疾避焉。人云亦云，本无足贵，拾人吐涎，更足自玷；欧西盛倡之主义，未必可一一袭取，尤藉吾人自己之判断力，而定取舍。故吾谓吾国法律，应舍弹性，而取其正确性，苟法律能用通俗文字，对于法律点，详析规定，使人民读之即解，法官阅之了然，则目前因法律条文之扑朔，人民累讼不休之现象，即可以戢止。惜吾国立法者，沉湎于新奇，不念法律乃实用规章，而非哲学课本，弃正确而就弹性，含其务新心理外，吾不得其解矣。抑有进者，立法者，应为各学之专家，其学识经验，当胜人一筹，且非如法官有案牍之劳，既专司立法事业，果能以全时全力赴立法之使命，对于法律之内容，施行之方法，当能精研周审，使无遗漏，则其研究结果，当能适用。吾国既有专司立法之机关，何复将立法之一部分工作，委诸日无暇晷之法官，且在吾国立法院组织之下，立法之程序，本极简捷，一见社会产生新现象后，即可着手修改创订，更无如欧西制度之下，修改程序之繁琐，时患不及与时俱进也。

3. 法律之区域主义。凡百法律，莫不有其空间之施行范围，吾国法律，凡在中华民国领土内，咸应一律施行，而无例外。但事实上，吾国领土内，一部分人民之观念习惯与生活状态，大相悬殊，不能同日语，例如蒙藏青海之于本部各省，东南之于西北，风气人情，迥不相同，而吾国法律，抹杀一切事实现象，以同一观念，准绳其判若天渊之人民，殊欠允当。吾国民法，除债编外，在物权亲属继承各编，鲜准援用就地者习惯者。夫习惯者，多产生于人民之生活状态；其生活状态不同，习惯因之各异。若其习惯不为法律所容纳，则其人民即生存于不合法状态之中，遂造成人民与法律各不相干之怪状，非徒法律本身，等诸虚设，且时或累害人民生活；故吾以为在幅员辽阔之吾国，于各地之习惯，当为详细之调查，择其善良者，编成书册，任其与成为法律并存兼施，无论关于物权亲属继承，咸应如斯，殊无强制适用民法之必要；或谓如是，则吾国法律，将不能全国统一，吾应之曰，一国之私法，原则上本无绝对统一之必要；世人往往以政治统一，与私法统一相混，政治不统一，固不成相代之国家，然国内各部之私法不统一，并非国势凌弱之原因，何[1]不观之欧美乎：美国四十八州，各州自有其法，英国属地遍世界，各地有其法律，次若德或法，地不过吾国四川一省，而其各部习惯多异，法律亦未尝不准其与法并行；然英美德法，称雄世界，而国内私法，迄

〔1〕“何”原文作“曷”，现据今日通常用法改正。——校勘者注。

未统一，且无不容其局部地域习惯法之存在也。前年全国司法会议，最高法院院长，提出修改民法之意见书中，曾提及各地现有之物权习惯，例如北平天津广州之铺底权，及南昌之码头权，对于其民生经济，本有极大之价值，然民法第七百五十七条一概否认该项习惯上之物权，吾以为民法不顾人民之习惯，岂止如此而已，苟国人欲助人民经济力之发展，首宜研究该区域内人民之生活状况，一面采用本地之习惯，编成成文法，一面另订具有扶助之新法，于原来之经济力量，应充分保存，即尚未发展之力量，亦应逐渐促进。其发展促进之方，尤重步骤，严忌操切，譬如体智羸弱，当服补剂，然补剂过量，反足致疾，故医生于施补剂之前，必详审病者之体质，及补剂之分量，使两两相称，则日积月累，体格必渐壮健。就具有扶助力之新法而言，各地所需扶助力之力量，固不能尽同，适于此者，未必适于彼，故立法者亦惟有度各地人民之经济力，而定扶助力之程度矣。是以吾所谓法律之区域性者，以二点明之，(一) 指已存在之习惯，为人民经济力凭借者，首宜保持；(二) 指具有扶助力之新法律，亦当因各地人民之经济力量，以定扶助之力量及步骤也。

4. 法律之阶级主义。吾国古代人民分士农工商四级，对于国家各有职务，各有责任，未尝一概而论也。近代社会科学猛晋，对于社会整个之进步，及个人之贡献，皆有精确之研究，确认社会之进展，不仅藉单独个人之自奋，尤赖社会各阶级之团体努力，故国家除扶助个人发展外，尚须竭力谋其阶级之推进。但无论任何阶级，莫不有其特殊之生活观念，在近世社会中，职业为人民间区别之最大特征，吾知其所属何业，即知其生活及观念之十九，例如工之于士，其人生观大相径庭，商之于农，其道德观念，亦属悬殊，次若国家观念，社会观念，亦无不因职业而各异，故英国学者科尔〔1〕(H. G. D. Cole) 氏曾主张职业为代表政府制度下之基本团体焉。就法律言之，法国先倡民商分订，德日随之，盖民商之分，非特历史上不乏佐证，即理论上，该两阶级实各具特性，判若鸿沟，故欧洲大陆立法，鲜有采民商合一主义者。吾国立法者，以为瑞士民法，为世界最新法典，而该国不分民商，遂袭之。殊不知瑞士之民商合一，基于历史上之原因，而非理论上之发明，盖瑞士债法，实单行法之一种，于一八八三年，经各郡承认施行，全国统一，

〔1〕“科尔”原文作“顾尔”，现据今日通常译法改正。——校勘者注。

盖先于民法之其他部分，该法既包括商事颇多，可为简商法。商法全国统一，先于民法者，德国亦不莫然，德国商法已于一八六七年统一，而民法直至一九〇〇年始施行于全国。吾国民商各法，起草咸在晚近，固应取理论上之适合，不宜袭他国历史上之陈迹也。就吾国目前法律状态言之，仅将商法中之寥寥数项订在民法中，而于其他各项均置之不顾，全属错误。民国三年所颁布之商人通例，至今亦介于有效无效之间，其立法现象，似失于混乱。考立法者之意，商人通例，似有存在之必要；果如是，当起草民法之际，不宜以商事混羼于民法中，应将商人通例，修改扩大之，将有关商事法律，汇合编订，蔚成商法大典，亦惟增观瞻，且将收进质能。因另立商法，立法者可将商人与一般人民分别，凡商人之习惯，商人之观念，商业之迅确特性，以及各种之商业注册，莫不可以一贯规定，以期彻底，将远胜民商合一也。且与编订之际，可免兼顾难全之艰，不遭劳而无功之诮也。凡立任何法律，莫不有对象，对象者，即受该法律所支配之人民也。故在立法前，吾人应先认定对象人民之性情及习惯，即就此部分人民之特性，而编订支配其行为之法律。德国学者 J. W. Hedemann 氏当谓瑞士立法者，以一小城之市民，为其对象而编订瑞士民法也。是以立法者，在编订法律之前，莫不对其对象人民正确认识之后，而制定法律，犹成衣匠先量尺寸，然后裁料也。立法者，对于对象人民，应有认识，上世纪中学者，尚未见及，但事实上，上世纪之立法者，在不知不觉中，无不顾及之。迨至近年，法学昌明，吾人对于立法者之玄渺心理，咸能分析入微，将其在不知不觉中所遵守之程序，一一指出，立为原则，使后之立法者，亦可按步前进，无颠踬之患。若此说不讹，编订民法，固应认识人民之特性；而人民中之某一部分，又有其特性，如商人本有其特种事业，与普通民事不同，应有特别法以准绳之，更毋需吾之喋喋矣。此外如劳动者，复有其阶级之特性，与商人及其他人民又不可一概论，故应编订单独之劳动法以保护劳动者之利益，非仅在民法雇佣章内，有一二规定，所能达其保护之目的也。“法律保护弱者”一语，立法者奉若天经地义，以为各种法律，若能基于此项原则，即可称为良法。然吾窃以为不然，盖“法律保护弱者”一语，为法律之鹄的，而未指示立法应取之具体原则也。彼立法者，复就此语演为“保护债务人”之主义，故其在民法债编中，订立条文，以实行其主义。殊不知所谓债权人及债务人者，仅就某一债之关系而言，在甲关系，或为债权人，在乙关系，或为债务人，迭为宾主，固不确定，不如职业阶级之定而有常，不能与人一日分也；与其谓保护债务人，毋宁谓扶助某种阶级，盖债务人之资格因事件而移转，非如职业之著于人身，而能确定也。至于某一时期，何种阶级，应受法律之扶助，当以该时期之需要，以及该阶级之程度为断。既认为应予扶助，法律当按一定之计划，积极培植之，必使经事而健全，以取得社会中应得之地位，尽其应有之义务，故吾所谓法律之阶级性者，非阶级斗争之谓也，乃谓某一法律，应以某一阶级为对象，扶植之而使其健全也。

上述之法律整个、正确、区域及阶级各性，为吾国现代法律应具之特质，缺其一，法律之效能，当受重大影响，观诸吾国现时司法与人民之枘凿，灼灼然矣。我民族本具实事求是之精神，而近数十载以来，遽倾向哲学理论，对于本国实际状况，置若罔闻，而于泰西颖奇主义，附之若鹜，以致法律为法律，人民为人民。迨人民在法院与法律接触，顿觉扞格不适合，遂痛诋法院为怪妖，庸知人民诟病法院之原因，不在法院司法之不当，实在法律本身之弱点，盖人民多昧于立法司法之分立，及司法者之职责，徒知法院裁判与其观念利害之接触，而不知法院之裁判系根据法律而来，与其观念利害抵触者，非法院之裁判，乃立法者所立之法律也。故吾国法院皆为立法者无过受罪，惜其噤默不言，以致立法者少受针砭，以矫过去之错误，今司法界既不尽应尽之义务，则我法律学界之责任，更为加重，此文本意，聊尽匹夫之责而已，若能引起一般法界研究兴趣，则吾不胜欣幸焉。

裁判官与立法*

金兰荪**

一七四八年，法儒孟德斯鸠（Montesquieu）之法意（L'Eskirit Lois）出版。在此书中，孟氏主张政府有三权，立法权、行政权及司法权。此三权应由政府分设机关，独立掌管。立法机关专管立法，行政机关专管行政，司法机关专管司法。各有权限，勿许逾越〔1〕此说一出，风行欧美，十八世纪泰西各国，莫不奉为金科玉律。嗣后思想进步，渐知三权分立之说，不仅误解立法与行政之关系，〔2〕且以司法与立法分离，亦不无疑义。人事浩瀚变易不定，立法者是否能规定一切事项，网罗无遗？如立法者未能规定一切事项，则遇制定法不备时，裁判官得拒绝审理否？如裁判官不能拒绝审理，则以何者为其裁判之准据？对于此种及类似之问题，欧美法学家议论纷纭，渐为法律学之重要问题。美国哈佛大学法学院教务长庞德〔3〕（Pound）曰："一切法律学之问题，大都生于规定与自由，依法执行正义与依有经验裁判官直觉执行正义之一问题中。"〔4〕信非虚语也。

（一）裁判官与立法之各派学说

裁判官与立法之学说，有消极与积极之分。兹分别说明如下。

---

* 本文原刊于《法轨》1933年创刊号。

** 金兰荪，1928年毕业于东吴大学法律系（第11届），获硕士学位，曾任东吴大学法律系教授。

〔1〕法意十一编第六章。

〔2〕参观张慰慈所著《政治学大纲》第三五九页至第三六四页。

〔3〕"庞德"原文作"榜德"，现据今日通常译法改正，下同。——校勘者注。

〔4〕*Introduction to the Philosophy of Law*，又庞德于其 *Interpretation of Legal History* 一书中，开首即曰：Law must be stable and yet It cannot stand still. Hence all thinking about law has struggled to reconcile, the conflicting demands of the need of stability and of the need of change. 此亦指裁判官与立法一问题而言。

1. 消极说

消极说裁判官自身不能补充或修正现存法律，只能适用之。此又可分为以下三派：

（1）自然法派。自然法为普遍不易之抽象的法则，[1]起自希腊斯多噶[2]（Stoic）哲学，其意义因时代而异：在罗马时代，自然法为自然与动物之一切法则。[3]在中古时代，自然法为上帝所指示之人类完全法则。[4]在近古时代，自然法为基于人性之法则。[5]依此派学者，无论立法或裁判，不过表现自然法而已。故遇案件之发生，如制定法无规定，或虽有规定而与自然法不符时，裁判官应依自然法裁判之。[6]

（2）分析派。分析派学者，认立法机关能编纂一无缺陷之法典，将一切社会上事项包罗无遗。[7]倘有案件发生，裁判官可以现存法律为大前提，以当前事实为小前提，即能推演出一定之结果。[8]

（3）历史派。此学派者，以为法律乃人类经验所结晶而成之行为规则。[9]无论为制定法或裁判，皆表现已存在之法律，而继续之。吾人类只能发现法

---

〔1〕 关于自然法派，参观下列诸书：*Brycés Studies in History and Jurisprudence*, vol. Ⅱ, essay Ⅺ; *Polloek's Essays on Law*, 31 ~ 79; *Stammler's Fundemental Tendences in Modern Jurisprudeuce*, 11 ~ 17; *Vinogradorff's Historical Jurisprudence* Chap2.

〔2〕 “斯多噶”原文作“斯多爱葛”，现据今日通常译法改正。——校勘者注。

〔3〕 *UIPianus – Jus naturale estquod natura omnia animalia docuit.* （Just. Inst. i. 2.）

〔4〕 *Thomas Aquinas – Participatio legis aeternae in rationali creatura lex naturalis dioitur.* （Summa, 1. 2P91. art. 1）

〔5〕 Grotius – Law of nature is the dictate of right reason, indicating that any act, from its agreement or disagreement with the rational nature, has in it moral tuepitude and moral necessary. （De Jure Belli ao Pacies, i. 1. 10）

〔6〕 Blackstone It（natural law） is binding all over the globe in all countries and at all times: no human laws are of any Validity; if country to it; and such of them as are valid derive all their force, and all their authority, mediately and immediately, from their Original. （Commentaries, Introd, 43）

〔7〕 关于分析派，参观下列诸书：*Pound's Scope and Purpose of Sociological Jurisprudence*, *is fruard saw reirew*, vol 24, no 8; *Bryoe's studies in History and Jurisprudence*, voIII, essay XII.

〔8〕 *Pound's Introduction to the Philosophy of Law*, 123, 124.

〔9〕 关于历史派，参观下列诸书：*Pound's Scope and Purpose of Sociological Jurisprudence*, *Harvard Law Review*, vol. 24, no 8; *Stammler's Fundamental Tendencies in Modern Jurisprudence*, 125 · 32; *Bryce's Studies in History and Jurisprudence*, vol II, essay XII; *Uinogr – adorff's Historical Jurisprudence ohaps* 6, 7.

律，而不得为有意识之创造。[1]是以遇案件发生，如制定法无规定，或虽有规定而与人类经验所结晶而成之行为规则不符时，裁判官得从其沿革，寻觅关于当前事实之法律，而适用之。[2]

以上三说，皆不认为裁判官自身有创造法律之权，其唯一工作为适用法律，不论其所适用之法律是由立法者所制定，或得自其自身以外之其他渊源。德儒康托洛维兹[3]（Kantorowicz）比喻消极派学者之意见曰："法律仿佛似一个自动机器，唯有自上孔插入事实，由下孔抽出判决。"[4]可谓形容尽至矣。

2. 积极说

积极说承认裁判官自身得补充或修正现存法律。此说为自由法派学者所主张。兹分下列数点述之。

（1）无缺陷法典之不能。社会情形，千差万别，立法机关，不能制定法律，一一包罗之。人事变化，无时或思，立法机关亦不能制定法律，预为规定之，故所谓无缺陷之法典者，决不可成也。[5]

（2）制定法之解释。立法机关既不能制定无缺陷之法典，则遇未规定或新发生之案件时，裁判官将拒不受理乎，抑或请求立法机关制定新法律以补充或修正现存法律乎？此二者均不能实行。依法律之一般原则，裁判官不得以无法律为词，拒绝真理。[6]至制定新法律，不但因立法手续较繁，于临时发生之诉讼，不能立刻制定新法律以适用之，并且往往有经过几次激烈之要求，尚不能有此项法律之制定者。[7]于此情形，裁判官将若何？曰可解释现存之法律以适用于未规定或新发生之事实也。今将解释分别说明如下：

第一，传统观念之驳斥。依向来学说，解释为从制定法之文字寻觅立法

---

〔1〕 Carter - Law begins as the Product of the antomatic act on of society, and becomes in time a cause of the continued growth and Perfection of Society. Society cannot exist without it, or exist without producing it…… Law, therefore, is self - created and self - existent. （*Law: Its origin, growth, and Function*, 129）

〔2〕 *Pound's Introduction to the Philosophy of Law*, 125, 126.

〔3〕 "康托洛维兹"原文作"甘特罗维"，现据今日通常译法改正。——校勘者注。

〔4〕 *Rechtswissenschaft and Soziologie* 15.

〔5〕 *Alvarez's Methods for Codes, Science of Legal Method*, 478, 479.

〔6〕 法国民法第四条："裁判官以法律之欠缺，不明，或不备为词，拒绝裁判时，有拒绝裁判之罪，可以起诉。"

〔7〕 张知本所著《社会法律学》第八六页。

者之真意。然此见解非也，今将其错误述之如下：

（甲）解释非寻觅立法者之真意。其理由有二：（子）立法者无真意。此可引用美儒格雷[1]（Gray）之言以证明之："关于法律之解释，有一大误解充满于今之书籍中。此即以解释法律为寻觅立法者之真意是也。假定立法者对于发生之案件，果有真意，则百中之一不致发生疑难。如是，解释法律非为裁判官之最难工作，乃为最易之事情矣。但事实则不然，解释法律之困难，因立法者无意思，对于当前之事实从未想及之。故裁判官须为者，非决定立法者对于某事项之已存在意思，乃推测立法者对于其从未思及案件之应有意思。"[2]（丑）非立法者自身意思。即使立法者有真意，此真意亦非立法者自身之意思，故不应以之为解释法律之标准。德儒柯勒[3]（Kohler）有言曰："吾人不知立法方法之社会学的旨趣，实为法律上之不幸之事，吾人对于历史方面，已信其为民族全体，而非个人之力量所造成，何以于立法方面则又认其为立法者个人之力量所由成焉？吾人于此全忽视此立法者，实为时代中之人物，充满其时代之思想，浸润于其时代之文化。吾人不知其一切之动作，皆依其受当时文化所支配之观念而定进退。吾人忘记其发表意见之文字或语言，皆有数百年历史在其后面，而其文字或语言之意义，均经千百年社会语言学之发展而决定，决非其个人得以左右之也。是故于解释制定法之时，而必欲以立法者自身之意旨为其权术者，是诚误解历史上之事实，不能以历史的眼光观察之。若是，当然不应任其存于法律学，因此吾人当如制定法决不应依立法者自身之意旨与思想而解释，而应社会学的解释之，即应视制定法为全民族之出产物而解释之。立法者，不过为此全民族之喉舌而已。"[4]

（乙）解释不受制定法文字之拘束。文字者，意思之记号也。因时代之改换，环境之变更，文字虽存，其意思已非，故裁判官解释制定法时不应受立法者所用文字之拘束。美国西北大学法学院教务长威格摩尔[5]（Wigmore）曾举一例曰："美国麻州剑桥[6]城哈佛学院对面有一界石，上书'一七三四

---

〔1〕"格雷"原文作"葛雷"，现据今日通常译法改正。——校勘者注。

〔2〕*Nature and Soures of Law* 165.

〔3〕"柯勒"原文作"柯赖"，现据今日通常译法改正。——校勘者注。

〔4〕*Judicial Interpretation of Enacted Law*, *Science of Legal Method*, 188, 189.

〔5〕"威格摩尔"原文作"魏格马"，现据今日通常译法改正。——校勘者注。

〔6〕"剑桥"原文作"克姻白来其"，现据今日通常译法改正，下同。——校勘者注。

年，波士顿[1]（Boston）外七里。现在学生多有怀疑此界石之记载不实者，因自该校至波士顿，只须经过查尔斯[2]（Charles）河桥行三里耳。但考古学家可告彼等，在一七三四年剑桥果离波士顿有七里之遥，缘当时查尔斯河无桥，必须沿河而行，是以其路程有七里也。由此观之，时间能剥夺文字之真意。”[3]

第二，新观念之树立。解释法律，既非寻觅立法者之意思，而又不受制定法文字之拘束，则究以何者为准据？依自由法派学者，解释法律当以个个案件之公平裁判为准据。非案件之适用于法律，乃法律之适用于案件。兹缘庞德之言于下：“其次则为诉讼上之每一事件，皆应求为合理的，公平的解决。此等个个案件在昔时往往因欲树立法律之确定性至一不可能之程度之故，坐是而受牺牲者，比比皆是。晚近法学家对于此点，论著甚富，大抵社会派法学家，皆主张‘法律的持平适用’之论。以为制定法者，不过为裁判官之南针，引之向公平之途而已。是以执法者，当于相当范围之内，听其便宜行事，以处理各种事件。如是，所求签之公平，乃可以如愿以偿，而法律得不背乎人情矣。”[4]解释法律，因时代环境而异，柯勒曰：“由上观之，解释制定法，并非一定不易。若以制定法之某种解释，在该法律有效期间内，为绝对正常，永不变更者，则完全错误。盖吾人误解制定法之目的，以制定法为释明自然之真理，而非与幸福于人民。实在制定法为改良社会状况之方法，乃一工具，用以达到人类之某种目的，增进社会之文化，排除阻碍进步之事由，发展国家之能力。吾人应知此工具是变更的，兴谋社会幸福的，于是方可决定其结果是否符合此目的。……倘承认解释因时代而不同，则使制定法有弹性，于是可符合变更社会之需要，而继续兴人民以幸福，虽产生该法律之原来状态已完全消灭矣。”[5]

（3）裁判官之立法。利用解释之手段，裁判官常补充或修正现存法律。奥儒沃泽尔[6]（Wurzel）曰：“无人比法学家容易了解意念，当初以为清楚

---

〔1〕“波士顿”原文作“簿史登”，现据今日通常译法改正，下同。——校勘者注。

〔2〕“查尔斯”原文作“却尔斯”，现据今日通常译法改正。——校勘者注。

〔3〕*The Judicial Function*, *Science of Legal Method*, 35, 36.

〔4〕*Scope and Purpose of Sociological Jurisprudence Havard Law Review*, Vol. 24, no 10.

〔5〕*Judicial Interpretation of Enacted Law*, *Science of Legal Method*, 192, 193.

〔6〕“沃泽尔”原文作“吴次尔”，现据今日通常译法改正。——校勘者注。

确定而不易误解者，变为模糊。……若一人有付九十元之义务，对于其应履行之义务，似无可怀疑者。但倘该人提出百元钞票一纸，而请求找还剩余十元，问可否？或该人由邮局寄上九十元，而邮费归接收人负担，问接收人当接受否？债务人为债权人之知友，当债权人不在时，债务人以九十元放于其抽屉内，而锁之，问此是清偿否？又如债务人通知债权人来领取偿还之款，问依法律债务人能为此请求否？倘债务人能为此请求，问法律是否因债务人是政府或银行而不同？以上各问题，当讲及清偿九十元时，通常未思及之，盖吾人之思想完全集中于清偿九十元一点，即一人以九十元交付于另一人之想象是也。……仅模范案件，吾人可说是包含于吾人之本来意念中。至其他事件本来意念不过为一线，围绕此线则有无数类似但不同之新现象凝结也。……倘意念中之中央想象遇所谓实际上之适当事实及感情之冲动时，即伸张至本来范围之外，而其伸张是逐步不显明的为之。此伸张之进行，余称之曰射出……射出者，乃伸张由制定法所生之意念于新现象，此种新现象不包含于本来意念之中，或至少非组成本来意念之显明的一部分，而同时并不变更本来意念之性质也。"〔1〕格雷为更肯定之言曰："裁判官置展开的制定法书于其前，此映于其眼脑网上，由此印象却再生立法者之意思。"此种进行并非机械式的裁判官之性情及思想显然地影响之，而裁判官所生之意思无疑的与立法者之本来意思不同，以上所述，不过以裁判官之工作为描摹立法者之意思而已。但吾人须臾即知之：裁判官从制定法文字所得之结果，以此结果为立法者之意思而适用之时，裁判官并不相信，且无理由相信，其现在之意思与立法者之真正意思相同也。故在一社会之立法机关与司法机关之间，司法机关有最后确定何者为公众法律，而何者非公众法律之权。第三次引用霍德利〔2〕(Hoadly) 主教之言："不是何人有全权解释制定法，不论其为口头制定或文字制定，是真正立法者，而非最先口头或文字制定之人也。"〔3〕裁判官之立法，不乏实例，试观罗马法，德儒索赫姆〔4〕(Sohm) 曰："商业之

〔1〕 *Juridical Thinking*, *Science of Legal Method*, 343～345.

〔2〕 "霍德利"原文作"花德来"，现据今日通常译法改正。——校勘者注。

〔3〕 *Nature and Source of Law*, 163, 164. 裁判官立法之重要，亦可于法律定义中见之，如美国最高法院推事霍姆斯（Holmes）下法律之定义曰：The prophecies of what the courts will do in fact, and nothing more pretentious, are what I mean by law. Collected Legal Capers, 173.

〔4〕 "索赫姆"原文作"索姆"，现据今日通常译法改正。——校勘者注。

勃兴，要求新规则。如何以此种新规则为包含于十二铜表法且为其承认者，乃应解决之问题也。以习惯法正式取消制定的十二铜表法，自当时罗马人观之，为不可想象之事情。直至罗马法之最后发达时期，即优士丁尼〔1〕（Justinus）帝编纂民法大全（Gorpus Juris Givilis）之时，在一千年中，十二铜表法在学说上仍认为罗马法之法源，虽在实际上已无一表存在矣。此种法律之进步，符合罗马人之守旧及其处理法律事务之谨慎。从十二铜表法文字不改，但新精神已灌入老文字之中。十二铜表法之工作已毕，现在为解释时期，解释使法律生长，甚而修改之，然制定法之文字仍完整如旧也。”〔2〕英美法为普通法，裁判官之立法，尤为重要。〔3〕英儒萨蒙德〔4〕（Salmond）曰：“判例之重要，为英国法之特色。此一大堆之普通法或不文法，大都为审理案件之结果，集于无数报告书之中，起自十三世纪之末爱德华（Adward）第一世之时，继续不断地至今日。正统法律学说，在长久以前，已认普通法为习惯法，而判例为习惯或由习惯所产生法律之表现。然此不过为拟制耳。在实际上，倘非学说上，英国之普通法乃英国裁判官之判例所造成也。”〔5〕

（4）自由法说之质疑。对于自由法说，有下列疑问：

第一，法律之不安定，或曰：“自由法说，只知注重各个案件之正当判决，而不知法律之安定之更为重要，实可为一大谬见。”〔6〕此批评似是，而实非。采自由法说，法律固有不安定之虞；但不采自由法说，法律未必能安定。盖目前裁判官，因事实之需要于裁判时亦创造法律，不过拘泥于三权分立之说，其创造法律等于暗中摸索，不敢公然为之耳。今采取自由法说，确定切实有效的解释法律之新标准，是裁判官有所依据，不独不破坏法律之安定，反可增进其安定也。德儒格梅林〔7〕（Gmelin）曰：“自由法说是否破坏法律之安定？此问题可以反问答之：现在之法律是否安定？此乃一显明的事实，倘裁判官继续补充法律如今日者，将无人能知其自己组织权利矣。如有

〔1〕“优士丁尼”原文作“优史悌尼阿”，现据今日通常译法改正。——校勘者注。

〔2〕*Institutes of Roman Law*, 55, 56.

〔3〕参观 *Dicey's Law and Public Opinion in English and*, *appendix*, note IX.

〔4〕“萨蒙德”原文作“塞尔蒙特”，现据今日通常译法改正。——校勘者注。

〔5〕*Jurisprudence*, 187.

〔6〕穗积陈重所著《法理学大纲》第九六至第九七页。

〔7〕“格梅林”原文作“其墨林”，现据今日通常译法改正。——校勘者注。

人之诉讼不幸入于好用论理学上推演于法律上拟制者之手，即觉得诉讼完全为投机。自同一事实，用推演方法，可得各种不同的结果，因选择推演之出发点，不顾及实际上之情形也。”[1]

第二，裁判官之失职，或曰：“如裁判官不独适用法律，且得补充或修正法律，其权力是否太大，以致有失职之弊乎?”[2]对此批评，有二点可辩。历史可证明司法与立法本非分立。魏格马曰：“一阅历史，即知裁判官与立法者之职务，并不常常分开。在若干民族，古时君权包括司法与立法。譬如以英国为例，其贵族议院与高等法院，均由君王之枢密院变化而成。昔日，在枢密院，君王根据其君权，或编订法律或判决案件。在法国，有同样情形，其议院保持立法与司法之权，直至大革命之时为止。”[3]此外罗马之大法官(Praetor)与英之衡平法院院长（Chancellor)，尤为裁判官立法显著之例。[4]在此种司法与立法混合时代，未见若何枉法之事，就罗马之大法官与英之衡平法院院长而论，能使旧法律符合新时代之需要，非但无弊，且大有利于法律之进步也。[5]再者，如采自由法说，裁判官并非完全无限制。李君祖阴曰：“下级审之裁判，有上级可以救济，上级之法官畏舆论与良心之裁判，断不敢妄作枉法殃民之事。”[6]

（二）裁判官与立法之解决方针

从上述之议论，试拟裁判官与立法之解决方针如下：

1. 制定法之活用化。无缺陷之法典，既不可能制定法应力求简单，只须提示一般之原则。盖规定之愈趋于原理者，其适用益广，而变更愈少，且裁判官于适用法律之际，有斟酌当前事情之余地，俾不至于社会之实际现象，多所扞格，智利法学家阿尔瓦雷斯[7]（Alvarez）曰：“立法者规定私法上关系时，其唯一目的当为创设广阔的，弹性的，一般的原则，让裁判官补充其所提示之法律。立法者应知足，且已十分足够，将法律关系之基本原则指出。

[1] *Sciological Method*, *Science of Legal Method*, 132, 133.

[2] 参观 *Wigmore's Problems of Law*, 82～87.

[3] *Problems of Law*, 69, 70.

[4] 参观 *Bryce's Studies in History and Jurisprudence*, Vol. II, essay XIV, XV.

[5] 参观 *Maine's Ancient Law*, chaps 24.

[6] “世界民法世纲”，《法律评论》第七卷第三十二期第十四页。

[7] “阿尔瓦雷斯”原文作“阿尔佛来是”，现据今日通常译法改正。——校勘者注。

根据此基本原则，裁判官按社会之需要，将法律关系较为精确的，具体的规定。”[1]

2. 裁判之人事化。此时期为“力”与“动”的时期。[2]各方面均有“力”与“动”的表现，法律亦然。庞德曰：“现有许多记号，表示吾人到达一创造的，活动的时期。此时期与法制史上之二个重要创造的时期相似：即十七世纪，使封建法变为一新制度，适用此十九世纪；与美国独立革命后之时期，使英国学说符合于美国社会之思想，而其制度适用于美国之情形。在此各个创造的时期，法学家活泼地相信诸事得以智能的努力为之。……仅须一读律师公会之记录，即可知努力有效之信仰心复活，与一代以前之法律学静默，显明的不同也。”[3]在此种环境，吾人当舍消极说，而采积极说。吾人应以裁判官为法律工程师[4]，而非自动机器。吾人当认裁判官不独适用法律，且得创造法律。吾人应以个个案件之公平裁判，非立法者之意思或其所用之文字，为解释之准据。吾人应注重者，乃实际上之效果，不是抽象的原则。一言以蔽之，吾人须推翻机械式的裁判，而树立人事的裁判也。[5]

3. 法律之社会科学化。吾人既认裁判应人事化，则裁判官不得不明了[6]社会情形。裁判官欲明了社会情形，不得不知法律以外之社会科学。是以法律与其他社会科学有联络之必要。吴次尔曰：“无疑的，如法律与其他社会科学接近，……则可利用许多其他社会科学逐渐研究而得之意念。如是，执行正义者，能享有其他社会科学所生结果之利益矣。……在古时，法学家，除制定法文字之外，应知其意义与寓意。今之法学家所应知者，尚不止此，须知产生法律制定之背景及各个法律制度之社会上功用。”[7]庞德亦有言曰

---

〔1〕 *Methods for Codes*, *Science of Legal Method*, 476.

〔2〕 参观 *Pound's Revival of Personal government*, *Annual Report of the Georgia Bar Association*, 1920.

〔3〕 *Spirit of Common Law*, 174.

〔4〕 庞德以工程学解释法律学，兹录其言于下：Let us think of jurisprudence for moment as, a science of social engineering having to do with that part of the whole field which may be achieved by the ordering of human relations thorough the action of Politically Organize Society Interpretations of Legal History, 152.

〔5〕 吾国立法院宪法起草委员会副委员长张知本君亦采此说。参观其所著社会法律学第四章第七节。

〔6〕 “明了”原文作“明瞭”，现据今日通常用法改正。——校勘者注。

〔7〕 *Juridical Thinking*, *Science of Legal Method*, 427, 428.

"今日学者，已觉悟社会法学中各派之学说，皆不免有窥一斑，以为全豹之举，与各执一说，而趋于极端之非计。且更觉法律学与其他社会科学互相隔离，遂使法律学独守一隅，而自以为满足。此不仅为法律学自身之不幸，使其因是而只能以狭小偏颇之眼光观察一切，抑且今法律常因此有退化之虞，而不足以适应社会之需要。从事于法律职务者，因见解之迂缓，不能承认或察见社会之需要，遂使法律思想与民众思想，对于社会改良问题，不能一致，而宛如有一溪之隔者。近来各界对于现在法律常施攻击者，皆因法学思想与法学方法之不合时宜，其所以不合时宜者，实由法律学与其他社会科学不能一贯之故也"。〔1〕

（三）裁判官与立法之立法例

以上所述，为裁判官与立法之学理上讨论。兹再说明裁判官与立法之法律上规定。就各国规定人民日常生活之民法而言，关于此问题，有下列立法例：

1. 认裁判官只得适用法律，而不能解释法律。例如一七九八年普罗士民法，舒斯特〔2〕(Schuster）评之曰："此法典之目的欲谨慎的，详细的规定一切偶然事故，使将来无发生抑或之可能。裁判官无少些解释法律之自由，如对于法律有疑问时，则可咨询王家委员会，而对于该委员会之回答，须绝对服从之。"〔3〕

2. 认裁判官于无法律与习惯时得准用类似之规定。例如一九二三年暹罗民法第十四条："诉讼事件，无可适用之法律或习惯时，依其最类似之规定类推之，或依一般法理决定之。"

3. 认裁判官于无法律与习惯时得准用从法律中推演而得之法理。例如一九二九年吾国民法总则编第一条："民事法律所未规定者，依习惯。无习惯者，依法理。"一八八七年德国民法第一草案第一条有类似之规定："法律无规定之事项，准用关其类似事项之规定。无类似事项之规定者，适用法律精神所生之原则。"

4. 认裁判官于无法律与习惯时得准用事物之真理。例如一九一一年吾国

〔1〕"Scope and Purpose of Sociological Jurisprudence", *Havard Law Review*, vol 24, no, 10.

〔2〕"舒斯特"原文作"史鸠斯特"，现据今日通常译法改正。——校勘者注。

〔3〕"The German Civil Code Law", *Quarterly Review*, vol. XII, no. 17.

第一次民律草案第一条："民事，本律所未规定者，依习惯法。无习惯法者，依条理。"日本明治八年第一百零三号公告裁判事务心得有相同之规定："无明文者，依习惯。无习惯者，依条理。"一八八一年奥国民法第七条有类似之规定："如诉讼案件不能依法律之文字或精神判决者，裁判官得准用类似事件之规定。如无类似事件之规定者，则裁判官应熟思审省，细察当时情况，依自然法则裁判之。"

5. 认裁判官于无法律与习惯时应自视为处于立法者之地位，而以立法之观念处理之。例如一九〇七年瑞士民法第一条第一第二项："于文字上或解释上，本法已有规定之法律问题，一切适用本法。本法无规定者，裁判官应依习惯法。习惯法亦无规定者，则可依自为立法者时所当定之规定而裁判之。"一九二六年土耳其民法第一条第一第二项有相同之规定："本法，支配本法文字上或精神上所包含之事项。于无可适用之法规时，裁判官应依习惯法。习惯法亦无规定时，应依自为立法者时所当定之规定而裁判之。"

上述五种立法例中，第一立法例以适用法律与解释法律分设机关，乃不可能之事，决难实行。[1]第二与第三立法例并未于法律与习惯以外设定独立之法源，盖类似事项规定与法理，均以法律为前提，故不存在于法律外，不过第二立法例确认类推解释[2]，第三立法例确认组织体解释而已[3]。第四立法例果设定法律与习惯以外之独立法源[4]，然所谓条理与自然法则者，乃一不易解之问题。有谓为事务之真理，或无大误。惟其存在，究为客观的，抑或主观的？若曰存在于客观，如自然法派学者所主张，则以裁判官之唯一工作为机械式地适用现存法律，而自身无创草法律之权，其不当已详之于前，且天地间果有此绝对之真理与否，在今日亦颇难下此断语。若曰存在于主观，则裁判官之理智有限，恐有未能发现此事物之真理之处，故何不如瑞士民法直接明白认裁判官于无法律与习惯时依自居于立法者之地位所应制定之法规

---

〔1〕 *Vinogradorffs common sens in law*, 12.

〔2〕 类推解释者，法律无直接规定时，准用类似事项规定之谓，即比附援引是也。关于其性质，现说有三：曰立法说，曰处分说，曰解释说。三说之中，以解释说为最当。

〔3〕 组织体解释者，着眼法律全体，以定各该条之意义。

〔4〕 陈瑾昆君不认条理为独立法源，以为否则不啻与裁判官以立法权。此种见解出于三权分立之说，未敢赞同。试观王材固与关吉玉二君关于此点之疏："但社会状况，变幻无常，法律适用，有时而穷，不得不赖条理以资救济，故就法理立论，虽不得以之为法源，就实际而谈，则不能不以之为法源也。"此乃较为坦白之论也。朝阳大学民法总则讲义第一〇页。

裁判之。[1]是以比较言之，以上五种立法例中，以第五种立法例与自由法然最近似，而为最适当也。[2]

〔1〕 *English's Judicial Freedom of Decisions*: *Its Principles and objects*, *Science of Legal Method*, 68, 69.

〔2〕 参观张知本所著《社会法律学》第八六页。

法官与法律发展之关系*

钱清廉**

一、引言

言法官解释法律之权能者，学派有二，一曰古典派，一曰自由法学派。古典派滥觞于孟德斯鸠，谓立法者所制定之法律，其本身已臻完善，故法官之职责，在乎只用法律而已，彼不啻为立法者之一吹口，一自动机，以实施法律耳。德儒萨维尼〔1〕(Savigny) 异口同声，亦持此说。故以法官喻一几何学者，法官只用法律，犹几何学者以三角之两边一角，而求一三角形耳。自由法学派为二十世纪初德法奥三国法学者所倡导，谓法官应有自由之用制定法与否之权，当其判断案件时，可以一本其个人对于正义与公平之信心，而不受法律之约束〔2〕。

二派学说，冰炭凿枘。要皆仅窥真理之面而已。盖法律之目的有二，一为只用于个个事件而皆妥当（Rechtsangemessenheit），一为法律生活之安定(Kechtssicherheit)。〔3〕古典派之误，在其大前提以为法律本身，已臻完备，孰知法律之條文有限，而天下之事变无尽。法规虽密，难免疏漏，一也。即法典而完备矣，然法律所规定者，未必之用于各个时间而悉允当。此忽视法律前一目的之弊，二也。至于自由法学派，承认法官有自由变更法律之权，

* 本文原刊于《法学季刊（上海）》（第4卷）1930年第5期、第6期。原文仅有简易句读，本文句读为录入者添加。

** 钱清廉，1930年毕业于东吴大学法律系（第14届），东吴大学在渝复校后任教授。

〔1〕“萨维尼”原文作“萨威尼”，现据今日通常译法改正。——校勘者注。

〔2〕Lvy Williams, *The source of law in the Swiss Cicil* code o. 42

〔3〕欧宗佑《民法总规则》第四十五页。

重视法官而轻视法律，法律之生活，焉得安定，此忽视法律后一目的之弊，一也。且法官而不得其人，流弊滋甚，二也。是故二说不可偏废。何则法官之职责，不仅适用法律，解释法条，以判断案件已也，因法律之不备，引用其自由裁量之权，而弥补之，殆其尤要者也。谓余不信请读古今各国法制史，以见法律之发展，常与法官有密切之关系，甚者，法官居于立法者之地位，而创立法制，如罗马裁判官之裁判法官，英国大法官之衡平法。次则法官凭其自由裁量之权，创造新法规，而判断案件，其结果对于一国法制之发展有莫大之影响则一也。或就古今各国法官发展法制之际，择尤要者，述其崖略，请正于读者焉。

二、罗马法之发展与法官

耶林[1]（Jhering）曰：罗马帝国统一万国者，有三，方其盛时，以兵力征服列邦，万方景从此为土地之统一。帝国既衰，尤握有教法之大权，此为宗教之统一。中世以降，欧洲各国皆奉其遗法为圭臬，此为法律之统一。罗马法彪炳千秋，垂法宇内，是如其盛，然法官发展法律之权力之大与时期之长，亦莫过于罗马之法官。

罗马法之渊源最重要者有二：一曰市民法（Juscivile）。一曰裁判官法（Jus Praeterinm）。

（一）市民法

市民法曾经立法机关，或有立法权者所制定，表示古代法律思想，以条文论，则严酷，守旧，而尚形式，以适用言，即专用于市民，国外人不得援引。故对于罗马法之发展，无关宏旨。

（二）裁判官法

此法渊源于高级官吏所出之告示。高级官吏只有司法责任者，有四职。(1）内事裁判官，(2）外事裁判官，(3）大警监，(4）外省总督。此四官所出之告示，常有关于司法事项。而尤以裁判官之告示，最为重要。故以裁判官法名于世。此法重人道，尚公平，不拘泥于形式，而适合平新观念，及实际上需要，对于罗马法之发展，有极大之关系，而推究其造成之者，则裁判官之告示也。请述其性质及发展之情形。

---

〔1〕“耶林”原文作“尹而陵”，现据今日通常译法改正。——校勘者注。

纪元前五一〇年罗马政变，改王政为共和，政权由民会选二人掌之，称总裁官。洎乎纪元前三六七年设裁判官一人，与两总裁官鼎足而三，得行使总裁官之一切行政权外，尤以管理罗马人民之司法事项为其专职，称“内事裁判官”（Praetor urbanus）。迩后懋迁繁，讼案多。遂于纪元前二四七年，增置裁判官一人，管辖一造或两造未享有罗马市民权者之诉讼，称“外事裁判官”（Praetor peregrinus）。后此罗马版图日增，诉讼日多。虽有二裁判官，而案牍劳形，日不暇给。裁判官之数，因是增添，以司各省职守，及特种管辖，至屈拉琴（Trijan）时，裁判官已有十八人矣。[1]

所谓告示者，乃裁判官就职伊始时，所发表之宣言，述其任期内，循守之规则，及种种起诉与抗辩之方式，而公示与裁判官之法院。借以晓论诉讼当事人，关于诉讼程序者，列为一表。此外复益以他表，记载裁判官关于法律问题之命令，此种法律新表，与罗马市场所列之十二铜表，遥遥对峙。惟裁判官表其目的的仅存一年，至于漆白之板上故有木表之名，虽然木表之命运，终胜铜表，尽其所载法理，初则变化，终则扫尽铜表之古法也。[2]

裁判官之任期一年，告示之有效期间亦一年。新裁判官并不受前官告示之拘束，采择之可，更改之亦可。惟积久习成，每当裁判官就任时，辄将前次告示，采录泰半[3]而已，仅从事修辑耳，或就形式体例而改良之，或就内容而增益之。盖每当有允许新诉讼救济，或承认新诉讼之必要时，裁判官常引为己责，而加关于告示之中，从此法官造法之制，遂矫矢矣。从此年复一年，历代相绳，而法官发展法律之局面亦造成矣。

裁判官揭示告示之习惯，虽继续变，然所变极微，故其过程亦极循序渐进，且上无管辖之人，故裁判官不仅有无限制之裁量权，以实现其司法的及立法的命令，而其自视此种权限，又为责所当为，盖斯固国人所期待于彼者也。故正义之已否实施，诉讼程序之能否使正义实施，凡受侵害者已否具备救济之道，总之法律已否尽其能事，触不直者直之，满人民之需要，及为时世所需求之改良与扩充，皆裁判官所当注意及之者，故其职责，不仅宣示法律，将使法律及其机关与时并进也。[4]

---

〔1〕 *Bryce Studies in History and jurisprudence*, pp. 691, 692.

〔2〕 *Shom's Tastiutes of Romsn law*, pp. 75, 76.

〔3〕 “大半”之意。——校勘者注。

〔4〕 *Bryce Studies in History and jurisprudence*, pp. 695.

裁判官之告示，既每年宣示一次，如可称为立法为实验性质之立法，此种实验，继续反复，失败仅生轻微之弊，而成功有求久之利。例如：某裁判官于其告示中，增一新法规，允予某种情形以诉讼，司法界对此新法规，怀疑之、讨论之，从而观察其得失。不待年终，必有三种结果之一。第一，设彼辈赞许之，则明年之告示中。此项新法，必再加入。第二彼辈或以此为根本错误。第三，彼辈或以为其目的虽善，而方法则误。见次年新裁判官宣布告示时，或将此项新法规而悉去之。或更改之。以迎合学者之反对。故其更改恶法，轻而易举。不若通过一法令以革除他法令时，有种困难与迟延之弊也。[1]

裁判官就司法事项有无限制之裁量权，职此之故，外事裁判官，即为造成万民法之机关。在彼之告示中，万民法渐为成文，确定而有具体之形式可寻。同时其地位对于罗马法一般之发展亦着有力之影响即包括罗马市民间之法律在内也。至于内事裁判官之告示，则述及罗马法全体，换言之，述及万民法——此法在罗马市民间渐亦承认——及狭义之市民法两者是也、[2]

裁判官在理论上非有立法之权，然可以允许或拒绝诉讼[3]。拜克来尼（Beclarenil）曰："就理论言，彼'裁判官'不能创造，亦不能废止法律。但其实法律之有效与否，因其一言而决。如曰'Judicium dads'法律即有实效；如曰'Judicium non dads'法律即无效力。"[4]

其所以有此权力者，出于当实际之需要，盖罗马古代之成文诉讼缺点过多，非矫正之，法律不得公平焉。然其结果，补助古法之不全，或竟矫正之。故罗马法学家帕比尼安[5]（Papinian）有言曰"裁判官法者，乃辅助，弥补，或矫正严格之古法以为公共计也。"[6]布莱斯[7]（Bryce）亦曰："裁判官常自谓受法律之约束，然其告示实增加旧诉讼方式，及旧法规。问则修正之，终则取而代之，彼许以旧法所未许之救济，承认旧法所未承认之答辩（如关

〔1〕 ibid.，pp. 700 ~ 701.

〔2〕 *Sohm's Institutes of Roman law*，p. 78.

〔3〕 同前。

〔4〕 J. Beclarenil，*Rome the law giver*，p. 21.

〔5〕 "帕比尼安"原文作"巴比尼"，现据今日通常译法改正。——校勘者注。

〔6〕 Papinian；in Dig i. 17.

〔7〕 "布莱斯"原文作"勃来史"，现据今日通常译法改正，下同。——校勘者注。

于欺诈之案件)。彼所创设实行权利之方法，视旧法为更有效力。”[1]

裁判官之权力，日甚一日，至罗马帝政时代裁判官仍有告示之权。及第二世纪前半哈德良[2]帝（Hadrianus）命法学家萨尔维乌斯·尤里安努斯[3]（Julianus Salvianus）收集告示，编成汉典以公于世。名曰“永久令”。此后裁判官有违背其中之规定者，虽告示亦无效，于是告示变为具文。而裁判官法之进步因是停顿，其后优士丁尼[4]（JustinIan）编纂罗马法全典（Corpus Juris Civilis）取材于“永久令”者尤多。

综观罗马法之渊源，以裁判官法为最重要。罗马法进步之时期，亦以裁判官法盛行时为最显著。故拜克来尼（Beclarenil）曰：“习惯法与制定法，二者为创制法律之经常方法。验之各民族而皆准。罗马史上有一极长时间。‘高级官吏之告示’（Ediclum Magistratumn）与前二者共为创造法律之方法，而其所及之范围，世界各国无与伦比。大法官尤以裁判官法推广，矫正，增补习惯法与成文法，而为罗马法渊源中最丰富与最适应者。在私法之范围中，制定法反觉日少。”[5]索赫姆[6]（Sohm）亦曰：“法官造法之制，产生于裁判官法院中，复益以久已有效之成文法及习惯法后，该法院在事实方面成为法制中最有力之动力。当西塞罗[7]时，裁判官告示，已成为发展罗马法之首要机关，且由告示之媒介。而新法律观念与商业习惯之影响，遂及于法律之实施，而决定罗马法演化所应循之途径。”[8]是故说者谓罗马法之发达，成于裁判官法者，较成于成文法者为多，非虚言也。德国某著作家当评注罗马刑法之粗疏与琐散之性质及对于刑法之发展与裁判官绝少关系，曾谓该法（刑法）之瑕疵。可见以罗马法理学之功绩，归诸天赋罗马人民以立法之特殊天禀者。其立说之荒诞，为何如耶？罗马私法之卓绝千古，纯由于罗马人民怀此善意或遭此奇遇设置裁判官一职。而异与时时改良法律，及开拓人民观

---

〔1〕 Bryce, *Studies in History & Jurisprudence*, pp. 692～693.

〔2〕 “哈德良”原文作“汉德林”，现据今日通常译法改正。——校勘者注。

〔3〕 “萨尔维乌斯·尤里安努斯”原文作“郁里沙飞奴”，现据今日通常译法改正。——校勘者注。

〔4〕 “优士丁尼”原文作“优司悌尼”，现据今日通常译法改正。——校勘者注。

〔5〕 J. Beclarenil, *Rome the law*, pp. 21～22.

〔6〕 “索赫姆”原文作“沙姆”，现据今日通常译法改正。——校勘者注。

〔7〕 “西塞罗”原文作“西西洛”，现据今日通常译法改正。——校勘者注。

〔8〕 Sohm's, *Institutes of Roman law*, pp. 77～79.

念之责任，俾法律与方兴之文化，得并进也。[1]

三、英国法之发展与法官

布莱斯比较英国与罗马之法制史，谓其相似之处，最堪令人注意者有二。第一，二国政治之性质与法律之制度，皆独立发展，鲜受外力之影响。第二，英国与罗马皆扩张其法制出乎国境之外，而支配广袤之领域。[2]然除布氏所言二点之外，吾重感英国与罗马法制之发展，皆得力于法官。斯为二国相同之现象，而更耐人寻味者也。考英吉利法其形式包含有下列三种：（一）制定法当代议制尚未确定前，即为国王之命令，在代议制确立后，即为国会所议决之法案，及国会所承认公共团体之规程，与行政命令等。（二）普通法为习惯及判例之产物，常为不成文法，其重要之法源有（1）英吉利法庭之判决及（2）采用英国法之外国法庭之判决（3）法律家有权威之著作。（三）衡平法依大法官（Lord chancellor）正义衡平之见解以判案件，故称衡平法，其始也悉凭大法官个人之意见，以为判决之根据，然积年既久，先例遂成。先就制定法言，似法官适用制定法，已尽能事，彼与法制之发展无甚关系，然而制定法之意义与内容，皆由法官适用于各案件后。而始决定，换言之，制定法之发展，借法官之解释也。故萨蒙德[3]（Salmond）有言曰："英国法及其他导源于英国法者之生长，非仅外表借立法之法令，而实由于内部新法规之分秘。此种新法规乃裁判上解释法律之产物也，法律无论如何精密起草，当制定之初，仅为意见不完全之作品。中有模棱之辞，遗漏之处，以及真正或形似之矛盾。然在实践过程中，此种瑕疵渐为一种有权威之判例法所弥补，其始也。法律之意义，即法官行使其无限制之裁判权时，所决定之意义，其始也。法律之意义，为一事实问题，与其他书证之意义相同，但是在实践过程中，其意义积渐由事实境界中释出。亦积渐为实施法律时产生之裁判先例，所形成之有权威解释之法规，所决定矣。"[4]

制定法虽年年增加，为数至多，然其势力远不如普通法之伟大。当罗马法风靡全欧而英吉利法律之所以能屹然独立，与罗马相颉颃，相媲美者，赖

---

〔1〕 Bryce, *Studies in History & Jurisprudence*, pp. 693, 705, 706.

〔2〕 同前第七四五，七四六页。

〔3〕 "萨蒙德"原文作"萨尔蒙"，现据今日通常译法改正。——校勘者注。

〔4〕 John W. salmond, *science of legal method*, p. 32.

有普通法。英吉利法之所以能与其他法系，判然分别者，亦由于普通法。然则普通法何由而成？习惯与判例之产物也。普通法何由而发展？法官之力也。何则？习惯与判例，所以有法律之效力者，皆法官为之也。皮科特〔1〕Picot曰："英吉利以判例法为依据往古之习惯。惟此习惯何如，即取决于法官，故判例法实即法官之法律，凡当时新问题之解决，泰半凭其立法也。"〔2〕兰伯特〔3〕Lambert亦曰："普通法本身实为司法活动之产物，我人细读布莱克斯通〔4〕Blackstone所著普通法之书籍。其理自明。"（布氏有言）"习惯与格言如何而明了〔5〕？其效力由谁而决定？答曰由于各法院之法官也。法官者，法律之贮藏所也。"〔6〕

"夫习惯非经法官宣示，并无实际之价值，即无从使用。自法官初次宣示时始。习惯成为法律。自后凡遇相同之情形，法官无需再行宣示。盖习惯业已明了而有拘束法官与诉讼当事人之效力焉。"〔7〕复次，就衡平法言，不特由法官而发展且为法官所造成，与罗马法中之裁判官如出一辙，请述其详。

大法官（Lord Chanceller）一职，由来已久，远溯诺曼底〔8〕人征服英伦前，已有此官矣。惟当时所谓大法官者仅司承发命令状，而为国王个人之愿问与代表，实非法官也。就理论言全国之内，法律已否实施，实施之方法，已否俱备，皆为国王应行注意之事而非大法官之职。惟彼既称为国王良心之保存者（Keeper of King's Conscience），又掌国王之大玺，同时又为国中最重要之行政官。国王因以司法特权，畀诸大法官，令其详察国民之受有损害，而普通法法院，不能与以救济者，予以相当之救济。故前次赴诉于国主者，自爱德华一世为便宜计，皆直接请愿于大法官〔9〕，至是彼始取得真正司法

---

〔1〕"皮科特"原文作"毕高德"，现据今日通常译法改正，下同。——校勘者注。

〔2〕Picot, *interpretation du code Napoleon.*

〔3〕"兰伯特"原文作"兰白德"，现据今日通常译法改正。——校勘者注。

〔4〕"布莱克斯通"原文作"勃拉可司顿"，现据今日通常译法改正。——校勘者注。

〔5〕"明了"原文作"明瞭"，现据今日通常用法改正。——校勘者注。

〔6〕Blackstone , *Commentaries Intoduction*, See 3. i.

〔7〕Edonard I. amberl, *Codified law & case Law : their part in Sbaping the Policies of Justice*, *Science of legal Method*, pp. 265 ~ 267.

〔8〕"诺曼底"原文作"诺尔曼"，现据今日通常译法改正。——校勘者注。

〔9〕Champbll, *Lives of the Lord Chanceller*, *Introduction*, p. 10.

法庭之特性。[1]到爱德华三世时，彼常于大西寺审理案件[2]，于公元一三四九年更取得单独审理之权[3]及亨利五世（一四一七至一四二二）晚年，已成为国中一独立之法院矣。[4]

大法官以国王之“特权”与“恩泽”一语，处理诸事，即人民不能自普通法法院，得救济之事。彼引用国王所付托之权力，为种种损害备有力之新救济，将普通法法院最严格之诉讼程序或薄弱之执行能力而更改之。然则大法官之权力，不止一司法官矣。[5]此时代之大法官，虽审判案件，然其判决，东鳞西爪，未经汇为公报。有之，实自埃尔斯米尔[6]（Lord Ellsmere）始。故吾人至今，犹得见其判决也。[7]

近世衡平法，实始于十六世纪，迨十六世纪下半期，衡平法院之法理始渐稳定，教士任大法官之时日，已垂垂殆尽。大法官如埃尔斯米尔Ellsmere、培根[8]（Bacon）、古文来（Covenlry）辈。始实施确定之法规，而以公报载衡平法院所审之案件以公示世人。复公布诉讼法规[9]，至是衡平法始有眉目可寻。而一洗前项游移不定之状态。

近世衡平法之所以能自成一法系者，凭口一辞，皆曰贵爵诺丁汉[10]（Lord Norttingham）之才略实有以成为之，故有“衡平法文”之称。当时之需要与诸氏之人格，适逢其会，遂产生一真正法系端倪。盖其时宗教之势力垂尽，商业之精神方兴，衡平法理，应时势之要求，得诸氏之整理，始有稳定之基础，井然之秩序。衡平法院之判决既公告于世，世人亦引为权威，而景从之矣。[11]

继诺氏后，大法官中人才辈出，如哈德威克（Lord Hardwick）、爱耳顿[12]

〔1〕 Holdsword，*History of English law*，Vol，403.

〔2〕 Herby，*History of Equity*，pp. 30 ~ 31.

〔3〕 Bonnier，*law dictionary* 3rd Rev. p. 415.

〔4〕 Holmes，*Early English Equity law quer Rev*，p. 162.

〔5〕 Bryce，*Studies in History & Jurisprudence*，Vol 2. pp. 695 ~ 696.

〔6〕 “埃尔斯米尔”原文作“爱而史曼”，现据今日通常译法改正，下同。——校勘者注。

〔7〕 *Bonvier Law die* 3rd Rev，p. 415.

〔8〕 “培根”原文作“倍更”，现据今日通常译法改正。——校勘者注。

〔9〕 *Mitland equilty* 6.

〔10〕 “诺丁汉”原文作“脑定海”，现据今日通常译法改正。——校勘者注。

〔11〕 Holdsword，*History of English law*，Vol，pp. 476 ~ 468.

〔12〕 “埃尔登”原文作“爱耳顿”，现据今日通常译法改正。——校勘者注。

(Eldon) 其尤著者也“衡平法法院之权力与事务，继长增高，至一惊人之程度”[1]且丧失由于国内战争之反响及争继王位所引起之不安。致立法綦少，结果衡平法院成为法律改革之重要机关矣。[2]任大法官者，尤多律师而非政治家，影响所及，将“良心”、“恩泽”、“特权”等专断之衡平法，变为一种确定与专门之法律。[3]至今其法理绵密，规律井然，成为英美法系中重要之渊源，非法官努力创造之功，何克臻此。

英国法院发展法律之情形有二，一方法院直接行使立法之作用，即订立各法院之程序法规，他方法院间接参与造法。即其判决之效力，不限于判决之该案件，更进一步，成立法律中之新法规焉，法官对一案件所下之确定裁判，其行为不仅为司法的，且为立法的，盖其裁判从此创造一先例，法官成为法律之创造者，而树立一新法规也。[4]

英国法官，就理论言，与罗马法官同，亦无立法权限。[5]然而英国法律之发展，非恃有大规模之立法，亦非有整个之法典，而以法官之力居多，郎夫[6](Rumpf) 曰：“在英伦与美国，吾所谓司法的立法，乃根据法官并不造法之抑制而言，此种抑制，相沿已久，盖英国法官绝对为先例所拘束也。在英伦制定法异常不足，而法理学之科学又比较的退化，故产生事实与理论矛盾之结果，即在事实，则法院之判决，对于法律之发展有可惊之势力，而在理论，则法院为先例所拘束也。”[7]

综观英国法之三种渊源——制定法、普通法、衡平法，何一非由法官而发展耶。尤以英国法院之判决，有拘束之力，故其助长法律之发展，为效最著。所谓拘束力者，即（一）同一法院，应守本院之判例。（二）不同级法院，即下级法院应遵守高级法院之判例。换言之，法官之判例，有法律上效力。当法官宣示一判决时，不啻立一新法规也。格兰[8](Gerland) 曰：“英国法院能以判例影响该国法律之发展，此诚为彼辈造法作用中重要之情

〔1〕 Blackstone, Com. Bu 3. Cbap. 4, pp. 55 ~56.

〔2〕 Jenks. short History of English law, pp. 207 ~208.

〔3〕 Holdsword, History of English law, Vol, 403.

〔4〕 Sclence of legal method, Gerland , the operation of the judicial function in English law p 235.

〔5〕 Bryce: Studies in History&Jurisprudence p 689.

〔6〕 “朗夫”原文作“伦浦”，现据今日通常译法改正。——校勘者注。

〔7〕 Rumpf Gesetz and Richter.

〔8〕 “格兰”原文作“居兰”，现据今日通常译法改正。——校勘者注。

形，某法院之判决对于他法院有拘束之效力，是故此种判决，不仅确定诉讼当事人之权益，且成为概括之法规，而有永久之效力，除重复确定现行法规外，此项判决实造成新法。汇集此种创造性之判决，即成吾人所谓判例法。”〔1〕

四、罗马裁判官与英国大法官之比较

吾人既窥罗马法与英国法之发展，即法官之力居多，而罗马裁判官，与英国大法官发展法律之过程，又复相类，请比较之异同。

二国法官，皆先握有诉讼程序，又时而创造法律，此其同点也。罗马裁判官在某种事实之下，准许某诉讼，或某答辩。详言之，即原告陈述某事实，裁判官考虑之余，许其起诉。如原告能证其事实，则判决将利于彼，裁判官认为可行，许其详述与答辩中，设答辩之事实，而果然证明其无误，即判决将利于彼矣。英国法院亦然，并不宣示抽象之法律，而惟彼事于实际之诉讼救济，以允许诉讼救济故，即依据原告被告公然主张之理，而判决原告或被告胜诉之故。法院成为法律之渊源，是故罗马与英国之法官，同趋一途，二者皆从事于诉讼救济，亦皆自诉讼程序人手也。

虽然，又有异点在。英国法官始终不越具体案件一步以外，设彼而宣示法律也，则所宣示者为解决两造讼争之问题。虽然对此问题作法律上之讨论或将两造辩论中所征行之各案件而加以批评，然其判决之本旨，终不出解决该问题所绝对需要者外，且其法律之意见如涉及其他之问题，即无权威，故唯有案件中之判决要旨，可以引为权威，而有拘束力也。反观罗马判官则不然，其就任时告示中所宣示之法规，皆有一般通用之效力。故其大举改革，一击可成。较之英国之法官，以今日一判决，明日一判决，而创造与改新法律者，相去殊甚。且罗马裁判官，所虑之地位，足以使其深明本人虽非正式立法，然一举一动，皆有变更法律事实之影响也。

复次罗马裁判官之兴革皆载于告示之中，凡其所言，不得不概括一切，提纲挈领。故其告示，论实际则概括而撮要，论形式则简明而易晓，当古法无益而有害，或需废止时，彼以大刀阔斧之手段，变更旧法代以新法或立显

〔1〕 *Science of legal method*，*Gerland*，*the operation of judicial function in English law*，p. 237.

著[1]之例外，不若英国法官之蚕食虫啮，琐屑[2]更改。凡此皆二国法官改革法律之异点也。[3]

或曰，法官对于法律发展之贡献，在社会尚幼稚之罗马英国信矣。其如近世何，或曰，当法律尚未发达，政治分权之制尚未确立，立法机关尚未完备，司法与立法尚无严密分界之国家，法官对于法制之发展，果有极大之助力。如罗马是。然法律已发达或政权已分掌之国家，恐无此现象矣。或曰，无成文法典之国家，法律故欠缺不全，判例复陈陈相因，法官临案，既无法典可资援用，又少先例，足助借鉴，不得已而自由裁量以解决讼争。如英美法是。制若法典已借之国家，法官决讼，图骥可索，无所用其裁量，故法律之发展，与被何有哉。

三子之言，似是而实非。试一睹社会已发达，政权已分掌，及已有成文法典之国家，法官对于法律发展之情形何如。

五、法国法之发展与法官

皮科特（picots）曰："拿破仑法典卯订之秋，数学的及精密的科学，正当盛时，故以为吾人需要之各种法规，皆可就法典而演绎而得之。其答案之准确，及便易，于解决几何问题，所得之结果相同。以为人者一抽象之物，过去现在，亘一切时间而相同，故无变化。更以为吾人可以规定一切自足之法规。"[4]此当时对于法典万能之思想也。

就政治而言，当时制定法万能之主义，高唱入云。遂谓制定法更能予个人以安全，而足以防止司法权力之力断。此法典起草时，国会一致之主张，而又得学者之提倡者也。孟德斯鸠曾主张法官当从法律之文字，为明主国宪法之精华。且法官为国家之官吏，自当一体依法律同样审理案件，而受制于中央权力之下。故法典之外无法律，而法律即成文法典也。

是故十九世纪前半期，法国法官即为立法意志之解释者。有一注释家曰："吾不知'普通法'为何物。"我所教授者，只[5]法典之法律耳。此罗伯斯

[1] "显著"原文作"显着"，现据今日通常用法改正。——校勘者注。

[2] "琐屑"原文作"屑琐"，现据今日通常用法改正。——校勘者注。

[3] Bryce，*Studies in History & Jurisprudence*，pp. 697，698，700.

[4] *Interpretation du code Nupoleon*：*Schweiz Jurist Z. V.*，p. 243.

[5] "只"原文作"止"，现据今日通常用法改正。——校勘者注。

庇尔[1]（Robespierre）所以有“从今以后，无法理学，与判例法之言也。”

法典万能之说，虽盛极一时，然久以为反对学派所压倒，而更代之久矣。据波塔利斯[2]（Portalis）之意见，以为法国民法，实予法官以极广伸缩之余地，立法者明知制定法之必有缺陷，且有甚多事件，必有待习惯之解决，法律专家之研讨，或法官之判断，故徒而承认之。吾人溯本穷源，而知此种学说，远在起草法典之缘起时，已萦绕于诸人之脑际。而法典之本身，亦非自谓完善。诚如罗性勃姆（Lucien Brun）所言：[3]反对孟德斯鸠之主张，及波塔利斯诸人所表示之革命的纪念而起之反动，久肇端倪。是故法典第四条规定：“法官以法律未载，或所载不明，或有瑕疵而托故拒绝审判案件者，负漫不裁判责。”及其他种种明文规定留待法官之司法裁量者甚多。例如：关于当事人所定之契约，及该法典其他各条之法律行为，所需善意之解释或公共政策之解释是也。又如侵权行为之法规，概括余五条之中（法国民法第一三八二条至一三八六条）且全部法典皆以概括之名词出之，而绝不留意及于详细或精确之文字，此就法典本身观察可知法国民法之规定，予法官以自由裁量之权至多，而法国民法之发现，有待于法官也无疑。

统观法国所予法官以自由裁量者，触虑皆是，惟该法第五条规定：“法官于处理案由时，不得拘泥于成例或以创成一新例之态度出之。”即静止法院之判决，有一般适用，或有法律之效力。本条之规定不啻为法官发展法律之途径。加一限制，然法国法官，并未受若何之影响。何则，法典成立后之三十年，法国政府颁一补充本条之法令，允许最高法院，由一定之手续，制成一种判例。而使下的法院，负遵守之义务，设立本法令之本旨，据赖挨脱之意见，在限制民法第五条之效力。旧第五条之规定绝对禁止设定判例，实有反乎事物之上便利也。以上所言，或就理论或就法国民法法典本身，或就法令，借以证明法国法官有充分发展法律之机会，进而一窥其实际情形，庶明法国法官尚有发展法律之事实在。

夷考实情，法国法官，除绝对不得已外，不用其自由裁量之权。而于可能范围内，保持严格解释法典之文句，顾积久习成，法官创设一种解释方法，

---

〔1〕“罗伯斯庇尔”原文作“劳勃史必黎”，现据今日通常译法改正。——校勘者注。

〔2〕“波塔利斯”原文作“帕德立史”，现据今日通常译法改正。——校勘者注。

〔3〕*Role et Ponvons du Juge.*

即以反证辩论法，解释法律。遂使精妙之演绎，与法律条文打成一片，而法律因以发展焉。此种方法足使其踌躇满志，致无需乎立法者之法令以弥补法典之缺陷。于是法官无立法之名，而有立法之实，理论上并不创造法律，亦不完成与改良法律，而仅解释现有法规，或更改旧法规，故此种所谓解释法律之结果，实产生新法而已。善哉皮科特之言曰："无论法官表面如何尊重法典，其实继续创造新法。外表全不革新旧法，然实已惨淡经营成一整个之新法。"爰举数例，足可概见。

最高法院为保护私生子计，判决私生子经认领得享嫡子之一切权利，其始也。法院对此问题之意见，殊不确定，盖民法继承法中明白限制私生子之应继分（法国民法第七百五十七条）。且禁止以契据或遗嘱多给。然最高法院确立认领之法规，其理由谓法典中并无他处禁止此种法规，且此为公平之主义也。

再者违反民法第三百三十一条之规定，而承认私生子为嫡子者，亦嚆矢于最高法院之判例。

法院为妻之利益计，认动产不动产之嫁资，均不得让与。然此非民法之规定也，盖民法第一五五四条，仅限于土地之嫁资。然因该条之规定，显为保护妻而设，故推广及于各种嫁产，自合乎法典之精神也。

在另一方面，法院又认妻之嫁产，应为伊之侵权行为及准侵权行为而负责任。然按民法第一五五四条规定，"不动产之嫁资，除特别规定数条外，不得让与。"今妻之侵权行为既非该条所见规定特别例外之一，则其不动产之嫁资，焉得负责？然法院承认此项办法之理由，谓依据公义之大原则。妻犯侵权行为自不当免责一也，且嫁资不能让与之规定，非为免除其侵权行为之责任而设，二也。故因其侵权行为而受损害之人，得取其嫁产，以供赔偿。至今对此法规，已无问言矣。

法院规定共同侵权行为人，应负连带责任，此亦非民法之规定，而纯为法院之产物。迄今亦已成为确定之原则矣。

以上种种，如可称为解释法典，则为补救法典之解释。格莱蒙（Claimont）[1]曾举一显著之例：法国民法对于不合公义之行使权力，并无概括之规定以禁止之。但法院常适用第六条之规定，以实现此旨。然第六条之

---

〔1〕 Clarmont, *Les Tinnsformations du Droit Civil.*

规定，仅对于有害善良风化之契约，加以禁止。

由是观之，法国近今适用之多种法规，溯本穷源，皆自法院之判决而来。且法院所立之几种法规中，亦有为立法者所采纳，而成制定法者。例如关于保险，清算程序等，皆滥觞于法院之判例法，而业已成为特别法令矣。是故就理论言，虽法国法院之判决非法律之渊源，盖民法法典第四条民禁判例之存在，然其实际法国法院景从先例、秋曹爰书，与他国正复相同。无论理论如何，而实际法国一部分之法律，皆产生于判例法，此为彰明较著之事实，是即法官发展法律之最好例证也。

六、德国法之发展与法官

关于解释法典之主张，德国有新旧二派，旧派以为立法者所订之法典，法院应认为完善。基尔克[1]（Gierke）有言，立法规定种种原则，在斯原则之下，隐藏各种事件之具体的法规。故法官之职责，即在发现此具体的法规，而适用诸各种案件而已。霍伊贝格尔[2]（Heuberger）[3]亦曰，类推解释，如德国法院所实施者，乃依据条文之性质，或立法之理由，以解释法典也。据宿儒萨维尼（Savigny）及韦希特尔[4]（Wachter）之意见，惟此种解释始能实现法律之真意与衡平。是故起草法典，缜密而有系统[5]适用条文，确切而了当，则法典中无缺陷焉。自本世纪初，德国法学界中，有新说勃兴，以为古说不合乎科学精神，首创此新观念者，为斯托布[6]（Staub）。斯氏证明德国之法官，亦须弥补法典之缺陷，与法国及他国之法官相同，法官纵无为此之名义，然自动地弥补此种缺陷，如遇法典所未规定之案件，法官依据久行之习惯，以资裁判，即按照司法惯例（Gerichlsgetrantteh）或法院成例（Konstaute Praxis）以为裁判之根据也。故此种依据法典外之资料而为裁判，无论其为何种主义，故无区别。然法官所适用者，绝非制定法，则事实俱在

---

〔1〕“基尔克”原文作“倦克”，现据今日通常译法改正。——校勘者注。

〔2〕“霍伊贝格尔”原文作“赫伴倦”，现据今日通常译法改正。——校勘者注。

〔3〕J. Henberger, *Eiozelue Bestimmungen des Entwnrfs des Schweiz Zivilgestzbuchues Zeitschrift Schweiz Recht*, N. F. Vol. XXIU, pp. 117 et sey.

〔4〕“韦希特尔”原文作“华脱”，现据今日通常译法改正。——校勘者注。

〔5〕“系统”原文作“统系”，现据今日通常用法改正。——校勘者注。

〔6〕“斯托布”原文作“史多白”，现据今日通常译法改正。——校勘者注。

可断言也。斯氏从而辩之曰，德国民法对此新说承认而采用之，故其规定多予法官以解释之余地。从同史氏之统者，有法学家惹尼〔1〕(Geny)，萨莱耶〔2〕(Saleilles)，休得（Chnude）诸人。盖德国民法法典，虽较法国及瑞士民法措辞更精密，而自祈于系统化与科学化。然有许多条文，皆未订成确定，及详尽之法规，而仅载于概括之名词中，例如第一三八条第一项规定，反于公共政策之法律行为为无效。法典未经明定，斯予法官以无限之解释者也。第二二六条禁止权利滥用之规定，亦予法官以广泛之自由裁量权。财产权及其他对物权之保护，概括规定于第八二三条第八二四条之中，故亦富有伸缩之可能。他如过失之定义，虽规定于第二七六条，然过失之有否，仍待决于法官也。

再者法典对于各种侵权行为，虽各别规定于三十一条之法规中（第八一三条至八五三条）然仍留许多裁判解释之余地。且虽有单行法令对种种行为为特别之规定或缘损害名义之行为同时有刑事性质，或因特别法令更为安治，如不法竟业版权侵官等是。然尚有多种为特别法令所未及规定者，故法院遂不得不自立法规矣。

由此可见德国民法法典，亦未尝自祈概括一切，网罗无遗，其所予法官以自由裁量者及留待法官以多努力发展者正多。

七、其他各国之法官与法律之发展

意大利，葡萄牙西班牙及各国民法法典，皆继受法国民法而成。惟关于法官之职务，皆另立专条，此与法国民法异。如意大利民法第三条规定："如不能适用法律之文字而判断之案件，法官应适用相似及类推之案件之条文。如该案件尚有疑问，当依条理解决之。"西班牙民法第六条与法国民法第四条有相同之规定："法官不得托故法律无规定或法文含糊而拒绝审判。"惟该条为规定曰："如法律不能适用恰当于审判之条件者，当适用习惯与条理。"奥国民法法典与第七条有相同之规定。

可见意葡西奥诸国之法典，皆较法国民法进一步而承认立法者所制定之

〔1〕"惹尼"原文作"燕尼"，现据今日通常译法改正。——校勘者注。

〔2〕"萨莱耶"原文作"萨李来斯"，现据今日通常译法改正。——校勘者注。

法典非完全自足，而皆以“条理”一含糊之辞概括之[1]，实即予法官以发展法律之机会也。此与中国民法第一条规定“民事法律所未规定者，依习惯，无习惯者，依法理”之意义相同，至瑞士民法则，更进要明定法官有类似立法之权能，其第二条规定“法律无明文者，依习惯法，无习惯法者，依法官自居于立法者所定之法规。”其他瑞士民法条文中多有“依法官之裁量权定之”，“若必要时”，“若以可能合乎公道时”字样，凡此皆予法官以自由裁量之余地，而法典明定法官得以发展法律之虑也。

鸣呼法官发展法律之事实，何国蔑有？吾不过聊举数国，以为例耳。若胪其事实，则五车不能容。即算起法规，亦更烦且难尽。若罗马英国法官之创立法制也，若承认法院判例之有拘束力也，若近世各国法典明定法官之自由裁量权也，何一非予法官发展法律之铁证乎？

结　论

历观古今各国之法制史，与法理学说，而知法官对于法律之发展常为至要之动力，在文化未发达之国家如此，在文化极发达之国家亦如此，在不成文法之国家固然，在成文法之国家何独不然。其故何哉？一曰立法终难详尽也，一曰法律因时代演变也。

布莱斯曰：“当国家生长之初期，固有多数时间，为立法所不能为，或缘欠缺适当之机会或缘政见分歧之梗阻，或因法律观念尚流初变化。而不适以概括及明确之名词表出之，即在组织最高之国家亦常有种种事件，为立法机关所不能应付，或其行为需待其他机关之能以更绵密及尝试方法为之者，时时予以补充，或竟矫正之也。”[2]立法既不能将千差万别之事物，悉数规定，网罗无遗，则有待于其他机关之补充必矣。所谓其他机关者何？法院当为最重要之关键。而法官即为中心之人物，故各国法律之发展，皆成于法官之手者，法律终有缺陷之势使然，此立法未能详尽之说也。

立法不能绝对详尽固矣。即在当时可称详尽，则为时甚暂，盖法者，适当时代之产物也。时易境迁，当年之法制，已为今日之陈迹，美国著名法学

---

〔1〕 Lvy Williams, *The source of law in the Swiss Cicil code* o. 78 ~ 79.

〔2〕 Bryce, *Studies in History & Jurisprudence*, p. 691.

家霍姆斯[1]曰："无论几何我人能将法律纂为法典，而成一种类似自足之法规，此法规终将成为（法律）继续生长中一状态耳。"[2]

盖法律为继续生长之物，故足能适应当年之法律，未必能适于今日，或且为现社会之骈指赘尤。庞德[3]（Pound）有言："法律需稳定然不能静止，故一切法律思想所兀兀从事者，在调和此稳定与变易两种相反之需要。"又曰："法律须能伸缩，又须稳定。"[4]韩非亦曰："世异则事异，事异则备变。"又曰："治民无常，惟治为法，法与时转则治，治与世宜则有功。"惟是法典既纂，判例既定，将谁与变？岂立法者年年立法岁岁变法耶？则法不胜立，亦不胜变，且事变万状，立法者虽欲一一而适应之，有所不能焉。立法者知其如是故，法规之中有"无法律，从习惯。无习惯，从法理或从法官自居于立法者之地位所立之法规，或从正义与衡平之见解"等等之规定，借以补救立法之缺憾。虽然，犹未足也，有时且因时间之流动，环境之巨变，虽有法律，尚不适于用，当此时也，法官目击旧法之不合时宜，新法之未经确定，法律之发展，由是演进，此法律因时演化，而法官之地位最适宜于发展法律以顺应时代之说也。

由是观之法律愈不备，社会环境变化愈甚，或社会组织愈益复杂，则有恃于法官之适应者愈多，而法官发展法律之现象亦愈益显著。历观往事，此理明甚，夫罗马自十二铜表（纪元前四五年，至设置裁判官时），已亘七十余年，国内则平民贵族之政争，国外则频年苦战，由罗马一城而征服意大利全境，版图骤增，环境巨变，则昔日之十二铜表，焉能适用于当时之罗马？此真法律欠缺而又需变化之时，裁判官乃应运以生，创立法制矣。自第一次布匿克[5]战争（纪元前二六四至二四一）至哈德良帝（纪元后一一七年）[6]三百五十余年，皆裁判官发展法律之全盛时期也。至于英国法官发展法律之现象，以衡平法为最显著，然其所以致此之由，盖英国当十四世纪，正封建制度风烛残年，即渐泯灭之秋，社会上虽生急剧之变化，而普通法法院前次所具备之

〔1〕"霍姆斯"原文作"霍尔姆斯"，现据今日通常译法改正。——校勘者注。

〔2〕Holmes, *the common law*, p. 37.

〔3〕"庞德"原文作"庞特"，现据今日通常译法改正。——校勘者注。

〔4〕Roscoe Pound, *Interpretation of legal History*, p. 1.

〔5〕"布匿克战争"原文作"布尼克战争"，现据今日通常译法改正。——校勘者注。

〔6〕Bryce, *Studies in History & Jurisprudence*, p. 703.

种种诉讼方式外，拒绝予人民以新救济，普通法之发展，因是停止，裁判官来时而起矣。[1]劳伦斯[2]（Lawrence）论英国大法官司法权力之发展原因曰：

"封建时代所需之命令状态方式，渐少与简，殊少借此以供其伸张权力之机会，新诉讼救济之需要既与急剧变化之环境而俱增。于是大法官之权力，自然日长矣；是故彼初则发明新法命令状，终则发展诉讼救济，而不为普通法严格之先例所限。"[3]

可见英国大法官权力之扩张，与衡平法之发展，实出于法律需变之时，而普通法不能顺应当时环境之需要故也。

其在法国，拿破仑法典成于一千八百零二年，迄今垂百三十年，此百余年间，对内则几度革命，对外则迭次鏖战。政治社会风俗习惯之变易何可胜败，使拿帝当时立法者而犹存于今日，则其所编法典必大异于昔日者。然则年事已高至一世纪外国民法当难完全适用于今日之法国，其中法规之急需变更者，不在少数，此则法国法院宣示与法典异趣之种种判例所由来也。

德国民法法典，成于公历千九百年，迄今亦卅年，中亘大战，朝政鼎革，疆圉重定，一切社会情状，文物制度几经骤雨狂风之飘摇，安有不呈变化之现象，法律于此，云何不变？然德国民法至今沿用者何耶，岂立法者之高瞻远瞩，能及于卅年后巨变之各事耶？抑其法规细密，将卅年后之案件，悉数网罗而无遗误欤？非也。法官解释法典发展法律以顺应时变而已耳。

凡此皆足以证明环境之变化愈甚，则需于法律之变化者愈多。而法官发展法律之迹，亦最明显。然而法官发展法律之时机，固不止此，凡法典所主规定者，或规定予法官以自由裁量权者，或虽规定而未明确或以概括之词出之者，则环境虽无如何之变化，亦皆有待于法官之发展也。

往事已矣，罗马裁判官，及英国大法官之发展法律，而至于造成法制，此种事实，当不复见于今日民治主义之国家。盖政权既分，司法者自不容有立法之权能，此为民治主义论理上自然之结果也。然而法律之发展，有恃乎法官，则在立法未能详尽，法律因时演化之际，终为不可避免之事实也。

---

〔1〕 同前第六九六页。

〔2〕 "劳伦斯"原文作"罗伦史"，现据今日通常译法改正。——校勘者注。

〔3〕 Lawrence, *on Equity Jurisprondence*, Vol I Sce 29, p. 51.

法官发展法律之义既明，由是而得之教训有二。一，关于立法者，法官发展法律，既为不可或免之事实，故编纂法典，订立法制，对于刚性与柔性之法规，应有适当之调剂，刚性法规者，法律对于某事项详密，纤悉知规定，无复伸缩之余地；柔性法规者，仅悉抽象之标的，其解释得随情形不同而转移，司法者因得就案论案，而求其实际上之衡乎。[1]立刚性法规者，求法律之稳定也，定柔性法规者，畀法官以自由裁量之权，而为其留发展法律之地步也。二，关于司法者，法官之职责，非仅利用理论学之三假论法以适用法规决讼折狱，谓可称职。盖又有发展法律之重大使命在，霍姆斯有言曰："法律之生命非论理而为经验。"我亦曰："法官之责非论理而在于法律所予之范围内，适应环境，发展法律以实现当时社会之衡平观念也。"

法官既与一国法律之发展，有莫大之关系，则其人选之重要，不言而喻，故为法官者，不仅需要有纯洁高尚之德性，渊博通达之学识，而尤需有高深远大之理想，以实现发展法律之宏观。若夫以法律博士硕士空头衔，而钓窃名位，或以某党某派之假同志，本不知法律为何物而交权接势滥竽充数，则其引律判案尚难确当，安望其发展法律也。虽然，法官苟得其人矣，若党同伐异，而任意黜陟，去职者惟有抱其绝学，归赋衡门，在位者将怀五日京兆之心，竞趋奔走征逐之习，一国之法官而皆如是，则人民之权益上难祈稳定，而犹望其发展法律，何啻蒸沙求饭哉，是故一国司法及审判之独立，尤以法官保障之确立，至为切要。今之为国者，可以监矣。

五（1916年），四，十九，上海

---

〔1〕 吴经熊："关于编订民法之商榷"，《东吴大学法学季刊》第四卷第一期，第五〇五一页。

直接立法制度*

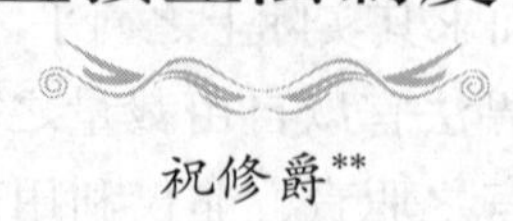

祝修爵**

立法制度之演进，可分三个时期。一为全民立法时期。在此时期，法律之制定，不借手于国会，或与国会相似之任何造法机关，而悉操诸于人民。人民之公共意旨，即为当时之法律。在上古日耳曼民族中古希腊市府国家时代，有所谓“全民会议”（Primary Assembly）者，以造法全权，异诸人民，盖即此种全民立法之嚆矢。迨至今日，瑞士之乌里（Uri）格拉鲁斯[1]（Glarus）等六州中，独有所谓“公民会议”（Landsgemeinde）者，亦由人民自己造法，其性质与职权，与古代之全民会议，颇相类似。论者以为此即全民会议之遗风。此种纯粹的全民立法制度，集人民——主权者——全体于一隅，使其自己执行立法之权，此与卢梭民权之说，最相吻合。盖卢氏主张，民治国家，非以造法之权，异诸人民，不足以当民主之实也。故全民立法，就其实现民治之程度言，实为最善之立法制度。顾此种制度，究只适宜于区域极小，人民稀少之小国。若在幅员辽阔，人口繁多之国家，欲使倾国人民，聚集一地，自行立法，事实上诚有所难能。孟德斯鸠在其法意第二册第二章中言曰：“人犹国也，凡一自由之国，应有自行治理之权。凡一明理之人，应尽自行治理之职。积个以成群，故人民应操自行立法之柄。惟大国之中，斯为不可能之事。即在小国，亦觉多窒碍之嫌”，故全民立法，除在极少数之小国外，在今日迨已为理想之制度，决非任何国家所能适用者。不得已而求其次，于是遂有代议制度，是即立法制度演进中之第二时期。代议立法者，人

---

* 本文原刊于《心声》（第1卷）1930年第1期。

** 祝修爵，毕业于东吴大学法律系（第10届），获法学学士学位。

〔1〕“格拉鲁斯”原文作“格拉勒斯”，现据今日通常译法改正。——校勘者注。

民选举议员，以代行立法之权之谓也。此种制度，本为迁就事实之权宜，初非实现民治之良方，以是施行以来，捉襟见肘，弊害百出，天下信仰，扫地已尽。夫中国国会之盗卖民意，玩法乱政，固已久为世人唾弃。顾此犹得目为过渡时代政治未上轨道之变态，初不能据为代议本身之罪案。其在欧美先进国家，代议制度之行，亦既百数十年，其成绩宜有胜于我国矣！顾考其实际，则财阀操纵，苞苴公行，植党营私，惟利是竞，其视我国议员，贤不肖之程度，想去盖无几也。是代议制度之不足以代表民意，以为中外所共认。补救之方，自推回复往古之全民立法，以造法大权，受诸人民，最为彻底〔1〕。顾此既碍于事实，有所不能。不得已更求其次，于是直接立法（Direct Legislation）遂以产生，是即立法制度演进中之第三时期。所谓直接立法者，即于议会之外，许人民参与造法之权是也。此制与全民立法有别；盖在全民立法制度下，立法大权，悉操人民，人民而外，并不容其他机关，顾议会初不因丧失其全部造法之权，至少在形式上为迥不相侔之制度。复次，直接立法与代议立法，亦有区别；盖在代议立法制度下，立法之权，悉委议会，法律之制定，人民无从过问。然在直接立法制度下，议会虽亦享有造法之权，但其立法权为有限制的，即制定法律，必经人民批可，始能生效。故人民为立法之主体，议会仅为立法之工具。举例明之，议会譬犹公司之经理，人民则独公司之股东。公司之经理，虽亦得拟具关于业务之计划，顾必得股东之承认，然后施行。故直接立法，既非回复往古之全民立法制度，又非脱离今日之代议制度。其性质实兼有两者之长之折中制度。学者因有称之为“民治代议制度”（Democratic Representative Goverument）者。

以上所述，为直接立法之起源及其性质。以下所论，则为直接立法之方式。直接立法之方式，不外二种；一为复决制，二为创制制，复决制即将议会通过之法律，重付表决之谓。其目的在防止议会制定不良之法律。创制制是人民得不经议会，自制法律之谓。其目的在实现议会所不肯制定之法律。前者为消极的防弊方法，后者为积极的改进方法。有复决而无创制，无以阻议会之消极为恶。有创制而无复决，无以制议会之积极作弊。美国布鲁克教授尝以复决权比诸甲胄，以为人民有此甲胄，可以抵御违背民意之法律，使之不能成立。以创制制比诸宝剑，谓人民有此宝剑，可以自辟大道，使自己

〔1〕“彻底”原文作“澈底”，现据今日通常用法改正。——校勘者注。

之意见，成为法律。更就二制之效果而言，则议会宛如战马，复决制为马口所衔之勒铁，足以勒马，使之止步。创制制则如马鞭，足以策马，使之速行。故二制目的虽殊，而互相为用，唇齿相关，实有相提并论之必要。兹为便利叙述起见，请先论复决制。

复决制之功用，如上所述，乃在防止议会，违反民意，制定不良之法律。故其性质，与行政首领之否决权颇相类似。惟前者操于人民，后者寄诸元首，是为异耳。复决权之形式，约略举之，计有四种；一，制宪的复决，是即修改宪法，须经人民公决，始生效力之谓。二，立法复决，此指普通法律，须经人民公决，强制复决者，即一切法律，均须交付人民公决之谓。随意复决者，即法律制定以后，必须有若干公民在一定期内签名请求，始付表决。若在此期内无人要求复决，则此项法律，经过定期后，即生效力。至签名人数之规定，各国互有异同。瑞士联邦，规定联邦法律，须有三万人之签名请求，始付表决。德国宪法及美国各邦之采用直接立法者，即并不确定人数，而以人口百分之几为标准。至今日各国所采复决之形式，甚不一致。有仅于制宪适用复决，而于普通立法则否者；如美国诸邦是也。有于宪法适用强制复决，而于普通立法则采随意复决者，如瑞士联邦是也。有于宪法及普通立法均采强制复决者，如瑞士诸邦是也。亦有视法律之性质，而定强制与随意者，如瑞士有三邦是也。要之，各国采用强制或随意复决，悉视国情而定，各有异同也。

以上所述，为复决制之形式。今请论复决制之优点。此制之优点，据一般人所认者，不外三端：

一、以为复决制为实现民权主义之条件，依卢梭之理想，人民主权，为不可分割之物，决非他人所可行使者。故在代议政治国家，以立法大权，授诸议会，人民无从过问，殊失民权主义之精神。即今因土广人众，事实上不能以造法之权，由人民直接行使，至少亦应予人民以批可法律之权，庶符民主政治之实。而复决制者，正应卢氏民权之义。1793 之法国宪法，及 1802 之瑞士联邦宪法，皆交公民复决者，盖皆受卢氏学说之影响也。

二、以为复决制可以防杜议会之专横与失职盖以人民握有否决议会法律之权，则议会立法，事前既有所顾忌，凡蔑视舆论违逆民意之举，不致发生。即在事后，亦得有所救济。最近数十年来，美国各邦相率采用复决制者，盖即在此。

三、以为复决制富有政治的教育作用，盖以人民行使复决权时，对于交付复决之事项，自不能不悉心研究，慎重探讨，否则无以定义案之取舍也。人民对于复决事项，既不能不予以注意，则其政治智识，自亦随而增加。故复决制之政治教育作用，殆远胜于选举权。盖在选举之时，人民所注意者，为候选者之人格问题，初不重其政见之如何。若在复决之际，所注意者，为政的问题，故其吸收之政治智识，自较选举时为多也。

四、以为复决制可以增加法律之效力，在纯粹代议制下，立法大权，操诸议会。法律之成立，悉出议会之手，人民无从顾问。故其服从法律之观感与兴会，必不甚浓。若经人民复决之法律，则其效力，自必较高。盖法律之为人民表决者，必为人民需要之法律，因非此必遭否决。既为人民需要之法律，则其爱护之者，自必较深。复次，法律之成立，既取决于人民，则此法律，不啻为人民自定之法律，既为自定之法律，则人民对于法律之责任观念，必较真切，不仅本人乐于服从，抑亦不容他人破坏，以是法律之效力，必能增加。

复决制除上述四种固有之优点外，且可用以一，解决议会中政党之冲突。在政党政治国家，议会中之多数党，悖其人数优越，压迫少数，固所不免。而少数党因不满敌党，遇有问题，故意留难，亦所常见。若能予议会以召集复决之权，则多数党固未由展其压迫之能，少数党亦无以施其留难之技，各以民意之向背，为最后之判决，解决冲突之方，莫善于此。故美国密西根〔1〕（Michigan）省，首先以召集复决之权，付诸议会。最近奥国于1920年之新宪第四三及四二条，亦规定下院之多数，对普通法律，得不待公民要求，自行提交复决。至宪法修改案，则虽上院或下院三分之一之议员，亦得要求召集公民复决。凡斯规定，俱在给议会中之多数或少数，以解决冲突之方也。二，解决上下两院之冲突，在采用两院制之国家，若上下两院，各为不同之政党所操纵，则甲院通过之议案，必为乙院所否决。反之，乙院之议案，亦必为甲院所拒绝。故每一议案，往往两院往复争执，达数十次之多，致论者有拍网球之讥。废时害事，莫甚于此。苟能授两院中之任何一院以复决之权。则遇有争议，即可取决于人民，冲突之事，未由发生。故德国新宪七十二条，有上院对下院通过宪法修改案，不能同意时，得召集公民复决之规定。此外

〔1〕“密西根”原文作“米西根”，现据今日通常译法改正。——校勘者注。

如英国，比利时，挪威各国，亦均有采用此种方法之趋势，盖皆欲免此病也。三，解决行政机关与议会之冲突，在采行总统制之国家，使行使立法两部，不属于同一政党，则遇有争议，总统固不能解散议会，而议会亦极难制服总统，必致相持不下，非待总统任满，或议会改选，不能有适当之解决。如美国1918年加入联盟问题，因威尔逊氏属于民主党，而上院则隶共和党，行政立法二部，对此主张歧趋，卒至威氏狼狈返国，赍志以殁，使威氏享有复决之权，即可以此问题，决诸人民，又何至受窘上院，一筹莫展耶。故德宪七十四条，予总统以复决之权，其目的即在防止此种之冲突也。

凡上所述；皆为复决制之优点。虽然，任何制度，莫不利弊相丽，复决制又岂能例外。今请一言斯制之缺点，此制之缺点，据反对者之举示，分下[1]列各端：

（一）以为此制可以减少议会对于法律之责任心。在代议立法制度下，议会为唯一之立法机关，法律之良处，议会负有全责，故其制定法律，必经反复论辩，一读再读，然后成立。今以最终决定法律之权，付诸人民，由是议会于通过法律案时，其起草，审查，与讨论诸程序，不免流于草率。复次，议会对于法律，既少责任观念，其立法之时，不无过分迎合民意，忽略法律本质之弊。往往明知其为有益之法律，但恐为人民所反对，不敢交议。反之，确知其为有弊之法，然因其有成立之希望，竟予通过。其结果则法律之本质，因以堕落，而不良之法律，未由减少。

（二）以为复决之结果不必定能得真正之民意。社会愈进化，立法范围，愈趋广大，法律内容愈趋复杂，自非精通法理，富有政治智识之人，勿克膺此专门任务。今乃以此责诸普通人民，事前既乏研究，临场复无讨论，欲其于俄顷之间，作赞否之表决，则此表决，又岂足恃？此种情形，在民智闭塞之国民，固无论矣。即在公民智识最称发达之瑞士，独且不免。罗厄尔[2]氏（Lowell）尝于其所著政府与政党一书论瑞士之复决制曰：“瑞士人民，当行使复决权时，常卤莽减裂，盲目投票，盖多数人民，对于议案，不能了解也，”此外瑞士本国之人，对此亦尝自认不讳，昔瑞士总统韦尔蒂[3]

---

[1]“下”原文作“左”，现据今日排版需要改正。——校勘者注。

[2]“罗厄尔”原文作“罗威耳”，现据今日通常译法改正。——校勘者注。

[3]“韦尔蒂”原文作“威耳蒂”，现据今日通常译法改正。——校勘者注。

(Welti) 曾向人曰："今欲以目不识丁之牧人，亦令其挟商法草案，驰赴投票，试问此种投票，与问道于盲，有无二致？而就余所知，则凡往投票之人，类此牧人者，比比皆是，然则复决结果之是否足恃，从可知矣。"或谓投票之人，若对议案，不能了解而无从表决时，岂不能质诸学识较丰之同侪乎？然此又与复决之目的相背。盖复决之目的，在求投票人自己独立之意见，若仍少数人操纵之结果耳。复次，议会立法之士，其能直道当选者，类为国中俊秀之辈，其于事物之观察，利害之抉择，自必视常人为透明深切。而芸芸众生，头脑简单，目光短小，对于议会之用意，甚难体会。因此，议会与人民，因智识之悬殊，所见每不相同，其结果则凡比较进步之立法辄因不能蒙人民之了解，恒遭否决。如瑞士之"采用比例代表制案"两被否决，其著例也。故英儒梅因（Maine）尝于所著之平民政府一书，谓复决制有保守之倾向。欧美论政之士，更谓采用复决制之国家，必须具有一定之条件，即一，人民须有极高之政治智识。盖若民智低下，则对公决之问题，必难有正确了解，不能了解，又焉能授以表决之权？二，人民须有科学之头脑，盖有科学之头脑，则必理性强而感性冲动之力弱，故对一切问题，能以冷静持重之态度，大公无我之精神，为分析比较之抉择。若无此种头脑，则表决之际，必有轻率浮躁，意气用事之柄，其结果不为狡黠者所利用，即为盲目的从选。以上二说，可称肯綮之言矣。复次，就令人民政治智识，异常发达，对于法律，皆有了解之程度。然又焉能尽人皆有充分的余暇，与充分的兴会，对于议会通过之法律，为不断的研究。此在采用强制复决制之国家，尤为难能。因在行强制复决之国，每案皆须公决，复决议案既多，数亦频繁，人民频频投票，积久生厌，孰愿将议案逐一研究，详察利弊。故其结果，非为盲目的投票，即为故意的缺席，而真正民意，终不可得也。复次，在采随意复决之国家，法律交付复决，胥视有无法定人数之要求为定，而所谓法定人数者，论理似难太少，否则又何殊承认[1]极小部分之公民，亦得与议会对抗。故所定人数，自不能不较高，例如德国定为公民二分之一，即一百数十余万人，瑞士则定位三万人，盖皆有鉴于此。然人数过高，则当事者之凑笔签名人数，自必异常困难。以是签名之际，流弊百出，或以劝诱，或借威胁。在瑞士及美国，甚至特雇专员，运动签名。此种雇员（Convassers）皆有相当报酬。大概得一

〔1〕"承认"原文作"认承"，现据今日通常用法改正。——校勘者注。

签名，即得若干佣金，人数愈多，利益愈得，故不惜以种种方法，诱致签名。夫人民对于法律，要求复决，自必对此法律内容，有所不满，否则听其成立，何必费此心力以自扰也。准此而论，则凡签名要求复决者，不能不认为反对该项法律之人，理善甚明。乃今征求签名之时，出以劝说利诱，则列名之人，不必尽有真正反对该项法律之意。以不反对该项法律之人，而投反对之票，此其结果，不足当人民真意之表示，又何待言？复次，交付复决之议案，投票之人，只能为全部之赞否，而不能作逐段之表决。以是反对之人，初不必反对该项议案之全部，或因其中之某句某节，不洽其意，遂与否决。反之，赞成之人，亦不必尽喜其全部，或以其中适有一二章节，投其所好，因与成立。故复决之结果，仅足以示人民对于法律一部分之意思，终未由测其全部之真意也。凡上所述，足以证明复决制度，或缘人民程度太低，或以议会立法眼光过高，或因规定之签名人数过多，或因法律不能分段表决，事实上对于测验民意之功用，盖甚微也。

（三）以为复决制足为革命之媒介〔1〕，盖在纯粹代议制度之下，凡法律案一经议会议决，普通人民，即视为法律，奉行无违。至该法律之成立，抑经极大多数之赞成，抑仅由极小多数之通过，初非彼等所问。倘以法律付诸人民亲自表决，则凡投反对票之人民，于该项法律施行之时，自不胜愤懑之情，而不愿加以热诚之赞助。倘当时反对人数与赞成人数相差无几，则此法律施行之时，自不免受反对者消极之抵抗，甚至酿成政府与人民积极之冲突。所谓复决制足为革命之媒介者以此。

凡上〔2〕所陈，皆为复决制之缺点。第证诸最近瑞士及美国各邦实行表决之经验，上举各端，亦有未可尽信者。如第一项复决制实行后，议会立法之责任心必将减少。然考诸事实，瑞美两国，自行复决制以来，因所制法律，须经人民亲自表决，故议员立法之时，其起草审议，尝格外缜密，法律内容，益趋详尽，盖非此适以自曝其短，徒招人民之责难，而改选之际，不能再望当选也。故立法部之责任心，非特不见减退，抑且视前增加。至谓复决制之结果，不必即为民意之表示，此实为民智问题，而非此制本身之缺点。此外若法定签名人数过多，致生流弊，及法律不能分段表决，真正民意，未由表

〔1〕“媒介”原文作“谋介”，现据今日通常用法改正。——校勘者注。

〔2〕“上”原文作“右”，现据今日排版需要改正。——校勘者注。

见等等仅为斯制手续上之流弊，更非复决制自身之缺点。至于复决可以引起革命之说，此在民智未牖之国，容或有之。若在熟谙民主政治之人民，则少数服从多数之义，久已公晓，革命之事，未必即以发生。故反对者所举各端，虽亦有其见地，顾终不足以尽灭复决制之长也。吾人关于复决制之讨论，至此已告一段落，今可进而讨论与复决相连之创制制。

创制制之目的，如上所述，为防止议会违反民意而不制定某种法律。今日各国采用之形式，彼此颇不一律。约略言之，则有制宪的创制与立法的创制二种。前者适用于修改宪法，后者适用于普通立法。欧美诸国，有于普通立法及修改宪法，俱用创制者，如瑞士各邦是也。亦有仅于修改宪法适用创制者，而于普通立法不同创制者，如瑞士联邦是也。更有于普通立法适用创制，而于修改宪法反不用创制者，如美国有数邦是也。至创制案提出之程序，亦有二种：一为仅举几种原则之创制案，二为原则细目兼备之创制案。如提出者为第一种之创制案，而议会对于所举之原则，并不反对，议会应即根据此种原则，拟定细目，交付人民公决。大多数人民可决时，即成为法律。若议会对交来之原则，不能同意，可先将此原则交付公决。如得人民多数通过，则议会纵不赞同，亦应根据原则，拟具细目，再交人民公决。可决时，即成为法律。如所提出者，为原则细目兼备之第二种创制案。则议会应将原案不加更改，交付公决。如大多数国民赞同，则此提案，即成为法律。惟议会如对此提案不能赞同时，得另提相反之草案，并交公决，听人民之自由选择。

至创制制之优点，与复决制所具者，大致相同。即为实行民权主义之条件，为增进公民政治智识之利器，为救济议会失职之良法。凡此前节言之綦详，不再赘述。至其缺点，可得言者，约有三端：（一）以为创制制有使法律流于草率粗疏之弊。法人齐虎（M. Emile Girand）谓立法者应具下列三条件。一，谙熟法例，前后有系统之可循。二，精通法理，内外尽比较之能事。三，文墨老练，下笔有简明之技能。盖非谙熟法例，必有前后不接，自相矛盾之弊。不通法理，必生不合事理之病。文墨幼稚，则法律文字，必有晦暗不明之患。凡斯三者，期诸专司立法之人，独且难能，而况于立法夙无经验之齐民。今乃授以制定法律之权，事前既不如议会之立法，必经种种之审查，临场复不能行讨论与修改之手续，则其所产生法律，能无草率粗疏之病乎？故美国各邦，自行此制以来，彼邦人士，尝以法律本质，日就低落为尤。瑞士则以采用此制已久，人民程度亦高，立法事物亦简，故其病也不若美国之甚，然视出自议会之法律，相去盖独远也。（二）以为创制制有多数压迫少数之病。盖在议会立法之时，于法律成立以前，多数党对于少数党之意见，终不能不稍稍容纳，以平少数党之气。若由创制立法，因少数党于法律表决之前，不能有所修正，故少数党之意见，无从容纳，故常有多数压迫少数之弊。（三）以为创制制有引起革命之可能性。盖有创制制，则人民不无滥用此种权力，为攻击敌党危害国家之谋，如1893年瑞士一部分人民，因仇视犹太人之故，以保护牲畜为名，提议“屠宰牲畜方法案”以困犹太人。此项法律，幸以联邦政府之反对，虽经成立，未予执行，故未引起重大之纠纷，否则今日巴列斯坦之惨剧，且早现于瑞士矣。再举一例，则最近德国国权党以创制方法提出之“解放德国民族案”是也。该案表面，以谋德国人民之解放，主张所有战后德国与他国所缔条约，如有丧失国权者，悉行作废，凡签名该种条约之代表，悉置极刑。然其实际，则为反对今日当权之人民党而发，提议之人，初不必有救国拯民之热忱，不过冀籍民众激愤，以售其推倒政府之计耳。使其提案，竟得成立，不仅德国政治，必起绝大变化，即对外关系，将因而影响。盖按该案意义，所有凡尔赛和约及最近杨格协定，皆在作废之列，而此数者决非协约国所能容忍者也。故此次提案，与德国国命之安危，有至深之关系，国权党人因意气之愤，不惜以国命为孤注，此其冥行擿埴，固深足咎。然创制制度实亦有以济其恶也。

综观上述，则直接立法，无论其为复决制为创制制，皆各有其短长。能尽其利，固足以收民主政治之益，用非其宜，徒以招愚人政治之讥。故欲采用斯制者，必须审察国情，舍短取长，考量适宜之形式，方足以收最大之功效也。

本文参考书

董修甲：《直接立法与代议立法》，（1~16页）。

王世杰：《比较宪法》，（345~362页）。

Bryce, *Modern Democracies*（1921）Vol. I, pp. 371~407.

Brooks, *Goverment and Politics of Switzerland*, pp. 581~584.

F. A. Ogg, *The Goverments of Eutope*, pp. 581~584, 593~597.

委托立法与追认*

端木恺

立法是国家的一项极重要的任务，无论站在三权的或五权的宪法理论上来说，它必成为一个独立的职权，不容许有外力的侵犯。根据治权行使规律，一切的法律案（包括条约案和组织法案在内）及有关人民负担的财政案，倘是不经立法院议决而公布施行，那么，公布施行的机关便是越权；对于这种越权行为，立法院有提出质询的义务，否则，它就是旷职。我们不能说立法没有它应当遵守的范围，除了不列颠的议会可以算作唯一的意外，但是它的限制只有到宪法上去找。在党治之下，立法院的工作不得违反中国国民党的中央政治委员会（抗战期间为国防最高委员会）的指示是因为训政时期国家统治权在党。此外，它不受别的拘束，所谓民意与舆论，道德上它不能不重视，可是法理上它仅有取舍的自由。反过来，经过了正常程序的立法案，内容许有不妥，政府与人民在它自动地或被动地修正以前，只得奉行。

立法的程序极其细密，所以一个法案没有相当的时间不能成立。纵使立法机关尽可能地减省审查与开会的手续，所能增加的速度也有限。遇着紧急的局势，迟慢的立法不免使政府感觉不及应付之苦。加以立法人员对于各种行政的情形没有直接经验，不易了解行政方面的需要，不肯轻于同意修改法律。一个法律的变更，影响社会的秩序与人民的权利很大，立法机关的审慎将事，研究不厌周详，正是立法独立不可缺少的精神。但是行政必求适合实际，对于特殊事情的设施，尤其要能够切中机宜。都是为着国家的利益，两者立场不同，一缓一急，事实是非有一个调和的方法，不能补救。于是就产生了所谓委托立法与追认的制度。这种非常的权力通例是在必要的时候授予

* 本文原刊于《新经济》（第4卷）1940年第9期。

行政或军事当局的。

治权的割分原为着牵制行政，保障民权，现在把立法的任务反授给行政当局，岂不是很大的一个矛盾？但是时势的要求不是理论所得一概抹杀的。世界各国都有这种办法，除像美国，宪法的解释权在法院的国家以外，没有人能够否认授权的行为在宪法上的效力。其实，举一个很近的例子，一九七一年美国参加大战威尔逊总统便曾受国会的委托，便宜行事，而在美国立法史上，授权并非仅有的事，法院没有一律断为违宪。不过外国的授权不常有，不经授权而行政变更法律于事后请求追认更稀少。中国却不然，这是一个特别的现象，值得我们讨论。

委托立法，在中国的意义与在外国大有分别。第一，各国授权都出于国会。各国国会的立法不受其他更大的权力机关的控制，因此，它认为有必要的时候，便可以把它本身的职务交出一部分给行政当局去行使，也只有它可以这样做，别人不能越俎代谋。我们现在的最高权力机关属于中国国民党，自然惟有党的全国代表大会或中央执行委员会才能够审度情势，变更立法常轨，授权于政府。立法院不能自由委托，也不能拒绝委托。第二，外国的授权又都是直接地授予政府，不是由授权机关本身另设一个组织来行使这个非常的立法权。我国于抗战发生之后，中国国民党中央执行委员会设立国防最高会议，为非常时期的决策机关，代行中央政治委员会的职务。不久，又扩大它的职权，更名为国防最高委员会，统一指挥党政军各机关，实际仿佛外国的战时政府，不过它不直接对外行文。行政与军事当局由于国防最高委员会的决议而取的紧急处分之权，只可以说是间接的授权。这些都是因为党治的关系。

委托立法使受权机关间能够用命令规定应当以法律规定的事项，取得与经过正常立法程序所制定之法律的同等效力。这种特别的法令不必取消普通法律的存在，但后者因与前者冲突而当然停止适用。授权案的成立无异立法权的转移，各国国会不到万不得已的时候，决不采取这一个步骤。授权而不出于立法机关的自动，更需极端慎重，免得过分地妨害分权的作用。授权是权变的办法，为防止流弊起见，三个限制是必不可少的，（一）必须国家有紧急危难的事变发生，（二）必须设定一个相当的范围，（三）必须属于暂时的性质。

追认本也有两个意义，一为政府既受委托立法，于命令发布之后，仍旧提请立法机关审议，二为政府未受委托立法，对于应由立法机关议决或有法律性质的事项先发布了命令，再向立法机关提出，补备程序。前者的目的在审查政府的命令有没有超出委托的范围和确定它将来的效力。后者的目的在确定命令之未来的效力一点上与前者相同，另一方面则为承诺政府过去的行为而解除它的责任。至于我国现行的制度，立法院追认的作用止于确定命令的未来的效力而已。因为就追认的第一个意义而言，委托的范围惟有授权机关才有决定的能力，立法院不确实的知道，它自然无从审究。就追认的第二个意义而言，遇有执行法扞格难通的情事，行政机关没有不先请中央政治委员会核准变通，那么它补送立法院审议，不是为着责任关系，可想而知。

遇紧急之时与紧急之事，实行委托立法，或政府不及等待授权而迅速处分，于事后请求追认，无疑的，大家都知道是一种非常的办法，那也就不用申述什么理由，即可断定它不是随便援用的了。然而近十几年来这类的事例很多，尤其是不授权的追认。所幸平时有中央政治委员会，它不受普通法律的拘束，而且有使任何行政行为合法化的权力，为行政与立法之间解决了无数的困难，如其不然，行政之越权，立法院将有不胜质询之感。但是党治是建国的过渡，一旦宪法制定施行，中央政治委员会便不能保存，到那时，稍有不慎，说不定会发生很严重的问题。

中国在辛亥革命以前，政治重人不重法。辛亥以后，祸乱相寻，也没有能迅速地走上法治的大道。中国国民党统一全国，负起训政的重大责任，设置五院，厉行分权；又恐怕开始试行，运用不能灵活，以中央政治委员会为指导监督的机关，一面使立法修订完备的法典，一面给行政各种便利，努力把政治逐渐地纳入正轨。这一片苦心，我们不可不充分的体会。倘是行政机关因此养成一个习惯，执行法律不时地要求变通，而又不循经正常的立法程序，对于党治的精神，实在不尽符合。我们所顾虑的，不是因抗战引起的授权，乃是平时未受委托的一般情形。即就抗战期间说吧，也不是事事紧急，都不及按照正常的手续办理。

可是话又说回来了“罗马不是一日建立的”。由人治进而至于法治，决非一蹴可达。立法不能偏于理想，大凡不为社会环境或人心所深切要求，或者没有久长的习俗惯例作为基础的法律，勉强推行必不能顺利如意，或竟发生与预期相反的结果。所谓历史的法学家反对法典主义，未尝没有相当的理由，虽然他们过于重视陈迹与旧历，在追溯法律演化的线索时，反忽视了社会的活力，以致阻碍它的进步。但是要想利用立法的权力，拿法典来把一个落后的社会突然提高五十年或一百年的程度是绝对不可能的。而且迷信一部法典，以为那是不二法门，固执的弊病也就与守旧的人不相上下。法典主义不是一个我们现在所要研究的题目，不过我认为一个不值得培养的政治习惯的来源，太严格的法典主义未始不是各种因素之一。

立法院成立以来，成就之大，我们不能不敬佩。立法人员热烈地希望中国成为一个现代的完美的法治国家，也是我们极其同情的。有意的或无意的，他们似乎企图以法律为改造社会的工具。这在原则本没有什么可批评。但是事无巨细，见到的都详密地规定于法典之内，而又不能尽量地接受行政当局的意见，我想，这或者是可以考虑的。举一两个例来说，立法院曾有一度对于难民救济办法有所讨论。在军事剧烈转变之际，难民的如何安置确引起朝野各方的注意，立法人员自然同样的关切。但是这是一件难于公式化而能生效的事，不比平时的贫穷救济可以有比较硬性的规定。所以立法院与行政机关磋商之后，没有把它成为法律案。我要特别说明，立法像这样容纳行政意见的事是很多的。在公司法上，我们却得着一个相反的经验。公司法限定公司必须有七个以上的发起人，董事与监察必须由股东会选举，这对于国家与外资或商股合办的企业是不能适用的。经济部请求有一个符合实际的规定，并不要求任何实质的特权，只是想使国营公司法能够依照公司法办理。行政院商定了一个公司法修正草案，提交立法院审议，但是被否决了。公司法是很好的法典，可是在这种法典之下，许多国家投资的事业不能成为正式的公司，感到很多困难。立法院爱护它所定的公司法，它没有晓得行政的态度也正相同。这许是偶然的事，而竟使行政机关不得不在公司法外设法进行国营公司的业务。

立法与行政的调协莫过于英国，实际英国的立法任务是内阁主持的，国会久已习惯受它的领导。我们不能这样的希望国民政府的立法院。行政与立法院各自独立的对中国国民党中央执行委员会负责，无怪乎它们之间的隔阂有如美国的行政与立法两机关。然而美国总统的权力很大，在国会里面，他又有同党的议员为之支持，他们对于敌党必然是步调一致的。在我国的立法院中没有政党的争执，两个治权机关的联系全仗外面的一个更高的政权机关的运用。因此，美国总统对于国会所处的优势，远不是我国行政当局对于立法院所能比拟。中央政治委员会较能体谅行政的环境，而且有超越的权力，它开着一个方便之门，行政一有困难，很自然地便去求救于它了。

宪政的到来不需狠长久的时间。假使不是抗战的关系，国民大会在三年前已经开会制宪了。国民大会是将来的中央最高政权机关，更有超越的权力，但是它不能像中央政治委员会那么行方便，是可以预言的。立法与行政的接近应当积极的做到，这不是没有可能的途径。立法采取较为宽大的方式，使执行的人有充分的裁量余地，法便易于守，而风气也不难养成。我们不能忌讳，中国的各种人都没有严格的法治生活的习惯，况且中国的幅员辽阔，交通极不灵便，各地的情形既不齐整，程度又有很多参差，在大处要处固须力求统一，太细密的法律，无论现在，更远的将来，怕仍不能推行顺利。宽大的立法是国情的要求，立法与行政的接近也有赖于此。

各国大概都赋予国务员出席国会的权，或竟于内阁特设应付国会的人员。非但责任内阁制政府如此，美国早年国务员也是出席国会的，而近来又感觉有恢复旧习惯的必要。中国的立法院当然不是国会，但是就一般立法而言，正不妨多给行政一些商洽的机会。立法院现在本可邀请各院院长与各部会长官列席各种会议，实际上它只于各委员会初步审查时才通知关系机关派员到会。这样是不够的。各院有权提出法律案于立法院，却不能自动地派人前去说明。如果行政机关能够有人列席立法院的正式会议参加全案的讨论，必能帮助立法人员更了解真实的状况，收得分权合作的更大的效果。

政治理想与理想政治*

陆鼎揆

政治何〔1〕为贵有理想耶？政治之为物，其最后之目的，不外乎为此群——政治社会——谋幸福。而其目的固非一蹴可及也，一政策之适用也，一方案之施设也，其收效往往在数十年或百年以后。不宁惟是，政治之本质，千头万绪，苟非有一定之方针，以为其网领焉，则其势必至矛盾颠倒而莫知所向。此政治之所以贵有理想，以为其最后之鹄的也。虽然，政治方面之理想，以其必须施之于事实故，必也合于两个条件，乃始有实在之价值焉。其一，政治理想，必须有实现之可能，而不仅为一种幻想或空谈。其二，政治理想，必须适合于特种社会之现象者。盖一社会之风俗历史及生活，决不能与他社会完全相同。一社会之政治理想，行之而或收效，以之施之于他社会，则未必能收同样之功效，甚者且或适得其反。此理想之贵在适应一社会之特性也而不然者，仅凭一人之玄想，而欲建设其世外之桃源，不问其实现之可能与否，其对于特种社会之历史与现象，亦皆置之而不顾，是无殊满楼阁于空中，求神山于缥缈〔2〕，若老子之欲返于羲皇，欧文〔3〕之立论与乌托，是皆仅成其为永远的理想，而于政治终不能有何影响。易词言之，仅可目为理想之政治，而非政治之理想也。以其为理想之政治，故斯其理想乃无实在之价值可言。若理想而具有实在之价值，则其理想必当筑于实在之现象以上，而后乃可谓真正的政治理想。

晚近以来，国中俊髦，愤国运之颠覆，伤政化之陵夷，皆深思焦虑，求

---

* 本文原刊于《东方杂志》（第21卷）1924年第10期。

〔1〕“何”原文作“曷”，现据今日通常用法改正。——校勘者注。

〔2〕“缥缈”原文作“漂渺”，现据今日通常用法改正。——校勘者注。

〔3〕“欧文”原文作“阿文”，现据今日通常译法改正。——校勘者注。

所以长治久安者。就其立论之根据，可分为两派焉：一派则完全脱离现实，而欲为政治之改造，以实现其新局面者；此派之论调多偏重于理论方面。尚有一派，则欲就现有之环境，而因势利导，以求渐臻于郅治之域者；此派则多就现实方面而立论焉。属于前派者则有社会主义，国际主义，农国论，共产主义诸派；属于后者则有制度论，实力论诸派。

社会主义。此派之立论多着重于劳动问题。以为近世工业发达之结果，往往发生阶级冲突，而人类贫富之悬殊，实为世间最不公平之现象；吾国他日政治苟入正轨，莫若跳过此资本主义之一时代，而迳厉行社会主义之政治，则现世纪欧洲各国劳动之惨状可以避免。彼其为人类之公平而设想，不可谓不善。特国家而欲立足于此世界，经济方面之竞争，既已无从避免，则立国之道，势不能不有赖于工业制发达。而近世大工业之建设，又莫不有赖于雄厚之资本，如是则固非资本家不为功。罗素之主张，完全偏重于社会主义者也，而其来华观察之结果，仍不能不主张开发富源。是则今日惟一之根本计划，亦惟有奖励资本者之自由投资，直接地发山川之宝藏，而间接地使国中无数游民各有其生业；然后贫弱之国家，庶几乃有富强之一日，而可以图存于今世。社会主义者乃视资本家为蛇蝎，避之惟恐若浼讵非因噎而废食乎？彼辈将厉行国家社会主义以国家之力而兴工业乎？则以前之官办事业，皆足以为其殷鉴：是则非振兴工业，实破坏工业而已。将行其所谓工团社会主义欤？则今之劳动者，除一般小农以外，所谓工人者又何在，而更何论于工团？夫一事业之成功，终不能不有多少之牺牲；吾侪固万不能因此种之牺牲而遂坐视事业之废业况资本主义之下，劳动者之生活问题，未必一定缩入于惨酷之境。社会政策之厉行，对于劳动之境遇，固可以为十分之援助而使受有公平之待遇，岂必待社会主义之政治实现而后然？美利坚之在世界，可谓为惟一之资本主义国家，彼其社会党之势力，远在英国社会党之下。然而美之工人，其生活之优厚，举世无与伦比。以吾所睹，最低下之工人，每月之薪俸，在八十金元以上。吾昔居于美吾屋之主人业圬者也，其每月之收入，平均为三百美金左右；以视吾之银行老板，其收入乃几相埒。虽其国中有少数人拥有万万或千万之私财，而人人既已皆有相当之生活乐趣，则亦胡足为病。今之谈社会主义者，盖皆浸润于英国派之学说，而不知英之情势，迥与美异。英之为国，地狭而物寡，原料皆必取之于异地，而利于是薄。其制品之销行，完全在于国外，国际市场一有变化，则英之工业立受影响，故其失业问题，乃时发而不已。若吾之国情，则固无殊于北美也。宝藏之蕴蓄，取之百年而不尽，土广民众，视美且数倍之；苟能从容而启发之，则人人皆是足以乐其生活，奚必断断于资本劳动之利害为者？夫今之言治道者，固莫不知广筹生计开关富源为先务。社会主义者，乃已为后日之劳动问题而生忧，是诚无殊杞人之忧天矣。吾以为中国而欲言社会主义，必在工业振兴以后而后可，若今日而言社会主义，亦徒足以扑灭中国之工业，而使国之小民皆宛转于沟壑而已。

农国主义。农国主义者，惩于近世各国因工业之膨胀，内之肇阶级之冲突，外之启经济之战争；以为不若轻工而重农，则都市无偏枯之害，而群生享田野之乐，资本劳动之问题既无从发生，而工业膨胀生产过剩之害，亦未由兴起，世界乃得进而入于大同。此其理论诚善矣。特数世纪来，欧洲各国之由农业国家进而为工业国家，实乃自然之趋势。今欲使蚩蚩者皆复归于陇亩业其都市之生活，而力田以自养，固将何术以致之乎？不宁惟是，工业发达之原，实根于物质文明之日进。昔之筚路蓝缕之生活，今皆易而为膏粱文绣；中人之家，其居处视昔之王侯而犹胜。若是者又孰从而遏之物质上之需求不灭，则农业犹奚自而进与工业相抗？况夫农而果大兴，则原料自随之而增，斯时工业苟不发达，则又将何以利用之乎？由是观之，农之与工，既已有不可相离之势：而立国于今日，其必趋重于工业，乃自然之倾向，又莫得而遏之。则农业立国之论，亦终成为理论而已。

国际主义。倡国际主义者，鉴于近世列强争夺之烈，兴战祸之剧，于是归罪于国家之组织。以为：国家主义实为人我之所由分，而为国际冲突之源泉，莫若拾之而入于世界大同之一途，则人类可以永远和平。且中国数千年来，久为闭关自守之国，以其历史之关系，实无从而进为近世之军团社会，与其日日空言富强，曷若起而倡世界主义，庶外之可以为世界大同之先驱，内亦足以缓国际压迫之危急。夫大同之论，凡爱和平者，孰不冀其实现？然而吾价苟审察世界之大势，则今之所谓强者，方且变本加厉，争夺益烈；吾苟不能谋所以自保其疆圉，以抗此方与之强牙，鹰鹯之自毁其羽翼，冀以自免于祸，亦徒类于画饼充饥而已。盖就今日而言，国家而欲自保其生存，也则国家主义，固为不易之道也。

共产主义。此派完全受苏维埃俄罗斯之影响，而欲宣传其主义于国内。不知俄在革命以前，其国中原来之土地，完全为少数大地主所据有；所谓农隶者，皆号呼憔悴于其虐政之下。故其国热心之士，乃不得不倡共产之论，决然为土地国有之主张，以拯其数千万农民于水火之中。若中国之社会，大工厂既绝无仅有，大地主更不数数见；所谓工者，皆恃其手艺而为独立之生活；农民亦多自有其田亩，复以其财产之承继，辄为分散而非集中。故贫富之阶级，相去皆不甚远。俄人昔日所患之痛苦，我既无有；若资本劳动之阶级，我更无有；而乃欲效俄之所为，欲以现今之共产制度收拾中国今日之局面，是真无特殊于抱薪救火者矣！

制度论。持制度论者以为国家年来祸乱之相寻，其原实起于制度之不满：民主政治应有之规模，或则残缺或不完，或虽有之而不适于实用；用是纷拿纠错，祸靡有止，而野心者乃得以窃位擅柄，盘踞不去；使制度诚备，法纪诚立，则绳墨既陈，奸邪自灭，国家乃可以远于长治久安之域。若联邦论，立宪论，皆属于此类者也。夫纪纲之不树，诚足为致乱之原因；然而纪纲不足以独治也，纪纲之外，尤必有群力焉，以维持拥护之，而后纪纲之权威乃生，而政治乃得以入乎常轨。今之祸乱，病不在无制度也，在无群力而已；使群力而一日不成，则制度亦终不得而确立，彼持制度论者，其亦勿思而已矣。

实力论。实力论者，知解纷之枢不在制度而在实力，此种实力，既不能拨而去，则不如取而利用之，犹足以去乱而就治。顾今之所谓实力，其实与祸乱相倚伏；实力一日而存，则乱象一日不灭。何则？盖实力派之目的，皆在一人之名位权利与势力，其利害在与国家相冲突。彼惟利于乱之不止，乃可以日肆其大欲，而乃欲藉其实力为吾用，室又何异于与虎谋皮耶？则实力论者之理想，亦终不出于为理想而已。

总而言之：上述之两派中，第一派之病，在太偏于理想，而忽视事实，过信于东西洋之新学说，而完全未能了解中国之历史与社会。盖以现在之中国而与欧洲相比较，其程度恐尚在工业革命以前欧洲各国之下。以此种之政治社会，而欲于欧洲人现在所需要之学说，强起效之，是真纯粹之空想也。若第二派之理论，似能兼顾现实矣，而其病则在缺乏可能性。盖言治者固必有赖于制度，而制度非能自起而行也，制度之外必有动力焉，运而用之，而后制度乃有实在之价值。若实力论，则其病亦复相类。言政治者原不能离权力而尚空说；然而力固非书可用也，力有破坏建设之分，破坏之势力，不能用以为政治建设，而实力论者，乃欲将今日政治之基础，筑于今之破坏性之力之上。是亦可谓南辕而北辙矣。是则前者与后者，亦皆终成其为理想而已。

呜呼！国事蜩螗，前途茫茫，举而措之，其事非细。苟有人焉，诚欲求建设之途，讲治平之术，其必树其理想之基于实际也欤！

合理的与错误的法律理念*

赵　琛**

一、理想与理念

理想（Ideal）是我们所希望实现的一种状态，理念 Idea 是指导理想的原理，两者不可相混。譬如航海赴美，一定要有指南针指导方向，否则在航海途上，不是触礁，就是迷失去向，再也不能达到赴美的目的。美国之到达，犹如理想，指南针之指示方向，犹如理念。

人类的终局目的，无非要努力实现一个至善至正至美至真的完全的理想社会，不过这一个社会，一定要等到人类的知识、道德、风俗、习惯、体力、信仰等等，完全站在水平线上，一丝一毫也没有高低强弱文野曲直的时候，才能够实现。我们只要看一看现在世界上的人类，是不是站在水平线上，而没有高低强弱文野曲直？可以不问而知，处处表现出高低强弱文野曲直之不

---

* 本文原刊于《法学丛刊》1930 年创刊号。

** 赵琛（1899～1969 年），字韵逸，云南巍山人。刑事法学家、监狱学家、行政法学家。早年曾留学日本。1924 年回国，1925 年加入中国国民党。历任安徽大学、复旦大学、南京中央警官学校等大学的法学教授。1928 年，在上海与沈钧儒等人组成法律事务所。1933 年，出任立法院立法委员，参与制订《中华民国宪法草案》和《刑法》。1942 年，兼任考试院法规委员会委员。抗战胜利后，1946 年出任南京高等法院院长，参与审理汉奸殷汝耕，周佛海等人的案件。1948 年，出任司法行政部代理部长。1949 年 9 月赴台湾，任台湾大学等法学教授。1952 年任“最高法院检察署检察长”。在此前后，还兼任了国民党当局的其他立法、行政之高层职务。赵琛的主要著作有《新刑法原理》、《最新行政法各论》、《最高行政法总论》、《监狱学》等，领发表了众多的刑法学、监狱学、犯罪学和行政法学的论文。他对于促进中国近代法学的创立于发展做出了重大贡献，在中国大陆和台湾地区法学界，都有广泛的学术影响力。

同，那么[1]，所谓至善至正至美至真的完全的理想社会，正不知要到什么时候，才能实现哩？

这一个完全的理想社会，固然不能在短时期内，求其实现，只要我们肯努力追求，终当有实现之一日。时代是变化的，社会是转移的，我们只好从变化转移的中间，去探求适应于某一时代与某一社会的理想，从过去，到现在，以至将来，再从东半球，到中国，以至西半球，只要是有人类的足迹，总有一部分先知先觉者，在某一社会某一时代，提出一种理想，领导着后知后觉与不知不觉的人，努力去实现的。所云重商主义、重农主义、资本主义、保护贸易主义、自由放任主义、社会改良主义、国家社会主义、科学的社会主义、集产主义、社会民主主义、共产主义、无政府主义、世界主义，以至于[2]孙中山先生所倡道的民族主义，民权主义，民生主义，都无非是一种理想，就是希望实现出与现状态不同的一种将来状态。不过理想之成立，如果没有理念的指导，换一句话，如果他的理想没有合理的正当性，就是不合理的不正当的或者是危险的过激的理想，犹如开驶火车，不是出轨道，就是开倒车，不但目的地不能到，半途里已先自颠覆了。理想何尝不是这样，总应该合理地探求，依据一定的指导原理，去追求与努力，方始有实现的可能，这一个指导原理，就是理念。

二、法律的理念与理想

法律，不是自然法则，而是人类精神作用的产物，换句话说，无非是社会的意欲。法律的意欲，有不可侵性与强制性的，所以与道德，风俗，习惯，礼仪等等的意欲不同。法律既是意欲，就不能不有一定之目的，人类社会之要有法律，不过是用他去达到社会的终局目的之一种手段而已。

法律是人类的意欲，是社会的手段，又有终局的目的，足见绝不是无意义而存在的。可是意欲是否合理，手段是否妥当，则颇值我们的注意，因为法律的意欲与手段，如果没有合理与妥当的价值，这种法律，就是恶劣的法律，根本上早已失其存在的意味了。所以我们一方面认定了社会的共同生活，决不能不有法律，以保护善人，而防止恶人，一方面又不能不努力制定一种

[1]“那么”原文作“那末”，现据今日通常用法改正。——校勘者注。

[2]“以至于”原文作“以致于”，现据今日通常用法改正。——校勘者注。

很合理很妥当的良法美制，以期促成共同生活之安全与发达。不过法律的意欲，怎样才算合理，法律的手段，怎样才是妥当，就不能不有最高的指导原则，这一个最高的指导原理，就是法律的理念，为古今中外一切法律之无上的指南针。

由法律理念的指导，方始构成法律的理想，也可说法律的理念，不外是法律的理想之极则，然而我们要发问：所云"法律的理念，最高的指导原理，理想之极则，"究竟是什么？因为这个问题，如不解决，仍旧是空空洞洞玄之又玄的道理。

照一般人说：社会的终局目的，在于"真"、"善"、"美"的实现，我以为还有缺点，因为"真"不过是自然科学的理念，"善"不过是道德上的指导原理，"美"不过是文艺上理想之极则，至于国家学术如法律、政治、经济等理想之成立，如说亦以真善美为其指导的原理，终究未免牵强，而应说以"正"为法律，政治，经济的理念。

"正"者何？乃"正义"的结构，我认定"正义"是法律的理念，是法律最高的指导原理，是法律理想之极则。法律之目的，在乎正义之执行，而正义之实现，就是法律的使命。

然而"正义"之本质，到底又是什么？却是一个先决问题。

"正义"有二方面的意义：一是纯理的观察，二是经验的观察。以纯理的观察，则正义有先天的纯粹的形式，可以超时间的超空间的而不致改变，依经验的观察，则正义有后天的特殊的实质，受一定时间与空间的限制，而常有变化。

纯理上所云"正义"，照我们的研究，可为解释如下：

"正义是对于数个主体，各应其价值，而为适当处理之原则。"可以上者上，可以下者下，可以左者左，可以右者右，可以大者大，可以小者小，可以多者多，可以少者少，都要凭其价值的怎样，使各人各得其所，而成为整然的状态，这就是正义之德。古罗马（Justinian）皇帝之 Iustitutiones 的第一节，引用 Ulpian 的学说："正义是对于各人，使他享有当然的权利之恒久不断的意思。"亦不外是"听各人之价值，使各人各自得到他的相当分"的意义。

至于正义的发现方法，则有二种，一为分配的正义，一为应报的正义。

分配的正义，是二当事者以上之间，各应其价值，各取得其相当分之谓。如政权的分配，对于有功勋者，则应其功绩的价值，而给与以嘉奖，对于有才智者，则应其才智之价值，而授与以官阶。又如经济的分配，对于能力大的人，则应其价值，而与以多量的报酬，对于能力低的人，则应其价值，而与以较少的报酬。

应报的正义，是二当事者间，一方对于他方，应其价值之如何，而与以相当的结果之正义，如投保人支付相当之保险费，日后保险事故发生，始由保险者给付相当之保险金额，又如使用者应被使用者的劳动量，而与以相当的劳金，这种应报的正义，亦叫作“公平”，然仍不失为正义之现象。

正义中所含的价值，其意义亦很[1]广泛，如对于圣贤才智之士，在政治上经济上，应该与以较优的分配，这是积极的价值。至如对于犯罪者，应其犯罪之大小轻重，而酌科刑罚，以及被害者应加害者不法行为的程度，而请求相当的损害赔偿，这却是消极的价值。

如从经验上观察正义，则正义可说是某时间某空间的共同生活上所当首肯之客观的真理。如古代以复仇为合于正义，而近代则以复仇为野蛮，过去以重男轻女，为合于正义，而现在则主张男女平等；西洋各国以决斗为合于正义，日本以天皇神圣不可侵犯合于正义。俄国试行共产主义自以为合于正义，而我国则法律上禁止决斗，政治上反对君主，经济上排斥共产主义。古今中外正义之发现，为什么不能相同？就因为时代的文化，社会的实情，民族的习尚等不能尽同，所以正义的内容，客观的真理，也就不能完全相同了。

哪一种规范法则，合于正义观念，可以采如法律？固然是各人所见，各有不同，终必有客观的正义理念的存在，不过不是一般盲目的无理知的人所能发见，只是某一时代某一空间的富于理性判断力的先知先觉者，才能感知，领导者一般后知后觉与不知不觉的人去努力追求正义的真理而已。

法律之普遍的穷尽的目的，在于确立社会生活的合法则性，然而我们试一检点我国之现行法律，具备这种合法则性与否：结果可以求出下列的公式：

现行法 = 合理的法 + 不合理的法 = 应该这样的法 + 不应该这样的法 = 正法 + 不正法。

现行法中合理的部分，才有应该这样的价值，就是正法。其不合理的部分，是没有应该这样的价值，就是不正法。正法是正当的合理的合法则的合于正义的良法；不正法是不正当的不合理的无合法则性的不合于正义的恶法。

---

[1] “很”原文作“狠”，现据今日通常用法改正。——校勘者注。

“恶法亦法”，虽为法律万能论者所主张，到底没有存在的价值，不能完了法律的使命，这种矛盾，如果任其存在，将益陷共同生活于不安与退步之地，应该从速依据正义的原则，受法律观念的指导，改正为合理的正当的合法则的应该这样的正法才是。

正义之根本原则，固然是古今相同，东西一样，而其实现的方法，则随时间空间之不同而有异，法律受正义的观念之暗示，遂因时因地而生法律的理想。

依正法的原理所称成之法律的理想，复因实质上范围之不同，可以分为立法的理想，解释的理想，裁判的理想之三面。立法上须以一国之长年月的社会实情为基础，而定法律之理想，不外是探求法律之抽象的妥当性，所以立法是抽象的正义之实行方法。法律的解释，随时代为转移，法律的裁判应事件以变化，都在寻求具体的妥当性，所以解释与裁判，是具体的正义之实现方法。

法律的理想，如果合于正法之原则，则其决定的结果，就是正的立法，正的解释，正的裁判，否则，就是恶的立法，错的解释，误的裁判。所以立法家，法学者，裁判官，应当时时努力于法的理念之研究，以求出法的理想之正确。这种责任，在事实上固然为极困难的问题，其方法：先须明确了解正义根本的原则，再当彻底[1]理解时代的精神与社会的实情，而后综合两者，加以适当的合理的判断，始能构成合于正义理念之法的理想，共同生活之能否继其安全，期其发达，端赖于此。

---

〔1〕“彻底”原文作“澈底”，现据今日通常用法改正。——校勘者注。

赶快跳出“口号”“标语”的圈子*

杨兆龙

一

“口号”、“标语”之多，在今日也可算是登峰造极了。街头，巷口，门前，墙侧，山旁，水边，日用器物上，交通工具上，电杆上，树木上……都有口号标语。口号标语上的势力，可谓已伸张到水陆空的领域和动植矿的范围，真有点像空气一样到处弥漫着。

假如专靠口号标语便可改善社会，建设国家，复兴民族的话，那么[1]今日的中国至少应该是世界第一等强国中之一分子，可是事实所昭示于我们者，并非如此。民国十六年以前的情形，暂且不必去讲，现在专谈民国十六年以后的情形，并就中日战争开始前后的两个时期加以说明。自从北伐完成一直到去年中日战争开始时止，试问：我们究竟[2]有过多少口号标语？中山先生的建国方略，建国大纲，三民主义等等已经有大部分成为很普遍的口号标语：大家已经听得看得熟而且烂了。可是直至抗战开始的前夕为止有多少已经成为事实？“革命尚未成功，同志仍需努力”，我们努力了没有？我们努力的成绩何在？我们早就举起“完成自治，实行宪政”的旗帜，可是连那最基本简单的“清查户口”都没有能够办得好。我们似乎没有一刻忘了“平均地权，节制资本”，可是国内的贫富不均和经济紊乱依然如故。我们很提倡

---

* 本文原刊于《经世》1938 年战时特刊 21。

〔1〕“那么”原文作“那末”，现据今日通常用法改正。——校勘者注。

〔2〕“究竟”原文作“究经”，现据今日通常用法改正。——校勘者注。

礼，义，廉，耻。可是那藐视礼、义，不顾廉耻之徒反有“与日俱增”之概。中山先生在日曾一再提及法治之重要，可是我们这些崇拜他的人始终没有将法治的精神树立。“五权宪法”是大家所熟闻的，可是立法，司法，行政，考试，监察五权并未充分发挥，其相互间的关系也没有人去好好调整。我们每逢外国欺侮我们，都不免义愤填膺、要废除不平的条约，撤销领事裁判权，抵制仇货，打倒这个、打倒那个……可是外国人在华的特殊权利以及他们对于我们的侵略仍与往昔相差有限。我们每开一次会，总有许多关系国计民生的议决案及一篇洋洋洒洒，堂堂皇皇的宣言，可是这些议决案与宣言难得见诸实行的。

二

以上是这次战争开始前的情形。现在再讲战争开始后的情形。在这个时期，我们的口号标语，更新颖而繁多了。著者曾经和几位朋友谈到这一点，大家都以为：抗战以来的口号标语，如汇集起来，一定可以成一巨册。这是目前大家所共见的事实，不容否认，也毋庸证明。现在我们所要考究者，乃是：这些口号标语有多少已经见诸事实？我们因限于篇幅只好提出几个较为重要的事例来加以讨论。

“全面抗战”，“全民抗战”，是抗战以来最普遍，最基本的口号标语。抗战之前，必须做一种基本准备工作。这种基本准备工作，有人称之为“动员”——即将物力或人力组织，配备，利用，发挥，或集中起来以便随时适应作战的需要之谓。因此“全国总动员”“全国民众总动员”等口号标语随之而起。这些“总动员”又包括许多“局部动员”。于是“军事动员”，“民事动员”，“经济动员”，“财政动员”，“交通动员”，“工业动员”，“商业动员”，“农业动员”，“农工商学动员”，“文化界动员”以及其他种种动员都变为口号标语。可是以上这些口号标语尽管到处流传着，我们始终没有做到“全面抗战”或“全民抗战”。实际在那里直接或间接为抗战努力者，就公务员而论，只有军人与极少数的从政者，就一般人民而论，那更是为数寥寥。所谓“动员”，尽管叫得满天响，实际上大都以组织几个换汤不换药的或空洞散漫的机关，安插几位不能做事的人员，发表几篇宣言或文章，举行几次说空话会议，或拟定几种闭门造车式的计划为了事。结果，全国的人力物力有许多被浪费废弃而与抗战没有发生丝毫关系。

“统一战线”，“联合各党各派，一致抗战”等口号标语，好像已成为抗战时期的天经地义。国内团结的精神的确已经比以前增加。而这种精神尤以表现于军人者为最多。这当然是一件值得高兴的事情。不过我们若作细密一点的观察，总不免觉得这种精神所表现的程度距我们预定的目标还远。我们置身于政治中心所在地的人时常听到，甚而至于亲眼看到，某党或某派在那里的钩心斗角，把抗战的需要和国家民族的前途置之脑后。用人行政还是为门户之见所左右，仍脱不了“包而不办”“把持排挤”等毛病。有些新机关在成立之先，大家对于他们抱有很大的希望，以为他们总可以不蹈常习故而放些异彩。谁知等到成立以后，因为内部党派的分歧，竟弄得组织庞大，精神涣散，简直不能做什么实际工作。

“有力出力，有钱出钱”。这也是个很时髦的口号标语。但是在实际上我们时常现一种于此矛盾的现象，那就是：有力者，虽欲出力而无从出力；有钱者。虽能出钱而并不出钱。自从抗战以来，国内的人才——尤其那些用脑力的人才——就始终没有能够依照精密的计划完全被“动员”起来。这在上面已经说过。政府最初困惑于紧缩政策一味归并机关，淘汰人员，将许多比较熟练而容易组织利用的公务员逼得卷着铺盖回老家——有许多是在沦陷区域的——如鸟兽一般四散。那些被裁汰的人员中不免有些无用之才。但是我们决不能因此便说其中没有可用之才。抗战后未久，政府为适应更大的或需要起见，曾将某种机关扩充并添设新的机关。照我们的理想，本有两件事应该见诸实行，使有力者出力的机会，即（一）对于原来在政府服务的人员，无论被裁汰与否，按他们的能力在工作方面予以适当的调整和利用。（二）尽量罗致在野的人员，按他们的能力给以适当的工作。可是事实适与此相反。固有的人员中有许多在平时专门研究战时问题预备一旦开战为国效力者，凡在摒弃之列；政府以前花了许多钱请他们研究所得的结果竟无机会被采用。对于在野的人员，虽有罗致之意，但因震于虚声，囿于派别，惑于感情，往往会用到学识肤浅，人格卑劣，浮夸轻佻，夤缘奔竞之流，而才能卓越，操守端方，讲求气节，注重实际之人员反有“请缨无路”之感，古人甄才治国，以办到“野无遗贤”为目的；中山先生也教我们“选贤与能”俾“人尽其才”。所谓“有力出力”，从政府方面讲，不外积极向这个方向努力。照上述这种情形看来，能不有些失望？

“有钱出钱”的口号标语，可从两个方面去实行，即：（一）由人民自动贡献财物，（二）由政府强制人民贡献财物。就前者讲，我们不能否认在事实上已得到相当的结果：人民中对于爱国捐，救国公债等等不能说没有热心者。不过这些人都是中产阶级之下的人。至于那些家产在几千几百万以上者中的，除掉几位华侨外，其真能慷慨解囊者简直是凤毛麟角。但是这都不足怪，因为自动贡献财物，以具有爱国心者为前提。国人为一向缺乏国家观念，要大家自动出钱，本有些勉强。我们所最不解者，乃是：为什么政府不多用强制的方法使有钱者出钱？我们该知道：在抗战时期政府可以用强制有钱者出钱的方法不一其端，除摊派公债外，还有其他许多方法可以利用。如提高或改订所得税率，征收战时利得税，创行战时特种消费税，强制有征收人民所保有之外国货币，外国银行存款，及外国债权，票据……或有价证券等等，都是经别的国家在战时试验过而成效卓著。这些方法的推行当然不无困难，不过这是必然的事，别的国家的经验已经明白地告诉我们。际此国难严重，大家从死里求生的时候，似乎不应该因为国难而不加考虑，不作尝试。据我们所知，国内资产阶级——尤其是那贪污的官僚政客——平时便好将钱存在外国银行里，在战事发生的前后几天，他们更如疯如狂地将资金输出国外。听说购买外汇至百万千万以上者，大有人在。可是政府对于这些地方似乎并不注意，而只晓得靠“劝募”救国公债等迂缓而不彻底的方法以应付这紧张的局面。政府机关为迅速募集公债起见，似乎会在事实上采行一种局部的强制摊派办法。可是绕来绕去，老是找着几个靠薪水过日子的公务员，何济于事，无怪乎五万万的救国公债发行以后久无下文！

“本位救国”是抗战以来一个很有意义的口号标语。它的解释很多，大概有以下几种：（一）救国工作先由各个国民自己做起，莫专责备他人；（二）本“国家兴亡，匹夫有责”之旨，各尽所能以贡献国家；（三）本分工之原则，各人忠于职守，负责工作，以直接或间接贡献国家。这些解释都说得通。我们如能一一实行，抗战必胜无疑。可是事实往往与此相反。口号标语虽这样讲，而好说空话，诿卸责任，营私舞弊等现象仍层出不穷。

“增进行政效率”，在抗战开始时便有人提倡。可是到了现在，“行政效率”虽未必比前降低，至多也不过提高有限。不错，政府机关有些已经改组过了，办公钟点已经延长了。在有些人看来，行政效率似乎可以因此提高。不过在实际上这种种设施都没有“搔到痒处”，因为政府机关虽经几度改组，并无一贯的严密计划；职权既未划分清楚，人选亦多不合标准，结果，系统仍然紊乱，内容依旧腐败。不但如此，经过这几次的更张，人心大为不安，熟手变了生手，有些机关竟愈弄愈糟。至于办公钟点，在抗战开始以前本来就很长，照卫生学与心理学的原理讲，达到一般人——尤其用脑力者——工作时间的合理限度；如今谈增进行政效率者，除掉上述这一类不痛不痒的设施外，似乎想不出其他妙法。翻来翻去，老不出这几套花样。至于那些根本设施，如职权之划分，人选之改良，贪污之肃清，工作之考核等，倒反而无人注意。

“巩固后方”，“充实后方”，“开发后方”，“建设后方经济”——这一类口号标语也早有人提倡。可是我们还没有看到过具体的整个计划。所谓“巩固”、“充实”、“开发”、“建设”等等，究竟其范围怎样，步骤如何，目的安在，费时多久，需钱若干……都没有精密的研究。就现在的事实讲，各事非常零乱。重工业既未建设起来，轻工业亦陷停顿状态；交通缺乏调整；原料需要补充；治安之问题无妥善之解决，日用必需只是供给消费无适当之管理；难民生计无人顾及；失业农工无法安插；学校待设立；医院须创办。凡此种种都是后方“不巩固”，“不充实”，“未开发”，“未建设”的明证。

上面所举的不过是最近几个事例。但由此我们不难看清楚口号标语在抗战开始以后的功效。读者也许会怪著笔者说话的不简括，太率直。不过著者之所以出此，其目的在避免说抽象笼统的话而使大家明了真相，绝非有什么恶意。这是要郑重声明的。

三

我们看了以上所叙的这几段事实，便不得不发一个很严重的疑问：“口号标语，究竟有些什么功用?”有人以为口号标语是万能的，简直和张天师的符法一样，这未免太幻想。又有人以为口号标语是毫无用处的，可以完全废除，这未免太固执。我们的论断是：口号，标语的功效是有的，但不及有些人所想象[1]的那么大。口号标语的功用是什么呢？简括言之，计有三种，即：(一）灌输知识（道德的与科学的)，(二）激发情绪，(三）坚定信仰。就这

〔1〕“想象”原文作“想像”，现据今日通常用法改正。——校勘者注。

一方面讲，我们不能否认口号标语在已往已有相当的效果。不过一件事情，尤其抗战建国的大业之做成功与做得好。绝不是专靠情绪，信仰，及不充分的知识（因为口号标语所能灌输的知识是不会充分的）的。其最不可缺少的条件乃是“合理的实行”。所谓合理的实行，是一种能改变事实环境的行为，与那单纯的情绪，信仰，或知识有别的；这就是说：专靠口号标语，一件事情绝不会做成功而做得好。况且有时如无事实放在面前做参考或榜样，即有知识，也未必能准确，即有情绪，也未必能持久，即有信仰，也未必能坚定。口号标语如不实行，则上述三种功用也许还不能发挥，喊口号或贴标语者尽管用尽气力或挖空心思，在旁边的听者或看者或许还不免暗暗地窃笑。

四

根据上面的论断，我们可以知道：今后如要使抗战胜利，建国成功，除喊口号，贴标语以外，尤须注重“合理的实行”。所谓“合理的实行”，有三个必要条件，即：（一）充分的认识；（二）严密的计划；（三）切实的执行。

兹简单说明于后：

（一）充分的认识。所谓充分的认识，就是（甲）客观的认识，（乙）广博的认识，与（丙）深刻的认识三者之综合。现在有许多人，对于某种事情往往预存成见，不能确知其得失因果及困难容易之点何在而轻易表示意见。因此便有不谙教育而妄谈教育救国者，不懂经济而妄谈经济建设者，不明外交而妄谈国际情势者，不读法律而妄谈改革法制者，自己缺乏修养而妄谈领导青年者，未至其地，见其人，或读其书而妄谈其文物制度者。我们所听到的话往往是夸大的，笼统的武断的，附会的，不合事实的，或恶意的。例如，某种事只在某国是如此，有些人竟断为“普天之下”或“举世各国”都是一样，某种事本利弊兼有，有些人竟断为有百利而无一弊或有百弊而无一利；某种事本极平凡，有些人竟说得它重要非常；某种事本值得考虑，有些人竟认为他一文不值；某种事的因果本非一端，有些人竟强辩只有一种；某种事的是非本有讨论之余地，有些人竟硬说毫无疑义；某种事本有困难，有些人竟看得非常容易；某种事本甚容易，有些人竟视为颇应困难；某种事的程度，本不怎样严重，有些人竟说得它了不得；某种事的优点或毛病本在这里，有些竟强词夺理地说在那里。这些都是没有充分认识的明证。我国所以有革新之名而难有革新之实者，其一部分原因即在此，这种现象之发生，大概是由于我国读书人，一向深中“绕笔头”，“说空话”的毒。可是这个调调儿，用在“八股，四六，诗，词，歌，赋”上，或者还无伤大体，若用在今天，未免太不识时务，非赶快纠正不可。

（二）严密的计划。仅有充分的认识而没有严密的计划，那做起事来一定杂乱无章，事倍功半。计划而当得起“严密”两个事者，至少须具有两个特征，即（甲）通盘的，（乙）合乎事实需要的。决定计划时，必就各方面加以考虑，于可能范围内兼顾并筹，而后才可以不发生矛盾挂漏之弊。所以计划要求其通盘。同时计划必定要在实际上行得通而确属有裨于国计民生。要做到这一层，必定要使它处处合乎事实的需要。所谓事实的需要，可从实证与手续两方面讲。前者指计划之目的本身而言；后者指实现该项目的之方法而言。譬如，我们要计划救济难民。我们先要决定救济难民之目的，即先要决定：何种难民应受救济，应该受何种救济等等。要决定这些问题，我们必得研究社会上某种人——难民或类似于难民者——本身的实际需要是什么以及在抗战建国的立场上他们应有的需要是什么。我们从这些需要便可知道在实质方面救济难民的计划应注意到何种事实的需要。其次，我们要决定救济难民的方法，即要决定：如何筹措经费，如何管理难民，如何为难民寻出路，如何避免办事上之困难，如何与私办之救济机关取得联络，如何监督协助此项机关，如何使人民政府机关协助难民救济事业等等。要决定这些问题，我们必得研究政治的机构，财政的情形，一般人民的经济状况，私人救济机关的内容，难民的数额，种类，背景，能力，难民救济事业之必然的与可能的困难等等。我们从这种研究的结果便可知道在手续方面救济难民的计划应注意到何种事实的需要。上述这两个方面的事实需要，在拟定计划时应该兼顾并重。否则不是在实际上行不通，便是无裨于国计民生，综括言之，就是不合事实的需要。我国近年来虽重视革新或建设事业，但谈到“计划”两个字，未免有些愧汗。一则提倡这些事业者虽不乏人，其真肯实行者并不多见，根本不大用得着计划。二则有些从事于这些事业者往往喜欢轻举妄动，做到哪里算哪里，懒于计划。三则所拟的计划有许多不通盘或不合事实需要。前二者是随处可见到的事实，毋庸说明。兹专就第三者举一二个事例。抗战以来，政府改变组织，提高职权，并对于某几种事物实施统制，不能说没有计划。可是论其机构，则叠床架屋，错综复杂；论其事权，则分散冲突，漫无标准。

此实计划不通盘之明证。又近几年来所定的计划有许多是关了大门凭空想出来或专从外国书上抄来的；定这些计划的人对于我国的实际情形并没有精确的估计（有些经济计划的起草者便是这样），结果只会定出些牛头不对马嘴的东西来。此实计划不合事实，需要的明证。以上这种坏现象是不容长存的，我们应该从速根据前述原则加以补救。

（三）切实的执行。仅有“充分的认识”与“严密的计划”而没有人去“切实执行”，无论什么事都不过是纸上空谈。这是大家所深知的，因为我国最大的缺点就在此。国人有一个很普遍的毛病，那就是：当一件事情在讨论计划的时候，大家似乎很热心；但等到执行的时候，便没有人把它当回事。这种情形在政府机关里尤为常见。今天的公务员大都为了交际忙，联络忙，开会忙，讲演忙，宣言忙，拟稿忙，盖章忙，签字忙，善后忙。但是在上的与在下的，发令的与受令的，说话的与听话的，主动的与附和的，有许多都觉得这些无非是敷衍门面，应付社会的惯技，只可纸上写写，口里说说，而不能切实执行的。这种毛病非痛改不可。我们要痛改这种毛病，只有下最大的决心养成事事都切实执行的习惯。要做到这一层，我们须履行下列各事：

甲，不营私，即以天下为公，廉洁自重的精神做事——不贪污，不舞弊，不任用私人，不排斥异己。

乙，不瞻徇，即以执法不阿的精神做事——不讲情面，不受运动，不怕威胁。

丙，不推诿，即以负责的精神做事——不延宕，不怠惰，不将事情推在人家身上，能以身作则，尽自己的本分。

丁，不辞劳怨，即以艰苦果敢的精神做事——不畏艰难，不怕被人误解，能与环境斗争。

戊，不出风头，即以实事求是的精神做事——不好虚名，不图取巧，不求急功，不想骗人，能埋着头，脚踏实地做事。

曾经参加世界大战的德国名将伯恩哈迪[1]将军（General von Bernhardi）在他战后所著的《将来的战争》一书第五章中曾说过：“一个多年才结束的战争（著者按即世界大战）已经教了我们辨别外表与真相并且在那许多变化的表面事态中认清什么是真正重要的东西。”他说这句话的目的是在告诉大家：

---

〔1〕“伯恩哈迪”原文作“拜尔哈地”，现据今日通常译法改正。——校勘者注。

德国因为世界大战的经验已经发现自己的真正长处在哪里，真正短处在哪里，以及今后真正应该努力的地方在哪里；在大战揭开序幕以前，德国虽然有多年的准备，精密的计划，长期的修养，可是到了大战爆发以后，竟发现许多事实与他们的理想相反，他们还有许多方面应该努力。我们这次抗战，虽仅有一年多的历史，可是拜尔赫地大将的话，却很可引为殷鉴。我们在抗战前的准备、计划、修养等等，老实说，不及当年的德国远甚。经过这一年多的牺牲斗争，我们更容易看出我们的真正长处在哪里，真正短处在哪里，以及今后真正应该努力的地方在哪里。我们的真正长处固然要发挥，而我们的真正短处与今后真正应该努力的地方更要认清而不讳言。我们的真正短处在哪里呢？就是在有口号标语而不能以合理的方法去实行。我们今后真正应该努力的地方在哪里呢？就是在以合理的方法去实行我们的口号标语。

我们目前要以合理的方法去实行的事情很多，而最急切的莫过于今年国民党临时全国代表大会所通过的《抗战建国纲领》。这个纲领虽然有些挂漏的地方（如关于司法等），但就大体看来总算一个比较有系统而合乎时代精神的东西。无怪乎大家都很重视它。可是这个大纲虽然很为大家所重视，但自公布至今已有四个多月，其中已经被实行的部分尚不多见。现在抗战已到了紧要关头，难道我们还能蹉跎岁月吗？须知：一个纲领，若不实行，不过一张写着口号标语的废纸而已，任凭你把它当《圣经》一样看待，都无补于国计民生。

本刊本期出版的时期适在“八一三”以后的第三天（八月十六日）：本文脱稿的日子正是“八一三”的一周纪念日。报章杂志，大都刊载文章以志纪念。本刊当然也应该有所表示。不过因为出版的日期不凑巧，要想做篇及时的文字，为时间所不许，只好权拿本文作为我们对于“八一三”的献词。我们的感想虽有多端，但归纳起来，只有一句话，就是：“赶快跳出‘口号’‘标语’的圈子！”愿大家以此自勉！

“八一三”一周纪念日写于重庆

民主习惯与民主政治*

端木恺

这一次我到台湾来，曾经在台湾各地看过一遍，虽然是一种粗浅的观察，但所给我的印象却是非常深刻。我觉得愈深入农村，愈可以看到我们台湾同胞对于我们自己原有的生活习惯保守力量的伟大。在台湾的都市里各种建筑物固然富有日本的色彩，但一入农村，所看到的农民的房子以及其他建筑物，我们不敢说与内地任何市镇有什么不同，就是一般农村的服装，尤其是农村妇女的服饰跟内地农民更没有什么大分别，妇女的年龄愈大的，服饰就愈与内地相接近。再都市里所看到的一般妇女的服装虽然没有这种现象，但她们也并没有带上日本的色彩。而是既非东洋式又非西洋式的另外的一种服装，于是乎我不能不问为什么会有这种情形？有的人说日本统治台湾虽然有五十年时间，究竟还不能深入农村，但在我以为这是我们台湾同胞的两种伟大力量的表现，这两种力量一是对于祖国文化的保守力，一是对于异族文化的抵抗力。

保守这两个字，一般的说法是跟进步相反，在今日的世界，我们要不断的求进步，不能保守，这固然是对的。但是保守在实际上说是绝对的需要，甚至可以说唯有保守才能进步，不要以为在表面上这两种说法有所矛盾而否定了保守的作用，因为保守至少有两个大意义，一个是对历史的爱惜，对过去的尊重，任何一个社会，总有它的根源，任何一种事业，任何一种文化，任何一种组织也一定有其历史，绝对不能无中生有突然来的，假如不能爱惜过去的历史，假如不能了解它的来源，任何一个社会任何一个事业都不会有大成功，所以，爱惜历史，尊重过去，在某一方面就表现了保守的意义。例

* 本文原刊于《台湾训练》（第4卷）1927年第12期。

如在过去五十年间，台湾同胞要是不能保有这种服装，仅仅是这小小的一点，那么我这次来台湾也许就没这么容易一看就看出台湾是中国的台湾，台胞是中国的同胞。东方的人种是差不多都很相似的，我假如穿上日本的和服，大家不一定就能看出我跟日本人有什么分别，但要是我穿上西装，大家无论如何总不承认我是西洋人，这就是因为生活习惯的共同点不同，台湾与内地本来的生活共同点，在五十年间就赖这种保守力得以保全。

其次，社会的进步是渐进的，但它的变化未必都是好的，假如没有保守的力量，在每一进步中它的优点就不能保留，好的随着过去，不好的留了下来，那么这种进步就没有什么意义，所以，能够保守过去的优点，再加上现在进步中的优点，这样累积起来，社会才会达到尽善尽美的境地。同时，社会的进步必定要由安定的秩序中才能得到，而唯有能保守过去，才能产生安定的秩序。所以，保守并不是坏的事情，相反的它还是绝对的需要，尤其在最艰难的局面之下能够保守是最不容易的，如果没有人干涉而会保守并不困难，而在有人严格的干涉之下不允许其保有原来的生活共同点时，而还能保守这是最难能可贵的！人类所要求的不外乎生活，而穿衣一项是生活中的一小部分，我们台湾同胞过去在日本的高压力之下，为什么要保守我们中国原有的服装；或且迫于不得已才改着另外一种服装以为抵抗？这就是台湾同胞要保持光荣的过去，与不忘历史的关系的表现，台湾同胞的这种对异族统治所表现的保守力与抵抗力，单就服饰这一项，就使粗浅观察的我已经感到万分的感动，当然还有其他，例如英勇的以行动抵抗方面，更有可歌可泣的种种事实。

台湾同胞的这种表现，我相信纯出于一种自然的自动的作用，而绝对不是有另外的什么力量在强制着，由这里使我联想起了良好习惯的培养与保持是实现理想社会的必要条件，尤其在民主高潮的今天，我们一定先要有良好法治习惯的培养与保持，然后才可以有民主法治社会的建造与成功。

中国经过几十年的国民革命奋斗，到去年的国民代表大会我们产生了一部宪法，尤其值得纪念的，这一部宪法的订定，台湾同胞也有代表参加。新宪法中民主精神的表现非常的充分，它是相当完美的一部适合中国需求的宪法。不过，在我个人以为宪法的实施，条文需要有详密的规定，固然要紧，而人民对于民主习惯的培养尤其重要，假如人民没有良好的民主习惯，纵使在文字上有极完密的规定，而民主的前途仍属黯然。反过来说，假如全国人民已有良好的民主习惯，纵使在条文上有所欠缺，而实际上仍然没有什么大妨碍，这里我们看看各国的实际情形就可以明了。

谈到宪法就不能不先提一提“英宪”，因为英国的宪法是全世界最早的，英国的大宪章在十二世纪时代就已经有了，这当然不像今日各国宪法那么完整，而不过是当时君主与国民共同订定的契约君主自己愿意减少一部分权力以与国民所共有，几百年来英国的宪法逐渐发展，到了今天仍然成为全世界最好的宪法。不过，我们要以为英国宪法是有完整的条文的，这就是说英国的宪法是不成文的，学者所谓英宪不过是采取英国的各种成文法规以及与宪法有关的各种习惯搜集起来而编成的以便研究的东西，在英国宪法本身是没有条文的，英国不但宪法不成文，就是他的民法也是没有法典的，在英国看不到亲属，继承，物债等等民法的条文，他在法律上都是以多年来累积的习惯为根据的，他的宪法也是这样。

英国宪法是采取责任内阁制，国会具有极大的权力，君主没有实权，内阁对国会负责，内阁的种种设施，必须经国会同意，假如国会不通过，内阁不是辞职，另行改组，就是解散国会，诉诸人民公决，像这样的关系照一般的情形来说岂不是国会与内阁时常会有冲突吗?

可是在英国历史上看起来，解散国会的事实极为少见，就是内阁方面近二十年来也极少更迭，这次世界大战，英国对德宣战前的内阁在对德宣战之后才改组，战时内阁延至战后还在继续，在这样的大时代里，内阁不过换了三次。由这里可以看出英国在制度上国会与内阁固然有互相牵制的权利，但在习惯上并不随便使用。

民主潮流到了美国，美国认为英国的宪法不能全部照抄，第一点，美国是新成立的国家。过去没有历史习惯，英国可以根据习惯而不必有成文，而美国就必须有一部完整的成文法。第二点，英国的君主是世袭的，人民对君主不敢信任，因此用责任内阁来代替君主向代表人民的国会负责，以免国会直接对抗君主，可是美国没有君主，要由全体人民选出一个国家元首——总统，总统既是由全民所选举，全国人民就不能不信任，人民既然信任总统就无须再设内阁，所以不用内阁制而用总统制。美国宪法虽然是成文法，但实行以来仍然有许多习惯是条文上所没有的，例如美国总统候选人的提出，本来是可以由全国人民来决定的，可是按多年来的习惯，都是由政党提出，全国国民只须就政党所提出的候选人加以选择。再如政党的组织美国宪法上并没有规定，而实际上美国沿英国的成例成立有两个政党。一个国家有两个政党存在这是很合理的，因为人类对同一事物常常会有两种不同的看法，比如说对吸烟这一件事，有人赞同吸烟，有的人反对，国家的事情更常常会发生正反两种意见，因为有两种主张，所以自然而然就形成两个政党。当然有时会有第三方面的意见，但通常都是很弱的不能发生作用的。再如总统的任期美国宪法也是没有规定的，可是在华盛顿做总统的时候他认为要实现民主精神与改正总统独裁起见，最多只能做第二任，他坚决不就第三任的总统，这种习惯就一直保持着，美国历史上始终就没有连任过二次的总统，可是，到了罗斯福被连任为第三任总统时，他就会经再三的考虑，最后，为了在那时他的去留不但对美国的国运有极大的影响，这就对全世界和平也有极大的决定，所以环境使他不能不打破历史的习惯连任三任以至四任，但假如罗斯福不死，胜利以后仍有人选他为第五任总统的话，我相信他是绝对不肯就的，因为这时候已经没有这种需要，他一定不肯再打破这种传统的习惯。

英国的宪法到了美国经过一番改变，到了法国更变得厉害，法国历来受君主的毒害已经是够深了，所以他再不能像英国一样，再来一个皇帝，可是，他又不敢像美国人那么信任他们的总统，因此根据他自身的需要与习惯，形成了成文法，采取民主责任内阁制，内阁随时可以走路，总统三年也必须下台，固然国会也可以解散，但国会一解散总统也要走路，所以内阁请求解散国会的命令总统就不敢签署，法国政治的腐败肇因于此，尤以内阁的随便更迭，三天一倒阁，两天一组阁，为国家最高的行政机关这样动荡不定，对于一国的政治设施当然有极大的不利，尤以在对外战争时候，在上者举棋不定，在下者就要进退失据，第二次世界大战法国之所以失败就是这个大问题。

如上所述，可以知道宪法跟习惯有极大的关系，宪法条文所已规定或所未规定的，由于习惯的养成，常常会影响了宪法，就是说习惯往往作为宪法作用的补充或减少。例如上述美国总统的任期，总统候选人的提出，政党的成立等等，都可算是宪法的补充。而英国政局的安定，与法国内阁的短命，也就是宪法作用的减少。再如中国元年的临时约法，规定内阁是无权解散国会的，可是第一任大总统袁世凯解散了一次国会，第二任黎元洪又解散了一次国会。法国规定可以解散而不敢解散，中国规定不能解散而结果解散了一次又一次。凡这种种，都说明了条文只是条文，主要的还是在于良好民主习惯之养成与否以为断。例如我们平常走路有一尺宽的路面就可以很顺利地走过了，但要是高山深渊上面架一座木桥，就是宽到两尺，我们还是不敢走。又例如我们在乡下走路可以毫无拘束地走，但在大都市里走路，就必须靠右边，否则就有被车马撞到的危险。再如我国交通的习惯，以前是靠左边走的，以后要改为右边，一直经一年的宣传等到养成这种习惯的心理准备成熟了，才开始实行。又假如今天我突然要大家一律改为左手执笔写字，其结果如何，我想，大家一定可以想象得到的。习惯的重要，于此可见。

其次，民主政治理想的达到，有赖于社会的安定，而政权的竞争尤其必须用和平的方法才算合理。比如现在我要占据这个礼堂，用强迫的方法把大家赶出去，固然我能苟安一时，可是不久之后大家一定又冲进来把我赶走，这就可见任何事物只有用和平合理的方法所得到的，才是真正的永久的得到，否则纵使一时暴力抢夺，结果必定不能久保。

今天，一切的局面，都在进步，都在变更，我们必须充分地检讨过去的生活，是否为宪政的，民主的，自治的生活，假使我们承认自己不够，我们就必需先培养起这种习惯，习惯的成功不是靠个人的练习，而是靠社会的共同培养共同促进。能够培养起良好的民主习惯并且能够保守这种习惯，然后中国的前途才有希望。这一次我来到台湾，由于极表面的——对于妇女服装的观察，认识了台湾同胞对于良好习惯的伟大的潜在的保守力量，希望大家扩大这种保守的作用，努力于民主习惯的培养与保持，在安定中培育成一种更大的力量，来共同促进中国的复兴与建设，以达成真正的民主自由的新中国！最后敬祝各位努力。

舆论的意义以及其与民治的关系*

端木恺

民有民治民享的政治中，人民的意志，是最高贵的。人民意志的表现便是舆论。政府不可以轻视舆论，人民也不应该放弃政治上的权利和义务。皮力克司（pericles）说，“一个雅典的公民，从不因为注意自家的事，而忽略了国家。即使我们之经营商业的，对于政治，都有一个相当的意念。我们承认为一个人对于公共的事业，没有兴趣，不能够说是无害的，他却是一个无用的分子。我们当中，如果有了少数人为一种政策的主动者，我们全体便是正当的评判人。”

一个社会或国家的政治行为，无非是推进与反抗二大势力相互竞争的结果。政治的信仰及趋势，与人民的宗教及道德的情感，混合起来，便成舆论。这是一种很机巧而雄厚的势力，有时简直是可恐怖的，像山间的清泉，在灿烂的日光，或幽静的月色之下，看着极其轻妙温柔，一旦风动云布，便会变成狂波巨浪。舆论这样东西，能忍耐长期的压迫或竟如死去一般，但是动作起来，任何苛政威权，都抵御不了。

舆论可说是一很新的社会现象。他是印刷，教育，以及现代的交通方法与民治主义的产儿。印刷与教育为舆论的原动力。汽与电帮助舆论的传布与沟通。民治主义使舆论得着运用的机会，因而逐渐发展进步。民治的趋势日益增进，世界的交通日益便利，知识日益广阔，舆论也就日益复杂。而且舆论发动的障碍减少，指导舆论的困难，于是突加不已。

舆论在我国政治想来是享受相当的地位的。人民痛恨暴君的凶恶，指日誓咒，他们的言词，载在诗经，常为先贤所引证。孟轲论政治，必国人皆曰

* 本文原刊于《国立劳动大学月刊》（第1卷）1930年第2期。

可用，然后用，国人皆曰可杀，然后杀，对于舆论，多少尊重！国民革命军之所以能统一全国，固然有赖于先烈的牺牲，党军的努力，舆论实为更重要的原因。若国民不一致地信仰三民主义拥戴国民党，单凭着枪炮，恐怕到现在，还不能消灭北洋军阀的势力。这是现在的军事领袖所承认而且常说的。

可是梅因（Maine）说的很深刻，“舆论（Vox populi）可成神论，（Vox Dei）但是什么叫作论（Vox），什么叫作舆（Populi），始终没有一致的解释。这层，大家还少注意”。自从梅因的“平民政府”（populer Government）一书出版以来，对于民治主义的讨论，早已“汗牛充栋”，但是民治主义的基本条件，重要如舆论大概还没有得世人，尤其是我国人的了解。

在民治的政体之下，少数服从多数，已经成为一般人所公认的定例。其实，多数的意见，并不足以代表舆论。一个商人在年终到各处收账回来，路上遇着两个匪徒，所有一切全被抢去，但是以为天冷的缘故，匪徒忽然发起慈悲心，商量把自已的破棉衣脱给那个商人穿，并且还他几十块钱，在三人中，二个匪徒的意见，诚然是多数了。但是说在那被劫的地方有一种重新分配财产的舆论，谁都知道是错误的。即使反过来，三人中二人是行客，一人是强盗，行客中的一人与强盗联合起来，主张将财产重新分配一下，亦复不能成为舆论。在这种情形之下，说少数有服从多数的义务，岂不是十二分的荒谬。

这种所谓多数的意见之不能算作舆论的原因，并不在于他们之站在属于大的社会的一条支路上，或者他们隶属于一个共同政府的统治之下。飞机误落在没有政治组织的荒岛上，遇着野人，要劫夺机师的财产，或机师依仗着他们计谋或武器骗夺野人的物品，情形虽有不同，理论并无变更。简单地说，在以上所举假设的事件中的人不成其为能有舆论的社会。但在有组织的政府之下，单纯的一个多数意见，又何尝能成为舆论？美国南北战争之后，政治上发生很大的变化，那时关于党人是否应该享受选举权的南方舆论，绝不能拿二个人种的数目之多寡为标准。一种意见可算为白种人的舆论，另一种意见可算作黑种人的舆论，但是没有一种意见可以由可以代表二人种混合而成之民众的舆论。这样的例在世界各国中，真是“不胜枚举”。在爱尔兰，土耳其，印度，以及其他国家，凡是人民间的种族，宗教或是风俗差别太甚，以至于分成许多派的，对于国家的基本大计，大概不能一致。假使以多数为唯一标准，去判决舆论的趋势，结果必违反民治的真义。莫罕穆德的徒众用武力宣传教义，我们怎么拿人数的多少决定一个被征服地的民众对基督教或回教的信仰呢？政府是在回教徒的手中，我们可以说因为他们的人数没有基督徒多，舆论便反对他们的么？假使我们将异教徒杀害的成为少数，可以算他们在舆论上得着胜利了么？

多数的意见是不能成为舆论，但绝不是舆论要全国一致的主义。非但国民间种族，宗教，或风俗的差别，阻碍民意的一致，在单一民族的国家，也是不可能的，我们可以教人，也可以杀人，但是不同的意见是消灭不了的。威胁压迫，至多只能取得外形的一致，内容的分歧，必定比自由发表的更甚，一时或许可以隐蔽住，等到爆发出来，就不可收拾了。但看历史上一切革命之后，必有长时间的纠纷，就可知道。所以要求全国一致的舆论，不如不要舆论。而且一致的舆论，没有要我们讨论的必要，因为舆论果真一致了，无论在何种专制政府之下，准可得着胜利，这有什么可以给我们研究呢？不过要晓得一致的舆论，是绝无仅有的呀！

一致的立法制度，在波兰（Poland）曾经实际施行过，每个议员对于任何议案，皆有自由否认权（Liberam veio），结果，只能阻止进步，增加纠纷，制造失败而已。波兰制度，一时盛称为自由的极峰，事实上，却直接违反全民政治的基本原理。行政应当尊重舆论，但是舆论只能有一个普遍性而不能有一致性；多数不能压迫少数，但是在必需的条件之下，少数不能不服从多数。

多数不足，一致不能，那么，舆论的元素是什么呢？罗威尔（Lowell）从卢梭〔1〕(Rouseau）所说的“公共的意志”（common will）一语上，推悟到舆论以民众的同意为条件。卢梭主张人民权利生而自由平等的，虽然人民后来为了国家的组织，把天赋的权利放弃了，但却保留顺从各人意志的绝对自由。但是人民一经团结起来，便产生一个共同的意志，这个共同的意志，不是个人的意志（individual will）照卢梭的意思，个人的意志是自然人的个别意志，共同意志是人站在公民的立场上所有的意志。“私的利害能唆使人违反公的利害，个人的绝对的而自然的独立生存，能令他感觉他对于公共的担负是一种无酬赏的施舍，别人不得此施舍，所受的损失少，而个人出此施舍，所被的负担重；……他极愿享受公民的权利，但不愿尽属民的义务。此样不

〔1〕“卢梭”原文作“卢骚”，现据今日通常译法改正，下同。——校勘者注。

公正的发展，适足造成政治团体的毁灭。”共同的意志和所谓全体的意志有分别。前者注重于共同利害，后者“注重弘人的利害，为个别的意志之联结”。所以卢梭虽是天赋人权论者，仍旧坚持一个公民应当认清社会契约的目的，放弃私人利害观念；以共同意志为归依。这个共同意志，实为舆论的灵魂。

一个人群须先有确定的政治目的及确定的主义和方略，共同遵守，然后才能有舆论。有了一致的目的主义与方略，在范围以内，便可以多数的意见，推测舆论趋势。一百人之中，有六十人的意见是统一的，但是他们的意见只是私人利害关系的个别意志之联结，便不能代表舆论。国家有了这样的现象，我们只可说人民的政治知识缺乏，或者公共的道德观念薄弱，不可以说舆论是如此如此的。在这个时候，舆论要到其余的四十人中去求。他们的意见虽不一致，他们的目的和主义是一致的，所以四十人中之多数的意见是真的舆论。

政治是建筑在舆论和武力二者之上的。单纯的武力政府不能持久，单纯的舆论政府也不会有的。吴佩孚当日的军力威势简直无人敢敌，但是他的武力统一政策，终归失败。三民主义的政治，是全国人民意志热望的了，但终不免要藉武力打倒反革命的势力。只有政见不同的少数，能同意于多数的优胜，而一无抵抗的服从时，方能免掉武力。然而这是不可得的。一部的少数方面，实际上不是不抵抗，不过估量着势力不足，不肯或不敢妄动罢了。那么，所谓武力，并不一定要兵戎相见。宿犯巨匪，差不多永远是用武力对付的，足见武力是一切政府所不可少的。所要注意的，乃是在民治政府之下，武力是辅助舆论，而不是压迫舆论的。近代国家中，每有抱极端主义的人，无论如何，不肯让步妥协，我讲舆论的时候，当然不能把这种人也包括在内，因为不把他们提了出来，便永不会有共同的意志了。

排斥极端不妥协的少数，不能即引为民主政治的瑕病，武力的假借，须看一切的环境的需要，至少为了维持社会的秩序和安宁起见，武力是不可少的。然而这个理由，不可以随便借来压迫异己的政见。舆论的力量，在多数的同意，而其价值，则在于彼此见解之不同，尤在于能自由发表不同的见解用正当的和平方法，讨论或批评政治上的设施，除了极端的专制之外，是无可禁止的。新的真理，照例是由极少数的努力发现的。必使每人的意见得着充分的注意与研究，然后多数的后知后觉，才能接受少数先知先觉的影响，做真理的后盾，少数才能明了多数的主张，诚意服从。否则，少数的意见，永无发扬的机会，舆论成了死去的形体，甚或倒转来为少数有力分子所操纵，政治必难有进步，平民政治更谈不到了。单德（Tarde）推崇罗马帝国的伟大，就因为他容许辖境以内小国的思想竞争。言论自由，如卜莱士（Bryce）所言，为“群众之定命”（Fatalism of the multitude）一面可以防止多数的专制，一面可以扩充舆论的势力。

言论的自由，须与集会的自由并重。集会能使人多发表意见，并且可以确定讨论的范围。要想达到这个目的，集会不能限于政治问题，举凡一切人兴趣所及，利害所关，莫不应包括在内。但是集会自由，只可以造成真正的舆论为标准。若有别种不纯洁的意思掺杂其间，定会妨碍舆论的诚实表现。卢梭诚惶诚恐生怕派别的存在，破坏社会的共同意志，因为门户的见解，私利的关系，都足以禁闭一个人的自由思想。

国家起源于同类相助，团结为抵抗外力的结果。这个，中山先生已经说得很明了了。人为社会的动物，人不能离开社会，社会也不能离开人。人与社会的关系，没有比较战争或他种灾患时表现得更清醒。在最困苦的时候，除了极罕见赋有特性的人之外，没有人把身家性命看得一百二十分的重要。但是社会可以摧残人的身家性命，亦唯有社会可以保全人的身家性命。自由与财产，更是社会的创造品。离开社会，人便不能生存，离开人，便无所谓社会。社会的祸福，谁能操纵呢？当然是国家了。国家只一个抽象的东西，关于什么叫作国家的研究繁多，保存着的文章，虽穷一人毕生之力，不能尽读。最简单的，莫若模仿路易十四的口吻，“国家就是我们”。我们对于“小我”一己的利害，不肯轻易放弃，对于“小我”利害所系的“大我”，岂能不凭着良心知识，拿出主张来。又岂能轻易放弃这个基本权利？

民权是近代幼稚的产儿。在人同兽争的时期，所用的是气力。人同天争的时期，所用的是神权。及至人同人争，所用的便是君权。君权之后，才有民权。所以民权是很幼稚的，百多年前民治理论，还是偏向个人主义的。最近大家方始渐渐地认识任何社会的密切关系，虽然亚里士多德〔1〕老早就说过了。拔德纳（Butler）一八九九年在来米昔干大学毕业典礼的演说中，给我们一个很真切的比喻。人早前好似轮盘上的轮齿，盲目〔2〕地随着轮盘转动，

〔1〕“亚里士多德”原文作“亚里斯多德”，现据今日通常译法改正。——校勘者注。

〔2〕“盲目”原文作“妄目”，现据今日通常用法改正。——校勘者注。

现在渐渐成为生物体内的细胞了。政治以舆论为转移，那么一个人之为死的轮齿，或为活的细胞，当然要看他是否参加舆论。

在一般民治政治体之下，在政府中代表舆论的机关，为议会。然而代议制经过长期的试验之后，已经失去信用，尤其在我国，简直的宣告破坏了。补救代议制的弊病，即是直接民权。官吏直接选举，并且还有罢免权，救济选举的差误。自然罢免权的使用，应用极严的限制。例如法官为了维持司法的独立起见，只可以根据良心和法律进行判刑，丝毫不能受外界的影响，如果有贪赃枉法的情事，只有向权力机关检举，依法惩办。但是本文不是专为讨论直接民权的，详细的研究，便要溢出题目的范围了。

关于复决创制二权，有几点不能不略加说明，罢免是一种最后的手段，只可在官吏故意违反民意破坏法律或溺职等万不得已时，才能使用此权。但是忠实有能的官吏，不一定能事事尽如民意，假使因为职权以内的主张不为人民所喜，就被罢免，必致引起政治上的不稳定，比现在的法国制度更甚。而且这选举和罢免两权，是管理官吏的，是对人的。要谋充分的发扬民治精神，人民除了任免官吏之外，必定还要直接以舆论管理法律。复决权，便是以舆论修正法律的权，复决权是建筑在两大理论上面的。第一个理由为对于立法的不信任。政治上的引诱太大了，立法难免感受不纯正的影响。人民既为一切权力的根源，自应保留最后判决权。第二个理由为对于争点的划分。选举的时候，当然尽量地投最接近民意的人的票。然而选举当选人不见得样样事都和人民所需所欲的符合。有了复决权，便可将各个问题划分开来，征求民众的意见，庶几最接近舆论的人不致因少数问题，失去民众的赞助，而舆论也可不受牺牲，瑞士之有复决权，实以此为最重要的理论依据。

复决权究竟是消极的，人民有了这个权利，可以推翻或者修改他们所不喜欢的法律。舆论的积极实现，唯有创制权才能做到。创制权和请愿权不同。请愿只能自由表示舆论，很多法律是由请愿得来的，但政府拒绝请愿时，舆论便永为舆论，空泛而无时效了。创制权是什么？中山先生说，“如果大家看了一种法律，以为很有利于人民的，便要有一种权自己决定出来，交到政府去执行。关于这种权，叫作创制权。”舆论有了选择，罢免，复决，创制，四个直接民权，才能在政治上实现，才能做到真正的全民政治。

然而舆论的运用，不是毫无限制的。有些事不是舆论所能指挥的，有些事舆论虽能指挥，但时常会发生错误。古代的人事单简，人民虽然很少有参加政治的机会，但是他们如果用舆论指挥一切，倒可以得着很圆满的结果。现在舆论的威权增加了，而舆论的能力反不及往昔。民治主义的进化，选举的普及，在过去一世纪中进步非常迅速，似乎舆论对于一切重大问题，都可实际管理了。一般人民的聪明才智一天一天地在那里增加，这是我们应当绝对承认的，但是聪明才智的需要范围扩大的更快，我们应该绝对的承认罢。乡村间的绅士简直是一部乡村百科全书，无论什么事他都懂，都能下一个正确的判决，修路、造桥、开沟、筑屋、办学、种地，可以一手包办。但是我们请大学董事建筑图书馆，报馆主笔筹画汽车道，便要发生困难了。人们的聪明才智的进步，和聪明才智的需要范围的扩大，不能均衡。而且学术愈进步愈专门，专业化的结果，差不多使人对于本行以外的事，隔膜得了不得。在近代的大学者间，要找一个像先儒无所不谈的，简直不可能。“诸子百家，无所不知，九流三教，无所不晓”，这句话已成为过去的赞语了。一切的私人问题如此，公共的问题亦未尝不如此，农业地的人民对于农业问题的了解，大概比别人强，工业区的人民对于工业问题的知识，大概比别人富。关于农工问题他们管免不了几许偏见，至少，他们可以造成更真确的舆论。专门的问题固难，舆论的调和更难。调和近乎妥协，说起来很不好听。本来妥协是很坏的精神。可是不论什么事都有正负二方面，不应妥协的地方，不应让步，政治的实施，却也应当采取适中的方法，在不妥协的范围内，调和是不可缺少的。在一个问题有了正负极端的趋向时，适中的调和，也许是真的舆论。但在此种情形之下，极端者的风浪，每比冷静公道的民众的风浪高，而将真的舆论压下去。在大都市中尤多这种现象。大都市的组织极其复杂，各种职业都有，各种思想也都有，利害的冲突，意见的分歧，只能使人感觉混乱，而找不出真相〔1〕。有了上述的情形，有时我们分析一种舆论，觉得只有一部分是合理的，甚或含有极大的错误。莫慈莱（Maudsley）说，“要说大多数人的理论是正确的，简直是世上最荒谬的事，他们的信仰如同他们的本能和习惯一样，是从他们的遗传组织，他们的教育，以及他们的例行生活中获得的。”感情与模仿实为人类思想的主要渊源。斐基浩（Baqehot）说得最有趣，“最初一种‘机会的优胜’（Chance predominance）成了一个模型，然后发生一种不可侵犯的吸引力，使得一般人，除了坚忍者之外，模仿眼前的一切，

〔1〕“真相”原文作“真象”，现据今日通常用法改正。——校勘者注。

达到他们所希望的造就，于是人遂为那个模型的出品。这个，我想，就是现代新的国民性所以养成的程序。……国民性知识——胜利的地方性；正如国语只是一种胜利的方言，一个地方的土话渐渐地比别的地方的土话，更有势力——有的时候只是略为有势一点，——于是在书籍中社会上便成一种束缚。”人是环境的牺牲品，“近朱者赤，近墨者黑，”不知不觉的同化，并没有什么理由可说。我国的所谓国语，大概是指北平话而言。北平话非常的悦耳，悦耳而不像苏州话那样柔的毫无骨气。但是北平话之成为国语，并不是因为他悦耳，而故意采作用的。北平是旧都，做官的人在那里说惯了，便逐渐普遍起来，所以当时有“官话”之称。言语中之有意识的创造，要推世界语，但是世界语还没有英语普遍。言语为人们的生活之一，由此可以推测其他。

在我们的行为中，真正理智的结果，只占据极小的部分，家庭的景况，支配一个人的生命大部分。士人之子恒为士，农人之子恒为农，不能一概归咎于阶级制度的压迫，打破阶级所做到的，只是给大家一个平等发展的机会。但是农夫中充分利用这个机会跳出来而成为哲学家的有几个？从商人中跳出来的政治家有几个？其次影响很大的便是教育。在教会学校受训练的青年，虽然没有信教，或竟反对宗教，但是他的思想行为，多少总有接近教会的地方。一般人的政见，每每受了各种环境的影响而养成，但自己并不知道其来源。所以寻常问题，大家每日讨论的，容易得着一个确定的舆论。关于人的问题，舆论尤其精锐，民众对于一个人的命运的同情，比对于主义的命运格外关切，伟大人物的言论不一定比常人高明，甚至不及常人，但是凭借他的资望便可以吸引很多人的同情。

近代社会，虽积极望着平常的路上去，身份财产，依然支配人的社会生命，实际上所做到的只是机会均等，即拿破仑所谓“才能的自发扬”。（La Carriere ouverte au talens）。平等本是人为的，自然不知所谓平等。“人造的平等，只有做到政治上的地位平等，……必要各人在政治上的立足点都是平等”。中山先生的革命思想是要利用天生的补平等，做到人为的平等，人们有了这样平等的发展机会，社会的动性便大起来，各人皆可提高自己的地位，造就自己的资望，养成影响舆论的势力。

这个平等的发展机会是民主政治的一个大贡献，舆论的一个大进步，但同时，也会产生恶果，就是广告政策。广告是一种很重要的营业技术，大商店没有不靠广告的。ABC 的衬衣，双妹牌的化妆品，为华商善于利用广告的实力。营业范围以外的一切，广告虽不是必要的，至少是很有效力的。清高如大学，都在那里利用广告。有人想要宣传一种新的意见，困难不在于社会的信与不信，而在于如何使社会知道，不在乎社会对他的批评公道不公道，我们，可说是生存在广告的时代，事实中船上，路旁边角，无处不有广告，报纸简直靠着广告维持生活，报纸本身的售价，付印刷费，恐怕都不够。即言报内的消息，比如某机关办事如何认真，某学校内容如何充实，某工厂出品如何精良，某学生成绩如何优秀，也均含有大部分的广告作用，既然广告有如此大作用，谁能担保广告不过其词，甚至是开真方卖假药呢？一个人要知道舆论的成立和其对于自身的关系，有两点非常重要，必须认清楚：一，自己所知道的。二，自己所不知道的。所知，供给社会，让社会接受模仿，所不知，便须接受他人的供给，去模仿他们。民主政治的最大危机，便是以为任何人都能负政治上的责任，都可以主张政治的设施，或者利用机会企图私利，任意乱做广告，混淆民众的视听，造成舆论的错误。华拉斯在《政治中的人性》一书中说，“普通玄晶的问题倘不为大资产工业家私用他们的机会操纵一切”很可进行顺利。但是如果近代国家中的富人，为了把持赋税，垄断托拉斯，或者阻碍其财产的没收，牺牲其所得的三分之一，为政治上的运动费，现在还没有一种惩罚条例，可以禁止他们如此使用。他们假如真的进行起来，仅用充分的收买技能，可以鼓动感情，制造舆论，将来的政治竞争，必会发生变化。广告如上面所说，已经是危险的事，广告而被收买被压迫，那就更不堪了。富豪政治的北美合众国的大工商业，便是在少数资本家手中的。他们为了维持固有的地位，保障发展的希望起见，把持教育，操纵新闻，无所不用其极。辛格雷（Upton Sinclair）有两本极具趣味的书，一本叫鹅步（Goose - step），一本叫铜勒（Brass Check），前者记载富豪帝国（Plutucraeic Empire）中的教育，后者记述该国的新闻事业，照他说来，美国的舆论真值得我们痛哭。

美国的大金融实业机关，全在几个人手中连环着。他们管理了纽约三大银行，两大信托公司，毛根银公司（J. P. Morgan and company），第一个国家银行，市银行，保护信托公司，兴公平信托公司。这五家的董事，同时便是各大公司的董事。因为他掌着全国的经济权，他们的命令没有人敢不服从。他们的营业是如此进行的，辛格雷引证卜郎颓（Prandeis）的话，“毛根（或者他的股东）为纽约，纽海文，哈德福铁道的董事，使该铁道公司将债券卖给毛根银公司。毛根银公司向保证信托公司借款付债券，毛根（他的股东）为保证的董事。毛根公司又把债券卖给彭在助人寿保险公司，那里毛根（他的股东）是董事。”铁道公司举债向美国钢铁公司买铁，毛根（或他的股东）是钢铁公司的董事。这样轮流下去，始终不出毛根的范围。教育机关，新闻机关，也都仰依资本家的供给，于是教育新闻成了维护资本的利益工具了。

近代的有名政治学家赖士祺（Laski），在哈佛大学教授政治学，因为有过一次对工人演说，表同情与劳动运动，终至不安于位而离开哈佛，虽然学校当局并没有开除他，学生并没有开会驱逐他，不过他们用的另外一种巧妙的方法罢了。这件事，辛格雷在鹅步里，记述得很详细。

美国的资本家认清楚教育与新闻的重要，努力投资，暂且不问他们的动机为公还是为私，他们所收获的效果是很大的。即使他们投资的目的不是为求操纵舆论，而舆论终于被他们操纵了。

要求真正的舆论的方法，从各方面观察起来，还得从教育和新闻着手，否则人民既无判断力，又不知道事实的真相，正确的意见从哪里来呢？中国的教育和新闻事业都不发达，所以中国人民也没有舆论。然而中国不是真的绝对没有舆论。中国没有像美国那样大的资本家，可以操纵舆论，也没有像美国那样有眼光的资本家，肯投资教育新闻事业，但是中国不是放弃权利，便是不得自由发表言论的机会，因为缺乏舆论充分表现的缘故，便说中国没有舆论，便说我国人民够不上民治的资格，是不知中国的情形，是不知民治主义发展的历史。舆论需要训练，那是我们应当承认的，中国人民尤其需要训练。但是舆论的教育应在实际政治中去求得。

我的结论是：

一、舆论是公共的意志；

二、舆论的价值在能发表不同的意见；

三、舆论是可训练而不可压迫；

四、舆论须防止有人操纵；

五、舆论的教育方法是实际参加政治；

六、受舆论指挥的政府才是真正的人民政府。

徒法不能以自行论*

丘汉平

本题系袭自孟子。吾所以取其言为题者，盖其中涵有至理焉。惟欲明了[1]此语之真谛，必须将法律之产生，作用及其效果先为评定，然后可进而研究孟子之政治观念及其法律思想。如上述诸问题均已明了，则可追索孟子此语真意之所在矣。详言之，即孟子是否反对法律为制治之具，抑或对于法律之作用别具怀疑。兹分节述之。

一、法律之产生

关于法律之产生，论者不一。就众说归纳之，不外乎下列解释：

（一）神意说，此为原始社会之见解。除野蛮及未开化之人类外，现均否认此说。

（二）自然说，即认法律非人类所创造，乃由于自然之启示也。故法律之理想，为自然法。

（三）理性说，人类之有法律，不外理性。故法律之良好，以其是否合于理性。

（四）权利说，法律乃由于有权利施诸无权利者。历史上之法律，大都如是。

（五）阶级说，此说认为法律乃由于一阶级或数阶级欲维持其优越地位而设。所谓阶级，非指团结而言，凡处在同等地位或站在同一阵线者均为同一阶级，不问其有无联系也。

---

* 本文原刊于《法学杂志（上海1931）》（第5卷）1932年第4、5期。

〔1〕“明了”原文作“明瞭”，现据今日通常用法改正。——校勘者注。

（六）民主说，法律乃由服从者之同意而产生，其未经人民正式同意者，非法律，今人多附会此说。

（七）契约说，法律乃人们互定之契约，其不顾遵守者得退出之。

（八）社会说，法律乃随社会而产生，无社会即无法律，故法律为社会之自然产物，不问其形成之如何也。

（九）习惯说，法律由于人类之重复行为而成立，故法律与习惯名异而实同，难以区别。

（十）最低道德实现说，此说以法律为实现道德之最低限度。故在理想之社会，法律均无存在之必要。吾国儒家主之。

以上诸说，各言之成理，持之有故，吾人殊难定其是非。惟从法律形式各方面观之，上述诸说均属欠全。例如以法律之产生全由于习惯，则不免抹杀人类之创造性。今日之立法，属于创造者颇不少，是此说已难自圆矣。余以为法律之产生，非尽为无意识，亦非尽为有意识，非尽为人道正义，而非尽为阶级利益。盖法律之为物，全基于社会之形成。而社会之得以继续生存，及其间分子之得以互谋彼此生活，则又源于法律。职是之故。法律乃随社会而来，故社会与法律为不可分离之物，去此则失彼。二者之关系成为正式比例，简言之，则平行也。若夫社会进步而法律退化或社会退化而法律进步，则未之前闻。征之往史，斯言益爽。例如我国重农，于是数千年之经济发展，均不能脱去农村生活。遂至私法甚形幼稚。彼罗马诸邦，农商并重，交易安全视为重要。兼以奴隶制度盛行，私有观念甚为发达。法律对此规定，自必务详且周，以免纠纷。此罗马私法之所以较其他古国为详尽而另放一光彩也。

二、法律之作用

前节所述法律之产生，系由于人类集居之结果，易言之，社会不能离开法律而可单独存在也。此种自然之产生，既非神意，亦非任诸吾人之肯否。盖人类有一日需社会以营养其生活，则一日不能除去法律，故法律之作用，首在维持社会之生存。然欲达此目的，必须先谋社会之安宁。社会不安，则所谓社会之生存，势必发生动摇。惟欲达到社会之安宁，亦非易事。盖一社会之中，分子复杂异常，——老少愚智男女既差，其间安宁之程度自难强同。况社会进步之状况各殊，需要不一，人类不得不进而寻求安宁之道，此古今社会之所同也。

故法律之唯一作用，在于寻求社会安宁而已矣。所谓安宁，有消极积极之分。前者为维持现有制度，易言之，即对于已存之人为制度不加变更，只在此范围内予以保护也。过去之法律，大抵如是。此种消极安宁，在人类意识未全发达时，似难厚非，其以法律为优越阶级对于被治阶级之工具，乃见乎已往社会均趋于消极之安宁，详言之，即对于社会已形成之优劣阶级维持其现状也。

虽然，消极之安宁，在今日视之，实予人以攻击之处。盖其结果，只见阶级悬殊，贫富不等，不惟未能使社会臻于安宁，且日见增重其纷乱之状态也。欧洲自宗教战争之后，人类思想重现其活泼。对于社会之安宁，研究深切。迨产业革命，旧昔生产制度崩溃，人类生活另换一样式，贫富相差益远，长此以往，不谋改弦更张，势必发生社会激烈战争。有识之士，愁然忧焉，乃潜心研究，以谋大多数人之幸福。今之社会主义、共产主义、工团主义、社会政策等等，即欲达到此愿望也。社会之思想及进步，既易途而行，求其实现，胥有赖于法律。此今日之法律渐舍往昔之消极安宁而遂谋积极之安宁也。

惟积极安宁实现之后，亦必渐流为消极安宁。盖法律对于现存制度既加以改革，对于改革后之制度自必极力维持，渐成为未来社会之既存制度。倘未来社会之既存制度，在斯时之社会观之，固为既存之法律。今之视昔，犹后之视今，时异而实同。

三、法律之效果

法律之作用，即为维持社会之安宁，则其效果奚若，当为社会之最重要事件。古今一切法律，其目的皆曰维持社会安宁。迨观其收效，始知非如社会之所期也。已往之立法，只注重法律之形式及内容之齐整，此为最大之错误。继承罗马法系诸国，大都如是。

故于一律文之效果是否一如吾人之所期及其如何实现之方法，每置而不问，或即问焉而不详。以是法律与社会之实际生活互相背驰。近五十年来，社会日趋复杂，益呈阢陧不安状态。有识之士，始恍悟已往立法所期之社会安宁成为泡影，乃渐研讨其原。例如以自由契约为足维持交易之安全及社会之安宁一说，在斯时观之，殊难厚非。依其说，若人人可以自由订定契约，则社会无不公平之事发生。有之，亦各个人之自愿耳。此种个人主义之法律，在彼时之社会，固一维持社会安宁之圭臬也。然究其结果，不惟未能维持社会之安宁，反足增重社会之纠纷，盖人类经济自早不均，贫富悬殊。例如自由契约之立法，只予握有经济权者之便利，其以劳力服务取得报酬之人势有不可不仰给有力者之供给。资方之目的在于获利，故凡可以减低成本之负担，自必为之。劳方之目的在于生活，故凡可以资生活者，亦必为之。但若一社会之中，劳资两方俱属同等，则彼此之势力均衡，不致发生不平待遇。一观人类历史上之社会，贫穷者实居最大数，其得以优游生活者，寥若晨星。职是之故，无产者迫于饥饿，势有不得不屈就握有经济权者之支配。在此情形之下所订定之工作契约，果得称为自由乎？自法理方面观之，其为自由契约也无疑。因契约须本于两方当事人之同意。譬如资方之要约为每日工作十二小时给资四角，劳方承诺之，是为契约之成立。倘若劳方半途辞工，资方必依法请求强制执行。即不能强制执行，亦得请求损害赔偿，至于工人之生活如何，法律不之问也。此种制度，苟实行之于小工业，其弊犹小。但自大规模之工业发达后，弊害产生。此近百年来劳工问题之所以震动欧美而有以谋善其后也。

今之立法，大都盱衡劳资双方之安宁。然以政权之大部分尚握于有产阶级掌中，所谓保护无产阶级之利益，亦渺乎其小。惟各国立法趋势，渐能衡其得失，计其利害，究其效果。对于实施方法，亦予以比较深长之考虑，不复盲人骑瞎马矣。

虽然，法律之内容纵能贯彻[1]上述宗旨，仍难奏其肤功。其有赖于良法善吏之实现，自不待言。彼英美诸邦，法律条文之齐整，固不及大陆，但其法治精神，则为列国望尘莫及也。由此观之，立法与司法均为重要。而其与社会安宁尤为重要者，厥为司法矣！孟子谓徒法不能自行，其亦此之谓乎？

四、孟子之政治观念

儒家之政治思想，其根本始终一贯。孟子继承孔子之立论，而发挥光大之。孟子之政治论，以“正心”为基础。所谓“正心”，乃指人之天性而言。人之天性，据孟子之意，皆属善者；其不善者，人为之也。去人为之不善，复人生之本性，之二语堪为孟子之政论中心。如曰：“人皆有不忍人之心，先

[1] “贯彻”原文作“贯澈”，现据今日通常用法改正。——校勘者注。

王有不忍人之心，斯有不忍人之政矣。以不忍人之心，行不忍人之政，治天下可运诸掌！”此不忍人之心，乃与生俱来。苟能充之，则天下治矣。人类之所以卑鄙龌龊，皆缘不能扩充此善心，不但不能扩充此善心，且因环境之影响而日渐消蚀也。

然要达到正心，易言之，即保存人之本性，必须探究其为之所在。孟子于此，有一发现，即人之为伪在于生活之不裕也。兹举其言以证之：

“民事不可缓也……民之为道也：有恒产者，有恒心；无恒产者，无恒心。苟无恒心，放辟邪侈，无不为已。”（《滕公文上》）

细嚼上录之言，吾人便可知孟子并非唯心派之政治家。其社会哲学之基础虽为正心，然欲达到正心之目的，则必须使民有恒产而后可。足见孟子并不离开实际生活而妄发高论。生活若不安定，民之恒心自属不可能。既无恒心，一切罪恶，无不为矣！此与管子所言之衣食足而后知礼仪，适成一贯。

但人民之恒产，亦必须使其足以养生，方可冀其恒心。兹引孟子对齐宣王之言曰：

“今也，制民之产，仰不足以事父母，俯不足以畜妻子；乐岁终身苦，凶岁不免于死亡：此惟救死而恐不赡，奚暇治礼义哉！”（《梁惠王上》）

此种不生不死之制产，有等于无，仍不能使民为善。“是故明君制民之产，必使仰足以事父母，俯足以畜妻子，乐岁终身饱，凶年免于死亡。然后驱而之善，故民之从之也轻。”（《梁惠王上》）依此原则而说明如何使民有适当之制产。故欲一国之治，势非先解决民生问题不可。若置此问题于不顾，徒言善政，是舍本逐末也。

孟子不但从正面说明“正心”须先使民生裕如，且从反面研究其得失。良以人民不能无恒产，其“无恒产而有恒心者，惟士为能”。但芸芸众生，其为士者少，且为士之人，亦未必全皆有气节。试观孔子时代之士气，已可窥见。后来韩非子将此点更进一步言曰：“夫以殆辱之故，而不求于足之外者，老聃也。今以为足民而可以治，是以为民皆辱老聃也。”（《韩非子·六反》）

人民因无恒产，而无恒心，因无恒心而为非，此乃势之必然，然咎应由当国者负之，非人性之不善也。然一般执掌国政之人君，不但不知自己之错误，反变本加厉，严重刑罚，以冀使民趋善。此种恃刑而不恃仁，为儒家所反对，孟子自不能居外。

故若民之制产不足图生存，社会自趋于乱，理之必然。夫国家之设有人君，原为治民。民之不治，由于上之失道。君不君矣，则其特有之权威[1]失。民无治，则可自求生路。故孟子一方倡革命，一方言民生。前者如曰："贼仁者，谓之贼；贼义者，谓之残；残贼之人，谓之一夫。闻诛一夫纣矣，未闻弑君也。"后者如曰："民为贵，社稷次之，君为轻。"依此立论，失道之人君，人民则可驱逐之。此种行动为达到民生实现之不可缺手段。

五、徒法不能以自行之意义

孟子所谓"徒法不能以自行"，实指法度而言，故含义甚广，非今人之专指法律也。兹分析其意义于下[2]：

（一）一曰先王之道，儒家言必仁义，而所谓仁义仁政，则不外先王之道。苟能遵先王之道，必万无一失。此点本文略焉不述。

（二）一曰法度，所谓法度，即指一切典章制度而言，法律包括其中。揣孟子之意，徒效先王法度，而不谋仁义之扩充，亦必无效果之可获也。

（三）一曰方法，有方法而无仁义为之前驱，必失所用。

（四）一曰法律，有法律而无仁义为准则，法将不法矣。

本文只就末一点之意义阐明之。夫法律者，人为制度之一也。其设立也，纯系人群之需要。依儒者之见解，社会之治乱，唯仁义是恃。法律之为用，究其极也，只可补仁义之不足耳。若恃以为治世之工具，则为儒家所鄙弃。于此，法治与德治分道背驰矣。苟我人就孟子之政治立论与传统的法治主义者之政治立论相比较，其间之得失，显而易见。孟子虽非主张私产制度之宜废止，却主张人民应有适当之生活。若人民不能获得适当生活，放辟邪侈，自必无所不为。因此而陷于罪，实非人民之过，刑法不宜加之。此种探究社会乱源之因果，堪称正义。若法治主义者之立论，则专恃法律之社会之治具。社会及有司亦只问是否违法而已，至于违法之前因后果，每置之不问。此资本主义之下法律所以日趋残暴，而社会日逞混乱也。

十九世纪以后，贫富益形悬殊，人民流离失所。虽有峻法如山，反见犯罪增加，社会日现阢陧不安。先觉之士，探究其源，始恍然徒法之不足为治也。故自前世纪以还，民生问题，日形严重。各国法律，亦渐移其方向。不

---

〔1〕"权威"原文作"威权"，现据今日通常用法改正。——校勘者注。

〔2〕"下"原文作"左"，现据排版需要改正。——校勘者注。

惟求法律之稳定，且求法律之适应。时至今日，适应之需求，实超乎稳定之需求也。为使法律得以适应一社会之需要，自不可不求内容之改变。此则今日所习问法律之社会化也。

六、法律果为制治之具乎？

然徒恃法律内容之改变，不谋生产之分配，恐其收效亦甚渺少。社会主义者有见及此，乃主张生产集中于国家，使人民得同一之分配，——并依人民之需要而增加生产之数量。其目的亦无非使民有“恒产”，详言之，即人民有一定之生活也。此与孟子之政论相同。惟社会主义者以为欲达到此主张之实现，端赖无产阶级之能获得政权。若政权在手，则可善用法律以治下，循序求其实现矣。阶级斗争之学说即为此派之铁具。至于孟子，因生在君主专制政体之下，其所主张之手段自必不同。彼既以人性本善，易于仿效，则上若行善，下必效之。故国君之唯一职务，在于为善而已。如能为善，民必效之。其言曰：“三代之得天下也以仁，其失天下也以不仁。国之所以废兴存亡者亦然。天子不仁，不保四海；诸侯不仁，不保社稷；卿大夫不仁，不保宗庙；士庶人不仁，不保四体。”离书又曰：“其身正，而天下归之。”因人性本善。故孟子劝当时人君，不要怕人民不肯为善，只要看国君有无决心。彼喻“民之归仁也，犹水之就下，兽之走圹也”。而欲民之辅仁也，必须上之有以足民之生。他若法律，则不足恃以为治，政权亦不关重要。由此观之，孟子之见解，实以民生问题为前提。如能解决民生问题，则天下之治立见，人民便可回复本性。反之，如民生问题不能解决，或解决不当，虽有政权峻法，仍无济于事。若政府当局具有解决民生问题之决心并实行之，即是为仁。反之，只在于外形之修饰，偷行仁声，亦等于不仁。于此，孟子有数段妙论。兹录之于下：

“仁之胜不仁，犹水胜火。今之为仁者，犹以一杯水，救一车薪之火也。不熄，则谓之水不胜火，此又与于不仁之甚者也。”（《告子》）

“今之欲王者，犹七年之病，求三年之艾也。”（《离娄》）

“五谷者，种之美者也。苟为不熟，不如荑稗。夫仁亦在乎熟之而已矣。”（《告子》）

孟子不信行仁义之君而失天下，易言之，即民安于业而好乱者。既不好乱，法奚用哉！退一步言之，姑认法律可为制治之具，然其实现之困难，则今古同感棘手。有治法无治人，是则法律仍脱不得人治。良法须有良吏，方可求公平之实现，此犹良马须有伯乐其人也。彼欧美先进诸邦，素以法律为制治之唯一工具，历数百年之经验，对于良吏之训练，尚难获一美满成绩。可见法律之最大收获，不外求一差强人意之公平耳。至此，吾不禁有所感于孔子之言焉。其言曰："听讼，吾犹人也，必也使无讼乎？"儒家之反对法治，盖有由矣。

七、现代之法律问题

以上诸端，乃就孟子对于法律之效用程度简为论述。今试取其言以评今日之立法趋势，吾人或可得所抉择矣。今之立法，已趋于自觉时代。详言之，即对于法律之良恶可由人为之。彼英美素以习惯著称，亦已另辟蹊径，改弦更张，冀以适应现代社会之需要。惟以英美之社会背景[1]而言立法，则法律之进步，殊属落后。而后进诸邦，经济虽甚幼稚，但法律之改进，则超过其适应之程度，两失其宜。

故就现代之法律而言，吾人可归纳下列二问题：

（一）法律内容之适应问题（或曰法律自身之问题）；

（二）法律之实现问题（或曰法律之实施问题）。

在第一问题之中，所必须研究者，为社会之背景及趋势，经济之状况，社会之思想倾向，社会定律。明乎此，始可知该社会对于法律之需要程度。然后再进为法律内容之整理及文字之简洁。最后乃研讨每个条文适用之效果。

至于第二问题，则为法律之效能问题。易言之，法律内容虽如何齐整公平，仍必须视其收效之如何。譬如骏马一匹，必须伯乐其才方可驾驭无失。良好之法律犹骏马也，非有似伯乐之法吏绝难收效。故法律之第一问题纵可完全解决，而其实现是否一如立法者之所期，实一大问题。且就法律之诸问题观之，法律之施行问题厥为其大焉者。盖善法必须有善吏以行之。否则，法律之完整公平，不外具文已耳。

惟善吏之才，在无论任何时代，实百不一焉。以百不一之善吏而欲求法律公平之实现一若立法者之所期，不啻杯水车薪之类。故欧美诸邦，对于法吏之培养及实现法律之工具莫不倍加注意。大体言之，其所用以培养善吏之方法，不外二事：一曰求法吏人格之修养，一曰求审判方法之精密。前者如

---

〔1〕"背景"原文作"背境"，现据今日通常用法改正。——校勘者注。

注重法吏之资格，经验，学历，品性，待遇等。后者如审判制度，审判手续，审判之科学方法等。凡此种种，皆为养成良吏之最要事项。各国司法之良否，则视其注重此种事项之程度也。

虽然，即使吾人对良法善吏一如吾人之所期，法律仍未能臻其完善之境也。其故有二：一曰法律自身之病，一曰人事之病。盖无论任何时期之法律只能提纲挈领，绝难将人事网罗殆尽。此缘人性不同，心理各异有以致之也。至于人事之病，则因人情之好恶不同，虽有科学方法，时或难以适用。同一罪犯也，其心理状态及证据审择，必不相同。若以一定之方法而审定其结果。只可视为符合法文，却不得视为公平之审判也。故法律之为物，若视为实现公平之具，吾以为未可。然若视为冀求实现公平之具，斯乃法律之质矣。

由此观之，不惟徒法不能以自行，即使有善法良吏亦难冀实行而无缺。今之司法之吏，于此可不三思欤！

法律与法治*

孙祖基

今代法律的三种特性

世间用来规范人类行为的东西有三种：第一为道德，第二为宗教，第三为法律。道德在社会中以公众称誉或公众讥评为工具；宗教的动力，来自上界超人，而作用及于凡人的意志。至于法律，以国家为发动机关，以刑罚为器械，又以维持公道为究竟。[1]以上三种，虽然同样是人类行为的规范不遵道德与宗教，只依自己的良心或信仰以维持人们的行为。法律则不然。法律具有命令，权威[2]，及责效的三种特性。他的力量，自然要超出道德与宗教各一等，现在把这三种特性略为解说一下：

第一，命令的特性：原来初民在太古时代，本来没有什么法律，凡事只付托风俗，令其处置。今代国家则不然，必制定规则与建立行为的标准。前者用以维持公道，后者用以治理人群中的相互关系。两者用处不同，而其倾向于干涉则一。第二，权威的特性：今代法律有明显[3]趋势，就是规则愈立愈多，而每条规则都是假想为一国的主权者（Sovereign）所造，——就是全国的主治者或主治机关所造。但主治者一立规则之后，并不视为具文，必求其有实际功用。求之之法有三：其一犯规则者必罚；其二不信服者预受干涉；其三损害他人事务者责其恢复旧观，或责其赔偿因扰乱而停止进行所生的损失。这样办法便是责效 Sanction（或译作制裁），故责效便是今代法律的

---

* 本文原刊于《中学生》1934 年第 41 期。

〔1〕见庞德《法学肄言》（R. Pound, *Introduction to Study of Law*）第一章第二节

〔2〕“权威”原文作“权威”，现据今日通常用法改正，下同。——校勘者注。

〔3〕“明显”原文作“显明”，现据今日通常用法改正。——校勘者注。

第三特性。[1]

法律因为具备以上三种特性，所以他的力量比较道德和宗教都强。法律的发展，可以使人群的权义确立，邦国的秩序井然。

法律的正负作用

法律的作用，可分为正负两方面：负的方面，他可以测定人类的相互关系而使之系统化。人类的相互关系，可分做五类：（一）个人与个人的关系；（二）个人与本国的关系；（三）个人与他国的关系；（四）国家的组织及功能；（五）国家与国家的关系。人类的错综庞杂的关系，由法律为之整理编制，使人类可以相安，自养，相助，乐群。[2]这便是法律的负面作用。至于他的正面作用呢？他是在依据公道，以调和人类的相互利益。原来人类在社会中需要许多事物，以致彼此所有利益，不免时相抵触。在竞争剧烈的时候，惟赖有公道为之调和。故一方须容许人的权利及能力，尽量发展；他方又须顾及他人的利益，使与并存而不悖。此项必须调和之利益，可以分做人群的，公家的，和私家的三种。这三种利益，以私家的利益基础，而后扩大及于人群的和公家的利益，所谓私家的利益，约有六类，如下：[3]

（一）属于身体与生命的。这一类的利益从历史上观察，最先受国家法律的保护。古代法律的大部分，是以保护身家性命的规则所构成的。

（二）属于家庭的。这类利益在古代本视为私家利益，今代法律却以其关系极大，视同人群利益之一。

（三）属于财产的。这类利益为生存的要件，古今法律都规定[4]极严，防微周至。

（四）属于名誉的。名誉的重要，仅次于人的生命，所以也算做私家利益中的一部分。这类利益，大抵因诽谤诬陷而被侵及。古代重视轻蔑，故为法律所必惩，今代对于侮辱毁谤[5]，也定有严厉的处分，以保护这一类的利益。

---

[1] 见前书第一章第三节。

[2] 见孟德斯鸠《法意》（Montesguieu，*The Spirit of Law*）第二章。

[3] 见庞德著《法律哲学概论》（Pound，*Introduction to the philosophy of Law*）第二讲

[4] “规定”原文作“规订”，现据今日通常用法改正。——校勘者注。

[5] “毁谤”原文作“谤毁”，现据今日通常用法改正。——校勘者注。

（五）属于自由意志的。这是法律上所最难处治的一个问题。初民时代的法律，只得置之不理，今代法律则异是。故凡以压力屈服他人的意志，以欺诈诡计困迫他人的愿力，滥用私人信任与利用他人的弱点以降服其人及以威力胁服他人互订契约而得法律上的利益，诸如此类，都要受法律惩处的。

（六）属于精神生活的。这类利益为私人在道德上，宗教上，政治上所应有的，而常常被不相容忍者所排挤压迫。但法律在此处所能为者亦极属有限，故除禁止国立宗教和反对限制私人信仰外，法律即无能为役。因之古代所遗留的“不容忍”（Intolerance）还有多少种类都是社会压服个人的陈迹，至今依然存在。虽然此类利益固属重要，但并非至尊无上；苟取之以与公家的或人群的利益相比较，当互相抵触时，法律必轻视私家的利益，而侧重公家或人群的利益。

法律主治

法律主治的意义，就是以含有命令，权威及责效性的规范人类行为的规则，治理国家。法律的特性，既较道德或宗教为优越，已如首节所述，而他的本身，又是公道、正义、平衡的代表，运用的结果自可使人民折服，而发生共同的信仰。一个法治的国家，人人在法律上平等，人人也服从同一的法律。人民除服从法律以外，不知权威为何事，亦不知特权阶级为何物。现在世界上的法治国家，可以推英国为代表。英国古代人民就有一种最高尚的思想，他们以为法律先于国家，且高于国家。所以在最早的宪法大宪章里（一二一五年）所载限制君主行为的条款，就可视为一种重要的提示。法学家布莱克顿[1]（Bracton）直谓君主在上帝法律之下而主治，正非无因。试以实事证明：在十四世纪时，王室法院（Court of King's Bench）以王室所派出的收租吏未有拘票，不许其人扣留佃农的耕牛；又以赦罪的手续不合之故，不承认英王嘱咐警长使不惩办一犯人之谕令为有效。因赦罪的合法秩序：第一原谕必须盖用国玺，第二必须移送法院，第三必须由法院据谕出状与警吏，三者有一不备，赦免即不能执行。又在十七世纪时，斯图亚特[2]王室曾和法院争执：英王以为君权系由神授，故君主是独尊；法院则以为英国法律的起

［1］“布莱克顿”原文作“勃拉克顿”，现据今日通译用法改正。——校勘者注。

［2］“斯图亚特”原文作“司徒亚”，现据今日通常译法改正。——校勘者注。

源，实来自年湮代远的风俗，就是远在英国未有君主之前，理应君民共守；万一君主违法，法院当有权过问：这件争讼，从一千六百年起，直至一千六百八十九年方始解决，而最后的胜利，还是属于法院。英人经过这样长时期的纷乱，于是法律独尊（Supremacy）的思想渐渐养成，这种思想越发达，法律主治的基础，越加稳固。我们现在看到英国法治的成绩，至少有两件极重要的事实，得世人之注意。第一武断权力的不存在：英国国境之内，大凡一切独裁特权以至宽大的裁夺权威都被摒除。英吉利人民受法律治理，惟独受法律治理。一人犯法，此一人便受法律制裁。但除去法律之外再无别物可将此人治罪。第二人民在法律前之平等：在英伦四境内，不但无一人在法律之上，而且每一人不论为贵为乱为富为贫须受命于国内所有普通法律及普通法院。政府官吏，除英王外，自首相以至于警官税吏，无论何人，对于何种越出法律权限的事情，他们所负的责任，与国民完全相同。不但文官如是，即军官军人有不法行为，虽属上级官所命令，亦须以个人资格，对于普通法院负责任。[1] 法律的尊严如是，法律主治的真正意义吾人也可不言而喻了。

---

〔1〕 见戴雪《英宪精义》（Dicey, *Law of the Constitution*）第四章。

法治浅论*

陈霆锐

笔者于去年奉命赴美考察司法，与彼邦政工商学各界颇多往还，见其对华之真诚与热望，均出自肺腑，毫无虚伪感愧，交并心志，忘其所期望于中国者，异口同声不出二途曰：“避免内战，厉行法治而已。”即吾国全体人民所希望于今日中国政治前途者，亦何尝外此，今者各党各派之政治协商会成立，行见全面和平为期不远，则兹所应希冀者，所应努力者，所应督促者，即为如何使国家社会共赴于法治之途。经百年大计在此一举，为作法治浅论。

法治之最大原则

法治之道，千头万绪，非一言所能尽抉。其最大原则，即为人人在法律之前一律平等。换言之，国家法律统治全体人民，不能以地位，阶级，财产之悬殊而有所区别。人人在法律之前能平等，即人人在法律之中有自由，真平等，真自由之人民，皆不能离法律而存在。法律不能以平等待人，即不能以自由予人，不能以自由平等给予人民，乃为暴民。非为法治，将使弱者有法，强者无法，贫者有法，富者无法，其结果为叛乱，为革命。有法治之国家，将全国富贵贫贱贤不肖之人统治于一个法律系统，其结果为使全国人民享有真正之自由平等。

法治之条件

法治之条件统言之可分为下列几种：

---

* 本文原刊于《法令周刊》（第9卷）1948年第1期。

(一) 制定合于国情之宪法

宪法者为一国之根本大法，规定国家与人民之基本权义，并政府各机构之相互关系，万法之法，万律之律。譬如，北辰居其所而众星拱之。宪法之基础既立国本，即安于磐石之上而无虞动摇。罗斯福总统为一代伟人，噩耗传来，世界震动，然而以美国宪章之严格规定，副总统于其逝世后之一小时内即在白宫内举行受任大总统仪式。全国翕然无异辞。英国人民不满保守党之所为，大选揭晓工党大获胜利。丘吉尔抗战有功，名垂青史，然而以尊法之故，仍不能不以宰相大位拱手而让之于工党领袖阿脱利。世界政论家言称此举为法律式的大革命。可见国家有宪法，虽遇惊涛骇浪，亦可安渡难关。中华民国立国卅四年，其间以内乱外患之故，宪政迄未实施，实为一大憾事。今者日寇崩溃，全国人士竞倡宪法，国民大会不久开幕议宪，有人制宪，有人由训政而入，于宪政阶段当不在远。然而制宪不难，制定合于国情之宪法为难。裨贩外国学说，固为不智，拘泥陈旧见解，亦属非是。笔者对于未来国民大会之制宪寄以无穷之希望。

(二) 修订民刑商各种法规

吾国民刑商法虽粗有成规，然而旧者尚待修正，新者犹俟订立。最近修正之公司法，三读通过，外商哗然。究竟新公司法有无疵谬，外商指摘有无理由，均有待于全国法家之检讨。笔者以为，诸如此类无需急就章立。法院虽英才济济，亦应仿照外国成规，于其立法之初咨询有关各界，如律师界，工商界及全国经济法律学者之意见，方收集思广益法良意善之效。

(三) 改善合于民治的法律制度

往者吾国法律制度统采大陆制，其实际为专制化、官僚化，行之数十年，人民啧有烦言。例如，最不满人望之刑事检察制度，其一种不检不察，不检而察，不察而检之作风，全国人民疾首痛心，大有与汝偕亡之意。凡此之类，皆有彻底检讨之必要（笔者有废除检察制度论见中华法学会，法学杂志第五期)。复次陪审制度为英美法系国家保障民权之一大柱石，笔者心焉羡之，吾国应否采取，为近年来法学家辩论之一大焦点。当局者亟宜博采众议，决定方针以为法治之助。

(四) 改善司法官待遇

徒法不能以自行，先贤早有定论。但治人非可咄嗟求之，必须崇高其地位，改善其待遇，然后贤者乐于进取，不肖者渐归淘汰，法治之境始底于成。

以言中国法官之待遇，亦大可怜矣。案卷山积，屹屹穷年，俸薄如水，衣食难继。贤者而病而死，不肖者情急而为恶，为害。于家国社会曾未闻有人为之声援，而呼其不平者，以言法治实属大难。今之谈宪政者曷勿注意及此。

（五）养成人民法治的观念

外国之人，以守法为美。中国之人，以破法为荣。而且愈在上者，愈以不守法为当然之原则。此亡国风尚也非改莫救间。尝以为救中国之道不出二途，曰教育，曰法制。教育之道由下而上，法治之道由上而下。上之所好，下尤甚焉。若立一法，颁一律，惟望下者遵守，在上位者可以超法行动。而莫之与京斯言法治乃南辕而北辙之道也。故养成人民法治观念之道多矣，其端倪乃在为人上者之开其风气，曾涤生曰："风俗之厚薄奚自乎，自乎一二人心之所向而已矣。旨哉斯言。"

法治的基础

不论与工惠商劝学务农，端赖专门人才，法治之道亦犹是耳。吾国法律教育，政府素不重视。至有限制法律学生之条例，贻笑万国，为中国法律教育史上一大污点。抗战军与知识阶级鄙弃法律，耻谈宪政，虽有少数法律学校在饥饿在线为中国法律教育出死力，以挣扎，然而本有缺教师亦无从罗致，粗制滥造在所不免。故即使全国上下竞谈法治将何从取材，缅想前途曷胜杞忧，亡羊补牢是在振兴法律教育，广罗各国之法律大家为之教师，召集全国之优秀学生予以严格之法律教育，迻译各国法律专科，宏其造就，派遣深造学生，留学海外，广其知识，基础既立，法治乃宏。

法治进化论*

丘汉平

一、法律之界说

人类自群居之后便发生法治与人治两个问题。一部政治史，法律史，皆脱不了在求这两种思想的协调[1]。“法治”云云，说起来并不困难。我们不妨说：凡是依法律治理国家或社会的便是法治。因此，我们就要问：何谓法律？但什么是法律一个问题，古今学者至今还闹不清。归纳起来可有十四说：一，神意说；二，传统说；三，礼教说；四，自然说；五，道德说；六，合意说；七，神道说；八，主权说；九，经验说；十，理性说；十一，统治说；十二，确认说；十三，预测说；十四，社会说。现在各下一简单的说明。

（一）神意说。以法律是神授的意思，可以说是古代社会通行的学说。其见于史乘者，如摩西十诫认为是神启示与人民应该遵守的规律，即其一例。

（二）传统说。这是以传统的习惯合于神意者，故为该社会人民所共守的规则。因为遵从传统的习惯，方可不悖天道神意。我国历代的“法古”便是其例。此与前之以神意说正复殊途同归。前说是以僧侣为神意法律之掌存者，而此说则以统治者却为传统说之掌存者。

（三）礼教说。认定前代圣贤遗下的礼仪教规是合于天道，一切法制应皆遵守，否则，便有祸患降临。这在吾国历史上，比比皆是。如汉代法吏援春秋以决狱，便是一极显明的例。

（四）自然说。这是以法律的制定应以自然为依归，就是说，不能违反天

---

* 本文原刊于《东方杂志》（第34卷）1937年第9期。

[1] “协调”原文作“调协”，现据今日通常用法改正，下同。——校勘者注。

道。罗马后期法律，其发展则缘自然思想。中国老子的“人法天，天法地，地法自然”也是一种因循自然的解释。自然说在中国法制上颇见重要。

（五）道德说。与前说相近的，便是自然法中演出来的人类道德规律，视为一成不变。所谓法律，不过是在实现此道德规律而已。不过道德说还有一种见解，这便是以法律为实现道德最低的限度。

（六）合意说。以法律为人民彼此关系订立的合约，亦是今古的一种通说。希腊罗马在城市国家时代，人民有集会解决国家大事之权，故凡在议会上决定的事件，应为各人民共守，因为大家已经是同意。近代卢梭的民约论，不外是阐明以前〔1〕的意义而已。在中国法家思想之中，亦有不少与此相近的，慎子里有一段记载：许犯问于子慎子曰“法安所生？”子慎子曰：“法非从天下，非从地出，发于人间，合乎人心而已。”

（七）神道说。神道说与神意说不同，后者是指法律由于神所授的，前者却以法律“应”依神道，却不是由于神所授的。详细地说，法律的一切制度，应合乎天道。这因为人是万物之灵，故神并不强制实施。至于其他万物，则“必须”服从天道，否则，将无由存。此为托马斯·阿奎那〔2〕（Thomas Acqinas）的学说，其说自十七世纪以还颇占势力。

（八）主权说。这是以法律为主权者的命令。罗马当共和时代，其主权是寄托于国民全体，至帝政时代此项主权当然转移于皇帝。故优士丁尼（Justinian）的法律纲领里说，皇帝的意思具有法律之权利。汉代杜周为廷尉时，其决狱一依在上的意思。客有谓周曰：“君为天下决平，不循三尺法。”周曰：“三尺法安出哉？前主所是著为律，后主所是著疏为令。当时为是，何古之法乎？”这可以说是透彻〔3〕的主权论者。

（九）经验说。以法律是人类的经验所得的规则，这便是历史学派以习惯法为中心理论。此与前说——主权说，在过去一世纪中颇占势力，经验说认定人类是不能有意识地创制法律，只可逐渐依经验而发现。所谓经验，因民族心理，环境及时空均有不同，其成为法律，盖由此汇集而成的。

（十）理性说。以法律是若干原则，依据理性为旨归，以为人民之遵从。

---

〔1〕“以前”原文作“已前”，现据今日通常用法改正。——校勘者注。

〔2〕“托马斯·阿奎那”原文作“汤姆士阿规那斯”，现据今日通常译法改正。——校勘者注。

〔3〕“透彻”原文作“透澈”，现据今日通常用法改正。——校勘者注。

理性说亦可以说是今古之通行观念。

（十一）统治说。这是以法律是由统治阶级所实施于政治阶级的。其最显著的是经济史观论者。

（十二）确认说。这是认定原则原理经法院确认后方是法律。易言之，凡是原理原则虽是载于文书，亦不是真正法律，只是一种法律的渊源而已。当一千七百十七年时，英国主教何利（Bishop Horlly）会这样说："立法者是那有绝对权力解释法律的人，并不是那首先制定法律或宣告法律的人。"

（十三）预测说。这是以法律是一种预测法院在事实上将作如何的判决，换一句话说，纸上法律不是法律，因为纸上法律还要审判官去解释适用。

（十四）社会说。这是以法律是谋社会人群的幸福而存在的一种规则。社会说的见解，虽不一致，而其趋向则同。社会说的学者，是注重法律的作用，而不专注重其抽象的内容。以法律为社会制度之一，得由人为的努力加以改造，故在发现最良的方法以求努力，着重法律的社会目的方面，而不斤斤于法律的理论方面，主张律例是为指导司法官吏使得达到社会公平之用，而不是为其呆板的规范。

以上十四说的解释，在历史上的法制，均各有一部分的理由。我们可以试为归纳归纳出数共同点：

第一，每说之中，均以法律是有一种根据，非是个人意志所可左右的。这种根据，是法之所由自。故如理性说以理性为法律之根据，神道说以神的意志为法律之根据等等，都是以法律的根据为绝对的，一成不变的。

第二，每说之中，莫不以法律内容从一固定不变而产生的。神意说以法律的一切内容系出于神之启示，主权说以法律的一切内容，是出于主权者的意志，理性说以法律的一切内容是依理性而发现的。这种一元或多元的演绎，俱足证明法律的基本原则是一成不变的。

第三，每说之中都以法律是人类行为的规则，依法律的基本原则产生绝对的方式以为协调人群的关系。换一句话说，法律不单是人类行为的规则及协调彼此的关系，而且是基于一成不变的方式以实现并维持之。这可引慎子的话来阐明。慎子说："分马之用策分田之用钩，非以策钩为过于人智，所以去私塞怨也。故曰：大君任法而弗躬，则事断于法。"又说："法虽不善，犹愈于无法，所以一人心也。"又说："法者所以齐天下之动，至公大定之制也。故智者不得越法而肆谋，辩者不得越法而肆议，士不得背法而有名，臣不得背法而有功。我喜可抑而忿可窒，我法不可离也；骨肉可刑，亲戚可灭，至法不可缺也。”这就是说法律的协调人群关系，应有一固定不变的方式，换言之，即是去主观从物观。所以如此者，固恐执法的人舞文弄法，害及社会。慎子又说：“故有道之国，法立则私议不行。——民一于君，断于法，国之大道也。”

总结起来，各说的共同点是认定法律的产生，有其绝对根据，依此根据又产生固定法律方式以为人类行为的准则及协调相互的关系。

不过我们现在要问：历史上的法律是不是尽于此点而已？法律除了协调人群的相互关系之外，是不是另有其作用？我们认为历史上的法律不单是在消极地协调相互关系，在消极协调之中，实寓有改善生活的意义。为什么法律要消除复仇私斗呢？为什么法律要制裁犯人呢？为什么法律要怜恤老幼呢？为什么法律要令犯人赔偿死者的关系人呢？对于这等问题的解答，如举以法律是维持人群的和平关系，我以为是不足。法律除维持及协调人群的关系外，其积极目的是改善生活。盖当社会开始的时候，法律的显著意义虽是维持和平关系，但维持和平关系，亦即是初期改善生活，因为人类群居以后的生活较未群居以前的生活已是改善。及至社会组织趋于健全，群居秩序臻于稳定，仅仅维持和平关系的生活已不能满足进步社会各个人的需要，所以法律又逐渐向协调人群的相互关系入手，漫漫限制个人的自由。依此以说明历史上的法律，可以说是没有错误的。

二、法律与现代

现代的物质文明结果，就发生了三种现象：其一，是人类欲望的增高，因此以前的种种生活都已感觉着不适合；其二，社会组织的复杂，照以前的简单的、固定的法律方式是不能维持人群的和平生活及协调相互间的关系；其三，人类自觉意识已是较前进步，认定“人可胜天”，故改进的思想较以前格外激动。本此三原因，法律方面就引起两大变化：一是立法万能的思想，一是社会利益的主张。前一个思想，自十九世纪开始流行，到今日可谓登峰造极。后一个思想，亦是十九世纪中叶所倡导，以为要改善现代人的生活，非保存社会富源，限制私有财产，增进个人效能，减少物质浪费不可。社会学派的法学见解俱不能逃此，即我三民主义的主张亦无例外。这种积极的改善生活观念并不是新的，其历史与法律一样长久。所以到今日才积极的发达，不外是现时代感觉其特别重要而已。

三、法律的定义

“法律是一种行为规则，以维护人与人相互间的关系，而求实现共同生活为目的。”由此定义，我们可以分析其本质有三点：

第一，法律是一种行为规则，则这种行为，当然不是出于主观的，而是客观的。人类的行为很多，法律所规定的不外是其中的一部分而已，并不是包括全部的“行为”。对于一部分的行为加以确认、约束或禁止，这种规定便是法律之“行为规则”。故行为规则，就其性质来说，可有四类：第一类是“确认行为”，如确认每人有生命权是。今古法律都承认个人有自卫其生命的权利。这便是属于确认行为，确认个人为免除生命权的被害而有自卫的行为，因自卫而危害他人的生命，在法所不禁。第二类是“放任行为”，如自然债务之类是。这种放任行为法律并不确认，但亦不加禁止或约束。法律的行为规则中，有不少部分是属于这类的。第三类是“约束行为”，如规定行使权利之方法是。这种约束行为，可以说是补充确认行为之不足，或是对放任行为加以修正。第四类行为是“禁止行为”，如刑法是。即私法之中亦有不少禁止的规定，如我民法关于自由不得抛弃之规定是。法律的行为规则，当然有不少与道德宗教相似的，譬如诈欺是违法，但同时也是不道德；侮辱神庙是违法，但同时也是违背教义。不过一个人犯诈欺罪，在法律上所受的惩罚与道德上所受的惩罚却是不同。我们明白了此点，就可否认以法律为实现最低道德之说了。

第二，法律是维护人与人间的相互关系。法律的产生，纯是出于求生的需要，当人类开始群居的时候，已是先认定彼此的相互关系——即在彼此不相侵扰。“维护”，是指维持与保护的意思。法律不但是维持群居分子间的关系，而且对于这种关系要加以保护。由于维持与保护的结果，当然要产生一种强制力量，否则不能达到群居的目的。这种制裁力量，依时代的演进不同。但无论怎样，每一个社会都有执法的机关。至于这机关的性质，因时代而异。而人与人间的相互关系，其内容亦随时代之需要而有增减。我们如欲将其分类，可以分成三类：第一类是属人的，即是每个人有生命权。第二类是物质的，即是每个人获有为自己满足需要之权利。第三类是精神的，即是每个人有求其思想上或精神上慰藉的权利。古今法律，即在维护此三类的关系。这三类关系，有许多地方是共同的，有许多地方是不便分开的，应该如何处理以杜争议。如有纠纷，应如何解决，以昭折服。凡此种种，都是法律维护的范围。

第三，法律是求实现共同生活。人类的社会，无论如何看法，总不外是在求实现共同生活，所不同的是此种目的之实现程度及其方式而已。原始人类，为什么不各自求生存，而必欲集居一起呢？对于这个问题之答复，有的以为人类是有群居的本能，即社会本能。但我们研究起来，应归根于人类自身是不能单独求生存的。在动物之中，亦有以群居方能求生存的，如蜂蚁是。人类也是如此。无论是如何野蛮人，绝没有单独求生的，最少亦有二人以上的结合。人类为什么要群居呢？这个答案很简单，在反面就是非依群居的方式不能达到生存；在正面，就是只有群居，彼此才可达到生存。故人类彼此各为求生存而结合。这种求生欲望是人类的本能——是一切动物的本能，结合之后，彼此应该不相侵扰各人的生存，这是社会的起点，亦即是法律的起点，以此解释人类全部历史，要算是比较真实的。至于人类社会在进化过程中有不少斗争流血等悲惨历史，无非是求实现共同生活而发生的。马克思以阶级斗争为人类的目的，这是颠倒历史。斗争是人类的一个方法。在国际上，有“武装和平”的立论，在民族间有“伟大历史”的夸耀，在国内有“阶级对峙”之壁垒。这都是证明人类至今还未寻出方式以求共同生活之实现，而所认为方式的，都是饮鸩止渴，以致人类的历史愈形悲惨。这是人类的根本错误，应该抛弃动物本能的斗杀方式，而应该以“协调”方式求实现共同生活之向上。

我们批评现代的立法，观察过去的法律，若以此为立点，就可看出有无达到或近于达到法律的理想——实现共同生活。我们对于过去历史的选择似乎应以此为限。

四、法治之演进

我们再从历史上来观察法治的演进是怎样？依庞德（Pound）的意思，就整个法律史来说，法治到今日，其演进可以分作五个阶段：第一阶段是原始法律时期，第二阶段是严格法律时期，第三阶段是衡平法时期，又可称为法律道德化时期，第四阶段是成熟法时期，又可称为法律权利化时期，第五阶段是法律集团利益时期，简称为法律社会化时期。现在就加以说明：

第一时期——古代法

法律的最初观念是维持秩序，即和平。古代法律之所谓正义或公平，无非是在如何维持群居的和平生活，凡足以消杀复仇及防杜私斗者，都是公平的工具。所谓法律，不外是一堆规则借以和平地协调种种纠纷。因此，这时期的法律是在以别种方法代替复仇，使被害者得以满足。在近代，对于被害者及其亲属的满足是采赔偿制度，然在古代却想协调报复的观念得以满足。近代法律以合理审判为原则，依此以发现案情的真实，故不是呆板的程序。但古代法则不然，其旨趣在求一机械的审判方式藉以得到一固定的无碍的判决，绝不欲有其他争议及扰乱群居的秩序。

古代社会认为被害人的救济方法，不外是（甲）自助、（乙）天助、(丙) 国助。第一种方法是被害人自己或其关系人以报复，私斗，决斗等方式为救济。惟此种方式正与群居秩序相反，因此，在原始的法律即以为达到维持社会秩序的一种手段，而与宗教道德并为约束各人的行动及保护社会利益的一般安全。但道德与宗教随后各其发展，独法律始终仍保持为维持社会和平秩序的手段。然欲达到和平秩序的维持，却欲有赖于二种工作：一要约束自助的方法，使归于消灭；二要防杜侵犯。此二者都是重要。侵犯群居的他份子的利益当然影响到社会利益的一般安全，而这种侵犯足以引起私斗，尤无疑义。故法律之原始问题，即在减少自助的范围，其次是约束自助的方式，最后是以和平的方式替代之。古代法的进行都是循此途径，在起始是承认报复，禁止犯人及其族人干涉被害者的报复行为，限制私斗及决斗的事件及其结果。自助只许于不得已情形，这无非是因为行为人的本身利益非常重大不能不给以自助的权利。即在近代刑法中，为保护自己生命起见，也容许个人的自助行为——即自卫。

第二种救济方法——天助——是发生于敬天畏神的观念。凡犯人的行为忤逆神道或天道，为众人所厌弃，以为若容许该犯人的共居于同一社会，恐将受天谴，故唯一的制裁是驱逐。此在罗马，可引为例。与上述三种维持社会工具，即宗教、道德、法律相符合。罗马人承认三种规律：一是神意（Fas)，为一种神道意志，寓于宗教的规律，由教侣以执行赏罚；二是道德规律（Boni Mores)，为一种公认的习惯，寓于传统的习惯，恃社会力以为制裁；三是法律（Jus)，寓于国家机关，恃国家力量以为制裁。这三种工具，在古代社会，要以法律的强力最薄弱。迨国家发生之后，维持社会工具始逐渐由国家机关主持，而法律的强力也从此日形增厚。这便是第三种的国助。法律方面之限制复仇，消却私斗，成立机械式的审判制度，由国家刑罚犯人，以满足被害人的心绪。凡此种种，皆属法律内容的扩大。到此阶段，法律已是由原始单纯的维持秩序进而维持社会安宁。结论起来，古代法的特征有如下述的五点：

（一）被害人的满足不以被害的程度为准，而以被害人的复仇情绪为断。就是说，最初的观念不是赔偿，却是协调。

（二）法律是极端的注重形式。

（三）审判不是合理的，却是机械的，因为法律的目的只在求一和平的解决，并不在决定案情之真伪及如何使其得到公平的审判。现在的民事调解，实是一个很好的例。裁判官不问案情为何，只要双方当事人答应，就可成立和解笔录。

（四）法律的范围是非常的狭小，既乏普遍原则，亦无一般观念，所谓法律，不外是关于自助的种种约规，特个案件得请求王长酋长的帮助解决，罚金的则例，以及国家或王长处罚大不敬等等行为而已。

（五）法律单位视个人不若族属团体之重。

由上述的几个特征，我们可以看出这时期的法律对于法治的贡献，即是在于协调争议以为维持社会和平的秩序。

第二时期——严法

庞德以罗马的市民法与英美的习惯法为严法时代。在严法时代，国家已为最有力量之团体。所有前期的自助及报复行为，除特殊原因外，皆已渐归消灭，由国家处理解决纠纷，而种种程序规则随之产生，由是而间接地明定权利之实质及指出利益的保护和确认的限度。发生此严法的原因，可以说是由于恐惧国家权力之滥用及前期遗下的原始法律观念。因为法律的主要目的是求稳定，故对于国家的种种设施，审判的方式，以及如何处理案件，皆严加明定，绝不许有所出入。其结果，则法律变成完全呆板的与固定的。此时期之特征亦有五点：

（一）趋重形式主义，即法律于形式之外概不过问。

（二）绝对严格与一成不变。

（三）极端的个人主义。

（四）完全忽略道德方面的行为，易言之，即法律是“非道德”，不是

“不道德”。

（五）权利限于法律上特许的人，因此否认自然人即具有人格，并武断地限制人之能力。

严法时代对于人类整个法治深具莫大的影响，形式主义与个人主义几乎垄断人类大部分的历史。这时期的法治与前期一比较，可以见出许多不同地方。第一，前期之目的在于维持秩序而已，而此时期却已进步，承认一般的安全；第二，前期的维持秩序是协调报复，而此时期却已进步到承认法律救济的观念。要之，前期的贡献是在维持和平的秩序以为公平的观念，而此时期的贡献却是法律的固定性与一致性的观念。

第三时期——衡平法或自然法

承严法之后，就是衡平法或自然法的观念。此时期，在罗马为万民法及自然法二期，在英国为衡平法院之设立及衡平判例之发展，在大陆为十七八二世纪的自然法派。严法时代的标语是“稳定”，但在此时期的标语却是“道德”，或与道德类似的名称，如善良，自然法等等。前者注重法律的一致性，后者注重法律的道德性；前者注重形式，后者注重伦理方面的正义或公平；前者注重救济，后者注重义务；前者注重法则，后者注重理性。衡平法时期的主要观念是法律道德之同一化，道德义务之法律化，并重视理性以为执行正义及防杜专横，这时期的重大影响约有四点：

第一，推翻狭义的人格观念，举凡自然人即有法律上的人格。不特如此，更进一步，否认不合理的限制人之能力。

第二，法律应注重实质，不宜仅重形式，应注重精神，不宜拘泥文字，衡度事物应以合理为准，不宜依据武断的规定。

第三，善意观念之注重。凡属善意的法律行为，应予承认。

第四，不得损人利己以攫取不正当的利益。

上述诸点，可以说是自然时代所遗留于法治世界。不过以法律与道德之同一化，在事实上发生二种困难：第一，过分的伦理标准不是法律可以达到的。法律与道德在相当的限度内，交互为用，这是无可置议，但若欲以伦理的高尚标准作为法律的应受规则，那就是过分的理想。第二，过分的审判裁量范围反而招致漫无标准的结果。及至道德的规范纳入法律规范之中，也就是变成近于固定的规则。这在历史上的法制不少其例。

将这时期的法治与前二期比较，我们可以这样说：第一，古代法的目的是社会秩序，严法是求安全，此时期却是以伦理的方式解决争议；第二，古代法的方式是协调，严法是法律救济，此时期却是履行义务。要之，古代法对于法治的贡献是社会的和平秩序，严法是稳定与一致，而此时期却更进一步，借理性以达到善意及道德行为的观念。

第四时期——法律之成熟

前期的自然法所引起的种种广泛概念，渐渐形成具体的原则，在法律上适用的范围不能如自然法所具有的意义，于是法律又慢慢走入固定一条路。这和第二期的严法正是同一倾向，所异者不外是方式耳。法律由前期的广泛概念转入较求固定的范围，便是我们所说的第四期了。在这时期的法治标语，是“平等”与“安全”。平等观念并非是这时期的新名词，论其来源可以说：一半是受前期的影响，认定凡是人类都应该享有法律上的人格及认定凡具有法律能力的人都有意志；一半是承受严法时代遗下的原则，认定同一救济应该适用于同一的情节。依此看来，平等云云，实包括二种意义，即法律适用之平等与运用智能机会之平等。简单地说，即是法律救济权之平等与意思表示之平等。至于“安全”的观念，也是由严法时代所遗留的形式主义，不过这形式主义已经自然法时代加以改善，以为法律的行为宜注重意思，以及杜绝利用法律的形式为损人利己的行为。因此，安全的意义，实是包括不受他人侵略与应依照意思表示负法律上的一切责任。为要达到平等，故成熟法时期的主要观念又再转到着重法律的稳定性，而与严法时代有许多相似的地方。不过这时期较严法时代已大有进步，不特承认适用法律救济之平等，抑且注重权利之平等。详细地说，就是在法律上认定人之能力平等各视其善用国家所赋予之权利。至于救济方式不外是达到权利平等的手段而已。为要达到安全，这时期的法律便着重财产与契约的观念。换一句话说，十九世纪是以财产与契约为中心的社会，举凡一切制度，皆脱不了这个色彩。因为重视财产的作用，故对于财产之取得极保障之能事，甚至认为神圣之物。因为重视个人意思，故对于依自己意思所成立的种种行为，无论如何笨拙，在法律上都要负其责任，不能有所怨尤。“契约自由”遂成为十九世纪之重要观念。不但如此，契约既是对于行为人的一种约束，给予对方一种要求的权利，于是“契约”自身遂亦具有财产的价值。

我们现在来估定这时期对于法治的贡献虽未免稍早，但亦能看出其主要点，这便是“个人权利”之确认。这比前期已较进步。因为前期视救济权不过为使义务之实行，而在成熟法时代却更进一层，认定私法上的义务皆有相对的权利，故为维持此项权利，法律则加以对待的义务。这种观念可以说完全是近代的。罗马法有对物诉讼与对人诉讼，现在我们却有“对物权利”（即对世权）与“对人权利”（即对人权）。在法律编撰方面，亦可看出今古之不同，罗马会典是依照诉讼顺序而编定，即英、美在十九世纪间，一般讲授英美法，都从诉讼方面以阐明法律。至于以权利为中心的法系，实不过近一世纪内之事。

要之，这时期法律之目的，在求机会平等与取得安全，其方式是在维持权利。论其贡献，则在于阐发个人权利的观念达于极点。

第五时期——法律之社会化

自十九世纪末以来，有一种普遍世界的共同趋势，这便是对于前期的两种基本观念——财产与契约——加以怀疑。到现在，法律又慢慢转向一条路，就是对于个人权利的观念加以修正，而开始很迅速地认定权利之后实有“利益”之存在。盖法律权利的性质与所谓自然权利实是两物，并不是一样的。此等自然权利系一种请求权，人类得为适当之需求，至于法律权利则为国家所用以实现相当范围内的该项请求权的一种方式。由此观之，个人的利益，充其极，亦不过与社会的利益相称。何况在事实上，个人利益的确认又是基于社会利益的效果。这已是为今日世界的共同趋势。这种运动的标语是满足人类的需要，我们可以说是法律社会化的时期。关于法律社会化的理论姑置不论，我们在此只要检验现时各国法制的实际倾向如何，就不难了解其意义了。

在各国法律中，言其显要者，可以提出七点：一，限制财产的使用及所谓“反社会之行使权利”；二，限制契约自由；三，限制处分权；四，限制债权人或被害人的请求权之绝对满足；五，无过失责任之规定；六，公共所有权之确认；七，注重社会对于子女之利益。凡此种种在各国法律都有其例。即在中国的民法，亦可一一举出与上述七点的相同规定。

以上是说明法治演进之概略，对于每一时期理出法治之目的及手段与夫对于法治发展之贡献。兹特简单列表如下：

时期	目的	方式	贡献
古代法	和平秩序	协调	社会和平秩序之观念
严法	社会安宁	法律救济	稳定性与一致性之观念
衡平或自然法	公平审判	注重义务	善意及道德行为之观念
成熟法	机会平等与取得安全	保护权利	个人权利之观念
法律社会化	满足人类需要	保护利益	社会利益之观念

不过每一段落的划分并非是绝对的，这不可不注意。在严法时代尚保存不少古代法的遗迹及制度，都是应该有的现象。比方我们说二十世纪是法律社会化时期，但只是就其趋势而言。即如说前世纪是衡平法时代，也不外是法律的一种倾向。明白了这一点，我们对于上文的叙述，只可视为法律的进化途径的趋向，却不是每一时期是绝对如此的。

五、结论

由上述的法治演进所得的结论，是人类在每一阶段都企求人治与法治的调和，换言之，即想使社会纳入于法治常轨中，同时，又欲使法律不至呆板。故当法治针锐化的时候，人类就开始反动，以人情道德或其他时代思想以遏止法律的权力。及至宽法时代，法律失去稳定性，终而变成有治人无治法，人类又走入企求法律之固定化，想出种种方式遏止人类的主观见解，用详尽严限的条文规则约束执法的人。所以严法时代是对古代法的一种反响，而严法的结果遂促成第三阶段法律衡平化道德化的观念，因宽法的结果，又反应法律的严格规定，造成成熟法时代，只执行法律的条文，而不顾事实上公平不公平。在过去一世纪，人类又感觉着绝对法治主义的种种弊端，便开始对法律力谋宽放的运动，到今日，各国法律正在同此趋向，所谓殊途而同归。

历史上给我们一个结论，这就是人类在过去治理社会，由经验上得到的教训，是绝对的法治与人治都是不能达到实现共同生活的目的的，因为有治法无治人与有治人无治法都是一样的走极端。所以现在我们应该的认识：治人与治法同其重要，换一句话说，有了良好法律，还要靠良好的执法人才。在立法方面，要在稳定中求适应。在司法方面，要在适应中求稳定。

法治的评价*

杨兆龙

“法治”与“人治”之争在中国已有几千年的历史。

“法家”与“儒家”意见最相左的地方便是在此。自从汉朝以降，儒家取得独尊的地位，大家便少谈“法治”。儒家“人治”的标准是“德”和“礼”。所谓“人治”者，实在是“德治”和“礼治”的总称。所以从前一般读书人往往重“德”和“礼”而轻“法”。到了清朝末年，因与西洋各国发生外交上的纠纷，打了好多败仗，大家方觉得有提倡“法治”之必要。可是欧战以后，西洋发生了俄、意德、土等国的特殊现象。这几个国家在政治上都由一人或一党独裁，而都能转弱为强。就是那向来讲自由主义的美国，据有些人看来，最近也有归向独裁的趋势（因为总统之权扩大）。美国人对于罗斯福总统的批评虽种种不一，然而这次改选罗氏之能连任，却能够证明他已往这几年的政绩为美国多数人民所认为满意。因此关心中国前途者不免又对于法治起了怀疑。

其实“法治”与“人治”是相辅而行的。缺其一，则国家不能治。“法”虽是国家所必需的，可是若没有适当的“人”去运用它，便变成一个死的，甚而至于坏的东西。“人”虽是国家所必需的，可是若没有一定的规律即“法”做他行为的标准，便难免不乏紊乱而举措失当。我们固然不可以相信“徒法能以自行”，可是也不应该以为“凡是人的行为都能有一定的规律而无需乎法去规范它们”。

本来中国古人所说的“法治”与“人治”具有特殊的定义。与西洋或现代所说的“法治”与“人治”异其性质。所谓“法治”与“人治”之争，在

* 本文原刊于《经世》（第1卷）1937年第3期。

当时虽很有意义，可是用现代法学的眼光看来，那种争执一半是“观念之争”。因为照现代的眼光看来，古人所说的“法”实在只是法的一部分，即刑法。古人所说的“礼”实在含有宪法，行政法，及私法的意味。换句话说，“法治派”之“法”固然是地道的“法”；就是“人治派”的“礼”也具有“法”的性质。这只要看古人之“引经断狱”和依据“礼”以规谏帝王等例便可知道。所以从前“人治派”所提倡的人治中也有现代法治的元素在内，可见得他们所反对的“法”乃是现代的刑法；他们所认为不妥的是专以刑法治国；他们觉得单有刑法治国还不够，必得另外有广义的法（即“礼”）和“道德”以规范或感化人群才行。况且儒家所提倡的人治标准“德”与“礼”乃是为纠正补充古时“刑法等观”的狭隘见解而设的。因为时人深中这种狭隘见解的毒，所以将“德”与“礼”的地位提得特别高，以促大家的注意。这并不是说：“法治”根本没有价值。在他们看来，为政者不该专以霸道的“刑法”为政治之具，而应该于可能范围内以“德”和那包含刑法以外的法律的“礼”为出发点。这不过是说：为政者应以“德治”，即靠人格的优点及其感化力而治，为最高理想；其次便要以“礼治”即靠刑法以外的法律而治，为理想。若是这两种理想都行不通的话，那么[1]还得以法治，即靠刑法而治，为治之道。我们若用现代法学的眼光去解释他们的态度，我们可以说：儒家致治的工具包括两个东西：（一）为政者人格之优点及其感化力和（二）法（包括刑法与刑法以外之法）。靠前者而治（即人治）乃是最高的理想。这个理想如行不通，那么便要靠后者而治（即实行“法治”）。换句话说，儒家虽以“人治”为最高的理想，并没有忽视现代式的“法治”在实际上之功用。这一点我们只要看孔子为鲁司寇的情形便可明了[2]。孔子是儒家的正宗，是儒家所认为提倡“人治”最力者。可是他做了鲁司寇七天，便将鲁大夫少正卯杀了。他所据以杀少正卯的究竟是什么法律，我们虽然不大明了，可是他在实际上之重视“法治”乃是不可否认的事实。孔子这种态度，仔细地分析起来，和现代一般提倡法治者的态度实在没有什么冲突。因为现代提倡法治者实际上也并没有忘记德化的重要。西洋那些先进国家的为政者，除了尊重法律之外，也有不少是以“德治”为最高理想的。倘若在事实上没

〔1〕“那么”原文作“那末”，现据今日通常用法改正，下同。——校勘者注。

〔2〕“明了”原文作“明瞭”，现据今日通常译法改正，下同。——校勘者注。

有困难的话，他们也一定会向这方面努力的。

再就是西洋最近的情形而讲，俄，意，德，土等国虽在实行独裁政治，可是他们当中没有一个是反对法治的。因为法律最重要的目的是维持秩序(法律当然还有别种目的。不过这些目的大都是以秩序之存在为先决条件的)。法治最基本的作用就是靠大家尊重法律的精神以维持秩序。世界上无论什么国家都不可没有秩序。若没有秩序，便不能有何政治经济或其他的社会组织。因为组织之和秩序，是形影之不可须臾相离的。人群所赖以维持秩序者本不止法律一种；如道德宗教等也都有维持秩序的作用。可是单有道德宗教往往不够维持秩序，必得有具有强制力的法律来补充他们才行。尤其是一个需要改良或经过改革的国家，人民往往习惯于旧制度。若专靠道德宗教等去感化他们，收效一定很慢——也许绝对不可能。这时候若要使新的制度——新的秩序——站得住，便不能不有法律。所以世界上除掉那真正实行无政府主义的社会外，没有一个健全的国家不具有相当的法治（事实上无政府主义的社会要有秩序，恐怕也不能没有法律)。现在的俄，意，德，土等国所推翻的乃是那从前的他们认为不合宜的旧制度，他们所反对的乃是那维持旧制度的法律。他们推翻了旧制度之后，必定要建立一种新的制度以便创造一种新的社会秩序（A new social order)。这一种新的制度或新的社会秩序仍非有法律来维持它不可。所以俄国所努力者不过是以苏维埃共产主义的制度或社会秩序及维持这种制度或秩序的法律来替代从前那专制式的制度或社会秩序及维持这种制度或秩序的法律；意国所努力者不过是以法西斯帝的制度或社会秩序及维持这种制度或秩序的法律，来替代从前那种自由主义的制度或社会秩序及维持这种制度或秩序的法律；德国所努力者不过是以国家社会主义的制度或社会秩序及维持这种制度或秩序的法律来替代从前那自由主义的制度或社会秩序及维持这种制度的法律；土耳其所努力者不过是以一种带有独裁色彩的，新的制度或社会秩序及维持这种制度或秩序的法律，来替代从前那一盘散沙，腐败不堪的制度或社会秩序及维持这种制度或秩序的法律，或者来根本地消灭从前那紊乱的情形。换句话说，他们所努力者无非是以一种新的，合乎他们的主义的法治来替代那旧的，不合乎他们的主义的法治；像土耳其那样的国家，我们也不妨说：新的政府所努力者无非是以一种具有法治精神的社会秩序来替代那原来缺乏法治精神的社会秩序。这几个国家法治的内容虽然和西洋其他的先进国家不同，可是他们尊重法治的精神却与后者大同小异。德国国家社会党的公法学权威寇尔罗脱氏（Otto Koellreutter）曾经这样说过：

国家和法律是民族生活的力量（Volkische Lebensmakte）。它们的价值和意义是从他们对于民族生活的功用中得来的。所以国家是一个民族政治生活的形式（Die politische Lebensform），这种政治生活的形式是靠法律秩序（Die Rechtsordnung）的力量而取得的。一个共同管理的政治世界需要一种有组织的生活形式。这种组织最初是被国家及其权力所促成的。可是有了国家的权力，还得有法律的秩序和它联合起来才可以形成民族的生活。因为仅有权力而无法律，便变成武断。所谓“民族观”（Die volkische Auffassung）者，只承认一种忠于民族的领导（Fuhrung）；至于一个专靠枪杆的独裁者的强权，那是和“民族观”不合的。因此在任何文明国家里——尤其在那以民族为单位的国家里——法律乃是一个必需的标准，没有这个标准便不能产生健全的政治组织。国家和法律这种必要的密切关系便由我们所称的“法治国家”（Rechtsstaat）表现出来。所以在一个法治观念（Rechtsgefuhl）发达得像德国那样细密敏锐的民族里面“法治国家”具有永久的价值。（见氏著 Deutsches Verfassungsrecht 一书第十一及第十二页。该书系于一九三五年出版。）

寇氏关于法治的必要说得真是透彻！他这一段话虽以德国为主眼，对于俄，意，土等国也未尝不适用。因为无论什么健全的“政治世界”（Politische West）都非有一种有组织的生活形式不可。这种有组织的生活形式，只有法律才可以促成。“法治国家”实在不仅在德国民族里面具有永久的价值，就是在别的文明民族里面也未尝不然。

至于美国，总统的权限虽然比前扩大，但是这种情形，（至少在形式上）乃是根据法定的手续而发生的，并无违法之处。况且人民原来在法律上所享受的救济权（即对于政府的不当或不法行为向法院请求救济的权）并没有受什么限制。政府对于法院的裁判仍是绝对服从。记得已往的三四年中美国联邦最高法院有好几次受理到牵涉罗斯福总统的复兴计划的案件。当法院审理这些案件时，政府便和普通的当事人一样提出辩诉状，并派代表出庭辩论。若法院判政府败诉，政府也和普通当事人一样服服帖帖地受法院的执行。在一九三五年的五月二十七日最高法院判了一桩置复兴计划于死地的案件（即A. L. A. Schechter Poultry Corporation et al. vs. The united States of America）。该法院判政府败诉。它的裁判理由中有一点认为：国会广泛地授权总统和各工商业团体制定同业“正当竞争的业规”（Codes of Fair Competition）是违背宪法的。因此行政机关根据该项业规以管理工商业亦非宪法所许。我们知道“利用同业正当竞争的业规以管理工商业”乃是复兴计划的核心。现在法院既宣告这个办法违宪，那么全国许多因执行这些业规而设定的机关既须取消，而复兴事业亦将无法推动。我们想想看，凡是处于罗斯福总统地位的人，一听见这个判决的消息，该是多么气愤！可是这位罗斯福总统却不是这样。他很遵从法院的裁判，他自只平和地说：最高法院既认国会广泛地授权为不当，那么我们当另外要求国会补正这种手续云云。这种情形恐怕谁都不能说不是法治精神的表现。

所以现代式的“法治”不但不是，如有些人所想象[1]的，和中国古代传统的思想不合，就是在西洋所谓“具有特殊现象的”国家如俄，意，德，土等国和那“带有嫌疑”的美国也还保持其价值。今日中国正在内忧外患之中，需要组织和秩序的程度，恐怕比世界任何国家都厉害些。别的国家既然还有靠“法治”以促成组织和秩序，那么中国更少不了它。也许中国所需要的“法治”在内容上和西洋那些典型式的“法治”不同，可是这并不足以为反对法治的理由。“法治”本身的价值并不因此而减损。

[1] “想象”原文作“想像”，现据今日通常用法改正。——校勘者注。

抗战建国与法治*

张企泰**

一

我们提倡法治，从清末到如今，有四十多年。最近几年，提倡法治的呼声，比较微弱。是否大家因为推行以来，成效不著，还是因为没有这项需要，所以不再鼓吹，不得而知。目前我们忽然老调重弹，或者以为是和着其他关于抗战建国的文字来凑凑热闹，希望看过这篇文字之后，能不作如此看法。其实我们提倡革命，也有四十年以上的历史。至今革命未成，所以大家还在谈革命，不厌其烦。中山先生提倡革命的目的，一言以蔽之，要建设一个独立的近代的中华民国。凡是一个独立的近代的国家，不问是英法等民主政治，或德意志等集权国家，都有一种特征：这就是法治精神。我们既然还在革命进程中，显然还要在法治上努力。我信可以说法治实行的一天，也就是革命成功的一日。因此法治问题，尚有一谈的价值。

二

法治的意义，顾名思义，乃以法为治。俗语说，照规矩做；用术语来解释，指切实施行法律，使在法律之前，人人平等。过去我们侧重法典的制订，以为六法具备，便去法治不远。所以太讲究了法，而没讲究治。欲谈到法治，

* 本文原刊于《中央周刊》（第1卷）1939年第26~27期。

** 张企泰，东吴大学在渝复校后曾任教授。

尚须一个统一的政府机构。这个机构一方面须配置合理，使各部分职权分明，不致发生积极的冲突，或消极的推诿。职权分明以后，同时可以避免政出多门的弊病，不致使人民对于政府，失却信心，不予合作。他方面，须各部分有严密的和健全的组织，使不守法令者，应获处分，受冤屈者，得有救济，以免穷法舞弊，枉法徇情等情事之发生。芮沐先生在他法律与建设（新蜀报星期专论十二月四日）一文中说，为一种建设事业之促成，而设立一个机构，应求各部分摩擦之减少，和实行为的取消，正和我们上面所说的意思相合。因此我们所讲的法治，不单指消极的依法做事，并包括积极的有个健全合理的组织。

过去的情形不必讲，目前国家的组织，是否已经合理健全。例如立法权限，向属之于立法院。现因在抗战期间，设立最高国防会议，故享有甚大的立法权限，原合乎实际上的需要。但两者之职权，学理上类似划分颇清，行使时，据说常发生抵触。最近成立国民参政会，政府要向它报告过去工作，它也可以向政府提出询问，俨然一个国会。但是它的决议案却不生实效。因此驻会参政院，听说也要求立法权。这更使立法权限的归属问题，趋于复杂。又如军事委员会隶属下有个政治部，其职权之一部是组织民众团体，指导民众运动。这不过随便想到的几个例子，足证政府各部分职权的机关合理的配置，尚是个待决的问题。

至于执法机关，已否健全，仅举数例，已可想见。刑法规定有配偶而重为婚姻者，犯妨害婚姻罪。而涂地数见重婚，却不见检察官予以检举。房租问题，时生纠纷，土财主的刁滑，避难的人，对之一筹莫展。诉讼上的救济，显然失去一部分作用。这是关于民刑方面的。政府推行所得税，而狡猾商家逃税，未见财政机关有防止的办法。自从统治〔1〕外汇以来，法院的出口，曾规定每人不得超过五百元，而从内地去香港的人，大概没有被检查过的，这是关于行政方面的。因此虽然有了良法，而不能治。

三

从前我们苟安偷懒，因此推行了多年法治，成绩不甚良好。际此存亡关

〔1〕“统治”原文作“统制”，现据今日通常用法改正。——校勘者注。

头，我们并不能蹉跎从事，应具有一种决心去厉行法治。政府已经颁行了兵役法，军事征用法，和其他各种战事法规，我们就希望这些法规都能切实施行，人人恪守。公共和私人团体，常有多种募捐慰劳运动，我们也希望它们能够彼此联络，互通謦气，定个有效办法，切实做去。法治的精神，不限于国家举办的事；私人团体推进的事业，也要有同样的精神。如此，民众才有献身出力的机会；政府也能把力量集中起来，雄伟发挥。凡是力量的产生和发挥，必须有一座发动机。发动机愈健全愈巧妙，发生的力量愈强大。这个道理，看来很浅近，但我们却还没有做到。就拿寒衣捐一项来说，政府发动，民众响应。政府方面，有些机关捐衣，有些机关捐钱，像是不很一致。民众方面，士兵童子军中小学生，队伍纷纷，连天跑旅舍闯饭馆去劝募。有些人竟可被募二三十次之多，有些人尤其是资财雄厚的商家，却没有给他们充分机会去表现，其间显然缺乏一种严密的组织。捐到了钱，欲换衣服，有的竟没有办法换，有的却制衣服，种种浪费。并且喜欢贡献劳力的女同胞们，不一定得到出力的机会。结果政府民众提倡了一两个月寒衣捐，据说军政部还嫌寒衣不足。我们抗战一年多，有了一年多募捐的经验，岂知现在募捐还是这样的没有规则。至于政府颁行的许多良好的战时法规，我们也不相信能够实施到那种地步。在抗战期间，法治精神，确有进步而引起我们注意的，系军法的执行，赏罚分明，一秉大公，这是事实上的需要，非此不足以利抗战。但军事方面有此需要，政治方面难道无此需要？然而政治方面却没有这种精神表现，政治显然跟不上军事，可见从政者之不努力。

四

我们目前重提厉行法治，不但事实上有这个迫切的需要，并且环境也比较有利。我们现在有一个最高领袖，为全国人民所拥戴。中央和地方之间，隔阂已尽消灭。这种统一的情况，为前此所未有。在这种情况下，调整政府机构，以期职权分明，组织严密，自比较从前易举，否则领袖的意旨，既无法实现，失去我们拥戴的意义，统一的局面，也无法固定，难免昙花一现。不但抗战发挥不出力量来，建国也奠定不下一个牢固的基础。

我们对于目前厉行法治，因此有下列三点意见：

A. 政府机构，亟应调整。政治上居于领导地位者，应当具有这种决心。

在此非常时期，往往须采非常手段。并不可一味因循，仍以内部人事问题，牺牲了合理的健全的组织。

B. 公务人员，亟应使其“法律头脑”。负实施法令之责者，上自秘书长，下至警察，都应当有相当法律上的训练。否则办事成绩有限，厉行法治，亦难期有效。过去我们对于法律人才的培养，颇为疏忽，质与量，都不够用。譬如法国，每年毕业的法科学生，在一千左右，却不见得学法律的这样充塞。在一个法治的国家，不问公事私务，处处产生法律问题，在在需要法律知识。我们对于法律人才的培养，从今起应格外注意。

C. 民众守法习惯，亟应养成。法治的国家，是有秩序的国家。秩序的维持，固然靠国家的力量，同时也需要民众方面的合作。我们几年来推行新生活运动，主要目的，就在民众生活的改进，使求合乎规则。但一向对于私的生活注重，而于团体生活的改良，却颇忽略，以致戏院买票，还是你先我后，蜂拥而上；车站上车，妇孺常被排挤一旁，大家的公平直觉，似乎毫不受到刺激。公共场所的有条不紊，秩序井然，比较虽是细节，却是厉行法治的初步。

抗战急需法治，建国也需法治。这可说是个不易之理。我们在抗战期间厉行法治，同时即为建国事业，奠定稳固的基础。有了这个基础，不久将来，第三期革命结束；建国大业，短期内可告成功，那时我们是个独立的近代的国家了。

怎样推进法治*

查良鉴**

诸位同学：

你们都是研究法律的，对于中国法律状态，想大家都乐于听闻。本来我想讲些关于法理学的问题，因为这问题较为专门，所以今日我想提出“怎样推进法治”一个问题，与诸位共同讨论。现在，大家都在谈“法治”，在事实上我国尚未达到真正“法治”的境界；我们要探究其原因的所在，今后，我们应如何负起推进法治的使命。法是一个轨道，大家应循着轨道走路，不能有所越轨。在列子书上有这样一个故事，他说：“一只兔子在野外跑，便有几十人甚至百人去追逐；但是在市场上关在笼子里，即使有几十只兔子，决不

---

* 本文原刊于《国立暨南大学季刊》1948 年复刊第 16 期。

** 查良鉴（1904～1994 年），字方季，天津人，籍贯浙江海宁。东吴大学法学院毕业（第 12 届），获法学学士学位。中华民国法学家，曾任中华民国司法行政部部长。查良鉴是查良钊之四弟，金庸（本名“查良镛”）的堂兄。南开大学政治系毕业后，鉴于中国受列强不平等条约束缚，欲以收回法权解除不平等条约，故前往上海东吴大学法律学系攻读法律。毕业后负笈美国密歇根大学法学研究所，获法理学博士学位（SJD）后，返国至大学任教，历任安徽大学法学教授，国立中央大学国际私法教授。他还曾任江苏上海第一特区地方法院推事兼书记长。1936 年，出任上海市法学会常务理事。抗日战争时期，出任四川高等法院第一分院检察官，司法行政部参事。1943 年，出任重庆地方法院院长。抗日战争胜利后，1945 年出任上海地方法院院长。1950 年，初任国立台湾大学法学院教授。同年，出任司法行政部政务次长。1951 年，在“司法行政部政务次长”任内，奉派赴美国起诉负责军购空军将领毛邦初吞私军款案，1954 年 6 月，美国法院判决中华民国政府有权向毛邦初索还 636 万余美元。驻美大使顾维钧在回忆录中说，经过 6 年在美国、瑞士、墨西哥 3 国法院提起诉讼，陆续追回了约 500 万美元，最后毛邦初留下 20 万元维持生活，与中华民国政府达成和解。1966 年，出任最高法院院长。1967 年，出任司法行政部部长。1969 年，当选第 10 届中国国民党中央委员会委员。1971 年，获聘为总统府国策顾问。曾任台湾东吴大学法学院院长。1971 年至 1991 年，任私立东海大学董事长。还曾任中美文化经济协会理事长。1991 年，出任中国人权协会理事长。著有《俄国现代史》，译著《犯罪学与刑罚学》（1977 年）、《证据法则要义》，审订《中华法律活用文库》。

会有人去抢夺。”这故事情节虽然简单，而其意义，却很深长。因此我们要问，为什么在野外一只兔子，大家去追逐：在笼子里几十只兔子，却无人去抢夺？这就是“法”最初的出发点，也就是“定名分”，名分已定，则大家知道自己的权利与义务，不会你争我夺，然后社会秩序方得维持。故欲安定社会秩序，必先“正名定分”。

“定名分”绝不是维护一人或数人的权益，乃是维护整个社会利益；否则，你争我夺，社会永远难望有安宁的日子。我们要谋社会安宁，则衡量社会秩序，须有一客观的标准。古人说：“不以规矩，不能成方圆；不以尺度，不能量长短。”所以良匠无规矩，也不能成方圆，名画师无量角器，不能知角度。因此，我们要维护社会秩序，亦须有一定的尺度，来衡量社会的秩序；规定“人之行为”，“事之是非”，及“应为与不应为”的标准尺度，这就是法律。在我国过去认为有“道德”、“礼仪”，即可维护社会秩序；其实道德与礼仪，只是社会中一种平常行为的准绳，而非明定的客观标准尺度，使大家可共信共守。这个客观的标准尺度，须因社会大众的需要而定出来，绝不是由少数立法者的意思定出来。在一社会中，有一社会的尺度，所以中国有中国法律，英美有英美法律。虽然法律规范原为抽象的规定，但须适用于具体的社会生活关系，应用于具体的生活现象。因为各国的国情不同，所以各国的法律，亦有差异。

我国文明不后于人，旧时“礼”、“法”并重，“礼仪”向为各国所赞许；“法律”也独树一帜，别为一独立法系，还在周秦，法制即已粲然可观，惟科学稍微落后而已。唐律条分列举，规定纂详，其原理亦为各国所称赞。在我国实行唐律的时候，欧洲各国，还无一部完整的法律；宋律明律根据唐律订定，大同而小异。清代满清入主，仍沿旧律，略加改订，编成大清律例。“律”就是法律，“例”就是判例。现在世界两大法律，大陆法系以条文为基本的，英美法系以判例为基本的。我国在清代就注意到判例，确非世界各国所能及。我国既有法律，又有判例，因此博得外国使节的好评。清代有英钦差大臣乔治史道顿到我国来，认为中国文明，不亚于欧洲，且赞许中国法律很完整。即将“大清律例”译成英文，誉为皇皇巨著，由此可知，在当时中国法律的价值与地位。只可惜后来没有发扬光大，法律未跟社会进步而改善，好像赛跑起步很快，但因中间间断而落后致不能与十九世纪欧洲文明相拮抗。

十六世纪时，在广州的葡人，我们认他是夷人，以为夷人不配用中国法律。同样的，他们亦认为我们不够文明，用刑讯，打板子，民事以刑事处理。欠债不清偿，先打数十棍，这是不配合他们的观念。当时就成彼此不干涉的局面，同时，一方面由于我们自己放弃，一方面由于他们的突飞猛进，能随时代进步，我国又经太平天国离乱后，因此有“租界”领事裁判权的出现。当时满清政府，为谋设法补救，力求改良旧律，颁布宪法，新民法，新刑法，同时成立法律修订馆；迨民国成立以后，政府与人民，对这件事推进，不遗余力，中山先生尤极力主张废除不平等条约；故民元以来，尽量设法修订民法刑法及民诉法刑诉法，于民国二十年先后订成，至二十四年已告大成，其内容不比任何国家为差。我们的祖先及现实政府的努力，其目的在使中国变成法治国家，古人说“徒法不足以自行”，单靠法还不够，且须有“行法”与“守法”的人，假使有“法”无“人”即可治，有史以来，还没有有到这样的奇迹。

我们的友邦——美国，国内有五十一区域，均用判例法；同一事件，这州判五年，或者那一州判十年，法律殊不一致，但我国法律是统一的，绝无此种缺点，但为什么我国尚不能称为法治国家，而他们判例法如此繁杂，却成为法治国家。这就是我们无切实实行的缘故。因为国人习惯上，对于守法观念太淡薄，虽有法律，可不依法律去做，谁肯受法律拘束，认为“法管法，我管我”，以为不守法律有面子。明明马路上开红灯，他偏要穿过去，明明规定靠右走，他偏要靠左走。又有些人认为自己有特殊关系，不会受法律制裁，今天飞香港，明天走澳门，也有存侥幸心理，以身试法。殊不知一人破坏，影响全体。虽然你所为的不法行为，被害者是他人；假使他人所为的不法行为，而被害人或是你或是你的家属，等到自身与家属受害时，便感觉到法律的需要。古人说“己所不欲，勿施于人”因此，我们须从自己做起。

虽中国法律部分抄袭日本，瑞士，德国，及英，美，然都能取其精华，去其糟粕，中间纵有不尽适合国情的，如民法亲属编中的夫妻财产制度，此外诉讼程序，亦嫌繁杂，这是一大缺点，不但诸位学法律的不尽明白，即是老法界亦不能彻底清楚。我个人主张“简化”。我在主持四川重庆实验法院时，将诉讼程序，加以简化，不特程序法须简化，而实体法亦须简化。简化后，使大家一目了然，知道这是义务这是权利；权义分明，各自相安，这对于推进法治，当大有帮助。

推进法治，还须培养法律人才。就目前情形，我国教育不普及，社会上能懂得法律者不多，即是受过高等教育，也未必个个都知道这是我的权利，这是我的义务。似此情形，则如何可推行法治，而为推行法治的一员。同时法官须操守廉洁为人民服务，解决人民纠纷。行政机关，亦须有谙熟法律的人才。如强制执行，拆除房屋，须依法律程序办理，使人民不致蒙受非法的侵害。人民亦须有法律常识，守法精神，应认为守法对社会秩序有关，守法是人民的义务。例如美国鲁易士号召十万工人罢工，法院有命令制止，全体工人即刻便复了工，这不是说十万工人罢工的声势，不如法官的一纸命令，正因为其有守法的精神所致。

法治实行问题*

李浩培**

中国现在甚需要法治，朝野上下亦正提倡法治；然而我们与真正的法治，距离尚颇遥远。中国如何方能实行法治的问题，颇值得我们的深思，本文拟予以探讨。

一

首先，何为“法治”？究竟一国在何种情形下，我们可称之为“法治国”？我们的答案是：一个国家，如其统治权的行使，以法律为准绳，受法律的拘束，那个国家便是法治国。一个国家，如实行法治，应有下列的结果。第一，国家的统治权绝非毫无限制，它只能在国法所定的范围内活动，而人民亦得在国法所定的范围内自由活动。因此，国家与人民的关系，并非无限制的权利服从关系：国家只能依法要求人民行为或不行为，而人民对国家亦得依法主张其权利。且这种权利的主张应得国家的尊重。但“国家”是什么？就惟实主义者观之，国家不过是统治者全体首领及其他一切大小官吏的另一个名称耳。故我们可谓：在一个法治国中，统治者只能在国法所定的范围内活动，并只能依法要求人民行为或不行为；人民亦得在国法所定的范围内自由活动，且亦得对统治者依法主张其权利。第二，依循法律的观念，必然排斥不遵法律，而任个人的好恶，专断妄为的观念。故在一个法治国中，一切

* 本文原刊于《观察》（第2卷）1947年第12期。

** 李浩培（1906～1997年）中国当代著名国际法学家。上海市人。1928年东吴大学法律系毕业（第11届），1936～1939年在英国伦敦经济政治学院研究国际公法、国际私法、比较民法。回国后历任武汉大学教授兼法律系主任、浙江大学教授兼法学院院长。

大官小吏为国家行为时，必须处处并时时顾及法律，而绝不能使他们的个人意志凌驾于法律之上，致法律失其效力。他们的行使自由裁量，只能在法律所容许的限度内行使之，而决不能反于法律而行使之。第三，在一个法治国中，不但人民受法律的制裁，即一切大官小吏亦受法律的制裁。故官吏的行为，非系不负责任的行为，而系依法律负责任的行为。盖否则官吏得逍遥法外，而法治必不能贯彻。第四，在一个法治国中，人民不受法外的责罚；故人民只须遵守法律，便可安居乐业。人民即使触犯法律，亦须经依法审判后，方受法律所预定〔1〕的责罚。第五，在一个法治国中，官吏及人民既均须依法，既均须受法律的制裁，必有一种机关以认定他们的行为是否合法，是否应加他们以法律所规定的制裁。这种机关便是司法机关。但欲使司法机关能严格地依法履行其职责，不得不使其免于一切其他机关的干涉。故一个真正的法治国必有独立的司法。

二

现在，我们试就现代中国的情形，加以观察，以资判断她是否可被称为一个真正的法治国家。自然，在我国，有颇多的法律存在，但这决不能显示我国已实行法治。在我们的这个政治社会中，法律是法律，事实是事实，两者常相违反。在事实上，颇多官吏的行为，并不依据客观的法律，而纯出于他们的主观的好恶。他们的行为常逾越他们的权限，侵害人民的权利，而这种行为甚少被阻止。因此，在人民方面，他们在法律上原均享有权利与自由，但实际上几无权利与自由可言。而在官吏方面，他们依法律原是有责任的，受法律的制裁的，但实际上“老虎”几均得免于制裁，“苍蝇”有时不免于受制裁，但其受制裁亦未必完全依照合法的程序。

我国的现状确系如此。我们不必讳疾，而应追求致疾的原由，并设法予以疗治。然则造成这不法治的原因究竟安在？

---

〔1〕“预定”原文作“豫定”，现据今日通常用法改正。——校勘者注。

三

笔者以为我国的不真正实行法治，一部分的原因存在于人民自身。权利需要主张，方能确立，需要卫护，方能保持。一个人依法享有的权利，可能被他人违法侵害。于此被违法侵害的情形，如权利人能依法卫护其权利，以各种合法的手段与违法者相周旋，并寻求适当的救济，则其权利仍有保持的希望，而法律的效力亦赖以保持。故权利人的努力卫护其依法享有的权利，实有卫护法治的效果。相反的，如权利人不卫护其权利，不与违法侵害者相周旋，则权利人的行为，等于权利的抛弃。如权利人每次被违法侵害权利时，每次予以容忍，则在侵害者与一般人的心理中，将逐渐视违法的侵害为正当，而权利人依法享有的权利将归于乌有。法律亦将等于具文。故不卫护依法享有的权利，不与违法侵害者相周旋，实等于毁弃法治。不幸，我国的一般人民，大都有权利而不卫护，对于违法侵害其权利的官吏，常不予以依法的反击，而予以容忍。这，如果我们以一个真正法治国的一般人民，与我国的一般人民相比较，便可了然。兹姑举在英国发生的一个实例，以与我们的情形相对照。

在一九三六年九月二十九日，当以卖报为业的一个英国妇人，厄克特〔1〕太太（Mrs. urquhart）——在伦敦的一个地下火车站出卖报纸时，被警察逮捕，搜索，以妨害人行道交通罪向简易法院起诉，并被拘禁数小时，然后保释。十月一日，简易法院开庭审理该案。两个警察在庭上作证，一个谓他于逮捕被告前，未知任何人对被告有任何犯罪的指控，但另一个的证言与前者完全相反，谓前者于事前曾经知悉。法院宣告被告无罪。被告以为警察在该案中的逮捕搜索行为系违法；且这两个警察的证言既互相冲突，至少其中一个的证言系属伪证；故即委任一低级律师（Sokicitor）具函警察总监，请其向简易法院索取这两个警察所为证言的笔录的副本，并彻查该事件。警察总监的答复为：“我认为警察对待当事人的全部行动，系属正当。”这低级律师于是再函警察总监，予以驳复，并仍请彻查。警察总监这次的复文为：“除前次的复文外，并无其他话说。”低级律师遂再向警察总监去函，谓如不彻查，当

〔1〕“厄克特”原文作“欧固赫”，现据今日通常译法改正。——校勘者注。

依法向法院起诉。这次的信却发生效力：警察总监向简易法庭取得了证言笔录的副本，并命警察长答复。略谓："警察总监认为这件逮捕，既不必要，亦无理由可资辩护；且逮捕以后的事实倾向于加甚贵当事人抱怨的原因。警察总监命我请贵律师向贵当事人转致其为警察所采的行动而怀抱的诚挚歉意。对于贵当事人受到这种不幸的经验，他颇为歉愧。关于贵当事人损害赔偿的要求，警察总监授权我向贵律师提出五十镑的数额，外加经两方协议的贵律师的费用，以资完全清偿贵当事人从该事件所生的任何请求。"低级律师与当事人接洽后，认为满意，接受警察总监方面所提的和解条件，但为其当事人再致警察总监一函，谴责其以前的不理态度及其最后的由于获得对各不法警察起诉的警告，方提出和解的条件，并以下述的语句作结："敝当事人告我，她不重视这事件的金钱方面，而注意他的公共利益方面。"

从上看来，英国的一个寻常卖报妇人亦如何努力地依法对抗强有力的警察机关！英国赖有这样的人民，这样的人民的这样的行为，方能保持其法治于不堕。但，这种人与这种行为，求诸我国，可谓绝无仅有。结果，例如军队、县长或保长可于青天白日下，或夜深人静时，将壮丁随便拉去；催粮委员可令老百姓戴绿帽子敲锣游街；"村长"可向人民要任何数量的任何东西，并可将人民任意拘禁以资强制执行。总而言之，我国的一般老百姓实在太好了，好到类似牛马。牛马对于人并无权利可言，我国的一般老百姓对于统治者亦无权利可言。牛马对于人并无权利，因为它们不识不知，并不主张权利。我国的一般老百姓对于统治者亦无权利，因为他们也不识不知，并不卫护其依法享有的权利。但，因一般老百姓不卫护其权利，法律即失其效力；法律失其效力的结果，法治自不得不成为徒有其名而已。

四

我国的不真正实行法治，另一部分原因，无疑的存在于官吏。由于这数十年来人事制度的未建立，行政官的滥进，已属尽人皆知的事实。并且由于多年的外患与内争，军人执政，亦已成为常例。结果，颇多的行政官除欠缺的其他必要的资格外，复无法律的训练。自然，这种行政官，"一朝权力在手"，也会"便把令来行"。但是他们的权依法究竟到哪里为止，他们的令依法究竟应有如何的实质，经何种的程序，他们却殊少了解。一言以蔽之，现代我国的颇多行政官，既无行政亦须依法的观念，何能期望他们有依法行政的实质？不但如此，徇私舞弊，官官相护，早已确立为官场“习惯法”的大原则，更何能期望有真正的法治？

行政官不依法行政，而司法官能不畏权贵，执法以绳，检察官亦能善尽其纠弹的职责，则行政官的违法可渐行矫正，而法治亦可逐渐推行。我们知道，英国的法治，实奠基于十三世纪至十七世纪那个时期内英国法官的坚持“国王应在上帝及法律下实行统治”；法国的法治，亦形成于所谓警察国时代的法国最高法院之能与国王抗衡；我国历代的尚能保持些微的法治，则应归功于台谏等官的甘冒危险，不屈不挠地执行其职务。但现代我国的司法官及检察官，处于行政官的历年积威之下，几均已采取明哲保身的政策。检察官的侦查与起诉，依其自定的“不成文法”，以一般无权无势的老百姓为对象；监察官的弹劾与纠举，亦只及与低级的官吏而已。风骨嶙峋，不怕触怒当道的法官及监察官，真可谓凤毛麟角。然则，在我国，法治的不能实行，亦可谓“事有必至，理有固然”。

五

上面的分析如果不错，我们已可略知我国法治实行问题的症结所在。这症结存在于人民及官吏两方面。故为实行真正的法治计，我们以为。

第一，我们应使一般人民知悉：人民不但是生物学上的人，在法律上也是人；法律承认并尊重每一个人的人格，故对每一个人赋予权利并保护其权利，不论他在社会上的地位怎样低；每个人民，为维护法治起见，应尽力实行其法律所赋予的权利，而在其权利被违法侵害时，依法努力寻求救济，务使其损害得到赔偿，权利得以恢复。不过，欲使人民有这种智识与能力，并非易事。这需要使每个人受几年强迫的并良好的国民教育。

第二，我们也应使一般智识阶级知悉：欲使中国步入真正的法治，智识阶级的为法律奋斗是不可少的。智识阶级应尽量涤除其孤芳自赏的心理各扫门前雪的惯行，而应依法组织起来，将官吏的违法行为揭发并纠正，务使大官小吏均逐渐依循法律的轨道而行为。因此，不久前北平各大学一部分〔1〕

〔1〕“部分”原文作“部份”，现据今日通常用法改正，下同。——校勘者注。

教授的抗议捕人，最近上海人士的组织中国国际人权保障会，我们认为为法治前途计，都是值得欣慰的现象。这种抗议与组织，其目的既无非在求人民的自身自由得到切实的保障，其行动既亦完全和平合法，政府不但应予以容忍，且为求真正法治的实现起见，应予以鼓励。

第三，我们应使一切行政官知悉行政必须依法。为求达到这个目的，我们应使一切行政官，不论其大小高低，在法律学院中至少学习法学通论及行政法这两门课程。并且为求法治行政的确立起见。我们应实行军民分治，并树立一个健全的人事制度。

第四，我们应使监察权尽量发挥。监察权的不能发挥，无非因监察委员“倘认真弹劾，往往招致本身不利之结果”（本年四月六日大公报载仇鳌请辞两广监察使辞呈中语）。故我们如真欲实行法治，巩固监察官的保障，实属必要。不过，我们应注意者，这保障应不仅是宪法条文上的保障，并是实际上的保障。我国的监察委员在文字上并非无保障，所缺乏的还是实际的保障。如何方能使监察委员得到实际的保障？我们的答案，主要的仍基于权利需要权利人卫护方能保持的理论。故监察委员认真弹劾而遭遇不利的结果时，全体监察委员应起而要求其法律上所享保障的实现。全体人民自亦应起而拥护监察委员的立场，务使后者的保障得以实现。但我们还希望政府中的要人能确切实行中山先生的遗教，中山先生的五权宪法将考试监察两权，与立法、司法、行政三权并立，可见其如何重视监察权。不幸，五权政治试行以来，监察权竟成装饰门面的一权！昔贤有这样意义的一句话：风俗的厚薄，基于一二个人的心之所向。我们以为：在现代的中国，法治的真正实行，或也基于一二个人心之所向。设这一二个人，从今日起，能重视监察权，予监察委员以实在的保障，使监察委员能认真行使监察权，无所惧惮，因此使中国得以奠定法治的基础，岂不尽善尽美！

第五，我们应使司法完全独立。因此，我们应使行政官及司法官各明了其所处的地位，在一方面，我们应唤起行政官注意：在一个法治国中，每一行政官，不论位怎样尊，功怎样大，不应干涉司法。在另一个方面，我们亦应提醒司法官：他们不应妄自菲薄，而应尽力履行执法的职责。行政与司法在一个法治国中的相互地位，孟子曾有很正确的阐发，可供今日我国的行政官与司法官的参考，兹略予论述。孟子的原文如下：

“桃应问曰：‘舜为天子，皋陶为士，瞽瞍杀人，则如之何？’孟子曰：

'执之而已矣'。'然则舜不禁与?'曰:'夫舜恶得而禁之?夫有所受之也。''然则舜如之何?'曰:'舜视弃天下,犹弃敝屣也。窃负而逃,遵海滨而处,终身䜣然,乐而忘天下。'"

在儒家的思想中,舜是圣主,皋陶是贤臣,瞽瞍是舜的父亲,被认为有"顽"的特性。故孟子的弟子假设一个案件,以问孟子。他的假设案件是:在舜为天子,皋陶为士——士是刑官之长,有现代的检察官及审判官的职务——的时期内,瞽瞍杀人,他所欲知悉的孟子的意见是:舜及皋陶于此情形将何以自处?孟子的解答是:皋陶必将逮捕瞽瞍,舜必不禁止皋陶的逮捕,但舜将抛弃天子的位置,将瞽瞍从监狱中窃取出来,背负他到海边,以平民的身份与他共叙天伦之乐。但皋陶何以必将瞽瞍逮捕?孟子盖曰:皋陶的职权既在逮捕罪人,置之于法,他自应依法行使其职权,故他将不问犯罪者是否舜的父亲,予以逮捕。然则舜何以不禁皋陶的逮捕?孟子的理由很简单,但很充分:"夫有所受之也"。这句话,惠士奇春秋说解释甚微精藩。他说:"夫有所受之也。恶乎受之?曰:受之舜。杀人者死,天之道也。皋陶既受之舜矣,而舜复禁之,是自紊其法也。不可以治宜家,况天下乎?"可见,依孟子的见解,统治者亦受法的拘束,他不得自紊其法。他不得立了杀人者死的法后,遇到他的父亲杀人,便说这法对他的父亲不适用。他不得在一般人杀人时,命皋陶执法以绳,处以死刑,而在他的父亲杀人时,命皋陶宣告这特别的杀人犯无罪,予以释放,故舜不得禁皋陶的逮捕瞽瞍,理由甚明。舜一面既不得自紊其法而禁皋陶的逮捕,一面又是终身慕父母的孝子,孟子为舜设想,只得丢掉他的王冠,将瞽瞍"穷负而逃,遵海滨而处"了。不过,我们可注意的是:依孟子,舜何以必须背负瞽瞍而远逃到海滨?又何以必须弃其天下?我们揣度孟子的意思,他盖以为:舜的将瞽瞍穷负而逃,也是一种犯罪行为;舜如穷负而逃的不远,皋陶必身以"夫有所受之也"为理由,将舜及瞽瞍两人都逮捕归案法办,故舜不得不远逃到为当时国家法令所不及的海滨。舜既须逃到海滨,他自难同时仍为天子。且舜是一个富有君子风度的天子,他既已犯了穷负而逃的罪,更有何面目再为天子,故他自将弃天下如弃敝屣。

这是一个标准儒家的标准法治思想。这思想何等精准!可惜它未成为中华民族正统思想的一部,而为"刑不上大夫"及其他类似的命题所遮掩。我们现在既要实行法治,必须使它成为我们的正统思想的一部。愿今日在高位的行政当局都以舜自居,而司法官均以皋陶自励。

法官之判案责任*

刘世芳

司法与人民有切肤之关系，夫人而知之；人民之生命也，自由也，财产也，权利也，无一不为法院判断之客体。故法院之一言一行，人民之利害系焉；然人民耳目所接，仅法院之屋宇，法院二字，直观念云耳。代表法院而与人民接触者，惟法院之职员，职员中又以法官为主，其理甚明，毋庸详释。人民偶尔涉讼，对簿法庭，必与法官相见；法院之威力，由法官之一举一动实现之，是以无法官，即无法院。具体言之，人民之权利义务，非受法院之裁判，实受法官之支配，法官判案适当公允，法院之声誉因之飞腾，法官判案曲解武断，法院之声誉必随之坠弛。职是之故，法官判案成绩之优劣，法院之声誉，人民之信仰俱丽之矣。就法院本身而言，法官审理之措置，本关重要，而于人民生命财产权利之影响，其重要更有逾于此者；故法官临审，应如何黾勉从事，悉心钻研，必使无辱其使命；此非徒法院之光荣，人民之幸福，端赖于斯。法官判案之关系，既如此其巨且大，则吾人于创立制度时，不得不审慎周详，使法官之责任心，有加无已，而司法之体质得日趋优良。爰于讨论方术之先，姑就目前法官之弱点，为人民所诟病者，略具述之。

（1）审案之草率，凡法官审案，于事实法律不详确探究者，其原因有三：

（甲）缺乏经验。法官审案，只就案论案，于两造诉讼人间之其他关系，不在其判断范围之内，莫能过问焉。若漫涉他事，就两造之应庞杂关系，逐一查究，则永无结束之日。故证据法，分为有关无关之事实：有关者，探而求之，如钻木然，愈入愈深，至底蕴为止，终令真相毕露；无关者，摈而遗之，毋使鱼目混珠，而涣散其一贯之精力。故临审之际宜将事实之有关者取

* 本文原刊于《法学杂志（上海1931）》（第9卷）1936年第2期。

之，无关者舍之，而取舍之间，审案之技术存焉。所谓言之非艰，行之维艰，而法官听讼，能中节合度者，必富有阅历，久于所事，始胜其任。反之，无阅历之法官，大率走入歧路，其于有关之事实，视之渺然，于无关之事实，反斤斤焉详为穷究，旷靡其本人之时力，原无所怨尤；而诉讼人之无辜受累，耗费其金钱与时间，是法官之罪辜，不可逭也，但法官缺乏经验，初非其过，职居其上者，不量才使用，实难辞其咎；盖人非生而知之，学而后知之也。

（乙）缺少耐心。考其原因，又分为二：①此种法官，本具相当之经验，但未能尽心处理其职务，而郑重行之；究其故，彼辈视人民之诉讼，不啻鼠雀之争，绝无意识，殊乏详细研究之价值，故不愿劳其脑力，辨析入微，徒就事实之外表，而遽下断语。②有等法官，秉性粗暴，无天赋之精细分析能力，其不探奥诀窍[1]者，盖不能也，非不为也。前者之法官，应即离法曹，另谋枝栖，后者，应锻炼性情，日事涵养，始得法官之资格。盖为法官者，必富具研究能力，临案审理，始能以敏锐之脑筋，直刺症结隐藏之所在；怀此利器者，方足稳为水平线上之法官。故法律之教育，首重分析训练，英美学者，言之审矣。法官审案，苟遇案情繁缛，千端万绪，必也揠衣振领，寻出条理。辟治乱丝，持冷静之态度，清莹之脑筋，遍觅丝端，待其得也，持而抽之，结索立解；法官审案，亦复如斯，调查事实，与寻觅丝端，理一事同，俱有一定之步骤，必经之程序，切不容横施高唐氏之剑，一割两断也。且审案，又如妇女之针线，极尽细腻，而非山匠，持大斧而砍巨木者所能比拟。

（丙）责任心薄弱。今有法官焉，经验不为不足，性情不为不静，唯病于责任心之薄弱，往往自作聪明，不屑研究，意谓天下事本绝单纯，不待竟问，已历历在目，此类法官，多深骄横之气，夜郎自大之诮，堪为彼侪之警钟，究其态度，直似顽傲之童提，自信智慧胜人，愒日玩岁，终底无成，骄童之行为，害己也深，而于人无与焉；法官则不然，其所为也，非徒暴己而已，且误人事也。综上三种，悉非吾人理想中之法官，故欲改良司法，首宜筹划良法而制裁之，必使驯柔就范，不愧为辨曲直断是非之司法官吏也。

（2）常识之缺乏。夫法律之所周旋者，厥为人事，欲评骘人事，微常识末由。常识二字，最难定义，一时有一时之常识，一地有一地之常识，一业

〔1〕“诀窍”原文作“抉窍”，现据今日通常用法改正。——校勘者注。

有一业之常识；而曾受高等教育之人，稍经世故之辈，于是时是地是业之常识，莫不兼而有之；凡曾在大学修习自然及社会科学者，于自然界之规则，工商业之组织，莫不略知梗概，苟能加以数年问世之经验，则于人民之心理，人事之常识，不至昧若孩提。故习律之士，必先修社会科学，以固法学之基础，迨其毕业，复令其服务社会数载，俾学理与事实能调剂而融和。而今日吾国法官，多未服务社会，执行律师，无论法律学识，如何精邃，如何宏博，而于诉讼发生之原因，当事人之心理，漠然不知，瞠然无闻，甫出校门即入法院，欲其判案，体贴人心，适合事理，犹缘木求鱼，而终不得鱼也。此辈芽蘖方萌之法官，一旦垂堂听讼，不啻盲鱼游海，茫茫焉而不知何所适从，虽积数年阅卷审案之经验，于人事略能会通，然人情之玄奥微妙，终难期窥全豹，盖当事人之陈述，类皆虚构，笔录又简单不详，以此而能深习人情世故，虽英慧特异之辈，又感其难，况常人乎。此外农工商各业之惯例，亦为法官常识构成之分子，故内地法官，调至通商巨埠，遇案涉国际贸易之繁赜手续，每至蹙眉抓首，而不能解悟各种凭证之效用；盖不入其门，不得其巧，难靡时疲神，终无补于事，是以司法当轴，欲人之稳职，才之适事，于调任法官之际，宜三思而后行焉。

（3）无正确之法律知识。现时之第一审法官，对于法律，多无正确之认识，吾作此语，最易引起误会，或谓此乃丧心病狂者之横施诋諆，非实情也；然考诸事实，或询诸与法律接触较深者，即知吾言之不尠也。推本穷原，良少严格之训练与精确之研究，致有今日之奇特现象。忆吾国袭采欧西法律以来，已有三十年之历史，在此三十年中。全国大学，虽遍设法科，然其课程之资料，类多断屑残片，殊乏揣研之价值。任训诲之责者，又大抵一身兼任数职，无暇专心学问，教材与师资，两者皆乏，则莘莘学子之四年窗下，实未及欧美大学一年之学业；故除法律条文外，其于法律之沿革，法律之背景，法律之理论，法律之精神，均茫茫然在似知非知之中。加以吾国立法技术未精，条文文字未臻缜密，故一旦坐堂鞫讼，以法绳案，虽穷思苦索，竭虑殚精，仍不知援引法条；或解释错误，适用未当，故牵强附会势所难免。坐是之故，法官缺乏正确之法律知识，亦为现时司法不良之通病，抑亦上诉案件繁多之近因。补救之方，以现任法官论，似唯实行补充训练，譬之先天不足，惟有产后善加调补，以增强其体质，其法如何，容于下文申述之。

以上所述三种，为现在法官之弱点；一应加以制裁，一应加以训练，其病源既不尽同，诊治之方，固当各异，请先言制裁之法。

(1) 制裁方法。制裁之意义，在于惩戒过犯者，使不重蹈覆辙，实非泄愤报复之谓也。法官之于国家，犹臧获之于家主，臧获仰食于主，势不得不瘁尽厥职，忠于所事，苟漫忽职责，主人得加之叱咤。国家之于法官，亦复如是，故制裁之道，不得不讲矣。夫审案草率之原因，千端万绪，关于制度方面，兹姑不论；现所论者，仅限于法官本身。虽目前法官无充分时间，与以悉心揣研，咎在案件累积；然施行新制度之后，案件当削减大半，其可撙节之时间，应比例增加。既有充分时间，法官将无所借口，以旁贷其责；若复依旧草率，罪不可逭，议者施以制裁，乃理之当然，制裁之方，可胪述如下[1]。

（甲）加重工作。考草率之心理，在于惮烦畏劳，故遇事畏缩，卒以敷衍塞责。其所惧者，工作之繁重；若其知一案仍须由彼结束，则今日之逸安，即来日之功劳，彼绝不愿苟且因循，偷一日之简省，增日后之重荷。故实施之法，如第二审认为原判未当，宜将原案发回初审更审；犹现代制度下第三之于第二审，要不使高级法院，越俎代庖，养成低级法院，不负责任之劣性。果如此，则非惟使低级法院，知事无可避，于初次审案之际，当悉心钻研，若仍被发回，亦可使其洞悉初审之遗误，以增加其学历，两效兼收，法至美也，若能采行，则目前草率审案之根源，可摧陷廓清，靡有孑遗矣。

（乙）记过减薪。法官应具最低限度之法律知识，彰彰明甚。既有知识，疏忽不知运用，法官之罪也；罪而不惩，法治焉存。惩罚之方，可加以精神上物质上之痛苦，使痛定思痛，始能自振自拔，急图更新。疏忽之轻者，施以记过，疏忽之重者，处以减薪。若案中之事实，为法定之要件，而忽未调查，法条文字显明，而妄加曲解，此二者，为疏忽之重者，以减薪惩之。其他，若不谙法律之主旨，及事实之连锁关系，则处以较轻之罚。法官一经受有处分，日后将惴惴焉深虑周顾，惟恐有亏厥职，司法品质之改进，当蒸蒸日上矣。

（丙）赔偿讼费。冤狱赔偿，近年来甚嚣尘上，其意义之正大，毋庸吾人词费，惜当轴以事涉经费，延不施行，踌躇满志，迄今束之高阁。顾不知司法本意，在于保障人权，而非蹂躏人权；故宁可另筹经费（例如增加民事讼

[1] “下”原文作“左”，现据排版需要改正。——校勘者注。

费，微收刑事讼费），不可不赔偿人民之冤狱损失。至于民事，同一意义，如国家无力赔偿，则加害之法官，应个人负责；盖法官判案之草率，犹律师办案之疏忽，律师之于当事人，依法自当赔偿，则法官之于当事人，焉容免责，同一侵权行为，法律不宜歧视。或谓法官无择案之自由（或谓法官仅向国家负责，则民法之规定，受雇人加害于第三者时，亦应与雇佣人连带负责），不能与律师相提并论。但此类理由，仅为减轻赔偿之辩护，要不能为免责之论据。盖人民涉讼法院，冀获法律之保障，公允之裁判，而非欲得错误之判决，事理至明；苟法官错误，以致人民旷时耗财（讼费一端犹其小者），而对于人民虚耗之讼费，可置之不理，事理之乖谬，莫此为甚。依目前制度三审讼费，咸由败诉者负担，是与公允原则，殊相抵牾。若败诉人，原无权利，经判决驳斥后，仍自动上诉，又遭驳回，乃咎由自取，无所怨尤。若案经上诉，广弃原则，是第一审工作等诸虚设，于涉讼两造，无丝毫之利益；盖当事人之利益，惟在最后之判决，兹所建议者，法官赔偿责任，仅限于讼费一项，是于赔偿之义尚轻，而制裁之旨更深也。

（2）补充训练。上述三种制裁之方，苟能采行，则草率判决，当减十之八九，有造于司法前途，谅非渺浅，惟法官缺乏正确法律知识，尚为司法之遗憾，去瑕存瑜，有待乎补充训练。夫校后教育之重要，泰西学者，鼓吹之不遗余力；盖学生在校所得，不过学问之崖略，其深造大成，犹赖乎校后之自攻。吾国法官，一经离校任职，日夕与讼案周旋，于深邃之法理，遂无暇措意，贤者自叹心有余力不足，不肖者，认为玄虚无用，弃之如敝屣。故国家若能施以补充训练，则前者夙愿获偿，进步益猛；后者茅塞顿开，肆力响学；非唯将来吾国之法律学者，或可人才辈出，且司法之改善，将舍彼莫属。故法官之校后教育，关系一国司法之重要，自不待言。考诸泰西各国法官，多自能切磋研究，国家固未有组织之规划，以补其自修之不逮。兹就目前吾国之情状，在不增加经费范围内，建议数端，聊供采纳：

（甲）定期演讲。凡从事专门事业者，大抵委身专职，日夜钻研，惟患其技之不精；而于其他学问，则茫茫然不遑问津。然学问之为物，浑浑噩噩而无涯矣，所谓自然科学，社会科学，殆为学者便利之分，而非本质使然。学无止境，犹无畛域。社会科学难以人类社会供其研究之资料，然自然界之现象，亦无一不足影响社会生活之状态；若徒观社会之变化，而置自然界蝉蜕之现象于度外，则社会之变化，多难悟解。自然科学与社会科学，关系之密切尚如此，则法律与其他之社会科学，更无论矣。夫法律出自人群，无社会，即无法律；鲁滨孙独栖荒岛，法律无与焉。迨人口繁衍[1]，尔我之界限，权利义务之种类，益错综而繁遝，若无法律以为经纬，以为典型，社会生活，必陷于紊乱而不可收拾。欲使社会整饬有序，井井有条，端赖法律。故法律者，社会生活之准绳，法学者，形也；政治经济之于法律，质也；形质集一，有如形影之不可须臾离也。故法律与政治经济，直等形质之关系。若治法学者，忽于政治经济，犹见物形，而遗物质；则法律之所规范者，不啻幻影蜃楼，而非人群之生活矣。习法者，本宜兼习社会科学，前已言之；而日与法律周旋之法官，更应深治社会科学，不言而喻。惜彼侪困于案牍之繁重，不遑兼顾社会科学之研究，一旦遇法律文字扑朔，无理论以资解释之助；擿埴冥行，其踽踽凉凉之情状，诚使旁观者，欲非笑而又加怜惜矣。是以补救之策，以延聘社会学者，时施讲述，为最上乘；使法官于各种科学知识，无形中逐渐增益，非徒于其审案之际，遇经济上工程之问题，不解自明，且于解释法律时，不知不觉之间，暗可兴社会之发展，齐驱并进；法律应有弹性之明训，可不期然而至焉。或曰，如子之言，法院殆似学校，法官直等学生，案牍累积，谁为处之；曰定期演讲，一周一次，靡时极微，而收效宏巨，法院尽可在每星期中，腾挪二小时之时间，使埋头案卷之推事，与研究社会科学之专家，欢聚一堂，学问之进步，自不待言；精神上之愉快，更难形容。盖法官终日矻矻，无非干燥之讼争，若能旁窥其他之科学，以拓其胸襟，则定期之演讲，不啻公余之消遣。吾司法官闻之当若大旱之望云霓也。

（乙）长期训练。以上所述，为法官之补充学术，其效用在乎使法官不疏于其他科学，然其于法学之深造，犹须时施长期之训练。譬之学校教授，经数年之教学，必予一年之假期，使专事研究考察，以增进其学识，以刷新其思想，然后再回校授课，其贡献于学子，当远胜曩昔。学校造就学者，莫不为深远之计；司法当轴之于法官，亦应如斯。盖法官最忌者，乃思想之陈旧，思想者，譬之液体，贵乎流动，一旦凝滞，即失其本性效用。故法官之思想，宜常具液性，其解释法律，始有弹性；若欲达此目的，法官服务数年后，应予以朞年或半载之研究假期。目前司法行政部之训练所，应与最高法院合并，非仅为训练工作，且应进一步为全国最高法律之研究所。法官于假期中，即

---

〔1〕“繁衍”原文作“蕃衍”，现据今日通常用法改正。——校勘者注。

在此讲习研究，则其平日审案时发现之疑难问题，得一一与专家日夕切磋，共商解决。此外并得修习往昔未学之学问。假满离所，重入法院，继续服务，非徒遇同类之问题，可迎刃而解，且其整个之审判能力，更趋锐健，视昔日之服务成绩，当驾而上之。则吾国法官之资格，司法之声望，竿头百尺，猛晋无限量矣。

司法的艺术*

华懋生

二十世纪的法理学者，对于法律的认识，比较以前的学者，有极显著的进步。十九世纪以前的学者，认法律是先讼案而存在，法律是死的，订法律的权在立法者的手里，法律一经订定颁布施行，法律就存在了，法律就已经成为颠扑不破的偶像，供以后判断讼案的援用，司法者是无异留声机器，重唱已有的旧歌，司法者只是去联络讼案与法律的死关系。英儒米勒〔1〕在他的名学里，还说过这样一段话：

"在有法典的国家，司法者判决讼案，无需研究在原则上应如何适从，他只须问那条律文该适用于当前的讼案，他只须探求立法者关于此种讼案的真意，他所应探的方法便是三段论法。"

所以从这种观念的出发点，司法者是只是排列三段论法方式的机械人，他只须认得大前提是律文，小前提是要判断的讼案，结论是判决，这些不弄错，他的职务就已尽能事了，司法者所以只处于后知后觉的地位，司法者所以无从重视。

二十世纪的法理学者，对于法律的见解，和十八世纪的学者有显然的不同之处，十九世纪学者这种古典派的论断，在二十世纪已不能存在，霍姆斯〔2〕说得好："法律是审判官判案子的预言。"

他把立法的重心移到司法的身上，法律是不能把现实的事实、网罗净尽，法律的发展和运用，全居于司法者的掌握中，死的三段论法不能够支配司法

---

* 本文原刊于《法政半月刊》（第1卷）1935年第11期。

〔1〕"米勒"原文作"密勒"，现据今日通常译法改正。——校勘者注。

〔2〕"霍姆斯"原文作"福尔姆司"，现据今日通常译法改正。——校勘者注。

者，德国的法家艾尔利[1]处有几句刻薄的嘲笑话：

“在人类的天赋智能中，逻辑可能是最没有出息的了，在我们德国的神话里，魔鬼往往是一个很雄辩的论理学家，这里面确含蓄深远的意味。”

死的三段论法所以到了今日，已不能够认为司法者的唯一工作，司法者所以突超到立法者的上层，二十世纪的新分析法学派更进而倡法律四界之说。所设法律四界说，就是预测法律须受四种元素[2]的支配，这四种元素就是时间（Time）、空间（Place）、法律决点（Poiub of Law）、审判官心理（Indicial Wiud）。所谓（一）时间，就是法律须为某时间的法律，就是整个社会在某法律有效时间以内，思想制度所表现的普遍性，譬如在今年今日判决一杀人案，其判决为如此如此，这如此如此就为今年今日的判决，苟不在今年今日判决，这判决或不致如此如此。所谓（二）空间，就是法律须为某地域的法律，就是某法律有效地域内的社会，以历史的演化，其思想制度所表现的特殊性，因为一件案子在某地域经审判而致于如此的结果，只对于某地域的思想特殊性而言，若不在某地域判决，结果或不致如此。所谓（三）法律决点，就是讼案在两造争执的时候，必有争执的一点，这争执的一点就为法律事实的对象，譬如杀人的案子，这杀人的一点就是法律决点。所谓（四）审判官心理，就是判决案子须要某审判官在某时某地对于某法律决点的心理倾向，这种论断似乎深染唯心主义的色彩。但是事实上我们却不能否认，如是司法者的重要，愈可想见。所以早二十世纪的司法者不能自暴自弃，他们已经受法律心理的重视，他们已经脱离了死的三段论法支配时代，而踏进自己谋创造的康庄。

所以司法要有艺术！

怎样是艺术？怎样便是司法的艺术？艺术是要具备三种元素，就是（一）真、（二）美、（三）善，有了这三种元素就有了艺术，贝多芬（Becttiovcer）弹出节奏的曲调，悠然出韵，我们觉得天壤间是有这一种逸响，是亲切，是和谐，是合式，是怡情，仿佛人人都应该弹得出来，这就分上了灵感的霞光和尊严，这就是艺术。少陵的诗，稼轩的词，都有亲切的意味，可以读到了画境里，而始终引提着你的心，叫你不放，这都是艺术。

---

[1]“艾尔利”原文作“爱尔利”，现据今日通常译法改正。——校勘者注。

[2]“元素”原文作“原素”，现据今日通常用法改正，下同。——校勘者注。

司法的艺术也只是具备（一）真、（二）美、（三）善三种元素，怎样是（一）真？就是司法官判断案子，在听讼的时候，他要能深透注到各个对象的现实事实里，他能够亲切到对象事实的隐微深处，用他明亮的心境去透视出各个事实的形态、性质、用意，以及其他种种，他要对准了事实去透视，拭去了一切污浊的颜色去透视，他就分上了亲切的灵气，他的认识就有了艺术上“真”的元素，他的认识就有颠扑不破的整个精灵，损一分不能，增一分亦不可，他就有了价值。再论怎样是（二）美？美是一般人都有的认识，我们看了一个绝世丰神的女子，我们都说一声美，我们的感觉，都以为这女子有新柳初绽的眉禄，有流波荡漾的眸子，有粉匀梨涡的两颊，以及有其他种种，似乎这种配置，最如合式，最为匀称，要换一种配置，便不能合式，不能匀称，这里面就有了美的哲学，司法官审判案子，也是如此。他的程序进行，他的讯诘案情，他的判决事实，似乎都有停匀的丰彩，变换了一些，就失去了一种惬意的感觉，就增加了一种疚心的内映。他的判决所在，就是自然的结论所在，仿佛不能更动，不能移换。至于司法的（三）善，就是说司法者审判案子，依一般的思想所认为应顾到的现实利害都已顾到，他要是向左一些就侵偏到右方的利益，向右一些就侵偏到左方的利益，只有这一种审判的方法和结果，是不偏不倚，才能巍然站住，这一种审判的方法和结果，就到了艺术的庄严，具抱了艺术的元素——善。

司法在二十世纪受了优越的注视，司法不能自暴自弃，不能墨守逻辑，司法要有艺术！司法要有真，美，善！

二四（1935 年），三，二一

法律艺术化*

吴经熊**

在艺术的园地里，法律似乎是个门外汉；因为一般人都以为这含有严重性，条规式的怪物，只能令人奉而敬之，战战兢兢地遵守着，哪[1]能使人加以欣赏呢？从法律的外表看去，他那呆板的条文，枯燥的判例，果然没有引人的魅力，更没令人感美的地方，但是仔细观摩他的神髓，却也十足地具备艺术的精神，他是拿时间空间当背景。理智经验做工具，而他的艺术结晶，便是“公道”，使人们在法律上得到安慰，满意和应得的保障，因此他的理智，是明哲而普遍性的，不是顽固执迷，或是因循成规的，他超然地观察一切，用不偏不倚的见解来分析事理，解决争端。像音乐家的分别音调，绘画家的选择颜色，诗词家的斟酌字句一般，贝多芬[2]（Beethoven）的交响曲能令人欣赏，白香山的诗词，能使人神往，唐伯虎的画，可以流传百世，艺术

---

* 本文原刊于《礼拜六》1993年，“公道与‘真’”篇刊于第485期；“公道与‘美’”篇刊于第487期；“公道与‘善’”篇刊于第489期。

** 吴经熊（1899～1986年），字德生，浙江宁波人。享有国际声誉的法学家和法律教育家。1920年毕业于东吴大学法学院。1921年毕业于美国密歇根大学法学院获博士学位（J. D）。1921年至1924年，赴法国巴黎大学，德国柏林大学与美国哈佛大学从事研究工作。1924年回国担任东吴大学法学院教授，1927年选任为东吴大学法院院长，同年被任命为上海公共租界临时法院民事庭的法官，后曾短暂代理上海公共租界临时法院及上诉院院长。1929年底赴美西北大学与哈佛大学从事教学与研究工作。1930年回国后，进入立法院，担任宪法起草委员会副委员长，以个人名义公布宪法草案，即被后人称为《吴氏宪草》者。1939年，被选为美国学术院名誉院士。1946年，出任驻罗马教廷公使。1949年后旅居海外，先在美国夏威夷大学任中国哲学与文学资深客座教授（1949～1966年）。1966年定居台湾，任中国文化学院哲学教授。其名誉学衔甚多，如波士顿大学、波特兰大学、圣若望大学法学博士，劳克赫斯大学、韩国岭南大学文学博士，韩国圆光大学哲学博士等。其著作等身，内容横跨法学、文学、哲学、宗教等，写作语言为中、英、法、德语。

〔1〕“哪”原文作“那”，现据今日通常用法改正，下同。——校勘者注。

〔2〕“贝多芬”原文作“皮托文”，现据今日通常译法改正。——校勘者注。

法律家的结晶，未始不能受人爱戴。只因没人注意，未免与阳春白雪同样地鲜有知音。同时人们虽高倡着“维护公道”，却被成见，私心，利欲，权势重重叠叠地笼罩住，绝对没有发挥广大的机会。所以在资本主义下的法律，劳工没有保障；侵略政策的立法，便奖励劫夺；而劳工神圣的旗帜下，更没有资本家的立足地，在这种场合下的法律完全是被利用的工具，确是可憎恶，可厌弃的怪物，毫无艺术的价值，因此有人说：“资本主义下的法律，带有铜臭；侵略政策下的法律，混有血腥；劳工主义下的法律，却含有汗臊的”，饶有意义。试看国际联盟对于中日问题迟延不决，他唯一的原因，便在各国利害的不同，而同时又受权势的威胁，不敢主持公道。九国公约，非战公约等虽是拘束签约国的法律，却也同具文了。这一层，事实上却很难怪，因为国家相互间的法律观念，至今仍属幼稚；尤其是认强权为一切冢宰的横暴国家，当然不可以理喻了。

至于通常法律的艺术化，归纳起来：不外真，美，善三点。因为“公道”的出发点是“真”；他的归宿是“美”，而成功“美”的骤步便是“善”。换句话说，“公道”是以“真”为基础；以“美”为理想；而以“善”为方法或资料，具备了真，美，善，法律才能夸耀他的结晶！——“公道”。

公道与“真”

一个裁判的〔1〕公道程度，是与他所根据的事由的真实程度成正比例，求真的工具愈精密，法律便显明得完密；其探求事实真相的方法愈简陋，法律当然是幼稚了，所以在证明方法不发达的社会，因为求真的方法有限，便去求神问卜，作为最后裁判的根据。我国各地的城隍庙，便是愚夫愚妇们寻求“公道”最佳妙的场所。有时这种方法也很灵验，因为在迷信神权的社会到神的面前去设誓赌咒，确能使犯罪者受良心上的责罚，而将真情尽量地吐露，就使法律观念很发达的英，美，德，法等国，证人须先设誓然后作证，表面上似乎是法律上规定的仪式，“伪证”并须处罚；事实上只是良心上的裁判，和在偶像前赌咒，有何分别呢？记得曾有人建议证人的具结，宣誓，须到神像面前去做，比较有效；否则，形式上的具结，口头上的宣誓，出门便不认货，岂非无聊。这话虽似乎幽默，却是言出由衷，因为用具结宣誓的方

〔1〕“的”原文作“底”，现据今日通常用法改正，下同。——校勘者注。

法求“真”，未免隔靴搔痒。我国稗史很多记载关于法官私行察访民间的真情，探求疑案的真相，这种精神确是艺术法律家所应有的。大凡事情非经亲眼目睹，很难置信，也有理想上所绝对不可能的，却是事实，所以欲求“真”，势非亲自探察不可。这次国联调查团费了半载的光阴，到东北区调查事实真相；我们姑不论他的报告是否凭调查所得的事实，这方法和精神确是正当应有的。

证明的方法，和证据法有不同的作用，前者所以求真，后者所以削繁；求真所以满足纯粹理性上的需要，削繁所以应行实际上的需要。因为法律不是自然科学，乃是社会科学，它的求“真”，只是作为寻求“公道”的基础，不是他的专任职务，证据法在法律上虽是很重要的一部分，但证明的方法，不全限于证据法所规定，除了寻求事实真相外，“公道”的任务还须进一步地权衡利害关系；寻求“至公无私”的（真理)。科学的发达能辅助法律寻求事实真相：例如最近英国曼彻斯特[1]法院已试用一种记录留声片，以代替速记法，其法系用磁力用针镐在一种金属之卷册上，记录，将声音保留，日后可以重再发出，如留声机一般，这样可以避免犯罪者或证人意图抵赖，或有不认前言之事，事实真相，果然可以容易得到；但未必就能因法院采用了留声机便可取获“公道”。“公道”所欲探求的“真”是根据了事实上的真相更进而认定理智上的“真”。这次国联调查团到东北去调查，在探求事实上的真相，或许当能办到；倘以探求事实真相为已足，那么离“公道”还远着哩！

公道与“美”

世间伟大的艺术家，都能以奋斗精神，创开局面，艺术是随时代而转移，伟大的艺术家，便应站在时代的前面，指引并领导着艺术向前进展。倘然从事艺术的人，只能保守一些骸骨，停留不前，艺术便陷于贫弱，而至灭亡，试看我国近百年来的各种艺术都做了时代的落伍者；我国近代艺人，只在搜拾前辈的作品，很少创作，如此刻舟求剑，胶柱鼓瑟，哪能使艺术进展呢？艺术法学家，何独不然！他们的任务，在使法律能“持平解曲”[2]，使人们取得安慰满意和应得的保障，并使“公道”能尽善尽美地灿然常存，泽被众

---

〔1〕“曼彻斯特”原文作“曼哲斯德”，现据今日通常译法改正。——校勘者注。

〔2〕“灋”说文云：“平之如水，从水；廌所以解不直者，去之从廌去。”

生，欲达到这目的，艺术家应超然地运用纯理智来划分一切，并启开幸福的新园地。

我国至圣先师的确是个伟大的艺术家，他的道德和法律混并一谈；以道德为本，以法律为用，训导人民，崇尚礼让，不事讼争，自然而然地抵达积极“公道”的境界，所以他说：“听讼无犹人也，必也使无争乎”，“道之以政，齐之以刑，民免而无耻；道之以德，齐之以礼，有耻且格”，“以讼受服，亦不足敬也”。孟子秉承孔子的观念，便有“徒法不能以自行”的警语。孔孟的意思，以为人民而遵守礼教，争讼自息，人民便自然地享着“公道”的保障，岂非至善至美。

及至战国之季，韩非商鞅申不害等主张“唯法足以治民”的法治观念。他们的目标，虽然也不外“公道”，可是和儒家的立场，完全不同，并且将儒家主张的“自然的公道”抨击得体无完肤，商君书修权第十四“世之为治者多释法而任私议，此国之所以乱也”。“先王具权衡，立尺寸，而至今法之，其分明也，夫释权衡，而断轻重，废尺寸，而意长短，虽察，商贾不用，为其不必也。故法者，国之权衡也。夫倍法度，而任私议，皆不知类者也。不以法论智，能，贤，不肖者，唯尧；而世不尽为尧。是故先王知自议私誉之不可任也，故立法明分，中程者赏之；毁之者诛之；赏诛之法，不失其议，故民不争……”商君并未攻击人治的不可能，只认法治比人治容易得到“公道”的美。慎子欲更进一步：“法者，所以齐天下之动，至公大定之制也，故智者不能越法而肆谋，辩者不能越法而肆议，士者不得背法而有名，臣不得背法而有功，我喜可抑，我忿可窒，我法不可离也。骨肉可刑，亲戚可灭，至法不可缺[1]也。”法律简直是人生的必需品。试比较儒家父子相隐[2]的观念；表面上看去，岂不背道而趋，而实则乃是异途同归，因为在儒家以礼教下的“公道”为最美善；在法家则以规律下的“公道”为最美善，儒家和法家所理想“美”的境界的不同，虽是缘于思想出发之点的各异，法律的时间性，亦有相当关系，“法有宜于古者，未必皆便于今，贵乎随时之宜而改进之”。

---

〔1〕“缺”原文作“阙”，现据今日通常用法改正。——校勘者注。

〔2〕《论语·子路》：“叶公语孔子曰，吾当有直躬者，其父攘羊而子证之；孔子曰，吾党之直者，异于是，父为子隐，子为父隐，直在其中矣。”

“美”的标准是随时代潮流，需要，而时常变更，欧美法律的过程，简括地说；是崇尚自然，变到绝对服从条规，进而迎合社会需要，最近更有崇尚实在回复自然趋势，这无形中的改换，无非欲使“人民”得到“公道”的保障。最近苏俄五年计划，在四年内完成，人民虽仍敝衣粗食，却都安之如素，因为少数人虽被侵夺了私财，却免去了多数人的冻馁；从大体着想，现在的苏俄已踏进了“美”的境界，因大众的利益。而牺牲个人的享乐；为急图富强。而暂受辛苦；在他们以为是很“公道”的[1]。但是苏俄的公道，未必能实行在法西斯[2]的意大利；也不能在金元主义的美国；更不能在暴力主义的日本立足；因为各国各有对于自身美善的“公道”！

时代的进行，依着时间和空间的组合，不绝地移转；艺术家便应站在时代的前面，避去时间和空间的障碍，而引导时代精神进入正轨，但是我们要晓得时代精神一定要有了前面的引诱，和空间的展开，才能发展，好花须自叶扶；有了微云的烘托，才能显出明月的皎洁；美的“公道”的法律，除应表现民族的固有精神外，更应采撷他人的长处，以作衬托，像扶植“美”的花木，须先养本，并施移花接木的技巧，但是切不可犯着“守株待兔”和“张冠李戴”的弊病，因此当今的立法者，应培养根本，而不可泥古，应移花接木，而不可抄袭；必须审察社会经济；体念人民的急需；本诸民族的心理；揆诸时代的理想；取各国的法制，作我镜鉴；存民族的精神，以固国实，如此方能导民于化域，倘不知融会贯通，一味泥古，抄袭，难免使“江南之橘，逾淮为枳”，倘专事效摹，终至“东施捧心，效颦愈丑”怎能使法律臻于至美至善呢。

公道与“善”

孟子说：“鱼我所欲也，熊掌亦我所欲也；二者不得兼，舍鱼而取熊掌可也。”吾人姑不论鱼与熊掌究竟是哪样好吃，但在选择两者之中，未免要比较他们的价值，权量利害的重轻。讲到利害的问题，及涉于评价的问题。怎样评价？就是“善”的问题！因为“善”的意义不但包含仁义道德，也有擅长

---

〔1〕 王印川著苏联五年计划奋斗成功史书中记着一个中年妇人对著者说的话：“从前我们的生活虽然舒服，可是仅止我们的少数；那多数的人，比我们的现在还不如的多，现在我们的少数，虽不如从前，可是多数人比从前好了，这也是‘公道’应该这样的……”

〔2〕“法西斯”原文作“法西斯蒂”，现据今日通常译法改正。——校勘者注。

的意思，譬如善于为文，善于弹琴，善于拍马，是说一个人对于为文弹琴或拍马之道，是很擅长：擅长了便有相当的价值，价值就是“利”；“利”的对象当然是“害”。孟子劝梁惠王：“王何必曰利，亦唯仁义而已矣”；正对着梁惠王的发问：“叟……亦将有以利我国乎？”其实孟子的仁义，也莫非是利(广义)，不过同梁惠王所意想的势利的“利”主观上不同罢了！权衡两者的价值，孟子便不期然而然地劝梁惠王舍鱼而取熊掌，孟子真是权衡利害的艺术家；因为人生处世，无时无刻不在选择鱼与熊掌；处世的艺术，也不外“善”于权衡利害罢了！利与害虽是相对的，它们的区分，却是毫无标准，但“善”于权衡的人却能使重轻各得其所，像音乐家区别音调，绘画家分别色泽一般。人生如此，法律又何独不然！艺术法学家的首要任务便是评价，和权衡利害关系，使人们在可能范围内，取得相当的“公道”！

在绝对崇法时代，法律的条规是被认为权衡利害的唯一标准。但是世间的利害，错综混杂，而法律的条规又不能天衣无缝地件件顾到，难免失出失入之弊。而且条规是天才的桎梏；绝对服从了条规去权衡利害，执法者只是一个傀儡，决不能使“公道”发扬光大；反转来讲，条规未使没有它的好处；而且有时非绝对遵守条规的暗示不能取获“公道”；所以法律上的条规好像战士的甲胄，“善”于作战的穿了甲胄，可以，毫无顾虑，奋勇抗敌；骨如柴立的穿了，反觉转辗不灵，自蹈身亡。因此庞德[1]氏说：“条规只是工具，全恃运用者的是否‘善’于使用，以作权衡的根据。”

除了法律上的条规的拘束，权衡利害，便先应评价，同时便脱不了“否则逻辑”的方式，因为生存的竞争是筑在这逻辑的基石上的，热带的小甲虫孵卵在树荫聂密，阳光不及的泥穴内，否则猛烈的阳光会将卵子烤死的。北漠地方的小黑蜘成群地结成很坚固的网；它们拣风力不及的地方建筑，否则大风会将弱小的网吹坏的。这种细微的昆虫尚知如此，何况人类。所以聪明的星相家明知男女面貌的美丑是天赋的，而对于婚姻很生问题，间接也影响到民族问题，因此便说：“丑：夫人相；红颜多薄命”；否则貌丑的女子，只能终身不嫁了。再如往昔的重男轻女，未始不是受了评价的关系，韩非子六反岂不说：“……且父母之于子也，产男则相贺，产女则相杀之，此俱出父母之怀衽，然男子受贺，女子杀之者，虑其后便，计其长利也，犹用计算之心

[1] “庞德”原文作“滂特”，现据今日通常译法改正。——校勘者注。

相待也……”可见亲如父母，也用“否则逻辑”来权衡子女将来的利害。虫类的“否则逻辑”是直觉的丝毫不致错误的；但是人们因为主观客观的种种关系，“否则逻辑”只是玩世的一种工具而已。何况人类是最聪明却也最矛盾最易错误的动物，大部分的理想，都是“似出有因，查无实据”的。譬如：南海土人以为火山的爆发是神圣发怒的表示，人们应将最美的女人牺牲在火口内以作贡献，否则天地便要混沌，这种理想的否则岂不荒乎其唐！在这种情形之下，要取得“公道”，其难可以想见。可是人们的荒谬比这种更矛盾的不可计数，艺术法学家应知如何打破这种桎梏，巧妙地运用“否则逻辑”，便是“善”的问题了。

我国历代的法学家中，很有几位是善于运用逻辑天才的；尤其是“否则逻辑”的运用，不过他们完全是直觉而不自知晓！譬如：折狱龟鉴载着：“燕萧，侍郎，知明州，俗悍轻喜斗，萧推先殴者，虽无伤，必加以罪：后殴者，非折跌肢体皆贷之，于是斗者遂息。”这种息斗的方法，似乎不合法理，但对强悍的人民，只能如此，否则争讼不胜其烦了。再如皇朝通典卷八十七：“天聪元年时以岁饥，盗贼劫杀，所在皆有，诸臣请按律严惩，上恻然曰：彼皆不得已而为盗贼，缉获者鞭而释之可也。”劫杀应处严刑，是国法，因饥寒不得已而劫杀，罪情可悯，从宽罚之，则国法威严不失，民情亦得顾全，否则激民使变，反失法律初衷了。再如前汉黄霸所判一事和英谚纪实的沙罗门一案有异曲同工之妙：“颍川有富室兄弟同居，其妇俱怀衽，长妇胎伤匿之，弟妇生男，夺为己子。论争三年不决，郡守黄霸使人抱儿子于庭中，乃令娣姒竞取之，既而长妇持之甚猛，弟妇恐有所伤情极凄怆，霸乃斥长妇曰，汝贪家财固欲得儿，宁虑或有所伤乎，此事审矣即还弟妇儿，长妇乃服罪。”这是用逻辑来阐明事实的真相，岂不妙哉——运用逻辑，或竟“否则逻辑”作为裁判的根据，在英美法更属数见不鲜；在普通法的精神一书内（由周壬林节译载东吴法学杂志）引证如此的例子很多。

综有“真”，“美”，“善”三点，法律方能进入艺术的园门；因为有了“真”的事实做背景，用“善”的方法去实现“善”的理想，是艺术的必需要件。我国今日，四周受着强邻的威胁，敌寇的侵略，一方面固应准备“整个计划”以攘外，一方面更应用艺术的手腕来安内，安内的方法，是积极地设法使社会抵达法治的境界。日本在四五十年前被几条黑船冲破了沉着的迷梦，便向法治的途径上积极发展，我人姑不论他们的野心如何，他们得到的法治成绩却是可以取效的。所以当今的立法者欲达安内的目的，应探察人民的“真”情实况，在三民主义和礼义廉耻的“美”的理想下，使法律臻于至“善”的境界，然后人民得享艺术的公道的惠施了！

异哉政府之责民守法——完全根据法律而谈*

张师竹**

中国的民众，就一般而言，都是爱好和平，极肯守法，除非因环境逼迫到山穷水尽，无路可走的时候，他们决不有所举动，若然和其他的民族比较起来，我们真是柔顺得和小羊一样，所以统治阶级，天天剥削民众，只要民众可以勉强维持他们最低限度的生活，民众们还是一味忍受。自从东三省事件发生以来，暴日的横暴，惨无人道，凡属国民，都是痛心疾首，因为不甘心做亡国奴的缘故，所以口诛笔伐，募捐，请愿，及自动抵货，以表示他们尚知爱国，尚知自卫。除此之外，就没有发生什么不幸的事件。即就上海而论，除了因日人挑嚣而发生的几件小小冲突以外，还是风平浪静，所以连到外人也是称许中国人的涵养功夫（外人说这句话的时候，或许以此腹诽。但是和平总是事实）。然而我们的贤明的南京政府——还是不放心，恐怕民众有激昂的举动，要影响到他们对外自称为统治阶级的尊严。所以今天发一道命令说：爱国运动务宜遵守正轨，否则依法严惩。明天发一道命令说：爱国固堪嘉尚，但有违反革命纪律，及扰害治安者，必严惩不贷。你看政府法令的森严，和约束民众的气概，何等厉害〔1〕！最有力的八个大字，就是“革命纪律”和“扰害治安”。因为他们以为这几个字，包含的意义很广。如果稍有不利于执政者之言语举动，便可以此治罪。他们以为前人无端杀人。用“莫须有”三字以致遗臭万年，是执政者不善措辞，不如他们那样的聪明无端辩了，人家的罪还要扯起革命的招牌套上治安的面具。其实呢，所谓“违反革

---

* 本文原刊于《决心》1931 年第 5 期。

** 张师竹，1932 年毕业于东吴大学法律系（第 15 届），获法学学士学位。

〔1〕“厉害”原文作“利害”，现据今日通常用法改正。——校勘者注。

命纪律”和“破坏治安”都要依照法律处断。不能凭空以笼统之词，入人于罪。否则徒为帝国主义者张目，那些命令和布告徒然供给帝国主义者之利用，请你们吃反手耳光。这一层现在暂不深论。我们现在所要说明的，就是一国的法律，是政府和人民，都要遵守的。这是近代法治国家的大原则。贤明的南京政府既然把三民主义做金字招牌。我们民众看了你们的招牌，付了你们老虎肉的价钱（就是每年要付出那样重的捐税之外，还要担任推销公债，岂不是要做中华民国国民所付的代价）。自然也得要循名核实，看看你们究竟是否货真价实。照这几年以来的经历，只见他们挂羊头，卖狗肉。有时付了羊肉的价钱，连到狗肉也没有得到。举一个罢，他们说现在要整理铁路，所以附加票值，但是铁路上的情形，反而比从前要坏。再举一个例罢，他们说，要编遣军队，所以大发其编遣公债，但是因为不编遣自己的军队，以至于人心不平，内战迭起，人民流离痛苦。照这样看来，民众付了羊肉价钱，非但连狗肉也得不到。简直还要请你尝点痛苦。我们如果把这几年的往事，和他们细细算一笔总账，真是使人痛彻心扉〔1〕。

现在国难临头，在理执政的人，平日享受厚俸，身居高位。应该如何激发良心，和民众合作，抵抗强敌。但是一味空言道解决自有办法，而实际上毫无办法。倘然他们老实说这个国家使我们数年以来从南北敌党手中夺来的，是我们的天下，不许民众说话，那倒爽快，不失为草莽英雄的本来口吻。但是披上八卦衣，也要文比诸葛，武比岳王，凭什么鞠躬尽瘁，死而后已。一篇为国为民的话，其实是惟恐失去政权，以致不能过他们小朝廷的瘾念罢了。我们也并不和他们谈道德。因为道德二字和他们相离太远了。且把他们朝夕所谈的法律。举几条出来看看。他们自己所订的法律，自己借此作为照牌的法律，已经遵守到何种程度。说得明白一些，即就此次东三省事件而论，他们已经违犯了几种现行有效的法律。他们教人家别违犯革命纪律，但是他们自己就是违犯革命纪律的罪人，试看下面的证明：

（四）中华民国训政时期约法（二十年六月一日国民政府公布同日施行）

这一部约法，是南京政府得意之作。内容如何，我们现在无暇讨论。但是我们敢说这是崭新的产物，是政府自己说与民共守的根本大法。到现在为止，不会废止或失效。

〔1〕“痛彻心扉”原文作“痛澈心肺”，现据今日通常用法改正。——校勘者注。

约法第一条规定如下："中华民国领土，为各省及蒙古西藏。"那么[1]东三省当然是领土之一部分。不容发生疑问，再看：

（五）国民政府建国大纲（民国十三年四月十二日中山先生书）

国民政府建国大纲是中山先生的遗教，那是神圣不可侵犯的，也就是自名为忠实信徒所奉行的天经地义。

建国大纲第四条规定如下："其三为民族。故对于…国外之侵略强权，政府当抵御之，并同时修改各国条约，以恢复我国际和平、国家独立。"暴日的无端占领东三省，当然是强权的侵略，奉行中山先生遗教的忠实信徒，何以并不抵御，只求之于毫无裨益的国际联盟。查中山先生遗教之中，并不会说如有国难，可求之于国联。再有：

（六）中国国民党党纲（十三年四月第一次全国代表大会宣言）

第一次全国代表大会宣言，是中山先生遗嘱中郑重嘱咐，要国民党员全体进行的。大概党国要人，每星期一做纪念周的时候，和其他朗诵遗嘱的时候，总要见到这个宣言的名目。

第一次全国代表大会宣言的（甲）项"对外政策"第一条说："一切不平等条约，如外人租借地，领事裁判权，外人管理国税权，以及外人在中国境内行使一切政治的权力，侵害中国主权者，皆当取消。重订双方互尊主权之条约。"岂能容许外人再有新的武力侵略之行为，岂能刮出自己的领土为中立区域？

（七）官吏服务规程（二十年六月二日国民政府公布同日施行）

官吏服务规程第一条规定："官吏应依法律命令所定，忠心努力，恪守誓言，执行职务。"试问张学良是否官吏，如属官吏，那么他的职务，便有守土之责，何以有土不守，拱手让人。又查同规程第十四条规定如下："官吏在战务内所保养之文书财物，应尽善良保管之责。……"试问东三省的兵工厂，以及飞机大炮，何一非其职务内所保管之物，何以一再命令其部下，抱不抵抗主义，听凭日本人取去。如此奉送国家公物，是否已尽善良保管之责任？

（八）宣誓条例（十九年五月二十七日国民政府公布同日施行）

上面所引的官吏服务规程，第一条中有"恪守誓言"四字。我们要知军事长官的誓言，是什么，应参照宣誓条例第三条规定："军官誓词如下：[2]

---

[1] "那么"原文作"那末"，现据今日通常用法改正。——校勘者注。

[2] "下"原文作"左"，现据今日排版需要改正，下同。——校勘者注。

余敬宣誓，余恪遵中山先生遗嘱，实行三民主义，服从长官命令，捍卫国家，爱护人民，克尽军人天职，如违背誓言，愿受最严厉之处罚，此誓。”

试问张学良及其主管长官曾否捍卫东三省，又曾否保护东三省的人民。如果不曾，便是背誓。背誓自应受罚，又何以不加处罚？又：

（九）公务员惩戒法（二十年六月八日国民政府公布同日施行）

惩戒法第二条规定：公务员有下列各款情事之一者，应受惩戒。

一、违法。

二、废弛职务。或其他失职行为。

试问违背誓言，是否违法，否则何用宣誓？又试问断送三省，毫不抵抗，是否废弛职务？如是失职之公务员，而独毫不惩戒。则国民政府之纪律安在？按昔日之真牌诸葛亮因马谡失街亭而挥泪斩之。试问东三省为华北门户，尽是膏腴之地，其价值岂不如街亭一弹丸之地？今日革命纪律之森严，岂不如三国时之法律，纵使后之马谡，不如前之马谡之易兴，然而后之诸葛。况后之马谡，曾一度到过南京，而南京仍恭送如仪，使其逍遥以归，岂革命纪律，亦可临时通融，然逼弁以上诸法，并无“但书”之规定。

总之，“上无道揆，下无法守”，“己身正，不令而行。己身不正，虽令不从”在“民可使知之”的时代已经如此，何况今日？诸葛先生虽有治乱世用重典的话，但是重典不可择人而用，否则重典等于废纸，何以服人？我们研究法律的人们，当然视法律为神圣。自己情愿守法，也希望政府共同守法。若谓生杀予夺，其权在我，只许州官放火，不许百姓点灯。或许可以图快一时，然绝不是及身之业，更不是万世之业。请大权在握的诸公，听诸！

在本文结束之前，我因为看见报纸连日登载关于请愿的记录，还要引一引中华民国训政时期约法第二十条如下：

“人民有请愿之权”以见民众请愿，根据法律。以后如有横加阻止人民之请愿者其置约法于何地？

小子平素很佩服吴稚晖先生的高论，很希望他对于本文，也有所见教。附此声明。好在他素不做官。这几天或者比其他的要人们空闲一些。或者对此不甚毛细之法律问题。不至以书生之见而轻视之。因为他自己也还是穿长衫的书生而已。

图书馆法律论*

喻友信**

（一）绪论

世上一切的事物，莫不因环境所趋使与人类研究之结果，而逐渐演成之。推究其目的，端在求其适应人类社会环境所需也。凡百事业，应兴而起。图书馆乃近代之一大新兴事业，但在我国尚属幼稚，要非我国现下环境如此也。观诸欧美仅就图书馆一点而言，将数十百年前，储藏书籍之处所发展至如今日之图书馆，将其毫无值得注意之书研究至今日成为科学之一，诚非人类祖先想象所能及之。况图书馆之为学，其容量较任何科学为大，盖其包括一切学术于其中也。图书分类法，即其证明〔1〕。馆员之分类〔2〕图书，若无各科常识，虽云对各项学科无须精通，但最低限度亦须知其梗概，借便分类书籍于何科学类下，于此可见图书馆学范围之大也。但图书馆学与图书馆事业均为相辅而发展，有今日复杂之图书馆事务而悉心探讨其原理方法，以作处理馆务之南针，始有今日之渊博图书馆学。因有完善之图书馆学，始可照其学理实验以事实，于是图书馆事业得于理论与事实兼顾之下稳定发展。社会如有何种需要，不可不供应之。至英美图书馆达到今日之地位者，原因自非单纯，实乃其社会情形造成之。彼邦政府详细制定各种图书馆法规，奖励图书馆事业，将其纳入国家行政轨道，以图事业进展，谁曰此非国家造成之主要因素。法律乃国家规定人民行为之规则。夫吾人生于社会中不可无视规则；

* 本文原刊于《图书馆学季刊》（第11卷）1937年第2期。

** 喻友信，1946年毕业于东吴大学法律系（第29届），获法学学士学位，曾在东吴大学比较法学院担任教授。

〔1〕“证明”原文作“明证”，现据今日通常用法改正。——校勘者注。

〔2〕“分类”原文作“类分”，现据今日通常用法改正，下同。——校勘者注。

否则社会之秩序，不免扰乱，社会生活将不可能。所以行为规则为社会生活之要件，是法律规定人民生息于社会中之一种指导。惟国家可具有此种权威[1]制定法律，统治人民。国家为求善于治理计，遂有各种法规之制定，俾人民得以遵循。故国家举办或推行任何事业，易如反掌也。英美图书馆之所以有如斯之长足进展，其主因当归功于彼邦政府善于制定图书馆法规，对于遵则奖励之，违则处罚之。夫图书馆之建设，首在经费，如在英美图书馆法规中有奖励人民捐赠之风气，有由政府规定征收图书馆捐税，有由政府公费中规定揆助之，无论在直接或间接方面，在在促其实现图书馆之建设。如有违背图书馆章程者，小则警告，再则罚金，大则拘送警所或法院，依法判处徒刑。回顾我国何尝不有图书馆法规之颁布，其中又何尝不有奖励之条例，然其进步所迟缓，原因固然复杂，容在后面分析之。其显著者即在图书馆法规不完善。换言之，政府未有直接推进图书馆事业之策划。盖政府权威至大，如能登高一呼，颁布推进图书馆事业之法规，以备国民遵循之标的。我国图书馆虽在人之后，何难赶上前？吾人早知图书馆有保存与宣扬文化之功能，教育之对个人与夫文化之对国家，关系之巨，尤在国难有增无减之际，岂能忽视之？本文之作意，在检讨图书馆法规与图书馆事业之互相关系，供诸图书馆界先进之参考，俾来日重订法规时，不无参考之小补焉！

（二）英国图书馆法规立法大要

英国图书馆事业虽云不及美国，但其公共图书馆法令之颁布于英格兰与威尔士两地者，最初于一八九二年。翌年复又修正之。法律是无时不在进化中，为求图书馆法规合时化，于一九〇一年及一九一九年先后重订两次法规公布矣。于一八九八年图书馆处分条例又经颁布矣。而苏格兰最早颁布公共图书馆法规于一八八七年，复于一八九四年，一八九九年及一九二〇年前后重订三次。至于爱尔兰之公共图书馆法规最早于一八五五年颁布，复于一八七七年修订之。以后于一八九四年，一九〇二年及一九二〇年亦先后重订之。于一九二四年始行另订图书馆法规颁布于北爱尔兰。此种条例系专施行于爱尔兰北部各地之图书馆。

政府公布法令，必须经过相当程序，始可称为合法，否则必遭人民之反对，亦不得视为法律也。英国系联邦政府，故各邦立法手续不同，不可不注

[1] “权威”原文作“威权”，现据今日通常用法改正，下同。——校勘者注。

意之。英国领土及其属地分散各处，而各地社会风俗人情自然不能尽同，但国家立法，又不可忽略地方社会人情，是故英国联邦政府欲制定法律施行于全国各地，事实上似又不可能。所以政府拟定一种模范法规，俾各地政府斟酌当地情形加以修订，而利施行。所谓模范法规者，即公布而不能施行之法令，如草案之类是。兹将地方政府遵照模范法规而重行厘定之立法手续分述于后。

在英格兰，威尔士及爱尔兰北部各系采用是项法规，仅须经过系议会通过，即可施行。英国各都市当局采用斯法虽由会议议决即可，但举行之方式各不相同。在英格兰与威尔士只须经过普通议会，在苏格兰自治城邑须先将拟采行之法规于一个月前公告于众。其后，会议通过之条例至少刊登一种报纸上，俾其在地方上流行，人民得以知晓。至爱尔兰与苏格兰同，不过其通过之议案必须黏贴于各公共场所。

在英格兰和威尔士对于通过采用之法规，必须手缮二份分别呈缴教育部及卫生部长。在爱尔兰 Irish Free State 须将其原通过议案送缴至地方行政长官，在其北部各地，即须呈送内政部长。

图书馆税率

在欧美各国征收图书馆税，形成人民必尽之义务，而在我国尚属创闻。欲期事业之发达，恒以经济而定，可谓此其图书馆发达之主要原因之一也。地方机关征收之图书馆税率，大抵照财产如土地，房屋，机器等项估价每年收入若干。至如财产上所需之修理等费概可在收入项下除去，所余为实得估价，即以税率征收之。物主与租用者双方均须付税。例有房屋一栋，估值总数为六十五磅，除去其他修理杂费外，每年实得收入为五十二磅。如系政府每磅应征收各项捐税为十先令中之二便士即为图书馆捐此为屋主应纳之费。而该房客如应估计之总数为每年二十六磅时，依照税率征收捐税其中八先令便士即为图书馆费用。此种税率大抵都如此抽捐，不过亦有例外。如 Glasgow 地方，对物主与租用者平均征收捐税。为征收便利起见，大抵图书馆税率每磅收一便士或二便士。至一九一九年图书馆法规颁布后，规定图书馆税率至多每磅征收一便士为最高比率。

有由图书馆捐税外，对于图书馆之开支，在苏格兰得由系长或自治区议会另外给付之。爱尔兰亦同，但在其北部各乡镇图书馆行政最高机关即系议会。对图书馆之开支不由系图书馆项下拨付而另行征收之数有与系或镇征收税率相等。于一九二五年十月一日起，凡在爱尔兰自由区域乡镇图书馆行政机关，即为系议会。故关于图书馆一切事物均归该会负责处理之。于是该会得宣布其区域内称为图书馆区。故图书馆一切费用，概由该区负担之。

一九二〇年以前英国立法，对于其全国各地图书馆税率每磅不得征收一便士之规定，但除伦敦城外。溯自欧战场后，物价高涨，人口亦增，如照原税率征收不足开支图书馆费用，更不能言及增进图书馆事业，于是又限每磅收三便士为最高率。

图书馆委员会权限

每一图书馆区得设一委员会管理全区图书馆事宜。委员会分有两种性质：(一) 为报告委员会（Reporting Committee），(二) 为介绍委员会（Recommending Committee）。但报告委员会有执行之权，而介绍委员会仅有审查提案之权。地方最高行政机关为使彼等得以自立，有意予以自治权限，故大多委员会均属报告委员会。惟苏格兰图书馆委员会职权最大，有处理财政土地建筑物贷借批准规则之权。综观英国历次公布之图书馆法规，但均不能单独运用之，或者甲法规系补充乙法规，或颁与其他法规并用之。故对各法规所授予委员会之职权与委员会运用职权时，有抵触，颇难分晓例如 Westminster Case 关于出售房屋一案。此图书馆原用税收抵押借于建筑馆宇一所，于欧战时为 Food Ministry 所占，但图书馆第一层仍旧开放。战后，其余各部因该议会议决停闭，以作扩充市政厅之用。其中参考书均以迁出，而图书馆委员会训令于左近另觅馆址，暂时应用。不料系议会否决另设新图书馆。但此图书馆经费系由地方当局供给之。于是纳税人将此案诉于法院，请求裁定 Westminster City Council 不得将原为图书馆建筑之房屋当作别用。结果判决系议会败诉。而系议会不服提起上诉，结果仍维持原判决案。此案全文载在 Library Association Record 一九二四年三月份，或 The Times 同年一月卅一日报。更可由此一句话中窥出英人对于图书馆之如何的重视："Once a library，always a library，unless a better one is provided."

图书馆账目与稽核

谚云："金钱万能"，诚然，一切事业，无钱不能举办。所以钱之为物，极为重要。图书馆之收入于开支相符与否或支付是否适当有关图书馆之生命最巨。英国政府有此法规之公布并且规定甚严。自然各馆须备有账簿，所有收据均须保存，以便稽查账目。在英格兰与威尔士查账员共有三人，其中二人系由当地公民选出，其一为市长所派之查账员。其他各地多由卫生部为人之系查账员稽核之。图书馆各种开支，大抵规定于法令中，如稍有不合该规定中开支，查账员有否认之权。此外图书馆之账目得随时受当地纳税之人民检查，并且图书馆得将每年账目印出，人民可依其价目购买之。在苏格兰各图书馆之账目须将其摘要刊发于日报中。至于图书馆收入与支出不平衡时，得转入来年预算中。

在英格兰与威尔士各馆得向外界借债，惟须先经卫生部核准。例如图书馆隶属于系区者，亦须经过区议会同意。图书馆借款须具备下列二种条件：（一）借款须有固定之用途，否则不得举债；（二）借款年限不得超过六十年，借款与利息须分期归还，或每年拨出规定数目作为偿债基金。此种借金于法规中有抵押之规定。借款之用途与分还之时期亦有规定如下：

借款用作地址或土地上者，归还期限五十年至六十年；

用作新建筑者，得于卅年以内归还之；

用作旧建筑物或设备等项者，廿年至廿五年；

用作图书或能移动用具者至多十年为期。

在苏格兰图书馆借款无须经过政府批准手续，但所借之款总额不得超过图书馆税收四分之一，期限以廿年为限。还款办法每年至少照所借总额抽还五十分之一[1]并须以税收为担保品。

图书馆章程之订定

政府颁布之法令，乃属普遍性。但各馆有各自特殊环境。为求善于管理计，国家之法令诚可用之大问题。至于细微事务问题必须要有章程规则之拟定，庶可适合各个图书馆之情形。于是图书馆法规中有规定各馆当局自行拟章程之权。概言之，此种章程之范围，不外乎必须要有此数项规定于其中者；（一）关于全馆之管理问题；（二）保护图书等物不受损害；（三）如有人遗失图书等物必须设法保证赔偿之；（四）对于不守馆章犯有不正行为者规定馆

[1]“五十分之一”原文作“五十份之一”，现据今日通常用法改正。——校勘者注。

员或馆役有权令其退出馆外。对于犯章处罚至多每次不得罚过五磅。兹将英国图书馆普通规定章程中必须具备各条例列下，以资作为模范章程。

本章程依照一九〇一年颁布之《公共图书馆法规》第三条规定订立之。

（一）阅览者不得在馆高声闻谈

（二）阅者不得故意妨碍他人使用本馆

（三）阅者不得携犬入内

（四）阅者不得侵入其不应到之本馆部分

（五）阅者不得在馆燃烧火柴与纸烟或其他类似之物

（六）阅者不得污毁本馆各物

（七）如有违犯本馆章程者每次应受〇〇〇〇处分

（八）不守馆章者得令其退出之

（三）美国图书馆立法概况

美国为新兴图书馆学发源地，其图书馆事业自有使吾人值得之注意。因而美国图书馆法律亦有同等重要。美国图书馆立法大抵以下列数点为原则（一）比较立法；（二）试行强制设立图书馆；（三）由政府酌予扶助与监督；（四）完全自动不受捐税限制。因而有与英国图书馆立法相似。美国系合众国与英国联邦制相同，故联邦政府未有颁布任何图书馆法规，仅有关于征收图书课税条例一种及其直辖设立之图书馆管理规则而已。总而论之，美国图书馆法大别之有三种，（一）联邦政府法，此法仅能施行于国立图书馆或对全国而言；（二）州立法规，则为各州所立之法规，以本州为有效；（三）市立法规，即以市为施行范围。依照美国宪法所定各州均有完全立法权。至于市立法规有与英国图书馆区采行其法规相同吾人须知美国专有通行全国之图书馆法规，而英国亦然。所以各州自行拟订法规负责管理其州内图书馆事宜，于是美国图书馆法甚为复杂。

考美国图书馆立法之起源，最早为 South Carolina 于一七〇〇年通过保护私立流通图书馆规则。严格言之，此当不能称为图书馆之法不过其后各州相继订定管理公私立图书馆规则。其次，显著动向即有学校区域图书馆之建设。以美国学校法规规定各学校均须设有图书馆不可。并按照其教育系统有学校区之设立。既然各学校设立一图书馆，于是又成为学校图书馆区域矣。最早完成图书馆区者即 New York 州于一八三五年建设矣。此种图书馆不仅专为学校儿童之用，因有州政府之津贴与其征用捐税为基金，对于在学校区域内之住民均可使用其图书馆，公开阅览。如果谓其为图书馆运动，不如认其为当时教育系规定应有之斯项设备。至一八七七年，其他廿一州均已先后通过斯项法规矣。但因当时各地基金缺乏，加以管理不良，其时馆长皆由校师轮流担任，结果图书沦散，计划卒归失败。

经过此种经验，始知改进图书馆立法。于一八四九年，New Hampshire 州立法部通过一法律规定各都市必须建设与维持图书馆。斯即美国最早之图书馆法规。都是 Massachusetts 州亦有同样之法律于一八四六年专为施行于 Boston 城。迨至一八五〇年始通行全州。最早制定图书馆法规以征收地方税为建设公共图书馆者厥为 New Hampshire 州，其条例中最值得吾人称者即在其全州内各地方政府均可酌量征收图书馆捐税，未有明白限制之规定。其条例总则部分由捐税维持设立之图书馆之职权一项，后为全国四十二州采行矣。于一八九三年该州又通过一法律规定各镇每年以估值每卅元抽收一元州税供给处镇作为储建公共图书馆之用。所以 New Hampshire 全州各镇是必须征收图书馆税。现今美国征收图书馆税，通常而言之约在估值每元收二三米尔左右。每一米尔（Mill）值一分之十分之一。

于一八九〇年 Massachusetts 州公布一全州图书馆委员会专以促进倡设图书馆及改良全州图书馆为宗旨。该委员会以五人组织之，委员由州长委任，任务为指导全州公共图书馆事宜。其他各州，亦先后仿效之。至一九二一年另有一种图书馆委员会盛行于七州，惟其组织略与前不同，委员有五六人，但均须图书馆专家。Colorado 州则有二种图书馆委员会，其一专为扶持巡回图书馆事业。Massachusetts 州图书馆委员会创设于一八九〇年，迨至一九〇〇年全州一〇五个城镇仅有七处尚未设有图书馆，可谓委员会工作成效最为显著者也。但有数州将此种委员会工作由州立图书馆或州教育厅代行之。现在美国各州大都有此种趋势，惟 New York 州此种集中工作显有进步。一九二三年由州津贴公共图书馆三万八千元，给予学校图书馆者计十万八千元。

美国为求图书馆事业稳固之发达，于是有图书馆学校之设立，而期其造就专门人才，办理专门事业。图书馆学校首先设立者当推纽约州立图书馆学校创于一八八七年。现今美国大学中设有图书馆学科者，约有十余所，此外尚有其他图书馆学校多所。其中所授课期限约自一年至四年不等。各大学于暑期开设图书馆学讲习班者亦甚多。有州立大学规定修异国图书馆学程者得授予图书馆学士学位，亦有授予文学士学位。更有大学设有图书馆学研究院修毕得授予图书馆学博士学位。我国今已有数人荣得图书馆学博士学位。由中学至大学研究院在美国均有图书馆学课程之开设，可谓业已完成图书馆学教育系统矣。

关于乡村图书馆事业为美国近二三十年之图书馆新政策。虽然于一八九八年以前，即有数州宪法已有乡村图书馆计划之规定，但未有积极进行。至一九〇九年 Califonia 州始正式通过是项法律。现今已有二三十州均有此种立法。不过此种法规未含有强迫性，乃系一种倡导性质之法规。

美国图书馆立法约言之有三种性质；第一点即其图书馆纳税限制问题。有如数州如 New Hampshire 州对于税率限制规定。其他各州对于税率若无最高限制，即有最低限制，均有明白之规定。亦有各州都市依其经济状况而定税率，于一九二二年美国图书馆协会采纳图书馆税收委员会之提议，以人口计每人最低须纳图书馆税一元。为求发展图书馆计，亦有数州图书馆税率超过一元，并且其成绩颇有可观。

第二，各州图书馆法律分别太大。而图书馆法律大抵不外乎规定图书馆当局之职权与其任务，如类似英国法规。例如 Texas 州图书馆法规于一八七四年通过如下：

“不论何系得依市政府之规定设一公共图书馆，并得自订规则处理一切。”

此种法规之规定表面上如此简泛，实予以地方当局有充分之自由建设图书馆，但处在美国环境下，可谓上策。一旦用之于他国，功效未必尽然也。

第三，法律上有馆员须受检定之规定。如纽约州立大学依一九二三年教育法规规定图书馆服务之标准及如何使其发生效力。因此在纽约州内各图书馆长及馆员必须检定之。检定合格后，发给证书。一种为馆长证书，其一为馆员证书。但证书之发给标准根据普通教育专门教育及经验之程度而定。此事由图书馆委员会指派三人组织检定委员会办理之，至于考试委员会由大学行政职员一人及图书馆专家二人组织之。在 Wisconsin 州于一九二一年已经公布条例，规定组织一检定委员会，委员共五人，图书馆专家二人，州长委任一人，大学校长选派教授一人，州立图书馆委员会一人。证书公分四级，依其学业经验发给之。于一九二三年一月一日起，凡在二千人以上之乡镇担任图书馆长者，必须要有相当之证书。

（四）加拿大图书馆立法鸟瞰

加拿大地处美洲，三面环水，仅南部与美国毗连。其政治组织采用联邦制，最高机关为国会。本为英国属地，由英总督代握政权。欧战后，征得美政府许可，现已由自治而进于独立，惟未完全恢复其国家自由。以其国家地位而论，在此简略的论文中，无叙述之园地，然其图书馆立法与其他各国不同，自有其特点，不无介绍之价值。

加拿大图书馆事业，要以 Ontario 一省最为发达，盖其已执加拿大全境公共图书馆之牛耳矣。于一九二四年 Canadian Digest 四月号登有一文：谓加拿大之 Winnipeg 一城有居民二十八万二千人，而有三十五所公共图书馆。但英国一城有二十三万居民只有七所图书馆，两相比数差之奚远。再从一九二三年 Ontario Library Review 八月号得知该省各地公共图书馆共有四六六所，若与其他各省比之，则 Alberta 七所，British Columbia 五所，Manitoba 五所，New Brunswick 五所，Nova Scotia 十三所，Quebec 八所，Saskatchewan 十六所。加拿大共分有九省，每省有一省议会，各省行政立法完全独立。议长有全权处理一切事务。Ontario 省于一九二〇年公布一公共图书馆法规，以后各省悉皆采仿 Ontario 立法例。

于一八五四年加拿大即已颁布一种图书馆普通条例矣。其中规定各议会须于每一学校中设立一图书馆。于每一都市中设立一公共图书馆，专门图书馆数所，并须在市府管辖下各公共机关设立图书馆。由其条例之可以窥见当时加人已知提倡图书馆。然于一八八二年 Ontario 省仿照英国条例厅订一公开图书馆条例，提倡用征税办法设立图书馆，并规定其最高税率，公布于其全省。各省之图书馆自应由各省负责促进维持之，但可由政府酌予津贴并须由政府派员视察之。

Ontario 省于一九二〇年所公布之图书馆法规，其特点与众不同者约而言之如下。该法规第一章规定各城镇乡各学校区域得设图书馆。其设立程序须经当地有选举权者六十人（通常卅人）具名呈请设立。呈请时须附有地方政府通过及当地有选举权者同意之所拟定图书馆规则。至于一切管理问题均委诸公共图书馆委员会负责办理。此委员会由系长一人及当地机关教育机关互选八人组织之。此委员会有完全独立性质。每年于九月至六月中，每月集会一次，以多数出席为法定开会人数。委员会中如犯有刑事罪者，或连续三次开会不到者，得自动除消其委员资格。此项规定尤为通常习惯所未有者。当时立法者规定此次，用意甚佳，功效亦昭著，盖图书馆为教育最高机关，及教化人民之所故，身为图书馆委员，行为自应端正。否则焉能教化他人，为人之模范？再图书馆系一种教育慈善机关，图书馆经费之来源，得之非易。如委员有不正行为，易生贪污公款之事。故对图书馆委员有此项规定，不但此可以作为图书馆委员之警语，亦可防患于未然也。委员会对于图书馆账目一项，须受地方机关之稽核。每年开支必须呈报地方机关（Local Council）如有图书馆负债，此项不敷之数得由地方抽收公共图书馆特别捐，但税率最高限制以人口计，每人不得超过五角。设使地方机关不允抽收捐税，委员会可以提出由有选举权人民投票表决之。委员会有权制定规则处罚不守馆章之读者，而图书馆必须绝对公开，但对非当地人民而使用图书馆者得酌量收费。每年须以一定公式呈报教育部。

（五）非洲好望角图书馆立法之一角

非洲文化素称低落，至今其偏塞之地，仍渡中上古时代之生活，全洲大都作为欧人之殖民地矣。以吾人眼光视之，其文化本无述及之价值，但因作者为使读者有整个图书馆法律印象起见，上自文化最发达之国家如英美诸国，下至如非洲无开化之民族之图书馆事业，似有连锁的叙述俾供国人之参考焉。

非洲要以南部文化较为开通，尤以好望角（Cape of Good Hope）一地堪资代表。按好望角初于一六五二年为荷兰殖民地，至一七九五年转属于英于一九一〇年得英之准允，始宣布为自治领土，称为南非洲联邦。但于一八一八年由其他地方政府方公布一法令在好望角创立一公共图书馆，并于一八三六年通过一法规，规定凡在其属地以内，无论出版任何书籍均须呈送一册给好望角公共图书馆。其他南非各地公共图书馆均以独立捐赠性质图书馆（Subscription Library）兼代公共图书馆事务。而由联邦政府给予相当津贴，皆以此种原则设立公共图书馆。至于其较大之城，则多由市政府当局捐赠基金来维持图书馆，于是此种图书馆之阅览部及参考部必须公开于众。近来其联邦政府已逐渐将此种辅助费减少，而交由各省议会商酌立法，以为发展图书馆之张本但现尚未有正式图书馆法规颁布，惟其图书馆之法有趋向英国法例之势也。

（六）中国图书馆立法之沿革

我国为世界最古文化之邦，因而图书馆之起源较任何国家为早。昔日之图书馆与今日图书馆固迥然不同，其简陋之情形，当可为吾人推想而知，遑论其有图书馆立法。自海通以还，欧美之图书馆事业传来，而我国始知改良图书馆。时在清光绪年间，可谓我国图书馆复兴时代。宣统元年十二月学部奏请拟定图书馆通行章程共有十九条，于宣统二年始行颁布，此为我国首次颁布图书馆法规也。观其条例不难而知其为倡导创设图书馆性质。其中规定搜求度图书，颇称详尽。对于图书馆建筑设备之规定，亦属卫生经济化。其缺点自非幸免，要以不能以今之视者也。

民国肇兴图书馆事业，进展其速，显与闭关自守时代之图书馆若二事。今则图书馆公开任人阅览，对国家人民之贡献与夫图书馆之服务精神，诚不可湮没。因以前颁布之条例不合现时采用，于民国四年十月前教育部颁布通俗图书馆规章十一条，此为提倡平民教育之外锋也。同年十一月又颁布图书馆规程十一条，其改进之处虽多，惟其中第九条规定图书馆得酌收阅览费一项为前所未有也。良以我国图书馆事业时在发轫之始，人民尚多不明了[1]图书馆，对阅者征费，为数虽少，而对图书馆收入亦属有限，但影响图书馆事业前途颇大也。五年三月前教育部通令，大意谓凡国内出版书籍，均应依据出版法报部立案，而立案之图书均应以一部送京师图书馆店藏，以重典策，而光文治。但于十五年间，前教育部训令各系，凡书店出版及私人著述图书应以四部送各省教育厅署，由厅分配，以一部呈府转拨国立京师图书馆，一部径寄国立编译馆，一部存各省立图书馆，一部存入该地方图书馆。十九年三月二十八日又颁新出图书呈缴规程六条，大意与前同。美国于一八四六年即有此项规定。在国家方面，此举有助国立图书馆发展固属伟大，能将全国出版物汇集一所，俾资比照国家文化，表扬国家精神，更属重要。在个人方面不仅奉公守法，亦为人民应尽之义务，且能为个人保存著述。十六年国民政府大学院成立，十二月二十日公布图书馆条例十五条。其改进最为显著者，即第八条对图书馆长资格之规定有三:（一）国内外图书馆专科毕业者；（二）在图书馆服务三年以上而有成绩者；（三）对于图书馆事务有相当学识及经验者。政府所以要有此项立法者，因镇图书馆乃专门之事业，非普通人所能担任此项工作，必须受有图书馆专门训练者始可合格为图书馆长。其有第三点之规定，要以我国目下情形，图书馆人才缺乏，不能不有该项补救办法。如我国图书馆事业达到相当进展，政府立法不致有此伸缩性之规定，则图书馆事业

〔1〕“明了”原文作“明瞭”，现据今日通常用法改正。——校勘者注。

必须绝对任用专门人才办理也。十九年五月十日教育部依据前条例略有增减，订定图书馆规程十四条公布施行，此为我国最近之图书馆法规也。惟其第五条对于公私立图书馆停办时，须呈报机关备案核准之规定。此为以前历次颁布之法规所未有之规定。当次我国正谋图书馆如何之发展，期其普遍之设立，现有之图书馆尚感不敷应用，遑论准其停办哉？考图书馆停办之主要原因，不计感受经济困难一途而已。然公立图书馆都为各省市系所设之图书馆，既能创设图书馆于先，岂有不能维持于后之理乎？地方政府虽有时经济窘迫而停闭一图书馆，对其经济上，亦无大补，盖今日我国之地方图书馆范围甚小，年需经费有限也。至于私立图书馆停闭之原因，亦以经济拮据为主。况图书馆建设经年，耗费金钱为数定多，何忍因一时经费窘迫以至停闭？缩小行政范围则可，至于停闭图书馆似有不可能也。而地方教育机关，亦应予以扶助为是也。

综观我国历次颁布之图书馆法令凡五次，每次法规中对于处罚一点未有规定条文中，可谓有偿而无罚之法规也。若使法令能发生实际上效力，不可无罚之规定，盖罚可以促进事业之主要因素也。

前所述者，均为中央发令，而我国各省地方政府未闻有是项法令，如英美各州以中央发令为蓝本，参照地方情形制定图书馆法规，借便易于实施。为求真实发展图书馆事业，端在地方促提倡最为有力。集团愈小，发挥力量则愈大，故中央不如省，省不如县，不外鞭长莫及之意义也。今后努力我图书馆事业，期在地方政府制有相当法规以为提倡图书馆之基础也。

（七）理想中之将来图书馆法规

今观前述各国图书馆法规，各有优劣，尤以我国图书馆法规似乎缺点略多也。谚云：“不以规矩，不能成方圆”是法规犹如规矩也。故图书馆立法之优劣，影响图书馆事业，关系至巨且大，焉能忽视？就作者以坐井观天之知识，拟就我理想中之将来图书馆法规之不可少的原则，备供有心研究图书馆法规者之参考焉。

第一，图书馆种类之决定。图书馆有公私立之分，而公立图书馆中，又有公共图书馆，民众图书馆，通俗图书馆，学校图书馆等等。公共图书馆中又有省立图书馆，县立图书馆，乡村图书馆之别。学校图书馆有大中小学校图书馆之不同。私立图书馆如私法人或私人之机关团体个人所设图书馆之类是。在图书馆定法时，即须先决定图书馆种类，因其种类之不同，而其性质亦异，于是图书馆立法当要随其种类而变更也。

第二，图书馆设立之手续：

(a) 私立图书馆董事会或公立直辖上级机关权限之确定；

(b) 图书馆成立之最低限度，即在何种程度下得称图书馆；

(c) 董事会与公私立图书馆呈报上级主管机关之程序。

按私立图书馆之设立，例有董事会为主管机关，其组织权限及关于财产资金收入不可无明白之规定，一则其权限之运用有范围，二则可免纷争，不致误用职权，因而图书馆之推进得轨道矣。即公立图书馆之直辖主管机关，对于其图书馆之职权，亦宜有所规定。至其呈报立案备案之法令手续已有规定。(a) 及 (c) 二项在现行图书馆规程第二，三，四，十一，十二各条均有规定。现今我国图书馆，小者仅藏书数百册书报，置一二管理员于其中，占用房屋一二间，此亦称图书馆。而有馆藏图书馆达十万，馆员十数人，建有伟壮馆宇者，亦称之谓图书馆。两相比较，相形见绌。图书馆成立之成分，究竟如何，宜有最低规定，如藏书册数，馆员人数，馆宇及设备之规定。使一图书馆之成立，即有一图书馆之价值。更可免一般敷衍塞责之弊。再者书肆亦称图书馆，宜禁用之。

第三，图书馆经费之保障与独立。夫图书馆之存在，不可一日无经费，而现今图书馆无论其为公立或私立之图书馆经费都未有独立，即经济权操之于图书馆之外，不啻图书馆之生命为他人所握。有得图书馆之发展最大。因经济权不能独立，即无保障。图书馆经费之多寡，修由他人支配之，影响图书馆前途，不但至为重要，且亦危险。然视行图书馆法规中第四条及第十二条，对于经费一项均由自理，未有明文划分经济权，故宜于来日法规中应行明白规定之。图书馆之收入与开支，其账目须规定得随时受主管机关，稽核账目，并须于每年度有账目之报告，且须绝对公开。

第四，图书馆行政必须有独立权。图书馆行政，可由其主管机关规定大纲，以为图书馆工作之目标，但图书馆行政权必须保持独立性，以利工作进行。此在公立图书馆方面，尚不感到十分行政上困难。惟学校图书馆行政莫不多操之于学校当局之教务长之手，馆内一举一动须秉教务长之意。吾人须知图书馆乃一专业也，故非门外汉可以管理也。

第五，图书馆处罚之规定。在外国莫不有 Library offences act，如英国于一八九八年即有此项法令公布施行。若使事业进步，必不可少。“处罚”策其后，盖有赏有罚庶可促进之。我国素来有斯项法令之颁布，仅各馆各自规定对于借书逾期不还有罚款之规定而已。至于涉及其他不正犯罪行为，则无条文可以依据。有处罚之规定，正所以保护图书馆也。吾人一面在提倡扶植图书馆事业，一面能不保护之？是所以于来日图书馆法规中，至少有一项处罚之规定。上所述者，乃措图书馆阅者而言，而对办理图书馆人员之工作人员之工作上优劣，亦宜有赏罚之规定。

第六，规定公立图书馆经费之来源。查找我国各省均已设有省立图书馆。惟省以下之各镇未设图书馆者要占十分之八九，然其已设者，不过视为点缀而已。考其原因经费无固定之来源。今我国政府正拟普及平民教育，尤以普设图书馆为当务之急。除各省立图书馆经费应规定由省经费内拨付外，对各镇，则须规定由系政府或镇地方当局在公费项下指定图书馆经费来办理图书馆，或由在地方捐税项下附加图书馆捐抽收税率，则由各地商酌办理，至多不过百分之五为宜。如此则地方图书馆庶几有复兴之望焉。

规定古书珍本不得出口。按图书乃文化所寄托，关系国家文化至巨，不得卖与外人，致流传外国，应令海关严禁出口，藉保国粹。而于民国十八年中华图书馆协会在京举行第一次年会时，已有李小缘君等之此种提案，表决通过，惜于兹已七载，仍为一议案矣。此应列入来日法规中。

第七，图书馆长及馆员应须聘用受有图书馆学训练者，至少在目下因人才缺乏，但馆长必须有图书馆学识者方为合格，如现行法规中第八条第一，二两次之规定。

前列八项为作者理想中之我国图书馆法规中不可少的八项原则。自然遗漏之处必多，只待读者加以补充，期其完成我们理想中的地步，更希望这个理想能有一日将其实现出来变为事实，诚吾图书馆界之大幸庆也。

附参考书目

（一）杨家骆编：《图书年鉴》（上册），民国廿二年出版。

（二）教育部编：《第一次中国教育年鉴》，民国廿三年在中华书局出版。

（三）立法院编：《中华民国法规汇编》（第六册），民国廿二年在中华书局出版。

（四）《中华书馆协会》《第一次年会报告》，民国十八年出版。

（五）李蓉盛：“中国图书馆立法之研究”，载在《文华图书科季刊》四卷二期中，民国廿一年六月出版。

（六）Sanderson，*Library Law*，Lonbon，Edward，1925.

（七）Ferguson，*American Library Law*，Chicago，A. L. A.，1930.

（八）Edge，*General Law for Librarians*，ect. Gravesend，Philip，1934.

（九）A. L. A.，*Library Legislation*，1934.

（十）Yust，*Library Legislation*，1921.

（十一）Hewitt，*Conolidation of the Law Relating to Public Libraries and Museums*，1931.

（十二）Hewitt，*Summary of Public Library Law*，1932.

（十三）Hewitt，*Law Relating to Public Libraries in England and Wales*，1930.

我国图应有之法规*

喻友信

社会上一种事业之兴废，必有其一定之逻辑。换言之，某种事业之能兴自有其可兴之原由在。因人类之需要，凡百事业应运而起，此盖宇宙间之因果也。图之起源，乃由于社会人士之知识需求而成立，嗣后经过多年之革新与发展，始成为今日新兴之图事业。今日各国莫不承认图为国家社会上不可缺少之一种文化事业。文化之对国家犹如人体之于生命，如欲维系国家之生命，必须设立图，一则为建设推动文化，同时为发扬普及教育。使命重大，功效自不待言，是以图事业，堪称为国家之根本事业。

国家之订有法律，缘为制裁[1]人民生活之秩序，使人类社会得到安宁，一切事业始能依轨前进。图既为国家应有之事业，自当订有法规，但如专由国家经营，则耗费国家财力甚大，所以在图法规中应有奖励建设图之规定，使国民得因法规上奖励之激励，而乐于倡导。社会上任何事业之兴办，若以一人或少数人之力量，决不如大多数人或全国民众力量之伟大，所以图法规中须订有奖励之规定。至如何奖励之，其方式不一，此须视国家地方情形而定。通常方法不外下列二种：（一）由政府机关发给奖状奖章匾额，以褒扬热心社会事业者；（二）以热心捐款创办图或以人力财力促其事业之发展者，得以其名扬声誉以为纪念，又可鼓励他人之仿效，此为我国图法规中应有之第一个要素。当今之图决非往日可比，既成为一种专门事业，则其工作应以专才管理之，以谋锐进，便于发展，此为法规中应有之第二个要素。若求图办理之完善与其工作之发展，必须求图之行政独立，不受非图人员之约束，夫

* 本文原刊于《中华图书馆协会会报》（第13卷）1938年第3期。

〔1〕“制裁”原文作“裁制”，现据今日通常用法改正。——校勘者注。

如是办事无阻力，进展迅速，功效自大矣。所以图不论其本为独立机关或附属于其他机关，最要者行政上应绝对有独立自由权，俾图人员得按照图原则办理一切事宜，此为法规中第三个要素。行政与经济原有密切关系，未见有独立之行政而其经济不能独立者。反之其经济者若能独立，则其行政自能独立。盖行政上事务，端赖经济有方始能办理，所以图经费必须独立。即如学校图，应由学校当局划出其已规定之图经费为图开支之用，并须保障图经费之独立，即如校方经费支出，亦不得在图经费项目下拨用，如此图方不致受意外之影响，此为法规中应有第四个要素。试观我国图经费之来源，凡私立者概由募捐而来（按捐助之经费，如不能源源接济，自属有限之款项）。凡私立学校图，大抵多以学生缴纳图费为经费。至于公立者，则由政府或公共机关供给其经费（此种来源不仅有限，且往往未必可靠。如求其普遍发展，更难期待其实现）。其在欧美各国政府皆规定人民有缴纳图税之义务。各级政府如省县镇乡莫不有所辖属区域内住民须缴纳图税之规定，征收此项税款专作建设图及其维持之用。如此倡设图，则穷乡僻壤之居民区域皆有图设立，勃兴既易，维持亦能长久。至于如何征收图税，税率若干，此为另一个问题。论其需要，则在推动图之原动力，此为法规中应有之第五个要素。政府为维护图事业计，不论其属公私立之图，悉在政府监督之下，应派员调查其经济状况及开支账目，审核该图每年工作成绩而评定优劣，以资奖励与惩罚，此为法规中应有第六个要素。我国图法规如能具有上述六要素之规定，则前途事业，不可限量，自有迅速之发展，造福于国家与人民之基本教育，其功当不可殁也。

前所述者，乃作者就图立场观察我国近况而推论所及者。今以此种理想的法规与我国现行图规程比较之，试观其应增加与改进者为何？

（一）奖励。关于奖励建设图事业，在我国现行图规程已有规定，其第十三条谓："私人以资财设立或捐助图者，得由主管机关遵照捐资兴学褒奖条例呈报教育部核明给奖。"捐资兴学褒奖条例第二条谓：凡捐资者……依下列规定，分别授予〔1〕各等奖状：

（1）捐资五百元以上者，授予五等奖状；

（2）捐资一千元以上者，授予四等奖状；

（3）捐资三千元以上者，授予三等奖状；

〔1〕"授予"原文作"授与"，现据今日通常用法改正。——校勘者注。

（4）捐资五千元以上者，授予二等奖状；

（5）捐资一万元以上者，授予一等奖状。

此种奖励均以私立者为限，由政府发给奖状，以资鼓励。对于各级地政府机关所创设者，虽应遵照法令办理，但对其办理具有显著成绩者，似亦应由其上级机关予以奖励，此是我国图法规中所未列入者。

再进而论及此种奖状实效如何，此乃名誉之奖励。吾人须知社会上人士有为名而求利者，亦有为利而求名者，现时所规定之奖励，仅适应于前者，对于后者尚未有规定。如对县立图著有功劳者，可受县政府之褒奖，并准予其子女免费入县立学校读书。苟能如是办理，图事业当有更大之发展，兴显著之贡献。

（二）训练专才图既为不可否认之专门事业，自应由专门人员办理。我国现行图规程中第八条规定：图得设馆长一人……馆长应具左列资格之一：

（1）国内外专科学校毕业者；

（2）在图服务三年以上而有成绩者；

（3）对于图事务有相当学识及经验者。

从其条文上观之，图须以专门人才管理，但其中第三项规定者富有伸缩性。该法规是民国十九年由部令公布，原以（1）图事业尚未充分发达；（2）专门人才过少，所以有此种伸缩性条文。窃以为今后若求事业之发展，首在严格规定图长之资格，必须国内外图学专科毕业者方可担任。同时扩充文华图学专科学校之设备，俾该校积极发展，应付裕如。吾人为谋图本身发展计，此项条文应改为“图设馆长一人，馆员若干人。馆长或主任必须聘用国内外图学专科学校毕业者担任之，馆员以任用受有图相当训练者为原则。”

（三）行政独立此指图行政，乃注重其内部行政。至于一般行政已有规定，如我国现行图规程中第四，五，六，七，九，十，十一，十二各条均是。馆内行政若不予馆长全权管理，而须商承上级主管人员或机关之旨意则手续繁多，易生枝节，例如馆长以下办事人员之任用权，如由图上级主管人员或机关委任，往往发生不受馆长调遣情事，遇有成绩卑劣者，亦不能撤职，因此馆长与馆员间不能收获工作上分工合作之效力。是以图办事人员应以馆长委用为最宜，或由馆长推荐而由其主管人员或机关加委亦可。总之馆长若无行政上之全权，不仅对内部管理困难，且易受馆外人士或其主管机关人员之干涉。关于促进图行政问题，为我国现行图规程中所未有者，似应增加一条

“图长有管理图及行政上一切之权”。

（四）经济独立为谋图发展起见，应规定图经济独立，此与行政独立有同等之重要性。为免弊端，不论公立私立，均应由政府主管机关随时派员检查账目。其属私立者，更应由其直辖机关于相当时期检查一次。此在现行规程中尚无规定，似应增加一条文为“图经费独立，但主管机关得随时派员检查其账目”。

（五）图税国家征收图税，在欧美各国皆有明白规定，人民亦视为普通捐税，乐于缴纳。按欧美图历史远不如我国之悠久，然其进步之速，远非我国所能望其项背，推究其因，在国家订有固定的经济来源，是以易于推动。反观我国教育不普及之状，令人忏愧！今除厉行民众识字运动外，首先须设立图以奠定教育基础。此外为减轻政府负担而便于普遍建设图起见，似应规定图税于图规程中。以国民之经济力而论，人民负担国家种种捐税已极烦重，何堪再加新税？窃以为凡非人民日需必用物品，如妇女装饰品及各种奢侈消耗品，理应一律科以重税，图捐税即可在此税中划拨，由国家征收，是为国家之图税，专作建设国立图之用。如此类奢侈消耗品运入内地经销者，该县镇所在地方政府机关，应再征收地方图税，作为建设地方图之用。如是层层课税，足以促醒人民之觉悟，不作无谓之消耗，反能养成简朴之风。国家如此课税，绝不影响人民之负担。由是论之，图规程中，似应增加一条为“图税得由政府在装饰品或各种消耗品专税中征收之，专作建设图之用，其税率及征收办法另订之”。

（六）政府监督及指导社会事业应由政府监督，即私立机关，亦由政府予以指导，政府如有何种有关图之策略即可施行，此其一。政府为谋事业之推进，预防弊端之发生及促进图功效起见，应奖其成绩优良者，以作勉励，惩其办理不善者，以警其他，此其二。因上述两点之重要，我图规程中似应增添一条为“凡公私立图应由其主管政府机关监督指导之，并得由政府随时查考个馆办理之成绩优劣而奖罚之”。民国二十六年国府宣布宪法草案，第七章教育第一三三条规定：“全国公私立之教育机关，一律受国家之监督并负推行国家所定教育政策之义务。”本条规定国家对于教育之统制权。教育机关包括学校、图、博物馆，美术馆及其他一切教育机关而言。

以上所述应请政府增入图规程中，俾有完善之规程。

战时图书馆立法*

喻友信

图书馆本为国家平时之事业，因是其一切工作对象均以平时为基础，从未见有国人论及国家一旦遭遇战争时，则图书馆立即在战时所负之使命及其工作进行等之非常问题，以至国家如果实踏对外战争阶段时，因与平时无未雨绸缪之计划〔1〕，如今是中日战争序幕揭开，图书馆遭受之厄运为空前未有之浩劫也。例为天津南开大学图书馆，上海复旦，同济，光华各大学图书馆，而其数十年之经营收集图书，尤其中有不可多得之善本书籍，均经先后炮火焚毁殆尽，吾人须知文化之毁损，万难恢复，且文化乃一国家因民族自有生存以来之全部结晶的生命源泉，所以在近代战争中文化集团之图书馆，皆为作战毁灭对方之标的，因消灭对方文化足以制死对方之再造能力，正因图书馆有此种重要性，于是已成为战争之下众矢之的矣。

图书馆之唯一目的为保存国家文化，平时之保存则易，然于平时无战争时准备计划，而欲于战事发生后，能求保存图书以策安全殊感非易也。但图书之保存方法通常有二：（一）即对凡图书馆拟有单独建筑者，于其与建时应有秘密地道室之设计，作为不测紧急事变时收藏珍贵善本手抄本之类，或能代表国家文化或地方文献之书籍等类，即或受敌方轰炸，但书藏于地下，不仅总可免遭非命，更可因密藏不易为他人发觉，或设图书馆所在地为敌方占据，亦可避免劫走，虽然此种保存图书方法尚未臻妥善，但在风云莫测之事变时，可以济之，颇有裨益。图书馆未有单独建筑者，对其藏有价值书籍应即商请图书馆附有地下设备者，代为保存。（二）如战事已经爆发，其不在首

---

* 本文原刊于《法学杂志（上海1931）》（第11卷）1939年第1期，第69~71页。

〔1〕“计划”原文作“计画”，现据今日通常用法改正，下同。——校勘者注。

当其冲之战区地带之图书馆，如有认为将来有被敌方侵占之可能性，即应将关系国家文化上或有军事上参考贡献价值者之重要图书迁运至安全处所收藏，俾能为国家保留文化元气，又可供作军事参考上策划之用。图书馆人员在图书馆事业与国民立场上而论，此为应有之责任。

继保存问题之后者即如何赓续图书馆工作，平时与战时工作迥异。而战时主要工作，亦有二：（一）扶助国家军事机关人员研究或参考有关军事上之资料，或供给敌对方面之国家社会政治经济情形之材料。孙子兵法书云："知彼知己，百战百胜。"国家战争之胜利，实非徒然无因。此种责任决不能专赖作战将士单独负之，即所以需要全国动员，各尽所能，以利军事胜利。图书馆人员自亦不能推诿此种应有之国民责任也。（二）欲求全国动员行动敏捷，人民明了动员战争之义意，必须赖之宣传。而图书馆乃知识界宣传大本营，盖往来于图书馆中者，虽尽非鸿儒，要亦决非白丁也。图书馆应于战事起时，将管内所有关于敌对方面之各种书籍另行编制特种目录印行，以便周转国内，供人参考，并应将此种书籍另排书架陈列，供人浏览。阅览时间应于可能范围内酌量延长之。

作者以为上述各点为战时当前之要务。图书馆不仅在平时负有其平时之任务，而在战时仍有其战时之任务在焉。即明图书馆在战时并为失其效用，自当宜有战时图书馆法规之订立，使图书馆界人员有所依据办理战时图书馆工作也。不致使图书馆为在今次战争中不但遭遇非常重大之损失，且亦在战中无所贡献也。作者以为战时图书馆法规不可订，以防万一，实乃有备无患之法规也。今将前述各点草草拟定条文式样如后俾便诸同仁之研究及供政府将来之参考立法战时法规，庶不辜负作者抛砖引玉之期望也。

战时图书馆条例草案

一、图书馆在国家发生战争时起应即施行紧急战时工作其平时规则与工作得暂缓推行之。

二、图书馆本负有保存国家文化图书之责任尤应于战时各自设法尽量保护图书工作如兴建秘密地下室设备或迁往安全地带保存。

三、图书馆原已设有战时备者于紧急事件发生时对其他图书馆未有此项设备而遇有其他图书馆请求代为保存图书者应即允诺而负有代为保管之责任。

四、图书馆于战时中应将所有关于敌对方面之国家政治社会经济等图书书报等材料另设专门部分公开供给民众阅览与参考图书馆并应随时指导说明之。

五、图书馆开放时间应酌量延长。

论法学与法术之关系*

周克传**

凡百科学之学说，及其义理，吾人欲窥其户而知其详者，非先解其定义，不克达精进之域也。今所立论之题材，为法学与法术之关系，是其先决问题，乃解释学与术之意义，及其区别，次即法学与法术之种种关系，循序以渐进，当不致丝棼也。

夫学也者，知事物的〔1〕本性原理之方法，而以其原理施于实地者，则谓之术，盖学为体而术为用也。宇宙间之事物，一动一静，成必依一定之法则，故万般之事物，皆先知其法则，而后可施于实地，譬诸热学，知蒸汽之本性，而后能使艨舰涉万里之波涛；电气学，知电气之本性，而后以一线传音信于千里之远；推之法学与法术之关系，亦犹是也，知法律之原理者，于既知法学而后应用于实地者，即法术也。如知权利之静状及动状，是为法学，而为裁判，为辩护，又或草创法案，编纂法典，斯皆法术矣。故法术者，非修于法学之后，不克达巧妙之域，然自沿革上观之，则法术先起，而法次之，何也？盖学属于思想，而术属于物质，论人事之常，有术而后学因以起焉，有制造之术，而后化学兴，有治疗之术，而后医学起，诸般之学术，无一不然也。古代社会，组织简单，故其法律亦简单，各人记忆之，即不难了解，因而当时所称法学者，不过熟悉国法之解释适用，或通晓法律之旧例典故，如是而已，按之史家言，凡百学问，悉导源希腊，在罗马中世以前，无所谓法学，仅从事于法律之实务而已，看其沿革，非法术居于法学之先，法术化

* 本文原刊于《法轨》1933年创刊号。

** 周克传，1940年毕业于东吴大学法律系（第23届），获法学学士学位。

〔1〕“的”原文作“底”，现据今日通常用法改正，下同。——校勘者注。

而为法学者耶！更从今日之实际论之，以法术有进步，从其发达，而愈促法学之进步，其关系正如鸟之双翼，车之两轮，相俟而不可离也。

法律是学是术之问题学也者；欲知事物的真实之研究者也（或一定范围之事物），例如教学，某数学某数相加得几何，某数与某数相减得几何，从此研究之，即所谓学也。术也者，欲达一定目的的方法之应用也，如绘画者，布形式，施彩色，穷形画相，欲其美观，其目的在此，而研究用何方法，始足以达此目的，是谓之术。又如缀文，以己心之感觉，发为文章，读之而可悲可喜，在作者把笔之始，早研究如何始足令人悲令人喜之方法，此亦所谓。法律者，学乎？抑术乎？一般学者谓法律之属于学者有三，属于术者亦有三。

法律之属于学者：（一）研究法律之合于时与地者，如法律之属于学者，亦名法律哲学，研究斯学者，必知社会变迁，时代有沿革，何时用何法律，何国用何法律，其社会之情状，若何以求事物之真实理由，是谓之学。（二）研究古代之法律，以征其进步者，此即考求其沿革是也，自古代之法律，研究其文章与事物之真实，谓之法律史，追溯法律之源，谓之沿革法律学，以土地所有权论之，最初视为国有，后则渐知为一团体一地方一家族或一私人之所有，研究此进步者，是谓之学。（三）研究现行之法律，以资采择者，如研究一国及各国现行法，谓之比较法学，或研究本国之现行法，谓之法律学，此学正不易言，如研究铁道营业法，有铁道营业法，有私设铁道法，亦有适用民法商法者，欲知铁道法，必先研究各种法律，即不偏于东西各国，亦必于法律中求其事实而后已，此研究法律学之所有难也。至研究各国之现行法，难不能将各国法律一一比较，但讲求一种，以为己国之先导，亦无不可，譬诸较为完善之英国铁道法，日本采行之甚善，又如较为适用之德意志民法，我国仿行之亦甚善。盖以能研究切磋实使然也，是谓之学。

法律之属于术者：（一）法律之解释，解释成文法律之意义，不科学而称术者，凡立一法，必有意之所在，欲求其意之所在，自有方法，或研究法律之甲条，未明其意，可研究乙条，以求甲条意之所在，又或研究本国之法律，有不明了时，可参考他国之法律，以证明之，而达吾研究之目的，是谓之术。（二）法律之适用，适用云者，以合乎事实为目的也，有直接之适用者，为法院之推事及行政官，有参与法律之适用者，为检事及律师。皆以求合乎事实，始能达其目的焉，例如杀人者，处以死刑，此规定于刑法：公司违反法律，则处以罚金，或令其解散，此规定于公司法：裁判所及，行政官可以适当之法律施之，然刑法所载，谋杀处以死刑，故杀处以无期徒刑，必事实与法律相合，始为适用，否则即错矣。所谓适用之方法，盖即术也。（三）立法之适宜，凡求法律之适宜，或编撰，或改定，皆必有术，如国家之立民法，所以维持人民间之安宁秩序，有取其公平者，有求其便利者，求公平有公平之方法，求便利有便利之方法，立法时所为斟酌尽善者，皆此术为之也。

要之凡百学问，皆可包括学术二者之中，不独法律为然也，某国学者曾谓："世界无论何种学问，皆可判为五级，曰想，曰职，曰学，曰术，曰评。"兹将五者申述如下：

（一）凡不假研究之力，偶然独于脑际，动于意念者，谓之想。

（二）凡调查以往及现在之事实而知之者，谓之职。

（三）凡据论理（逻辑）之力，因一定之前提，由推理以知其当然结果者，谓之学（人为理性之动物，此前提也，推之我乃人类也。故亦为理性之动物，此即论理之结果）。

（四）凡应用方法，能达其一定之目的者，谓之术。

（五）有以上四级，必有一定之理想，以此理想，判他物之是非善恶者，谓之评。

为欲更知其详计，再假一民法上之问题，作相当之解释，所谓资借权者，即借他人所有物，而酬以相当之凭资，使已得享用其物之权利是也。如租借土地，则享有耕种之权利，租借房屋，则享有住居之权利，此资借权或有以为物权者，或有以为债权者，兹就法学与法术，二者群言之：

以资贷人必使凭借人担负一般义务论之，譬诸赁屋必出资金，兼任修葺之劳资，方能享用此屋，是此资借权为要求行为，非直接行为也；物权者，有此物遂有享用其物之权利，是直接而不受要求者，其性质与资借权迥异，若债权者必会贷金于人，始有要求特定人之行为，其性质正与资借权同，就其异同而研究之，知法律上之资借权，应认为债权，不应认为物权，固可据理以求之者也，若是者为学。

资借权之为债权，不为物权，于理论上固不爽矣；然有种种妨害之处，例如人有房屋，既受甲之资金，复将卖与乙，此弊颇属难防，防之之法有登记之手续焉，凡关于不动产者，有登记簿可以调查，一则保护资借人可对抗第三者，一则保全买受人不使受意外之损失，又一方使卖屋者不敢欺蒙，此一举而三善也。若是者为术。

综上所述，举凡学与术之区别，法学与法术之界说，法律是学是术之问题，与夫法律之属于学者及术者，无不阐明学理，根据事实，并举例则数端，且证诸学者之言，以解释之，夫如是，庶于法学于法术之关系的研究，略知其梗概焉。

1933，4，14，脱稿于复旦学团宿舍

东吴法学先贤文录编辑人员名单

总主编：

胡玉鸿

各分卷主编：

法理学卷：孙莉

法律史卷：方潇

宪法学、行政法学卷：上官丕亮、黄学贤

民事法学卷：方新军、胡亚球

刑事法学卷：李晓明、张成敏

商法、经济法、社会法学卷：李中原、朱谦、沈同仙

国际法学卷：陈立虎

司法制度、法学教育卷：胡玉鸿、庞凌

录入人员名单

魏　琪　邢凌波　殷凯凯　吴思齐　马健博　张昊鹏　倪文琦　陈　萍
梁艳茹　安子靖　张基晨　施嫣然　袁小瑛　戚小乐　陈康嘉　臧　成
苏　峰　王　杏　许瑞超　张盼盼　刘鑫建　刘文丽　安　冉　张秀林
陈雯婷　蒋　超　钱　佳　张　琦　崔皓然　陈钰炅　惠康莉　唐奥平
马　敏　徐湘云　赵　琪　吕森凤　孙蓓蕾　姜　瑛　胡寒雨　张　尧
阴宇真　王晓宇　李婉楠　卢　怡　柳一舟　丁　楚　孙　浩　宋　鸽
李臣锋

校勘人员名单

魏　琪　邢凌波　殷凯凯　吴思齐　倪文琦　张昊鹏　张盼盼　金徐珩
陈雯婷　钱　佳　蒋　超　崔皓然　陈钰炅　唐奥平　徐湘云　赵　琪
吕森凤　姜　瑛　张　尧　卢　怡　丁　楚　王春雷　韩进飞　孙　浩
宋　鸽　刘冰捷　杨丽霞　李臣锋